Das Buch

»›Paris la nuit‹, ›Berlin bei Nacht‹, ›London by night‹ – beim Klang dieser Worte tut sich ein weites Feld von Assoziationen, Bildern, Erinnerungen vor unseren Augen und Ohren auf: hier die nächtliche Stadt als Fest, als Ort des Vergnügens, da als Ort des Schreckens, der drohenden Gefahr.« Joachim Schlör spürt dem Zauber der nächtlichen Großstadt nach und fördert aus Polizeiarchiven, Stadtakten, Augenzeugenberichten, Literatur und Kunst einen faszinierenden Kosmos von Vergnügen, Kriminalität, Arbeit und Elend zutage, der in dem knappen Jahrhundert zwischen 1840 und 1930 zu einem Mythos wurde – ein Mythos, der die Entwicklung der europäischen Hauptstädte zu Metropolen begleitete. Seine »brillante Studie, ein Meilenstein der allzu häufig von den Kathederhistorikern mit milder Nachsicht belächelten Kulturgeschichtsschreibung« (Johannes Willms), spannt einen Bogen von den noch dunklen Zeiten der Nachtwächter bis zum Ende der Weimarer Republik. Schlörs melancholisches Fazit – »der alte Zauber ist hin« – ist zugleich ein verführerischer Appell, ihm dennoch auf den Fersen zu bleiben: »Der Tag ist künstlich, die Nacht kreatürlich. Mit dieser Erkenntnis schließt der Leser das Buch und hastet los, an den Trauben der Nacht zu naschen.« (Der Tagesspiegel)

Der Autor

Joachim Schlör, geboren 1960 in Heilbronn. 1980 bis 1982 Arbeit in den KZ-Gedenkstätten Stutthof (Polen) und Dachau mit der Aktion Sühnezeichen/Friedensdienste. Studium der Empirischen Kulturwissenschaft und Politikwissenschaft an der Universität Tübingen, Promotion 1990. Letzte Buchveröffentlichung: ›Wenn es Nacht wird – Streifzüge durch die Großstadt‹ (1994). Zur Zeit Habilitation am Moses-Mendelssohn-Zentrum für europäisch-jüdische Studien der Universität Potsdam.

Joachim Schlör:
Nachts in der großen Stadt
Paris, Berlin, London 1840 bis 1930

Mit zahlreichen Schwarzweißabbildungen

Deutscher
Taschenbuch
Verlag

dtv

Ungekürzte Ausgabe
September 1994
Deutscher Taschenbuch Verlag GmbH & Co. KG, München

ISBN 3-7608-1931-1
Umschlaggestaltung: Klaus Meyer
Umschlagfotos Vorderseite: (links) Brassai, © Gilberte Brassai
(rechts) Bill Brandt, © John-Paul Kernot
Umschlagfoto Rückseite: Yvonne M. Berardi
Satz: Filmsatz Schröter GmbH, München
Druck und Bindung: C. H. Beck'sche Buchdruckerei, Nördlingen
Printed in Germany · ISBN 3-423-30428-6

Inhalt

Ein guter Teil der Arbeit an diesem Buch hat während eines Forschungsaufenthalts an der Tel Aviv University stattgefunden. Meinen Freunden in Tel Aviv, die ein mutiges und schwieriges städtisches Leben führen, möchte ich das Buch widmen.

I. Widersprüchliche Nachrichten aus der Großstadtnacht

Faszination und Schrecken begegnen und begleiten uns beim Gang durch die nächtliche Stadt. Wir betreten eine Welt, die uns zugleich fremd und vertraut ist, ein lichterfülltes und schattenreiches Gelände, Zielort sehnsuchtsvoller Projektionen und heimlich-unheimlicher Ängste. Welche Herausforderung der Sinne: Augen, Ohren und Nasen nehmen anderes auf als am Tage, sobald wir uns in die Dunkelheit vortasten, zögerlich vielleicht, neugierig oft und in Erwartung einer Belohnung nach täglicher Normalität.

Der Begriff »Nachtleben« drängt sich auf, mit seinen verheißungsvollen Gedankenverbindungen: Vergnügen, Ausbruch aus dem Alltag, heimliche Fluchten. Es wäre reizvoll, verlockend und – zu einfach, nur über dieses »Nachtleben« zu schreiben, grelle, bunte Formeln und Bilder vom »Rausch der Nacht« zu entwerfen. Vom Nachtleben soll die Rede sein, aber die Nacht der Städte hat andere Dimensionen. Es lohnt sich, tiefer zu graben, Klischees und stereotype Bilder zu hinterfragen: Der Reichtum der Nacht liegt nicht im ersten Augenschein, eher in spröden, wenig bekannten Quellen und Texten und Geschichten verborgen.

Mit dem Hereinbrechen der Dunkelheit beginnt die andere Hälfte des großstädtischen Tageslaufs, sie endet im Morgengrauen mit dem ersten Licht des neuen Tages. Die Übergänge sind fließend: Langsam und schrittweise verändert sich der städtische Betrieb, fügt sich nach und nach den Bedingungen der Nacht. Aber viele Funktionen und Abläufe der »täglichen« Stadt setzen sich auch, von Helle oder Dunkelheit nur wenig beeinflußt, einfach fort. Es würde vermutlich irritieren, wenn jemand sich den »Großstadttag« zum Gegenstand einer Untersuchung wählte; tagsüber sind Fakten und Realitäten gefragt, Strukturelemente des urbanen Mechanismus: Arbeit, Wirtschaft, Umwelt, Verkehr. Themen und Fragestellungen sind so vielschichtig und differenziert, daß kein Konzept »Berlin am Tage« oder »Paris le jour« sie auch nur annähernd erfassen könnte. Alle diese Faktoren sind auch in der nächtlichen Stadt wirksam, und dennoch scheint es ein übergeordnetes Motiv zu geben, das es erlaubt, von der *Großstadtnacht* zu sprechen.

»Paris la nuit«, »Berlin bei Nacht«, »London by night« – beim Klang dieser Worte tut sich ein weites Feld von Assoziationen, Bildern, Erinnerungen, ein schier unendliches Ensemble von Einstellungen und Verhaltensweisen vor unseren Augen und Ohren auf. Zwei Bilder sind es vor allem, die wir vor uns sehen: hier die nächtliche Stadt als Fest, als Ort des Vergnügens und der Unterhaltung, da die nächtliche Stadt als Ort des Schreckens, der drohenden Gefahr. Beide Bilder beschreiben und kennzeichnen, widersprüchlich genug, *eine* Welt. Vergnügungsleben, belebte Straßen, erleuchtete Schaufenster, Neonzeichen mit ihren bunten Versprechungen, Kinos, Restaurants, der Laufsteg für die vielen, die »ausgehen«, um sich von den Strapazen der Arbeit zu erholen – leere Straßen, finstere Ecken, Schattenspiele vor düsteren Hauseingängen, irritierende Geräusche, und einzelne, ängstliche, einsame Wanderer.

Beide Bilder zeigen nächtliche Realität. Sie erwecken aber zugleich ganz unterschiedliche Gefühle: Verlockung, Sehnsucht, Faszination hier, Einschüchterung, Angst und Schrecken dort. Faszination und Schrecken sind die zwei Seiten der Nacht, untrennbar miteinander verbunden. Jedes einzelne Bild zeigt nur *einen* Aspekt der nächtlichen Stadt, erst zusammen ergeben sie ein Ganzes.

Nachrichten über die nächtliche Stadt zeigen den gleichen Widerspruch. Was wir aus Zeitungen oder anderen Medien erfahren, trägt ein Doppelgesicht: Meldungen von Überfällen und nächtlichen Attacken hier, Berichte vom Amüsierbetrieb Stadtnacht dort. Diese Gegensätzlichkeit hat in zahlreichen Wortpaarungen ihren Niederschlag gefunden: Licht und Schatten, Traum und Alptraum, Reichtum und Elend. Gegensatzpaare, die ein weites Feld aus realen Nachrichten und traumhaften Geschichten umschreiben: eine eigene Welt.

Wie sieht diese Welt aus? Günter Kunert hat eine erste Annäherung versucht: Es »geschieht bei Beginn der Dunkelheit etwas Eigentümliches und Außerordentliches mit einer Stadt, das sich mit solcher Kurzformel über den ästhetischen Augenschein nicht erschöpfend erklären läßt. Es tritt etwas in Erscheinung, was ich wage, die ›mythische Qualität‹ der Stadt zu nennen.«[1]

Das ist die *Schönheit der Nacht*, eine Schönheit, die »im Atmosphärischen gründet«[2] und nicht leicht zu erklären ist. Es kann auch der *Rausch der Nacht* sein, an den wir zuerst denken, ein Rausch, den, in Paris, Paul Nizon beschreibt:

»Ich wußte nicht, was Nachtleben war, ich hatte es nie erlebt, jetzt wurde ich vom Nachtleben überwältigt, verschlungen. Die Straßen schimmerten im Widerschein vielfachster Leuchtreize, solcher von den farbigen Leuchtreklamen, von den Leuchtschriften und Lichterzierden all der Bars und Nachtlokale, Restaurants und Läden, die Türen der Bars öffneten und schlossen sich wie Pumpen, sie ließen Schwälle von Musik, Gedröhne, Krach, Gerede und Menschen hinaus, vor den Bars zuckten und wanden sich im Takt der verschiedensten Musik halbentkleidete Mädchen, Barmädchen, Freudenmädchen, und an all dem entlang die Massen der Promenierenden, Lüsternen, Vergnügungssüchtigen.«[3]

Männerphantasie? Ein Traum oder ein Alptraum? Ein drittes Bild soll vorerst das Kaleidoskop beschließen, hier hat das Leben die Stadt verlassen, hier *»herrscht« Dunkelheit*:

»Stadtdschungel, nachts und im milchigen Morgengrauen. Das Pflaster schimmert feucht und schmutzig. In den Hinterhöfen sammelt sich Abschaum, menschlicher Müll. Die Luft vibriert im Dröhnen zahlreicher Lärmaggregate. Neonsignale zucken monoton durch diese Nächte und spiegeln sich in grellen Blitzen auf dem Asphalt.«[4]

Das ist, ganz offensichtlich, ein Film-Bild, eine Imagination, wie sie auch in literarischen Texten zu finden ist. Diese Bilder, an-gelesen, an-gesehen, begleiten uns, wenn wir zu nächtlichen Spaziergängen in die Städte aufbrechen. Im Gepäck tragen wir aber auch: Informationen über eine Zunahme der Verbrechen in den Städten, wir fürchten die Stadtnacht als möglichen Tatort[5]; wir kennen die Diskussionen über eine Verlängerung der Ladenöffnungszeiten und teilen die Hoffnung auf eine neue Attraktivität der nächtlich öden, menschenleeren Innenstädte; wir erfahren von den schwierigen Lebensumständen von Nachtarbeitern, Kellnern, Taxifahrern, Krankenschwestern oder Angehörigen der Schließdienste[6]; wir hören gelegentlich von Auseinandersetzungen um die »stadtplanerischen Komponenten der nächtlichen Unsicherheit«[7] (und von der Schwierigkeit, Verbesserungen durchzusetzen), um die eingeschränkte Zugänglichkeit der Nacht für Frauen. Eine junge Pariser Arbeiterin hat das 1976 so formuliert:

»Das ist auch die Straße bei Nacht: ein Ort, eine Zeit, wo die Prostituierten arbeiten, also wirst du gefragt: ›C'est combien?‹ Was soll ich da sagen, wie soll ich erklären, daß ich gerne nachts spazierengehe? Warum ich das trotzdem tue? Weil das eine eigene Welt ist, trotz allem. Es ist ein Bruch mit der Alltäglichkeit, etwas kann passieren.« [8]

Es gibt eine Reihe von Beziehungen und Bezugssystemen, in denen das Wesen, die Eigentümlichkeit der Stadtnacht annäherungsweise offenbar wird: Nacht und Gewalt, Nacht und Sexualität, Nacht und Vergnügen, Nacht und Einsamkeit. Die einzelnen Motivbündel sind aber nicht klar voneinander zu trennen, Imaginationen und Realitäten gehen auch hier ineinander, verschränken sich zu einem Ensemble von Assoziationen, Metaphern und Bildern.

Ist es dennoch möglich, zu einer Übersicht zu gelangen? Der Gegenstand dieses Buchs ist nicht die heutige Stadtnacht, sondern ihre Entstehungsgeschichte. Dennoch: Die Gegenwart ist ständig anwesend. Die Geschichte interessiert mich nicht »an sich«, sondern als Grundlage des Heutigen, Gewordenen. Die Bilder, die sich in unseren Köpfen formen, sind historisch entstanden. Wir erfahren mehr über uns und unsere imaginierten Welten, wenn wir die der Vergangenheit besser kennen – das ist eine Binsenweisheit, die aber im Zusammenhang mit der Stadtnacht eine neue Dimension bekommt: Wir müssen in einen Dialog mit den Nachtwanderern der Vergangenheit treten, wenn wir das Gelände, auf dem wir uns bewegen, besser kennenlernen wollen.

Zwei grundsätzliche Orientierungen, im Raum und in der Zeit, sind notwendig. Die Großstadtnacht selbst ist ein Raum-Zeit-Modell, sie will in zeitlichen und in räumlichen Dimensionen ausgemessen und abgeschritten werden. Der *zeitliche* Rahmen, in dem die Geschichte sich vollzieht, reicht von 1840 bis 1930. Die inhaltlichen Schwerpunkten gewidmeten und chronologisch angeordneten Kapitel werden eingerahmt von Betrachtungen über den »Anfang« der Geschichte um 1840 und über ihr »Ende« um 1930. Das Anfangskapitel breitet das Tableau der Themen aus, stellt die Themen der Nacht in einen allgemeineren Zusammenhang der Jahre um 1840. Nachdem diese Themen unter den Kategorien Sicherheit, Sittlichkeit und Zugänglichkeit dargestellt wurden, greift das Schlußkapitel sie alle noch einmal auf, knüpft den Zusammenhang neu, für die Zeit um 1930.

1. Zugänge in die Nacht

Das Unternehmen, ein Buch über dieses Bündel von Motiven, Ereignissen, »Bildern« zu schreiben, ist mit dem Besuch in einer nächtlichen Stadt gut zu vergleichen: Wo soll man beginnen? Was besuchen? Die Vergnügungsviertel, die einsamen Gegenden, die Industriegebiete? Am besten alles, aber in welcher Reihenfolge? Und unter wessen Anleitung?

Der Zugang in die nächtliche Stadt ist vielfach verstellt. Wer sich vornimmt, eine Stadt – Berlin, Paris, London – »bei Nacht« kennenzulernen, stößt auf eine Reihe von Hindernissen. Das erste dieser Hindernisse hat, ganz wörtlich, mit dem Problem des eingeschränkten *Zugangs* zu tun: Große Städte sind, auch bei Nacht, heutzutage wenig fußgängerfreundlich.

Das Gehen ist eine sehr menschengemäße Fortbewegungsart, eine regelrechte Kunstform in Zeiten der vier- oder mehrspurigen Breschen durch die »autogerechte Stadt«. Im Gehen eröffnen sich Einblicke in das Wesen der nächtlichen Stadt, die den eiligen Fahrenden verborgen bleiben. Aber auch für Gehende, Stadtwanderer, die über Zeit verfügen, ist die Stadt vielfach verstellt; sie werden in Fußgängerzonen, Reservate einer überkommenen Bewegungsform, abgeschoben. Die Möglichkeit, in der *ganzen Stadt* nachzuschauen, was sich verändert hat, was sich verändern sollte, die Möglichkeit, sich städtische Umwelt anzueignen, wird mehr und mehr eingeschränkt. Mit der realen verändert sich aber auch die *mentale Topographie* der Stadt: Größere »Überschaubarkeit« und funktionale Trennungen schränken unsere möglichen Wege ein, und unsere Phantasie dazu. Die »andere Seite« der Zugänglichkeit ist die *Grenze*. Es soll also nicht allein um die Möglichkeiten gehen, sich zu bewegen, sondern auch um die Behinderungen, die dem selbstbestimmten Gehen im Weg stehen.

Auf den Spaziergängen durch die Vergangenheit der nächtlichen Stadt werden wir die unterschiedlichsten Leute treffen: Polizisten und Missionare, Nachtschwärmer und Bummler, Sozialforscher und einsame Wanderer. Sie alle haben Berichte von ihren nächtlichen Wanderungen hinterlassen, Berichte, mit deren Hilfe ich versuchen will, eine Geschichte der Stadtnacht zu schreiben – und die Existenz verlorengeglaubter Elemente in unseren heutigen Stadtnächten wiederzufinden.

2. Quellen und Berichterstatter

Wer berichtet von den Nächten der Vergangenheit? Zuerst, zweifellos, die Polizei. Ihr gilt, wie zu zeigen sein wird, die Stadtnacht als »terrain interdit«, als verbotenes Gelände, und sie kämpft verzweifelt um jede Minute Zeit und um jeden Zentimeter Raum, den sie kontrollieren kann – und der ihrer Kontrolle nach und nach entgleitet. Polizeiakten sind eine interessante Quelle, wenn es gelingt, sie gegen den Strich zu lesen. Die nächtliche Welt ist nicht so, wie die Polizei sie sieht, und noch viel weniger so, wie sie die Polizei gerne hätte. In ihren Akten finden sich also Hinweise auf ein nächtliches Verhalten, das den Vorstellungen der Ordnung von *nächtlicher Sicherheit* widerspricht; Liebhaber der städtischen Nacht bewegen sich darin, oft im Gegensatz zu den Anordnungen und Regulierungsbemühungen der Obrigkeiten. Daraus erwuchsen immer wieder Spannungen und Konflikte, und es bietet sich an, im Kontrast zu den Berichten der Autorität die – weit weniger eindeutigen – Dokumente, Berichte und Erzählungen der Nachtgänger unterschiedlichster Couleur zu lesen, literarische, feuilletonistische Texte, in denen vom »Eindringen« in die nächtliche Stadt berichtet wird.

Zu den Kennern der Stadtnacht gehören, kein Wunder, ihre Gegner. Es gibt eine Gruppe von Quellen unterschiedlicher Herkunft, die sich unter dem Aspekt der »Großstadtfeindschaft« zusammenfassen lassen. Hierher gehören die Archivalien der Nacht-Kritiker aus der kirchlichen »Sittlichkeits«-Bewegung, der Inneren Mission; sie liefern uns Texte, die vor allem um die *allnächtlich bedrohte Sittlichkeit* ringen. Sicherheit und Sittlichkeit sind die zwei hauptsächlichen Ordnungs-Vorstellungen; der Diskurs um ihre mögliche Gefährdung in der Nacht spiegelt sich in den unterschiedlichsten Quellen verschiedener Herkunft.

Schließlich gibt es eine dritte Gruppe von Quellen zur Geschichte der Stadtnacht, die sich vielleicht unter dem Stichwort »Neugier« zusammenfassen läßt; hierunter fallen vor allem Zeitungsberichte, Reportagen, Feuilletons: Berichte vom Leben in der nächtlichen Stadt. Hierher gehören aber auch die Texte der Sozialforscher, der Nacht-Interessierten, die oft glaubten, durch eine Schilderung nächtlichen Lebens und nächtlicher Vorfälle Einblicke in das Funktionieren der ganzen Stadt – und des Lebens unter modernen Bedingungen – geben zu können.

Am interessantesten für mich sind die Quellen, die von der Stadt »in Bewegung« berichten. Ich fürchte, alle Versuche, städtisches Leben anzuhalten und unter ein Mikroskop zu zwängen, sind zum Scheitern verurteilt. Wer in das weite Feld der Assoziationen eintaucht, kann sich schnell verlieren. Wer, diese Gefahr scheuend, aber vorschnell strukturiert, Schwerpunkte setzt, feste analytische Modelle entwickelt, täuscht nicht nur eine Sicherheit vor, die das Thema so leicht nicht gestattet, er begibt sich auch der Möglichkeit, die Dimensionen des Verschwommenen, des Unklaren, des Un-Begreiflichen wahrzunehmen und mitzudenken.

Im Gehen eröffnen sich, zugegeben, eher zufällige als systematische Einblicke. Sie sind notwendig unzuverlässig, ungenau, schwer zu fassen. Damit kommen sie dem Wesen der nächtlichen Stadt, oder doch unserem Bild davon, ziemlich nahe. Auskunftgeber, die wir zu Rate ziehen können, sind alle, die – wohlgemerkt, aus höchst unterschiedlichen Gründen – in der Stadtnacht unterwegs waren. Ihre Berichte liefern nur begrenzt exakte Daten, Ziffern oder andere solide Fakten. Das ist nicht schlimm. Zusammen ergeben sie doch ein Bild, wenn es gelingt, die unterschiedlichen Quellen, und die unterschiedlichen Perspektiven, die darin entwickelt werden, zu einem intensiven und vielstimmigen Dialog zu arrangieren.

3. Methoden der Nachtforschung

Quellen »sprechen« nicht von alleine; sie müssen gefunden, freigelegt, ausgewählt, arrangiert werden. Aus dem Material, das ich gesichtet habe, ist eine Auswahl entstanden, die, so hoffe ich, eine Annäherung an den Gegenstand ermöglicht. Es gibt allerdings einige Leitlinien, methodische Vorgaben, mit deren Hilfe ich versuche, der Melange aus empirisch nachprüfbaren Realitäten und abstrakten, aber durchaus hartnäckigen Bildern – die eine eigene »Realität« formen – auf die Spur zu kommen. Beide Bereiche, Realitäten und Imaginationen, sollen dabei in ihrer Wertigkeit, in ihrem Gewicht ernst genommen werden.

Prozesse der »inneren« Urbanisierung

Das Konzept der »inneren« Urbanisierung, wie es von Gottfried Korff entwickelt wurde[10], fragt nach dem inneren Leben, nach der *Mentalität*,

»wie sie sich im kommunikativen Beziehungssystem der Großstadt herausgebildet hat«, nach dem »Handeln, Denken und Fühlen im Urbanisierungsprozeß«. Das Interesse gilt also den Auswirkungen der »äußeren«, materiellen Urbanisierung auf die Verhaltensweisen und Geisteshaltungen, auf die Lebensweise der Menschen, die diesen Prozeß erlebten – und es gilt der Rückwirkung der Mentalitäten auf den Fortgang dieser Prozesse.

In den wenigen bisherigen Untersuchungen, die diesem Konzept folgten, wurde deutlich, daß sich die »innere« Urbanisierung *auch* als kreativer Prozeß der Herausbildung städtischer – zum Überleben in der Stadt notwendiger – Verhaltensweisen darstellen kann: Mobilität gehört dazu, Flexibilität im Umgang mit neuen Arbeits- und Wohnformen, Eingewöhnung in eine neue Zeitpraxis. Die Veränderung der städtischen Nacht bildet im Ensemble der neuen Herausforderungen an das Verhalten, an die Wahrnehmung und an die Einstellungen einen wichtigen Abschnitt. Was sich äußerlich verändert, hat Auswirkungen auf das »innere« Erleben. Zwei Kriterien sind dabei zu beachten. Der Prozeß der »inneren« Urbanisierung verläuft keineswegs linear, er betrifft und erfaßt verschiedene Gruppen der städtischen Bevölkerung zu verschiedenen Zeiten und auf unterschiedliche Weise; er verläuft auch nicht mechanisch und einseitig, sondern gleichsam im Dialog zwischen *der Stadt* und *den Menschen*, genauer: zwischen den je spezifischen Herausforderungen der städtischen Umgebung und den Möglichkeiten ihrer Bewohner, darauf angemessen zu reagieren – wobei ihre Reaktionen, ihre Verhaltensweisen die städtische Umwelt wiederum beeinflussen und sogar formen können. Dieser Punkt ist wichtig: Die Geschichte der Stadtnacht zeigt, daß es durchaus unterschiedliche Möglichkeiten gibt, die Prozesse der Urbanisierung zu erleben, und die Spannung zwischen diesen unterschiedlichen Reaktionsweisen enthält ein Element von Freiheit.

Auseinandersetzungen mit der Moderne

Der »urbanistische Diskurs«[11], der in den Jahren um 1840 in Gang kommt, ist auch ein Diskurs, eine gesellschaftliche, öffentlich geführte Auseinandersetzung um die Urbanisierung als Teil der gesellschaftlichen *Modernisierung*. Wo Großstadterfahrungen thematisiert werden, können wir sie als Beleg für die *Erfahrung Moderne* lesen und interpretieren. Die Stadt ist der Schauplatz der Moderne, ihre Bühne, ihr Ort; das Symbol für »Modernität« ist, in allen untersuchten Städten, die Straße. Sie ist, für Kritiker wie für Apologeten der Stadt, als materielle Realität wie als Metapher, eine zentrale Figur von Stadtbeschreibungen; sie ist der Ort der Konfrontation und Begegnungen. Die Stadt als *Ensemble von Herausforderungen* verlangt die Einübung »moderner«, zeitgemäßer Verhaltensweisen, zugleich stellt sie Mittel und Wege zur Bewältigung dieser Herausforderungen zur Verfügung.

Viele bisherige Untersuchungen zur »Großstadt als Ort der Moderne«[12] führen meines Erachtens zu schnell weg von der materiellen Realität der Stadt und ihrer Entwicklung. Auch biedere archivalische Quellen können mit gutem Erfolg mit der Frage konfrontiert werden, welche Formen der Auseinandersetzung mit der Moderne sich darin manifestieren. Andererseits können literarische Texte danach befragt werden, welche realen Stadterfahrungen sich darin niederschlagen.

Zu den Schlüsseltexten moderner Stadtliteratur gehört zum Beispiel Guy de Maupassants Novelle ›La nuit. Un cauchemar‹, »in der ein Liebhaber der großstädtischen Nacht zu ihrem Opfer wird«:

»Das künstliche Gaslicht wird irgendwann gelöscht, am Ende bleibt die Taschenuhr des nächtlich-einsamen Gegenbildes zum Flaneur stehen, und dem umherirrenden Wanderer, dem so nach der Orientierung im Raum die in der Zeit und mit ihr die letzte Verbindung zur funktionierenden Zivilisation genommen ist, erscheint die schlafende Stadt als verlassen und ausgestorben, die Seine als Ort des Schreckens der menschenleeren Natur, an dem ein archaischer, elementarer Tod auf den Großstädter wartet; aus Hunger – Müdigkeit – und Kälte.«[13]

Die Topographie dieses »Nachtstücks« ist keineswegs imaginär. Geschildert wird vielmehr, freilich in literarischer Verfremdung, ein nächtliches Paris, wie wir es in den zeitgenössischen Polizeiberichten und Zeitungsmeldungen wiederfinden können: die Boulevards, die Champs Elysées, die Bastille, der Faubourg Montmartre, das Hallenviertel – Stationen eines prototypischen Gangs durch die nächtliche Stadt, einer »déambulation nocturne«[14], die vom Licht in immer tieferes Dunkel führt. Die Kenntnis dieser Topographie, das Wissen um die Verankerung bestimmter, von Maupassant bewußt gesetzter Signale erhöht den Reiz und den dokumentarischen Wert des Textes.

Exkurs: Volkskunde und Großstadtnacht

Die deutsche Volkskunde hat ihre Auseinandersetzung mit der Moderne häufig als eine Auseinandersetzung mit dem Leben in den Städten geführt. Sie ist selbst ein *Kind der Moderne*: Die unterschiedlichen Traditionen und Vorläufer volkskundlichen Denkens und Forschens – Kameralistik (Verwaltungslehre[15]) und Statistik, Reisebeschreibung, Sammlungen von Zeugnissen »populärer« Kultur – vereinen sich in einem Moment zur Konstituierung der Volkskunde als Wissenschaft, da die Suche nach Tradition und Überlieferung schon zur Flucht vor den Realitäten der Gegenwart gerät.

»Kulturpessimismus und Stadtferne«[16] prägen die Fachgeschichte. In dem festgefügten Gesellschaftsbild, das der »Vater« der deutschen Volkskunde, Wilhelm Heinrich Riehl, zeichnet, können neue, moderne kulturelle Formen und Praktiken nur als »Dekadenz« und »Verfall« wahrgenommen werden. Selbst in dieser konservativen Sicht sind die großen Städte *Laboratorien der Moderne*: Orte, an denen die Arbeits- und Lebensweise der industrialisierten Gesellschaft modellhaft vorgeführt wird.

Die Veränderungen in der Lebenswelt sind umfassend, sie betreffen alle Bereiche der Existenz, auch Einstellungen, Haltungen, Formen des Umgangs mit der Umwelt, Zeitrhythmen und Raumgefühle. Im Gesellschaftsbild des konservativen Kulturkritikers gelten diese Veränderungen als künstlich – und als umkehrbar: »Die Welt der Großstädte wird zusammenbrechen und diese Städte (...) werden als Torsos stehen bleiben.«[17] Zu den Bereichen, denen sich die Großstadtkritik mit Vehemenz zuwendet, gehört bald das »Nachtleben« mit all den negativen Elementen, aus denen es sich – in dieser Sicht – zusammensetzt. Der ideologische Kampf, es gibt kein freundlicheres Wort dafür, gegen den »Verfall der Sitten in den großen Städten«[18] bediente sich oft der Metapher der Nacht, um die Stadt als Lebensraum anzugreifen. Einzelne Erscheinungen des Lebens in der Stadt verdichteten sich so, durch Wiederholung, durch Auslassungen, zu »Charakteristika«, zu Symbolen des Städtischen. Diese Form der Großstadt-»Forschung« hat tatsächlich eine eigene Realität über die Stadt geschaffen[19], ein sich mehr und mehr verselbständigendes Panoptikum von »Auswüchsen«, von Extremen, von Zerrbildern, die stellvertretend für die ganze Stadt – und, darüber hinaus, für die moderne Gesellschaft – genommen wurden.

Auch Volkskundler gehörten zu denen, die sich mit forschendem Interesse – und mitgebrachten Vor-Bildern – in die Großstadtnacht begaben und einer interessierten Öffentlichkeit davon berichteten. Sie nahmen in ihren Veröffentlichungen Traditionen früherer Stadtbilder auf und formten sie nach ihrem Wissensstand, nach ihrer Vorstellung um; damit trugen sie zur Formung des Schreckbildes von der Stadtnacht bei.

Wahrnehmungen und Einstellungen

In den bisherigen Überlegungen war immer wieder von »Bildern« die Rede; das ist ein schillernder Begriff. Was ist Großstadtwahrnehmung? In Texten, die sich mit diesem Thema befassen, werden häufig zwei Fragestellungen vermengt: Einerseits geht es um den »Wahrnehmungsskandal« Stadt[20], um die Reizung der Sinne, die von der Stadt selbst ausgeht, andererseits geht es um die allgemeine Wahrnehmungsdisposition der Großstädter, um die Veränderung ihrer Sichtweisen durch die neuen Lebensumstände. In beiden Fällen bietet die Nacht ein interessantes Untersuchungsfeld: Sie liefert »Bilder«, die sich oft zu festen Metaphern verdichten, zu Signalen für eine bestimmte Einstellung der Stadt gegenüber; und sie fordert die Wahrnehmungsleistung in besonderer Weise heraus. Gleichzeitig bietet sie aber auch eine Gelegenheit, die Imaginationen näher an das Erleben, an die Erfahrung, an den Alltag anzubinden.

»Unsere deutsche Hauptstadt hat den traurigen Ruhm, die vergnügungs- und damit versuchungsreichste Stadt der Welt zu sein. Man beobachte einmal das nächtliche Leben in der ›Passage‹, an der bunten Ecke, im ›Scheunenviertel‹! Man sehe, wie sich zwischen 11 und 2 Uhr nachts die Theater und Kinos, die Operetten und Varietes, die Ball- und Kneipsäle entleeren und die sinnenerregte Jugend den Versuchungen der nächtlichen Straße ausliefern.«[21]

»Dem Nachtleben (sagt Thomas Edison) sagt man viel Böses nach. Es wird viel zu viel kritisiert. Denn Nachtleben bedeutet Fortschritt. (...) Nachtleben und Stupidität vertragen sich nicht miteinander. Die wachsende Neigung zum Nachtleben bedeutet daher auch wachsende geistige Frische. (...) Elektrisches Licht aber bedeutet Nachtleben. Nachtleben bedeutet Fortschritt. Berlin ist auf dem besten Wege, die fortschrittlichste Stadt in Europa zu werden.«[22]

Die Frage ist nicht, wer recht hat. Interessant ist vielmehr, daß das gleiche Phänomen, zur gleichen Zeit, in der gleichen Stadt, auf so unterschiedliche Weise wahrgenommen werden kann.

Ungleichzeitigkeiten und Konflikte

Die regelmäßige Folge von Tag zu Nacht, von Nacht zu Tag, gehört zu den Selbstverständlichkeiten unserer Existenz. Solche sicheren, voraussehbar wiederkehrenden Grundstrukturen[23] prägen unser alltäglich-allnächtliches Leben mehr als wir ahnen: gerade, *weil* wir nicht weiter darüber nachdenken. Es wird dunkel, und dann wird es auch wieder hell, das wissen wir, oder hoffen es doch.

Hier soll keine Philosophie der Nacht geschrieben werden, auch an eine Rückkehr zur romantischen »nächtlichen Lebensanschauung«[24] ist keinesfalls gedacht. Es geht vielmehr darum, die Entwicklung einer merkwürdigen Konfrontation zu untersuchen: Das Alt-Vertraute, die Nacht, wird in den hundert Jahren von 1830 bis 1930 einem Prozeß des rasanten Wandels, der beschleunigten Veränderung unterworfen. Das Erscheinungsbild der Nacht verändert sich stark, in erster Linie durch die Fortschritte der Straßen- und Schaufensterbeleuchtung, durch den zunehmenden Verkehr, auch die *Redeweisen* über die Nacht nehmen neue – moderne – Formen an. Dennoch bleibt die Grundstruktur erhalten, und aus dem Verhältnis zwischen der schwerfälligen, festverankerten Grundstruktur und ihrer sich so entscheidend verändernden Erscheinung erwachsen zahlreiche Konflikte, Widersprüche und Ungleichzeitigkeiten. *Ungleichzeitigkeiten:* Verschiedene Gruppen innerhalb einer Gesellschaft, innerhalb einer Stadt zum Beispiel, entwickeln aufgrund ihrer jeweiligen Erfahrungen und Lebensbedingungen unterschiedliche Vorstellungen, Wahrnehmungsformen und Verhaltensweisen in bezug (nicht nur) auf die Nacht. Manche begrüßen das neue Licht, die neuen Formen des Vergnügungslebens oder die neuen Organisationsweisen der Polizei; andere schrecken vor den neuen Möglichkeiten und den neuen Herausforderungen zurück, sie sehen *ihr Bild der Nacht* gefährdet.

Es ist besonders interessant, diesen Prozeß in der sich gerade formierenden modernen Großstadt zu beobachten. Neue technische Errungenschaften erreichen in der Regel »die Stadt« – aber eben: nur bestimmte

Bereiche und Regionen darin! – eher als »das Land«. In den Städten existieren Foren öffentlicher Diskussion (und breiten sich aus), in denen die Vor- und Nachteile der neuen Entwicklungen besprochen werden. Im Verlauf der Formierung der modernen Stadt bilden sich einzelne Regionen, in denen sich die »Modernisierung« unterschiedlich schnell, unterschiedlich intensiv vollzieht – und in denen sie dann auch unterschiedlich wahrgenommen wird. Diese *Herstellung der Ungleichzeitigkeit* ist mehr als eine Begleiterscheinung, sie ist eine Konstituente des Modernisierungsprozesses.

Widersprüche: In manchen Regionen bleibt »die Nacht« noch, sagen wir: 1840, was sie über Generationen war, eine Zeit des Rückzugs von außen nach innen, von der Straße ins Haus, Zeit für Schlaf, Erholung, Regeneration – und eine Zeit für Gespenstergeschichten dazu. In anderen Regionen nimmt die Nacht um diese Zeit schon andere Formen an: Man geht nach draußen, sucht Vergnügen, Unterhaltung, Zerstreuung. Der Begriff »Regionen« ist dabei nicht nur geographisch zu verstehen; viele Faktoren prägen das Verhältnis von Einzelnen und von Gruppen zur Nacht: die Zugehörigkeit zu einer bestimmten Klasse, zu einem Geschlecht, zu einer Religion, die Verankerung in mitgebrachten traditionalen Welten und ihrem Regelwerk, die jeweilige Situation von Arbeitsplatz und Wohnort.

Bei genauem Hinsehen löst sich also »die Nacht« im Paris oder Berlin des Jahres 1840 in viele unterschiedliche Nacht-Vorstellungen auf. Reiche und Arme, Männer und Frauen, Junge und Alte, Zuwanderer und Eingesessene, Bewohner zentraler Bereiche und Bewohner von Randgebieten, Ledige und Verheiratete – sie alle haben unterschiedliche Bilder von der Nacht, sie erleben sie auf unterschiedliche Weise.

In den Quellen der Zeit finden sich deshalb zahlreiche »Widersprüche«. Im gleichen Jahr und in der gleichen Stadt beschreibt ein Autor die Nacht als freundlich, ein anderer als feindlich, hier ist (noch?) von »Schrecken« die Rede, da (schon?) von »Faszination«. Der widersprüchliche Befund ist Teil, fundamentale Voraussetzung des gesellschaftlichen Diskurses, der öffentlichen Auseinandersetzung über die Nacht in den Städten. Ziel der Forschung kann es nicht sein, die Widersprüche zu glätten; sie muß sie, im Gegenteil, zum Sprechen bringen.

Konflikte: Die unterschiedlichen Vorstellungen darüber, wie die Stunden der Nacht im Tageslauf einzuordnen und wie sie am besten zu organisieren sind, geraten schier zwangsläufig in Konflikt. Streit, öffentlich ausgetragen, entbrennt früh zwischen denen, die die Nacht (noch?) als abgeschlossene Zeit des Rückzugs ansehen und denen, die sie für das Leben – Vergnügen und Arbeit – öffnen wollen; Streit entbrennt zwischen den Vertretern einer strikten Nacht-Ordnung und denen, die diese Ordnung in Frage stellen. Dieser Streit hält lange an, er begleitet die Geschichte der nächtlichen Stadt; die Argumente, die dabei verwendet werden, die Bilder, die die jeweiligen Kontrahenten dabei von der Stadt entwerfen, sind Schlüssel zum Verständnis der Diskussion um die Moderne.

Die Nacht – und der Umgang mit ihr, die Redeweise über sie – macht auf die Tatsache der unvollendeten, der nicht-so-perfekten Modernisierung unserer Gesellschaft, unserer Städte aufmerksam. Hier wird die Doppelgesichtigkeit der gesellschaftlichen Prozesse, die wir »Modernisierung« nennen, offenbar. Einerseits führt die industrialisierte Gesellschaft ihre Errungenschaften und Leistungen auf besonders glanzvolle, »strahlende« Weise vor: Aus einem nahezu unzugänglichen, in vielerlei Hinsicht »verbotenen« Gelände schafft sie ein Reich (fast) allgemeiner Zugänglichkeit, einen gigantischen Vergnügungsbetrieb; andererseits entsteht in der Nacht der Städte auch ein Feld neuer, »moderner« Gefahren und Behinderungen.

Henri Lefèbvre hat den Prozeß der Modernisierung mit dem »Bild der Stadt« gleichgesetzt, »das zu einem Begriff hin tendiert (also auf eine Erkenntnis zu)«[25]: Viele Phänomene, die die Wahrnehmung auf eine neue Weise herausfordern, lassen sich – mit der Zeit – rational erklären, in Begriffe fassen und zu einem realistischen Bild zusammensetzen. Aber dieser Vorgang vollzieht sich gerade in der Stadt langsam und ungleichmäßig, weil immer neue, Erklärung einfordernde Phänomene hinzukommen, und er läßt immer wieder Einzelne zurück, die sich mit den neuen Anforderungen schwer tun. Der Vorgang, in dem aus der »mondbeglänzten Zaubernacht« das »Elendsdunkel der Großstadt« wird, in das die »Luxus- und Kontrollichter der neuen Beleuchtungssysteme fallen«[26], vollzieht sich nicht wie das Umkippen eines Schalters, die mitgebrachten Konditionierungen bleiben neben den neuen Formen der Wahrnehmung erhalten.

Wissenschaft beschäftigt sich häufig, ohne es einzugestehen, mit Gegenständen, denen »Unheimliches« innewohnt, überzieht sie aber gerne

»Das Gaslicht ist ein wichtiges Element in unserem Kulturleben, und wir Großstädter erinnern uns der früheren Oellaternen nur ebenso dunkel, wie jene brannten. (...) Unser Lampenanzünder ist ein gelenkiger Mann, ein Merkur der Illusionen.« (Robert Springer, 1869; Foto: London um 1930)

mit einer Folie von Rationalität, die den Anschein von Transparenz erweckt, sie aber nicht wirklich herstellt. Der schwer begreifliche, phantastische, irrationale Anteil der Dinge, der Geschichten, der Verhaltensweisen bleibt dabei weiterhin unerforscht. Es gibt eine Form der »Nachtbegeisterung«, die scheinbar der Vergangenheit angehört. Wer sich mit der Nacht in der Moderne beschäftigt, tut gut daran, Texte ernstzunehmen, in denen die *Faszination des Nächtlichen* weiterlebt. Die Texte der »Nachtbegeisterten« machen uns auf die Relativität des »Erleuchtungs«-prozesses aufmerksam. Was sich als »irrational« lesen und damit disqualifizieren ließe, erhält in der Geschichte der Nacht einen besonderen Stellenwert. Die Beschwörer des Zaubers, die der Faszination des Nächtlichen erliegen, die Geschichtenerzähler und die einsamen Nachtwanderer, die immer wieder den Übergang auf die »Nachtseiten« der Stadt wagen, sie bezeugen die Dauerhaftigkeit einer tiefen Sehnsucht.

4. Themen der Nacht: Sicherheit, Sittlichkeit, Zugänglichkeit

Es gibt drei wesentliche Bereiche, innerhalb derer Konflikte ausgetragen werden: *Sicherheit, Sittlichkeit*, und – querliegend zu den anderen Bereichen, und beide durchdringend – *Zugänglichkeit*.

In den Jahren um 1830, 1840 beginnt ein Prozeß, in dem sich die nächtliche Stadt »öffnet«; so wie die äußeren Begrenzungsmauern um die Städte fallen, lösen sich auch in ihrem Inneren feste und seit Jahrhunderten bestehende Absperrungen auf. Die Behörden sehen jeden einzelnen Schritt auf diesem Weg zunächst als *Sicherheitsproblem* an: Wenn mehr Menschen nachts unterwegs sind als zuvor, wenn also potentiell auch mehr von ihnen die Gelegenheit der Finsternis für dunkle Zwecke nutzen, dann müssen neue Maßnahmen zur (Wieder-)Herstellung von Sicherheit in Gang gebracht werden. So sieht es die Obrigkeit, in London nicht anders als in Paris oder Berlin, und in der Konsequenz entwickelt sie neue Organisationsformen der nächtlichen Sicherheit, die selbst wiederum das Erscheinungsbild der Nacht verändern. Es ist nicht erstaunlich, daß andere Gruppen der städtischen Gesellschaften das anders sehen; sie erhoffen und verlangen neue Bewegungsfreiheit in der Stadt, auch zur Nachtzeit, sie erleben die Maßnahmen der Obrigkeit als Einschränkung.

Der Konflikt zwischen den Sehnsüchten nach Freiheit hier, nach Ordnung da, begleitet die Debatte über die Großstadtnacht, er fördert interessantes Material zutage, das Auskunft nicht nur über die diversen Organisationsmöglichkeiten erteilt, sondern auch über die unterschiedlichen Bilder von der Nacht.

Die Schritt für Schritt erweiterte Bewegungsfreiheit führt zu einer zweiten Entgrenzung: »Prostitution ist ein Nachttier«, heißt es bündig bei dem Kriminalisten Gotthold Lehnerdt[27], und die »neue« Nacht fördert neue Formen öffentlicher Sexualität, die das bestehende Konzept der *Sittlichkeit* im großen Maßstab herausfordern und gefährden. So sehen es die Vertreter der »Sittlichkeitsbewegung«, Kirchenleute, Stadtväter, Sittenwächter unterschiedlicher Herkunft. Auch hier gilt: Nicht alle sehen es so, für manche zählt das Versprechen größerer Freiheit mehr als die vermeintliche Gefahr für Sitte und Anstand. Konflikte und öffentliche Debatten über die Prostitution und den Umgang mit ihr und all ihren »Begleiterscheinungen« prägen das Bild der Stadtnacht. Auch aus diesen Konflikten und aus diesen Debatten erfahren wir vieles über die Vorstellungen, die Zeitgenossen sich von der Nacht machten – was sie erhofften, was sie fürchteten.

Wenn Vorschriften fallen oder gelockert werden, die das Betreten der nächtlichen Stadt streng reglementierten, ergibt sich schließlich eine dritte Veränderung: Die Frage der *Zugänglichkeit* der Stadtnacht führt zurück zur Feststellung von Ungleichheiten und Ungleichzeitigkeiten. Arme und Reiche, Männer und Frauen, Zuwanderer und Eingesessene verfügen über unterschiedliche Möglichkeiten des Zugangs, sehen sich mit unterschiedlichen Grenzen konfrontiert. Die Konflikte um Sicherheit und Sittlichkeit in der Nacht behandeln auch die grundsätzliche Frage, wem – wann, mit welchen Rechten, mit welchen Einschränkungen – der Zugang zur nächtlichen Stadt offensteht: Wem gehört die Nacht? Wer kann über sie verfügen? Auch hier läßt sich eine lang anhaltende, mit Metaphern, Bildern, Assoziationen geladene gesellschaftliche Debatte über die Jahre hin verfolgen, und sie ist in vieler Hinsicht aufschlußreich.

5. Redeweisen über die Nacht

In den erwähnten Debatten, die größtenteils öffentlich geführt wurden, haben sich im Lauf der Jahre eigene *Redeweisen* über die Nacht herausgebildet, die »Sprachen der Nacht«[28] sind reich an Metaphern und an Geschichten. Aber diese Sprachen sind nicht verbindlich; verschiedene Begriffe kehren immer wieder, tragen jedoch oft unterschiedliche Bedeutungen. Hier ist nicht der Ort für eine weit ausholende Darstellung all der Konnotationen und Assoziationen, die sich von alters her mit dem Wort »Nacht« verbinden; das ›Deutsche Wörterbuch‹ der Brüder Grimm wie das umstrittene, aber materialreiche ›Handwörterbuch des Aberglaubens‹ verzeichnen eine ungeheure Fülle von Belegen dazu.[29] Für unseren Zusammenhang ist entscheidend, daß die Vorstellungswelten und Assoziationsbündel zum Stichwort »Nacht« in den Köpfen derer spukten, die die Anfänge der *modernen* Nacht miterlebten. Die Rede von den »Geheimnissen« und den »Wundern« der Nacht, in Märchen und Legenden, aber auch in der romantischen Literatur tradiert, ließ sich mit dem Aufkommen der künstlichen Beleuchtung nicht auslöschen. Die Gespenster bleiben im Gedächtnis, auch wenn der Verstand sie nach und nach abschafft. »Die Glühbirne im schattenarm gewordenen Zimmer hat die Anfechtungen des Nachtgrauens weit gründlicher geheilt als etwa Voltaire«, sagt Ernst Bloch[30]. Doch die Ängste und die schrecklichen Vorstellungen, die sich traditionell mit der Nacht verbinden, verschwinden nicht so schnell, nicht im gleichen Rhythmus, wie neue, »rationale« Formen des Umgangs mit Nacht entstehen. Im November 1819 agitierte die ›Kölnische Zeitung‹ heftig gegen neue Formen der Beleuchtung, unter anderem

»aus theologischen Gründen: weil sie als Eingriff in die Ordnung Gottes erscheint. Nach dieser ist die Nacht zur Finsterniß eingesetzt, die nur zu gewissen Zeiten vom Mondlicht unterbrochen wird; (...)
aus philosophisch-moralischen Gründen: die Sittlichkeit wird durch Gassenbeleuchtung verschlimmert. *Die künstliche Helle verscheucht in den Gemüthern das Grauen vor der Finsterniß*, das die Schwachen von mancher Sünde abhält.«[31]

Als im November 1965 der erste große Blackout die modernste Stadt der Welt, New York, für lange Stunden »verdunkelte« (welche Umkehrung: als wäre das künstliche Licht das natürliche, als müßte Dunkelheit künstlich hergestellt werden), da kamen die verscheucht geglaubten Ängste zurück:

»Man hat uns allen immer und immer wieder gesagt, daß es niemals passieren könnte. (...) Wir könnten unseren Geschäften nachgehen, ohne Angst vor der

Dunkelheit. Mit dem Blackout kamen diese Ängste zurück, und stärker als je zuvor, weil nun bewiesen war, daß die Experten unrecht hatten. Auf die eine oder andere Weise sorgte der Blackout bei uns im Dunkeln für die Einsicht, daß es das Dilemma des modernen Menschen ist, in einer Welt zu leben, die er nicht wirklich versteht und die er nicht wirklich kontrollieren kann.«[32]

So spannt sich der Bogen von dem Moment, da die Stadtbewohner des frühen 19. Jahrhunderts zum ersten Mal mit dem künstlichen Licht der Gaslaternen konfrontiert wurden, bis zu dem Moment, da sich die Bewohner der hellsten Stadt unvermutet und unvorbereitet im Dunkeln wiederfanden. Was dazwischen liegt, ist, anders als es die vom Standpunkt des Lichts aus geschriebenen »Erleuchtungs«-Geschichten uns weismachen wollen, keine Historie des vorwärtsstürmenden Fortschritts. Es ist die Geschichte wechselvoller Beziehungen zwischen Licht und Dunkel, in der Schönheit *und* Schrecken der Nacht als Erinnerungsträger wirken.

6. Exkursionen in die Stadtnacht

»Nächtliche Heimkehrer im Hansaviertel«, so formulierte Wolf Jobst Siedler 1964, »sehen immer so aus, als ob sie eigentlich woandershin wollten.«[33] Stadtplanung und Stadtentwicklung der Nachkriegszeit haben, so die These Siedlers und seiner Mitautorinnen Elisabeth Niggemeyer und Gina Andreß, »mit dem Nachtleben auch den anrüchigen Charme des Großstädtischen ermordet«.

Ist das »Nachtleben« tot? Das klingt, gerade in Berlin, recht unwahrscheinlich. Es ist wohl eher so, daß eine bestimmte Form nächtlichen Lebens, nächtlichen Erlebens verlorengegangen ist. Der Zug von einer Kneipe zur nächsten, in größerer Gesellschaft unternommen, kann zwar nachts stattfinden, aber die Eigenheiten der Nacht kommen denen, die daran teilnehmen, nicht in die Quere. Das gefürchtete Unkontrollierbare – »Unordnung, Lasterhaftigkeit, Undurchschaubarkeit, Anrüchigkeit«[34] – wird in der Regel der Straße zugeschrieben. Deshalb führen organisierte Nachttouren ihre Besucher am liebsten von einem geschlossenen *Ort*, einem *Etablissement*, zum nächsten.[35] Die Hinweise in den Zeitungen und Programmheften beziehen sich ausschließlich auf Veranstaltungen innerhalb geschlossener Räume, Berichte über das »Nachtleben« richten sich nach dem gleichen Schema.

Die Lektüre solcher Texte läßt ein Bild der nächtlichen Stadt entstehen, das aus vielen, von Zeit zu Zeit wechselnden einzelnen Punkten zusammengesetzt ist – die Verbindungsgänge, die Wege zwischen den Orten spielen darin keine Rolle. Die Dominanz der Orte hat dazu geführt, daß sie, und das, was in ihnen geschieht, als Repräsentanten für »das Nachtleben« angesehen werden. Das fördert die Entstehung und die Verbreitung von Klischees: »Manchmal haben wir den Eindruck, daß die Touristen sich in einem riesigen Theaterstück bewegen, das nur für sie arrangiert wurde.«[36]

Wer sich mit der Großstadt des 19. Jahrhunderts beschäftigt, denkt unweigerlich zuerst an Paris, die »Hauptstadt«[37] dieser Zeit, die Hauptstadt auch des Lichts, »La Ville Lumière«. Andererseits war London, die größte Stadt der Welt, Metropole des Handels, der Märkte, Stadt der ersten Gasbeleuchtung, Paris in vielen technischen Entwicklungen voraus. Berlin wird zur Großstadt erst ab 1870, erlebt dann aber viele Veränderungen in sehr kurzer Zeit. Die Zusammenschau London-Paris-Berlin eröffnet also den Zugang zu unterschiedlichen Etappen der Nachtgeschichte, zu Vorsprüngen und Nachholbedürfnissen, und zu veritablen Konkurrenzkämpfen: Wer ist die modernste, sicherste, lebendigste, die »wahre« Weltstadt? Die Anziehungskraft der mythischen Nacht-Orte ist trotz aller Veränderungen ungebrochen, und sie wird in den Exkursionen, die Touristen nach »Paris-by-night« führen, aufrechterhalten. In den europäischen Städten, so hat es György Konrad formuliert, »ergibt sich die Gelegenheit, Umschau zu halten«, »die unergründliche und unerschöpfliche Rätselhaftigkeit der Städte, Dichte als Mysterienhaufen – ein erstklassiges europäisches Vermögen.«[38] Ist dieses Vermögen zugänglich, erreichbar? Ist die Nacht der Jahre 1840, 1870, 1900 oder 1930 für uns vorstellbar, etwa bei einem Gang durch die nächtliche Stadt der Gegenwart? Der Versuch könnte sich lohnen, und auf diesem Weg können wir uns mit dem Gelände vertraut machen, in dem die folgenden Kapitel spielen.

Paris

»In dieser Großstadt«, so schwärmte der Kulturhistoriker Alexander von Gleichen-Rußwurm, »ist der gebildete Leser nie allein.«[39] Vor allem »auf den Boulevards«, so heißt es da, gesellten sich die »Gestalten der literarischen Unsterblichkeit« zu den neugierigen Wanderern; wie kein anderes Medium ist es tatsächlich die Literatur, die die Phantasie der Stadtwanderer anregt: Können Städte »erzählen«, können Steine »reden« – oder können sie nur als Echo unserer eigenen Einflüsterungen dienen?

Begeben wir uns »auf die Boulevards«: Ein möglicher Ausgangspunkt für unsere Exkursion ist der *Palais Royal*, ehemaliger Stadtsitz der Herren von Orléans und bis 1836 Zentrum der nächtlichen Aktivitäten von Paris[40]: Seine Arkaden waren einst *der* Laufsteg der Prostitution. Heute ist der Ort bei Nacht verlassen und still. Folgt man dem Weg, den – nach einer Beschreibung von Julien Lemer – eine kleine Gruppe von Nachtschwärmern, von »noctambules« in den Jahren nach der Schließung ihres nächtlichen Treffpunktes nahm, so führt er über die *Avenue de l'Opéra*, heute eine reine Geschäftsstraße, und den *Boulevard des Italiens*, vorbei an den großen Kaufhäusern »Printemps« und »Lafayette« zum nördlichen Teil des inneren Boulevard-Rings, der den alten Kern der Stadt umschließt und ihn von den (ehemaligen) Handwerker- und Arbeitervororten, den »faubourgs«, trennt.

Auf dieser Strecke, die ihren Namen bis zur *Porte St. Martin*, an der wir eine Pause einlegen wollen, dreimal ändert – *Bd de Montmartre, Bd de Poissonnière, Bd de Bonne-Nouvelle* – lagen die berühmtesten Theater, Cafés, Varietés, und natürlich die prächtigsten *Passagen* in der großen Zeit der Boulevards[41], die *Passage des Panoramas* und die *Passage Jouffroy*, hier war die Bühne für die adeligen und bürgerlichen Flaneure, wie sie hundertfach in der Literatur geschildert wurden[42] und wie sie auch uns noch häufig begegnen werden.

Wie auf den weiter westlich gelegenen *Champs-Elysées*, so ist auch hier der Prozeß einer Verdrängung von Cafés durch Schnellrestaurants, von kleinen Theatern durch Action- und Pornokinos, von Antiquariaten durch Buch- und Postersupermärkte zu beobachten. Der Autoverkehr fließt, gerade in den Nachtstunden, unaufhörlich, drängt die Fußgänger an den Rand und macht ein Überqueren der Straße schwer. »Nachtleben« in seiner dezimierten Form als »Angebot von Waren zur Selbstbefriedigung«[43] kann hier besichtigt werden.

Ein zweiter Ausgangspunkt unserer imaginierten Exkursion durch das nächtliche Paris wäre der Standort der ehemaligen Markthallen, »Les

Halles Centrales«. Der ehemalige »Bauch von Paris«, den Emile Zola schilderte, hat seine ursprüngliche Funktion bereits Ende der 1960er Jahre mit der Verlegung des Zentralmarktes nach Rungis verloren. Aber erst der gegen vielfachen Protest 1972 vorgenommene Abriß der Hallen selbst, Eisen-Glas-Konstruktionen des Architekten Baltard, in denen sich innerhalb kürzester Zeit eine eigene nächtliche Subkultur entwickelt hatte, hat den Charakter des Viertels radikal verändert.[44] Im Schatten der großenteils unterirdisch angelegten Betonstrukturen des *Forum des Halles* spielt sich eine Form nächtlichen Unterhaltungslebens ab, aber die Funktion der Hallen als »melting-pot« von Paris ist verloren. Von hier führt der Weg Richtung *Centre Beaubourg*, und dann nach Norden: Parallel zueinander verlaufen die *Rue St. Denis*, mit ihren Seitengäßchen traditionelles Gebiet der Straßenprostitution, und der *Boulevard Sébastopol*, im Rahmen der Haussmannschen Umgestaltungen der 1860er Jahre als Aufmarschstraße in die revolutionären Faubourgs angelegt.[45] Der »Sébasto« dient heute fast ausschließlich dem Verkehr, er führt zu den Nord- und Ost-Bahnhöfen der Stadt. In der Rue St. Denis sind es vor allem ausländische Touristen, die das Angebot einer zunehmend industrialisierten und brutalisierten Form der Prostitution eher besichtigen als wahrnehmen. Auch hier findet ein Verdrängungsprozeß statt, alteingesessene Einwohner, Wirte und Geschäftsinhaber können die steigenden Mieten nicht mehr bezahlen – »Histoires de la nuit parisienne« lassen sich hier aus erfahrenem Munde kaum noch sammeln.[46]

Ein dritter möglicher Ausgangspunkt für den Nachtspaziergang ist das Viertel rund um die *Place de la Bastille*; das frühere Handwerker-Quartier ist in den letzten Jahren schick geworden, der Bau der »Opéra populaire« und ihre Einweihung im Jubiläumsjahr 1989, die Einrichtung von »lofts« in den alten Werkstätten und die Abwanderung der Möbelfabrikanten verstärken diesen Prozeß. Heute ist das Viertel in den Nachtstunden lebendiger als in früheren Jahren, aber der Import einer zur Gleichförmigkeit neigenden Vergnügungsindustrie aus dem 5. und 6. Arrondissement (die ihrerseits durch die Auslagerung der Universitäten in Randbezirke der Stadt an nächtlicher Attraktivität verloren haben) hat auch eine Straße erreicht, die für die Geschichte der Pariser Nacht von großer Bedeutung war: Die *Rue de Lappe*, eine enge Gasse, galt jahrzehntelang als Sammelpunkt der »Apaches«, der kleinen Gangster und Zuhälter, als Schauplatz von Messerstechereien (und, noch mehr, als Schauplatz zahlloser Filme über Messerstechereien), sie galt aber auch als Straße der »bals musettes«, der traditionellen Tanzvergnügen – insgesamt bot die Straße eine erhebliche Anziehungskraft für die Reichen und die Fremden, die einen Blick in das Leben der »Unterwelt« nehmen wollten, ohne dabei zu Schaden zu kommen. Noch fahren manche »Paris-by-night«-Touren die Rue de Lappe an, aber der vergangene Zauber ist nur schwer wiederzufinden.

Von hier führt der östliche Boulevard-Ring über die *Place de la République* und den Boulevard St. Martin zur Porte St. Martin. Wir könnten noch, über die *Rue du Faubourg Montmartre* und die *Rue Notre-Dame-de-Lorette*, den Weg nehmen, den die Pariser Nachtschwärmer in den späten 1880er Jahren unternahmen, weg von den Boulevards, hinauf nach Montmartre, zur *Place Pigalle*, seit der Einrichtung des »Moulin Rouge« 1889 das Zentrum nächtlichen Vergnügens. An der gesamten Place Pigalle gibt es noch eine einzige Bar, *»Les Noctambules«*, die den Anspruch, Anlauf- und Kontaktort für alle Nachtfreunde zu sein, noch nicht aufgegeben hat. Überall sonst regiert der Nepp, in Busladungen werden Touristen durch das für sie arrangierte Theaterstück »Paris-by-night« gezogen. Dennoch sind die Straßen hier, wie im Bastille-Viertel oder rund um das Centre Beaubourg, bis in die späte Nacht hinein lebendig, hier lassen sich auch Leute treffen, die ihr größtes Vergnügen im nächtlichen Spaziergang finden.

London

Zwei Wege durch das nächtliche London bieten sich an. Wer sich auf die Suche nach den bekannteren, traditionellen Orten und Straßen der Nacht des 19. Jahrhunderts und der 1920er Jahre im *»Westend«* macht, wird Enttäuschungen erleben. Die »Sin Map of London in Victorian Times« [47], die die Brennpunkte des nächtlichen Lebens am *Haymarket* und rund um *Covent Garden* ansiedelt, ist als Wegweiser untauglich geworden. Es scheint heute so, daß »London im Vergleich zu anderen Weltstädten des Nachts nur ein sehr begrenztes soziales Leben kennt« [48]. Das Leben zieht sich, mehr als anderswo, in private Räume und geschlossene Gesellschaften zurück, die Straße spielt für das Vergnügen keine wichtige Rolle mehr, anders als in den 1860er Jahren, als der unter Schlaflosigkeit leidende

Charles Dickens das nächtliche Treiben an Covent Garden skizzierte, und anders als um 1900, da Robert Machray Leicester Square so beschrieb: »Der Platz summt voller Leben; er dröhnt wie eine gigantische Woge. Hier ist Bewegung, Farbe, und ein Babel von Geräuschen.«[49]

Heute läßt sich hier eher die Schattenseite von »Swinging London« erkennen; Obdachlose und Bettler, darunter erschreckend viele Jugendliche, prägen das Bild der Straßen bei Nacht. Am *Piccadilly* und in den einst berüchtigten Winkeln von *Soho* ist nächtliches Leben zu finden, konzentriert auf Schnellimbisse und (wenige) Pubs; die öffentlichen Formen der Sexualität ziehen sich ebenfalls in geschlossene Räume zurück, die Zeit der Peep-Shows ist auch schon wieder vorbei, Soho wird zum Wohn- und Einkaufsviertel.

Ein zweiter Spaziergang führt in ein Gebiet, das zur Zeit ebenfalls extremen Wandlungen unterworfen ist. Das Londoner *East End* ist bis heute auf den Innenstadtplänen für London-Besucher nicht enthalten; London endet für Touristen an der Tower Bridge, für Nachtforscher fängt es hier erst an. Die Stadtteile *Whitechapel, Limehouse, Bethnal Green, Poplar* und *Wapping* einschließlich der *London Docks* – weiße Flecken auf der Karte. Durch den Niedergang des alten Hafens werden seit einigen Jahren die ehemaligen »wharfs« und »warehouses« zu teuren Wohnungen, Ateliers und Bürokomplexen umfunktioniert, neue U-Bahn-Anschlüsse werden eingerichtet. Aber noch hat dieser Prozeß nur einen kleinen Teil von Wapping und dem *Tower Hamlet* erreicht; die anderen Regionen sind nach wie vor Regionen der Armut, der Arbeitslosigkeit, die erhoffte Zwischenstation für Auswanderer auf dem Weg nach Amerika und häufig genug doch Endstation, Regionen der sozialen Unruhen. Immerhin formieren sich hier auch neue (Sub-)Kulturen der Einwanderer aus den Ländern des Commonwealth.

Hier lag das Feld für die journalistischen Studien von Henry Mayhew[50], für die wissenschaftlichen Untersuchungen von »Life and Labour in London«, die Charles Booth[51] und Beatrice Webb[52] durchführten, hier wurde von William Booth die Heilsarmee gegründet. Touristen finden kaum hierher, mit einer Ausnahme: Es gibt Exkursionen auf den Spuren von »Jack-the-Ripper«, denn die Schauplätze seiner Mordtaten aus dem Jahr 1888 lagen ausnahmslos in Whitechapel. Deshalb bewegen sich fast täglich in den frühen Abendstunden Touristengruppen, fast ängstlich um ihren guide geschart, durch die Straßen des East End. Die Führungen enden in einem Pub, der den Namen »Jack-the-Ripper« trägt und an seinen Wänden historische Zeitungsausschnitte ausstellt, ein wahres Panoptikum sämtlicher Versatzstücke der Stadtnacht: Kriminalität, Prostitution, Polizei, Unsicherheit und Angst.

Berlin

Seit ganz Berlin zugänglich ist, lassen sich Exkursionen in die Nacht leichter veranstalten als zuvor; allerdings drohen einige Elemente nächtlichen Lebens im Osten der Stadt unter dem Ansturm »westlicher« Nacht-Kultur bald unterzugehen. Unser Weg beginnt im Bezirk »Mitte«. Die Gasse *An der Königsmauer* existiert schon lange nicht mehr, sie wurde 1887 dem Bau der Kaiser-Wilhelm-Straße, der Verlängerung der Straße *Unter den Linden* Richtung *Alexanderplatz*, geopfert. Hier war das alte Zentrum der Berliner Prostitution, bis es von der *Friedrichstraße* abgelöst wurde. Während die Gegend hinter dem ehemaligen königlichen Schloß bis zur Unkenntlichkeit zerstört und verändert wurde, folgt die Friedrichstraße ihrem alten Verlauf – geographisch; was in der neuen Zeit, die in Berlin ausgebrochen ist, aus ihr werden wird, müssen wir abwarten. Sie war in den Jahren vor 1900, und auch noch danach, nach ihrer Ablösung durch die neuen Geschäfts- und Vergnügungsstraßen im Westen, *das* Symbol der Berliner Nacht; ihre Geschichte wurde, aus DDR-Sicht, in den letzten Jahren teilweise dokumentiert.[53]

Geht man die Friedrichstraße entlang bis zum *Oranienburger*- und weiter bis zum (ehemaligen) *Rosenthaler Tor*, und von dort wieder Richtung *Alexanderplatz*, dann ist ein Stadtgebiet ungefähr umschritten, das für die Geschichte der Berliner Nacht eine wichtige Rolle spielte: Vor dem Rosenthaler und dem *Hamburger Tor* lag das von Bettine von Arnim geschilderte *Vogtland*, die größte Armenkolonie Berlins. Ihm folgte das *Scheunenviertel*, hier quartierte sich, in den Jahren der Industrialisierung, der »Ausschuß«[54] des Berliner Proletariats ein, das Viertel stand, so Eike Geisel, bald für »Elend, Anrüchigkeit und Verbrechen«. Geisel hat die Schwierigkeiten einer Spurensuche im ehemaligen Scheunenviertel beschrieben: Zu finden sind Fassaden, leere Räume, es obliegt der Phantasie des melancholischen Spaziergängers, die Lücken mit dem Personal und der Szenerie vergangenen Nachtlebens zu füllen.

1930 veröffentlichte WEKA (Willy Pröger) den Bericht einer »wahrhaft nicht leichten Wanderung«[55] durch die Stätten der Berliner Prostitution; sie führte vom *Schlesischen Bahnhof* (heute: Ostbahnhof) über die *Krautstraße*, »Berlins proletarisches Chinesen-Viertel«, zum Alexanderplatz, durch die *Mulackstraße* in das ehemalige Scheunenviertel: »Die erste Station in Richtung Westen ist die Gegend Oranienburger Tor«, dann geht es durch die Friedrichstraße und die *»Passage«* weiter Richtung *Hallesches Tor* und die *Potsdamer Straße* Richtung *Bülowbogen, Nollendorfplatz*, schließlich mitten hinein in die Lichterstadt der zwanziger Jahre, zur *Tauentzien*, zur *Gedächtniskirche*, zum *Kurfürstendamm.* Es ist eine Wanderung vom Dunkel ins Licht, vom Osten in den Westen, von der »alten« Berliner Nacht vor der Jahrhundertwende in die »neue« Nacht der zwanziger Jahre.

Heute läßt sich WEKAs Route wieder nachgehen, der Weg vom Osten in den Westen ist frei. Das alte West-Berlin war (und ist) berühmt für seine nächtliche Attraktivität – die einzige deutsche Stadt ohne feste Polizeistunde –, während das ehemalige Ost-Berlin wohl, Nischen ausgenommen, zu den verschlosseneren Nachtrevieren Europas zählte. Eine Gemeinsamkeit ist dennoch festzustellen: In beiden Hälften der Stadt spielt heute (oder: bis heute?) nächtliches *Straßen*leben, aus unterschiedlichen Gründen, keine wesentliche Rolle, anders als in Paris. »Nachtleben« war (und ist?), hier wie dort, an geschlossene Orte, an feste (wenn auch wechselnde) Einrichtungen, an »Etablissements« gebunden. Dieser Befund gibt Anlaß, nach dem Verhältnis, nach der gegenseitigen Beeinflussung von »Orten« und Straßen zu fragen – und danach, wie es zu dieser Entwicklung, hin zu den geschlossenen Räumen, weg von der Straße, kommen konnte, wie die Vorstellung entstand, daß sich nächtliches Vergnügen eher in den geschlossenen Räumen findet läßt, während die Schrecken der Nacht sich mit der Straße verbinden.

II. Ein Anfang: Großstadtnächte um 1840

> Zuviel Leben, schlecht kanalisiert, macht Angst. Es ist dringend notwendig, daß Ordnung herrscht in der Stadt, wenn man sich nicht mehr fürchten soll, abends auszugehen.
>
> *Arlette Farge*[1]

Nachrichten über die nächtliche Großstadt aus der Zeit vor dem 19. Jahrhundert erreichen uns in der Regel als Meldungen über Störungen einer festgefügten Ordnung: »L'ordre urbain« steht für ein Wunschbild der Herrschaft, die ein feingesponnenes Netz von zugelassenen und versperrten Wegen über die Stadt entfaltet, die allen Bewohnern der Stadt bestimmte Plätze in diesem labilen Funktionszusammenhang zuweist und die Institutionen als Kontroll- und Sanktionsinstanzen bereitstellt, von denen die Einhaltung der Vorschriften überwacht wird.

Ausbrüche aus der Ordnung gefährden die Herrschaft, Abweichungen von den vorgeschriebenen Wegen stellen ihre alleinige Zuständigkeit für die Organisation des Lebens in der Stadt in Frage. Eine absolute Herrschaft über die Stadt ließe sich aber nur erreichen, wenn alles Leben und alle Bewegung darin erstarrte – und dann wäre sie nicht mehr Stadt; es gilt also, die Bewegungen so weit wie möglich zu kanalisieren und die »Adern«, durch die das Leben pulsiert, so genau wie möglich zu überwachen. Herrschaft über die Stadt ist vor allem Herrschaft über die Straße, denn hier droht Unordnung in stärkerem Maße als in den leichter zu überwachenden Innenräumen. Was dort in eine starre Ordnung gepreßt werden kann, macht sich, so fürchtet die Polizei, frei und »ergießt« sich auf die Straße.[2]

Die Straße ist der Ort der Konfrontation zwischen den einzelnen sozialen Gruppen in der Stadt, und zwischen diesen Gruppen auf der einen und den Kräften der Ordnung auf der anderen Seite. Aus der Sicht der Ordnungshüter ist auf der Straße immer »trop de vie«, zuviel Leben. Sie entwickeln daher Mechanismen, die vor allem die Funktionsvielfalt

Die alte Nacht ist still: Der Nachtwächter beschützt den Schlaf der Stadt, sein Rufen verschafft Sicherheit. Aber schon bald wird die Stadt auch bei Nacht »aus sich heraus«gehen (Lithographie nach einem Gemälde von J. P. Hasenclever, 1852).

der Straße einschränken sollen, Strategien der Herstellung von Übersichtlichkeit und ordnungschaffender Raumaufteilung. Der Blick auf die Straße als *Ort der Konfrontation* erlaubt einen Einblick in die Existenz vieler verschiedener Gruppen, vieler verschiedener Lebensweisen in der Stadt. In den Augen der Obrigkeit besteht die Gefahr, daß sich aus dem Zusammenstoß der verschiedenen Gruppen (und Interessen) auf der Straße Konflikte ergeben könnten: Störungen der Ordnung. Ihre Agenten mischen sich deshalb »unters Volk«, sie patrouillieren durch die Straßen, zeigen ihre Präsenz. Der Anblick des Kontrolleurs, der – inmitten des Geschehens – zu lenken versucht, was »von oben«, per Dekret, nicht gesteuert werden kann, gehört zum Bild der Straße, er symbolisiert den Anspruch, daß die Herrschaft bis in den letzten Winkel reiche. Aber der Anspruch kann nie vollständig eingelöst werden, die Überwachten finden Mittel – und Wege! –, sich der Überwachung zu entziehen, und sie entdecken die Straße als Verbündete.[3]

Beide Kontrahenten – wenn wir zunächst diese Polarität beibehalten, natürlich gibt es Zwischenformen, Übergänge – formen für sich, nach ihren Interessen, ein Bild der Stadt, eine *mentale Topographie aus Flucht- und Verfolgungswegen*, aus *Räumen der Sicherheit und der Unsicherheit*, der Überlegenheit und der Angst, der Dominanz und der Unterordnung.

In der Nacht erhält diese Auseinandersetzung eine eigene Dimension. Die Gefahr, daß herrschaftsfreie Räume sich entwickeln, nimmt mit der Dunkelheit zu. Noch stärker als am Tage insistieren die Reglements darauf, daß alle Stadtbewohner sich in der Nacht dort aufhalten, wo sie hingehören. Noch zweifelsfreier stellt die Ordnung in Frage, wer bei Nacht die vorgeschriebenen Wege verläßt.

1. Signale der Nacht

Der Eintritt der Nacht wird durch Ausrufe oder andere akustische Signale verkündet. Die Bewohner erhalten das Zeichen, die Stadt nach außen abzusperren und, im Innern der Stadt, »ihre Läden zu schließen und sich in ihre Häuser zurückzuziehen«[4]. Die Stimmen der Nachtwächter zeugen von der steten Präsenz der Obrigkeit: »Die ganze Nacht hindurch, in allen Städten der Welt, beruhigten Nachtwächter die Einwohner durch ihre pünktlichen Rufe.«[5] Beruhigung und Überwachung lassen sich dabei in ihrer Funktion kaum trennen, denn die Sicherungsmaßnahmen trafen zweifellos auf ein verbreitetes Sicherheitsbedürfnis.[6] Der Rückzug in das eigene Heim, soweit vorhanden, bietet den notwendigen Schutz vor den Gefahren der Nacht, die »ausgesperrt«, auf die Straße verbannt – und folglich: ihr zugeschrieben – werden. Die Wohnung ist, bei Nacht, unverletzlich, auch der Polizei in der Regel nicht zugänglich.[7] Wer diesen Schutz verläßt, begibt sich nicht nur in Gefahr, sondern macht sich auch verdächtig. Das Idealbild der Herrschaft ist die Trennung zwischen dem guten Bürger, der in seinem Bett liegt, und der »bösen Tücke, die im Finstern schleicht«[8].

Geschichten über die Abweichler, die *Nachtgänger*, entwerfen ein

Abschreck-Bild aus Vorwürfen der Unmoral, der Ordnungsstörung und der Arbeitsscheu:

»Während der Wagen des von einer nächtlichen Schlemmerei heimkehrenden Glückspilzes donnernd in den Hof rollt, entreißt sich der fleißige Handwerker den Armen des Schlafs, um für sich und seine zahlreiche Familie den Tag über im Schweiß des Angesichts so viel zu erwerben, als der Kutscher seines Nachbars im ersten Geschosse die Nacht hindurch aus langer Weile im Wein und Branntwein vertrunken habe.«[9]

Damit ist ein Motiv vorgegeben, das sich in der Geschichte der Auseinandersetzungen um die Großstadtnacht verfestigen wird, das *Bild der Begegnung im Morgengrauen* – aber die Trennung in »gute« Schlafende und arbeitsame Frühaufsteher hier, »böse« Nachtschwärmer da will nicht recht gelingen. Das Bild erweckt auch Neid bei manchem »fleißigen Handwerker«, und Stolz bei den »Glückspilzen«, die die Geschichte für sich reklamieren und als Ausweis ihrer größeren Freiheit erzählen.

2. Erste Grenzüberschreitungen und nächtliche Brennpunkte

Die Wendung von der »schlafenden Stadt« ist aber auch faktisch nicht ganz zutreffend, mit dem Wachstum der großen Städte wird sie immer mehr zur Legende: Die Grenzen der Nacht werden sehr früh von zwei Seiten aus gesprengt. Die Gründung und Entwicklung von *Märkten* einerseits[10], die Einrichtung von *Vergnügungs-* und *»Verschwendungszentren«* andererseits[11] führt zur Entstehung von Zentren nächtlicher Aktivität im Herzen der Städte. Beide Zentren verbreitern ihren Wirkungskreis, richten an anderen Stellen Dépendancen ein, Verbindungswege zwischen den Brennpunkten entstehen: Eine neue Topographie der nächtlichen Stadt bildet sich heraus.

Die wachsende Bevölkerung der Stadt muß mehr und mehr von außen versorgt werden, in den Markthallen verlagert sich der Arbeitsbeginn immer weiter zurück in die Nachtstunden. In der Nähe der Märkte werden Schenken eröffnet, die die Berechtigung erhalten, bis in die frühen Morgenstunden offenzuhalten oder zu dieser Zeit erst mit dem Ausschank zu beginnen.[12] Märkte und Schenken wiederum ziehen eine stetig wachsende Zahl von Gelegenheitsarbeitern an, die sich in dieser »kleinen

Welt« einrichten und sie zu der ihren machen. In Paris ist diese Welt mitten im alten, überbevölkerten Stadtkern angesiedelt – die Stadt erscheint, in den Augen der Obrigkeit, von innen her bedroht, ihr alter Kern wird zum potentiellen Brandherd. Der innerstädtische Raum, die Umgebung der Hallen, wird real zum *Raum der Nacht*, Straße um Straße wird in das Geflecht nächtlicher, öffentlicher Aktivität einbezogen.

Zur gleichen Zeit, in den letzten Jahren des 18. Jahrhunderts, formiert sich in Paris an anderer Stelle, außerhalb des mittelalterlichen Kerns, ein *zweiter* Brennpunkt städtischen Lebens, von dem aus ebenfalls das existierende Gleichgewicht in Frage gestellt wird: der Palais-Royal. Im Jahre 1784 bereits war die Umwandlung des »bevorzugten Treffpunkts der Aristokratie«[13] zu einem »Palais-Marchand« mit vornehmen Ladengeschäften und Promenaden abgeschlossen, aber vor allem nach der Revolution und in den ersten Jahren der napoleonischen Herrschaft wurde er in der Paris-Literatur als *das* Zentrum des eleganten gesellschaftlichen Lebens geschildert. Besonders in den Abendstunden entfaltete er, so berichten Zeitgenossen, eine besondere Attraktivität. Das Leben im Palais-Royal, vielfach geschildert, steht für die eine Seite der Nachtgeschichte von Paris: Glanz und Vergnügen versammeln sich hier und wirken anziehend. Die Besucher waren vor den Widrigkeiten des Straßenlebens bis zu einem gewissen Grad gesichert. Allerdings stellte die Klientel der Geschäfte und Promenaden eine starke Attraktion für die Prostitution dar. Sie ist es wohl, die als erste den *Verbindungsweg zwischen den beiden nächtlichen Brennpunkten* in Paris herstellt, ihre herausfordernde Präsenz wird in jedem zeitgenössischen Führer oder Reisebericht erwähnt.

In den bereits Ende des 18. Jahrhunderts immer zahlreicher werdenden Stadtbeschreibungen entwickelt sich aus der konkreten Anschauung allmählich ein tendenziell abstrakter, »vom Einzelphänomen ablösbarer Großstadtbegriff«[14]: In den Reiseberichten und Stadtbeschreibungen werden natürlich die Besonderheiten der einzelnen Städte geschildert, gleichzeitig stellen aber die Reisenden fest, daß es bestimmte *Motive großstädtischen Lebens* gibt, die sich an vielen Orten finden lassen. Die Autoren dieser frühen Berichte arbeiteten wie Journalisten, wie Reporter: Sie überschritten gezielt und bewußt die bis dahin festgelegten Grenzen, sie begaben sich selbst an die Stellen und zu den Orten innerhalb der

»So sieht Paris aus, wenn seine 40000 Gasflammen brennen – Paris bei Lampenlicht, wenn ihre schimmernde Flut seine Schönheit und jede seiner Verführungen verführerischer erscheinen läßt.« (J. Rodenberg 1867; Boulevard Montparnasse um 1930)

Stadt, die als Tabuzonen galten. Die Ambivalenz ihrer Vorgehensweise wird darin sichtbar, daß sie sich selbst ihrer Sache noch nicht ganz sicher waren, daß sie häufig moralisierende Sittengemälde entwarfen, im Sinne einer Abschreckung und mit dem Ziel, den eigenen Mut hervorzuheben – oder aber sie verfaßten »Anweisungs- und Anleitungsbücher«, »wie man sich des Tages auf den Gassen fürsehen, und ob man des Abends sicher gehen könne?«[15], Reiseführer für den neuentdeckten Dschungel, die von den »alten« Ängsten und den vormodernen Einschüchterungen zehren.

Von zwei Seiten wird die ideale Landkarte der nächtlichen Stadt verändert. Das Hallenviertel und der Palais Royal sind keinen Kilometer voneinander entfernt; in den Berichten der Zeitgenossen wird der Weg vom Ort der eleganten Lust zum Ort der Arbeit und des roheren Vergnügens als schrittweiser Abstieg vom Licht in die Dunkelheit geschildert. Die Metapher hat ihre reale Grundlage im unterschiedlichen Stand der Straßenbeleuchtung[16], verselbständigt sich aber schnell zum Topos von »Licht und Schatten«, von »Glanz und Elend«.

»Aber bedeutsam für die Entfaltung des Luxus«, so schreibt Werner Sombart in seiner Studie über den Geist der Verschwendung, »wird die Großstadt vor allem dadurch, daß sie ganz neue Möglichkeiten heiterer und üppiger Lebensführung und damit neue Formen des Luxus schafft. Sie überträgt die Feste, die bis dahin die Höflinge im Schlosse des Fürsten allein gefeiert hatten, auf breite Schichten der Bevölkerung.«[16a] Als Beleg zitiert Sombart die Geschichte des Fürsten von Monaco, der Ende des 18. Jahrhunderts nach London kam und glaubte, »die vielen Lichter auf den Straßen und in den Schaufenstern der bis zehn Uhr geöffneten Läden« wären ihm zu Ehren angezündet worden. Auch Werner Sombart muß einräumen, daß in diesen Jahren die »grundsätzliche Umwandlung« von der streng privaten Luxusentfaltung zur kollektiven Luxusgestaltung gerade erst beginnt. Immerhin, es ist nicht verwunderlich, daß die Belegstelle vom Abend und von den Lichtern handelt: Abendleben – und Nachtleben erst recht – ist Luxus, ist das Privileg von wenigen, es hat seinen Platz in den Residenzen der Mächtigen und in ihrer Umgebung. Von hier breitet es sich aus.

Die Orte, an denen sich laut Sombart luxuriöses Leben abspielt – Theater, Musikhallen und Ballhäuser, Restaurants, Hotels und Läden –, weisen einige Gemeinsamkeiten auf: Hier werden bestimmte Formen der Unterhaltung, der Geselligkeit, der Gestaltung von Freizeit, auf eine neue Stufe gehoben, hier läßt sich tatsächlich eine langsame Verallgemeinerung bisher privilegierter, adliger Lebensstile beobachten. Eine allmählich sich formierende Schicht städtischen Bürgertums findet über die Imitation zu eigenen Formen des Vergnügens; die teilöffentliche Vorführung des Erarbeiteten (und nicht mehr: des Ererbten) spielt dabei eine zentrale Rolle, sie demonstriert das neue Selbstbewußtsein einer industrialisierten Generation, die in ihrem Vergnügungsleben Anleihen beim Adel macht, die sich aber, nach »oben« wie nach »unten«, abzusetzen bemüht: *Zeit haben* und *Zeit gestalten*, nach eigenem Willen und nach eigenen Möglichkeiten, heißt: etwas erreicht haben.

Die Nachahmung herrschaftlicher Vergnügungen ist aber nur ein Motiv, aus dem sich bürgerlich-städtisches Amüsierleben speist. Eine zweite Wurzel liegt in den Fest- und Unterhaltungsformen der unteren sozialen Schichten; das englische Varieté, so Ernst Günther, hat seine Vorgeschichte eindeutig in den Straßenballaden und den »Music-Hall-Songs«, die sich nicht nur durch Derbheit und Komik, sondern vor allem durch eine kritische Auseinandersetzung mit politischen und sozialen Mißständen auszeichneten und in einfachen Kneipen vorgetragen wurden. Im gleichen Maß, wie die Music-Halls sich auf ein bürgerliches Publikum einrichteten, verloren die Vorträge und Darbietungen an Schärfe und Direktheit; Charles Morton, der 1852 die »Saint George Tavern« und in der Folge ein halbes Dutzend weiterer Theater eröffnete, »verbannte das Vulgäre und allzu Primitive, ›organisierte‹ die Vorstellung und stellte Anforderungen an sein Publikum hinsichtlich Kleidung, Noblesse, Disziplin«[17]. Mag sein, daß Günthers marxistische Interpretation den proletarischen Vergnügungen allzu hehre Motive unterstellt, dennoch ist seine Einschätzung wohl richtig: Bürgerliches Amüsement bediente sich auch aus dem reichhaltigen Fundus vor- oder gar antibürgerlicher Unterhaltungsformen und wandelte sie seinen Ansprüchen folgend um. Dabei mußten einige Elemente dieser Kultur abgeschliffen, »verbürgerlicht« werden, andere blieben dagegen wenigstens als Persiflage erhalten, wie etwa die Beschimpfung des vornehmen Publikums, die Aristide Bruant in Paris oder Hans Hyan in Berlin bei ihren Auftritten kultivierten.

Hotels, Läden, Restaurants, Theater und Varietés haben aber noch eine weitere Gemeinsamkeit: Sie stellen allesamt auch *Rückzugsgebiete* dar, sie befinden sich zwar außerhalb der privaten Häuser, aber sie verweigern sich doch dem direkten Kontakt zur Straße. Bei dieser Form von »Nachtleben« wird ganz offensichtlich, vor dem öffentlichen Raum, zuerst die *Zeit der Nacht* neu genutzt. Das abendliche und nächtliche Leben in den geschlossenen Räumen entsteht in einem Widerspruch, der es begleiten wird: Es ist ein Leben *in* der Nacht, und zugleich ein Leben *ohne* sie. Man verläßt die Sicherheit des eigenen Hauses, nur um so schnell wie möglich neue Häuser zu betreten, in denen angeboten oder serviert wird, was etwas anders ist als zu Hause: eine kleine Freiheit, eine kleine Unanständigkeit vielleicht, konsumierbar gemacht, schreckenlos. Man trägt nach draußen, was den Rahmen des Hauses sprengt oder darin keine Wirkung entfalten kann – Luxus sucht Publikum –, aber man trägt es nicht auf die Straße, sie bleibt ein gefährlicher Ort, man transportiert es, neue Kleider, neue Sitten, neue Ideen, zu Treffpunkten von Gleichsituierten, tauscht aus, handelt, führt vor, reduziert bereits, was gerade erst entwickelt wird, auf ein erträgliches (auch: der Obrigkeit genehmes) Maß. Dennoch: Auch in den geschlossenen Räumen bildet und vervielfältigt sich abendliches Leben, das wiederum nach draußen wirkt; erleuchtete Fenster, Schaufenster zumal, großzügig und aufwendig gestaltete Eingangsbereiche, Geräusche aus dem Inneren der Etablissements öffnen die Restaurants und die Läden nach und nach zur Straße hin.

Die Behörden stehen vor dem Problem, wie sie die beiden Brennpunkte auf unterschiedliche Weise im Griff behalten sollen. Dabei treffen sie auch soziale Differenzierungen: Dem adeligen und bürgerlichen Publikum, das sein Vergnügen sucht, kann man nicht mit den gleichen Methoden begegnen wie dem »Pöbel« im Hallenviertel; außerdem müssen drohende Konfrontationen zwischen den beiden Gruppen vermieden werden.

3. Im Blick der Polizei: Lumpensammler, Bettler, Prostituierte

Zur gleichen Zeit wie die frühen Journalisten und die Stadtreisenden »entdeckt« auch die staatliche Autorität – in ihrer Vertretung: die Polizei – die Veränderungen, die sich in den Bereichen abspielen, die sie zu überwachen hat; ihre Aufmerksamkeit richtet sich auf die gleichen Orte und auf die gleichen Personen, die auch das Interesse der Beschreiber fesseln – und wie sie hat auch die Polizei zunächst nur ein unzeitgemäßes Instrumentarium an Begriffen und Handlungsmöglichkeiten zur Verfügung. Erst nach und nach formt sich in den Augen der Herrschaft ein Gesamtbild der »neuen« Nacht, das sie sich mühsam aus einzelnen Ereignissen und Örtlichkeiten zusammensetzen muß.

Zunächst befaßte sich die Polizei mit Gruppen und Orten der Nacht, die ihr bereits bekannt waren, und sie ordnete anfangs »neue« Erscheinungen nur in die Kategorien ein, die sie vor deren Auftauchen bereits formuliert hatte.

Ein gutes Beispiel hierfür ist die Behandlung der »chiffonniers«, der Pariser Lumpensammler, in den Dokumenten der Polizeipräfektur von Paris. Sie sind eine vertraute Erscheinung aus der Zeit vor der Revolution, sie erfüllen, am Rande der Gesellschaft, aber nicht von ihr geschieden, eine wichtige Funktion für die Sauberhaltung der Stadt; sie fungieren auch als Auffangstation für andere soziale Randgruppen. Ihrem Geschäft gehen sie traditionell in der Nacht nach, sie kennen die Nacht in der Stadt, und sie bewegen sich darin wie natürlich. Das macht sie verdächtig, es »ging die Mär um, sie nutzten ihr Gewerbe dazu, *im Schutz der Nacht* allerhand Verbrechen zu begehen, wenn sie die Gassen von Paris durchstreiften«[18].

Die Polizei legte nicht nur umfangreiche Dossiers über einzelne Lumpensammler (und ganze Familiendynastien) an[19], sie folgte auch ihren Spuren und lernte auf diesen Streifzügen durch die Pariser Straßen die nächtliche Stadt genauer kennen. Die Wohngegenden der Chiffonniers in den Randbezirken der Stadt wurden früh als »Schlupfwinkel« von Kriminellen und Prostituierten identifiziert. Die Behörden nahmen die sich in den ersten Jahren des 19. Jahrhunderts drastisch verschlechternde soziale Lage der Lumpensammler überhaupt nicht wahr[20]; im Zuge der hygienischen Neuorganisation der Stadt sollte ihre Arbeit nach und nach von kommunalen Einrichtungen übernommen werden, und ab dem 1. September 1828 verbietet ihnen eine Polizeiverordnung die Ausübung ihres Gewerbes zwischen Mitternacht und fünf Uhr morgens. Die Nacht, die ihnen gehörte, wird ihnen entzogen. Gleichzeitig sehen die Behörden alle, die sich in dieser Zeit in den Straßen aufhielten, als mögliche »chiffonniers« an, die gegen die Verordnung verstoßen.

Eine zweite Gruppe, der die obrigkeitliche Aufmerksamkeit von jeher galt, sind die Bettler. Im Prozeß der Öffnung auch nächtlicher Städte für neue Gruppen gilt ihr Aufenthalt auf den Straßen als störend; bereits 1800 heißt es in Berlin: »Sobald es anfängt, etwas dunkel zu werden, sind Sie nicht im Stande, 50 Schritte in den Hauptstraßen der Stadt zu passiren, ohne von zudringlichen Bettlern unter allerhand Gestalten, Alter und Geschlecht beunruhigt zu werden.«[21]

»Beunruhigend« ist das erst in dem Moment, da bei anderen gesellschaftlichen Gruppen das Bedürfnis wächst, selbst in die Nacht »hinaus zu gehen« – ohne belästigt zu werden, und ohne mit den Lumpensammlern oder den Bettlern in einen Topf geworfen zu werden. Der Verfasser der zitierten Klage über die Bettler schlägt die Einrichtung von »Armen-Wächter-Patrouillen« vor, um die »Straßen von Bettlern frei zu halten«. Das war bis dahin nicht nötig, denn sie galten der Polizei als Bestandteile der nächtlichen Stadt, leicht erkennbar, leicht zu kontrollieren. Jetzt wird Neuorganisation erforderlich. Neuorganisation heißt aber: Bestehende Grenzen bisherigen nächtlichen Lebens müssen neu definiert, womöglich überschritten werden.

Beunruhigt war die Polizei auch über die Zunahme der Prostituierten. Ihr Gewerbe und die Orte, an denen sie ihm »nachgingen«, standen freilich seit jeher im Blickpunkt obrigkeitlicher Wachsamkeit. Sie waren bekannte Elemente der nächtlichen Stadt, lokalisierbar, relativ leicht zu überwachen; die Gefährlichkeit, die der Prostitution nachgesagt wurde, bezog sich vor allem auf die ihr eigene *Beweglichkeit*: »Die Prostituierte verkörpert Bewegung, Instabilität, Turbulenz, Erregung.«[22] Solange diese Bedrohung in topographischen Grenzen gehalten werden kann, beschränkt sich die überwachende Instanz auf gelegentliche Restriktionen, die diese Grenzen markieren. Wenn die Prostitution aber beginnt, die ihr zugewiesenen Orte zu verlassen und sich über die Stadt auszubreiten, dann ist die *organisatorische Phantasie* der Behörden auf ungekannte Weise herausgefordert. Sie sind gezwungen, die neuen Wege, die die Prostitution geht, nachzuwandern.

4. Die Nachtorte werden erfaßt

Bereits 1818 weist der Präfekt der Pariser Polizei seine Kommissare an, die »mauvais lieux« der Stadt systematisch zu erfassen. Als »Hauptursache« aller Störungen nächtlicher Ordnung macht er die *Prostitution* aus: »Mit diesem einzigen Wort verbinden sich die beschämendsten und traurigsten Seiten unserer Gesellschaft.«[23] Die forcierte Überwachung gilt weniger den bestehenden »maisons de tolérance«, sondern der »prostitution publique«, für die noch keine eigenen Kategorien gefunden sind: Schenken, Tabagien, Cafés, Ladengeschäfte mit später Schließzeit und die Straßen in unmittelbarer Umgebung dieser »établissements« werden zu potentiellen »schlechten Orten«.

Die *Schließzeiten* selbst sollen, so der Präfekt in einem weiteren Rundschreiben von 1819, einer genauen Prüfung unterzogen werden, denn die Verlängerung der Tanz- und Trinkgelegenheiten bis in die späten Nachtstunden »führt zu Tumulten und zu nächtlichen Versammlungen, die die Ruhe des Bürgers stören«[24].

Immer häufiger betreffen diese Störungen die Straße, den öffentlichen Raum. Es entstehen einzelne Regionen in der Stadt, etwa im Hallenviertel, in denen sich so viele Schenken und andere »établissements« ansiedeln, daß die Überwachung der Einrichtungen selbst nicht mehr ausreicht: In den Jahren zwischen 1820 und 1840 häufen sich in Paris die Forderungen nach einem effizienten *Nachtwachtdienst*, einer nächtlichen Straßenpatrouille.

5. Neue Bilder der Nacht

Dokumente der Pariser – und, in Ansätzen, auch der Berliner – Polizei aus den Jahren um 1840 vermitteln den Eindruck einer Stadtnacht vor der Explosion, vor dem Anbruch einer neuen Ära: Auch die Zeitgenossen registrieren die Veränderungen, zuerst in Paris. Eugène Briffault beklagt sich über zahlreiche Patrouillen der Nationalgarde, die die stille Nacht durch ihre Anwesenheit stören.[25] Er erinnert die Nächte aus der Zeit *vor 1830* als angenehm und voll interessanter Begebenheiten; aber die Zeit selbst hat sich geändert, und mit ihr die Nacht. Das alte Bild der Nacht aus der Zeit vor 1830, 1840, stimmt schon nicht mehr, auch nicht in Berlin, das Joseph Alois Mercy 1831 noch als Idylle beschreibt:

»Das Mondlicht verschönert die Perspektive der langen und breiten Straßen, die mannigfaltigen Formen der hohen Häuser und die Übersicht der großen Hauptplätze Berlins. Mit Vergnügen fange ich meine nächtlichen Wanderungen an, und mein Puls schlägt ruhiger in diesem angenehmen Dunkel, wo ich für die brennende Hitze, für den tödtenden Staub und das ungestüme Geräusch des Mittags einen wohltätigen Ersatz finde.« [26]

Hier ist die Nacht noch ganz eindeutiges *Gegenstück des Tages*, Anlaß und Gelegenheit zur Kontemplation, die Straßen sind leer, »die Intrigen und Leidenschaften der Bewohner der Königsstadt sind ihnen unter ihre Dächer gefolgt und zeigen sich nur noch in den Luftgestalten ihrer Träume«. Sechsundfünfzig Nächte schildert Mercy, er schreitet gemütlich, und ohne daß ihm etwas widerfährt, seinen Stadtkreis ab. Anfang der 1830er Jahre erscheint der Band ›Berlin wie es ist‹ von C. v. Kertbeny. Auf den ersten Blick hat sich wenig verändert:

»Die Plätze und Märkte, auf denen vor wenigen Stunden sich das regste Leben zeigte, sind still und ruhig, und nur Wenige wandeln darüber hin. Ist der Abend schön und der Himmel wolkenlos, so ziehen Spaziergänger vorüber, aber ruhig und ernst, theils mit sich selbst, theils mit dem, was sich ihnen gerade darbietet, beschäftigt.« [27]

Aber die Idylle ist, im Kern, schon gebrochen: »Gewisse Stadtteile, die gleichsam den Handel im Kleinen in sich tragen«, sind während der Abendstunden belebt, auch »Wein- und Bierhäuser« unterbrechen gelegentlich die nächtliche Stille:

»Und in einigen Gegenden der Vorstadt und besonders in den Theilen Berlins, wo die liederlichen Dirnen ihren Wohnsitz aufgeschlagen haben, ist es gerade diese Zeit, welche durch Raufereien oder andere thätliche Auftritte die lebhafteste wird. Um all diesen Unordnungen und den, hieraus entspringenden, Folgen vorzubeugen, gehen mit dem Einbruche der Dunkelheit von den verschiedenen Wachen durch die ganze Nacht Patrouillen, die von Stunde zu Stunde abwechseln und ihren Dienst bis zum Anbruch des Tages fortsetzen.« [28]

Dennoch, diese Unterbrechungen sind gelegentlicher Art, und »mit dem Eintritte der Mitternacht herrscht durch die ganze Stadt ein tiefes Schweigen«. Nach wie vor gilt: Das Wesen der Nacht ist die Stille. Wer sie stört, stellt das »heilige Recht« in Frage. Aber schon wird spürbar, daß die Ordnung an verschiedenen Enden der Stadt – wo Handel getrieben wird, wo Wein- und Bierhäuser die Spaziergänger zur Verlängerung der Nacht auffordern, wo die »liederlichen Dirnen« wohnen – in Auflösung gerät.

In dieser Zeit steht die Wahrnehmung vor besonders großen Herausforderungen. Der Blick auf die *ganze Stadt*, wie ihn etwa Adalbert Stifter

1841 in Wien vorführt, wird zur nostalgischen Dokumentation, weil er in Wahrheit nicht mehr in der Lage ist, »alles« einzufangen, was sich dem Auge bietet. Stifters Idee, in »Aussicht und Betrachtungen von der Spitze des St. Stephansturmes« »die Geschichte eines einzigen Tages, einer einzigen Nacht«[29] zu umfassen, gelingt nur als Blick in eine Vergangenheit, die gerade überwunden wird. Alles, was passiert, bevor »der Tag heraufkömmt, und die Sonne, so mild und unschuldig über der Stadt aufgehend, wie über einen grünen Grasteppich, in dem die Tierchen spielten oder schlummerten«[30], alles, was die neue Nacht kennzeichnet, ist hier bereits zum sehnsuchtsvollen Gleichnis erstarrt. Noch ist, in Wien, die nächtliche Stadt in der Lage, das Wunschbild zu provozieren; das Bild der biedermeierlichen Stadt, die ihre geheimnisvollen Anteile der Nacht zuweisen – und sie damit kontrollieren – kann, ist aber schon in Gefahr.

6. Auf der Straße

Das Vergnügungsleben der Residenz Berlin zur Biedermeierzeit – »eine Kleinstadt durchaus«[31] – wird von den Zeitgenossen eindeutig *festen Orten*, Theatern, Wein- und Kaffeehäusern und Tanzsälen zugeordnet; die nächtliche Straße erscheint als Raum drohender Gefahren und Konflikte, ihre Funktion erschöpft sich darin, den Transport von einem Ort zum anderen, schließlich den Heimweg zu gewährleisten. In den Stadtbeschreibungen ist es oft die Figur des *Nachtwächters*, die beruhigend wirken soll:

»Für die nächtliche Sicherheit wird durch die von den Militärwachten ausgesendeten Patrouillen und die polizeiliche Nachtwachtanstalt gesorgt. Letztere besteht in 150 Nachtwächtern, die zunächst unter der Aufsicht von 10 Nachtwachtmeistern stehen. Die Nachtwächter sind blau uniformiert und mit einem langen Spieß bewaffnet. Eine Pfeife dient ihnen, die Stunden und ein Horn, eine Feuersbrunst anzuzeigen. Sie haben für die nächtliche Ruhe auf den Straßen, das Schließen der Häuser etc. zu sorgen und auf die Ruhe zu wachen.«[32]

Die Institution der Nachtwacht – deren Organisation noch im einzelnen dargestellt wird – entwickelt sich zur moralischen Anstalt, zum Kreuzungspunkt zwischen Ordnung und Ausbruch, zum Prüfstein für die Fähigkeit der Stadt, Übersicht und Kontrolle zu behalten. Das Bild des

Nachtwächters steht für diesen Anspruch. Adolf Glassbrenner zeichnet, 1842, das friedlich-sorglose Bild des träumenden Wächters; das Gegenbild dazu schafft Max Kretzers naturalistischer Roman ›Meister Timpe‹ (1888), der die 1840er Jahre im Rückblick erfaßt:

»In den Restaurationen klappern die Billardkugeln, in den Schnapsläden und Weinhäusern klingeln die Gläser, die Wagen rasseln und rollen, die ästhetischen Tees und die schlichten fröhlichen Familienfeste *rauben den Straßen nach und nach ihr Leben.* Die helle Akademieuhr unter den Linden zeigt auf neun; die bedeutungsvolle Stunde für jene alleinwandelnden Damen, die feurige Blicke aus ihren verglimmenden Augen schießen und auch wohl die Männer ansprechen, wenn keine Polizei in der Nähe. Um zehn Uhr wird es schon still und leer; der Nachtwächter piept und ruft: ›Zehn ist die Glock!‹, schließt die Häuser und legt sich auf die nahe Treppe, um von seinen Pflichten zu träumen.«[33]

Es gibt also durchaus abendliches Vergnügungsleben, aber es findet im Saale statt. Die Straße gehört, für einen kurzen Moment und »wenn keine Polizei in der Nähe«, der Prostitution, dann herrscht Ruhe.

Glassbrenners träumender Nachtwächter sieht die andere Seite der Stadt nicht; bei Max Kretzer schleicht Timpe junior in den frühen Morgenstunden durch die schlafende Stadt nach Hause, »es war zwischen drei und vier Uhr an einem der letzten Tage des Monats April – in jener Stunde, *wo die Straßen plötzlich menschenleer erscheinen*, als hätte selbst der letzte Kneipenschwärmer das Bedürfnis gefühlt, noch vor dem jähen Wechsel von Nacht und Tag im Schutze des Dunkels sein Heim zu erreichen.«[34] Timpe junior hat Pech, er wird doch beobachtet: Nachtwächter Krusemeyer und Schutzmann Liebegott sind die wahren Herren in diesem östlichen Teil der Stadt, denn sie kennen die Nacht und alle, die sich darin bewegen; und: Wer die Nacht kennt, kennt die ganze Stadt, »auf den einsamen Gängen durch die dunklen Straßen hatte sich mit der Zeit ein Philosoph aus ihm (Krusemeyer) gebildet«. Bernhard Hesslein hat in seinem Einakter ›Berlin um Mitternacht‹ (ca. 1844) die einprägsame Formel gefunden: »Berlin ist unterm Nachtwächter.«[35]

Das sind literarische Bilder von der Stadt. Aber sie fangen etwas von der Widersprüchlichkeit ein, die die Stadtnacht in diesen Jahren um 1840 prägt. Begriffe wie »Großstadt« und »großstädtisch« werden jetzt häufiger verwendet, auch »dem Berliner (ist) die den großen Städten eigene Urbanität nicht fremd«[36], und die Nacht steigt in der Werteskala dessen, was eine

Stadt ausmacht, zum wichtigen Merkmal auf – wenn auch die Beurteilungen, je nach dem Standpunkt der Betrachter, weit auseinandergehen.

Fühlt sich beispielsweise Karl Gutzkow noch 1854 im abendlichen Berlin wie »in Herculaneum und Pompeji« [37], so sieht Ernst Dronke schon 1846 »gegen Abend (...) das Leben wieder in der Stadt konzentriert« [38], wenn auch eher in den geschlossenen Räumen der Tabagien und Kaffeehäuser als auf den Straßen. Viele Aktivitäten der Stadtnacht erscheinen in den Quellen, und in dieser Darstellung, nur im gebrochenen Spiegelbild von Polizeiberichten und Sittlichkeitspamphleten. Sie hatten natürlich ihre eigene Realität, ihr eigenes inneres Leben, das sich von der Straße aus und im Blick der kritischen Betrachter anders ausnahm als in dem der Teilnehmer und Gäste des Vergnügens. Formen großstädtischer Unterhaltung wie der Besuch einer Revue [39] oder eines Balls zeichneten sich dadurch aus, daß »Ausgehen« und »Einkehren«, Wagnis und Rückzug, sich zu einem neuen Erlebnis-Ensemble fügen konnten. Eine schöne Beschreibung dafür liefert die ›Illustrirte Zeitung‹ 1844 aus »Kroll's Garten«:

»Wer stundenlang dasitzen, der Musik lauschen und mit hübschen Mädchen die Augensprache üben kann, der unterhält sich berlinisch. Man öffnet nur den Mund, um zu trinken, zu grüßen und die plötzlichen Herzensergießungen ausbrechen zu lassen. Denn es gibt hier so viel Überraschendes, daß die Ah's und Oh's ausströmen, und so viel Mannigfaltiges, daß man sich gegenseitig auf die Einzelheiten aufmerksam machen muß. Fast alle Nationen werden repräsentiert und die verschiedenen Gesichtsbildungen und Toiletten haben für den Berliner so viel Anziehendes, daß ihm selbst ohne die Würze des Lebens, die geistreiche Unterhaltung, die Stunden dahinfliegen.« [40]

»Kroll's Garten« ist, außerhalb des Zentrums im Tiergarten gelegen, ein Ausflugsziel, nach dem Besuch fährt man zurück in die Stadt, der Verbindungsweg wird noch nicht genutzt, am wenigsten in der Nacht. Aber die Bedeutung des öffentlichen Straßenraums wird auch für den Tag erst in den 1840er Jahren erkannt. Peter Joseph Lenné, Planer des modernen Berlin, schreibt in seinem 1840 eingereichten Projekt »Schmuck- und Grenzzüge v. Berlin mit nächster Umgegend«:

»Je weiter ein Volk in seiner Kultur und in seinem Wohlstande fortschreitet, desto mannigfaltiger werden auch seine sinnlichen und geistigen Bedürfnisse. *Dahin gehören dann auch die öffentlichen Spazierwege*, deren Anlage und Vervielfältigung nicht allein des Vergnügens wegen, sondern auch aus Rücksicht auf die Gesundheit dringend empfohlen werden muß.« [41]

Dieses Vorhaben markiert den Beginn der Planung des modernen Berlin, wo auch die Bedürfnisse der »arbeitenden und Gewerbe treibenden Klassen«, in durchaus erzieherischer Absicht, berücksichtigt werden sollen. Die sich neu formierende urbane Gesellschaft schafft sich eine eigene »öffentliche Geographie«[42], Raum für öffentliches Handeln. Damit beginnt auch Berlin, was sich in London und Paris als urbanistischer Diskurs bereits artikuliert: eine öffentliche Auseinandersetzung um die weitere Entwicklung der großen Städte, hervorgerufen durch die Wahrnehmung drängender sozialer Probleme. Es ist beachtenswert, daß *Themen und Fragen der Nacht* dabei von Anfang an eine wesentliche Rolle spielen, und daß auch die Frage der *Zugänglichkeit* bereits hier diskutiert wird.

7. Stadtnacht und »Modernität«

In den späten 1830er, frühen 1840er Jahren begann sich die Öffentlichkeit in England für die Probleme der Städte, vor allem für die Londons und der Industrieregionen, zu interessieren; »die Viktorianer« waren, so schreibt der Historiker Asa Briggs, »horrified and fascinated«[43], erschreckt und fasziniert zugleich von der neuen Qualität der Städte, die das beste Zeugnis dafür waren, daß in dieser Zeit »ein neues Leben« begann, »auf völlig neuen Prinzipien aufgebaut«.

Der Paris-Historiker Louis Chevalier legt einen ähnlichen zeitlichen Schwerpunkt; nach seiner Darstellung ist uns Heutigen das Paris der ersten Hälfte des 19. Jahrhunderts so fremd wie das des Mittelalters; die Phase des Übergangs liegt im Paris, wie es Charles Baudelaire beschrieben hat – aber erst das Paris der 1840er und 1850er Jahre, »das im Licht der Gasbeleuchtung erblüht, das von diesem Licht erleuchtet und von ihm wie berauscht ist«[44], erst dieses Paris ist uns heute noch gut bekannt, wir erkennen es und erkennen uns darin wieder.

Im Rückblick auf die Jahre vor der Reichsgründung rechnet auch das Königliche Polizeipräsidium den Aufschwung Berlins zur Weltstadt »aus der Zeit der vierziger Jahre«, als Berlin (auch durch den sich entwickelnden Eisenbahnverkehr) *»aus sich heraus* und mit der großen Welt in lebhaftere Verbindung trat«[45].

In allen drei Städten – also: unter ganz unterschiedlichen ökonomischen und politischen Voraussetzungen – bilden sich in diesen Jahren *großstädtische* Fragestellungen und Probleme heraus, mit lokal unterschiedlichem Gewicht zweifellos, aber doch vergleichbar in ihrer neuen urbanen Qualität: Die großen Städte treten »aus sich heraus«. Einer der Orte, an denen dieser Prozeß zu beobachten ist, wenn auch keineswegs der einzige, ist die nächtliche Stadt.

1844 erscheint in Berlin, erstmals wieder seit 50 Jahren, eine »medicinische Topographie und Statistik« der Stadt.[46] Fragen der öffentlichen *Fürsorge* und der öffentlichen *Kontrolle* nehmen darin einen großen Raum ein; und auch hier wird der Mangel an öffentlichen Promenaden beklagt, »die Mehresten versäumen es auch, in den abendlichen Mußestunden den nachtheiligen Einfluß des angestrengten Sitzens durch Bewegung in freier Luft auszugleichen«. Es gibt aber, so der Verfasser weiter, ein legitimes Bedürfnis nach abendlicher Erholung; wenn dieses Bedürfnis nicht ausreichend befriedigt werden kann, bricht das geordnete System an seinen Rändern auf. Der Mediziner konstatiert eine wachsende »Neigung zu sinnlichen Genüssen und geschlechtlichen Vergnügungen«, die wiederum mit einer zunehmenden »Publicität der Verworfenheit« korrespondiert.

Der Zusammenhang mit der Industrialisierung und den Folgen täglicher Fabrikarbeit wird von den Autoren solcher Texte nicht übersehen; aber ihr Interesse richtet sich zunächst auf die Stadt als den Ort, wo diese Folgen sichtbar werden: Die Suche nach *Orten*, an denen das Bedürfnis nach abendlichem Vergnügen Erfüllung finden kann, wird damit beantwortet, daß die »Gelegenheit bei Tag und Nacht zur Schau getragen wird«: auf der Straße. Die Promenade *Unter den Linden* gilt, so Karl Rosenkranz in seiner Berliner »Topographie«, als »die höchste Stufe des Berliner Sinnengenußlebens« – und sie gilt den Berlinern als Ausweis der *»Modernität«* ihrer Stadt.[47]

Gleichzeitig mit den Orten des (abendlichen) Vergnügungslebens rükken zwei weitere Bereiche der öffentlichen Geographie Berlins ins Zentrum öffentlicher Aufmerksamkeit: das *Vogtland*, die Armenkolonie vor dem Hamburger Tor, Zeichen für das wachsende Elend in der Stadt, und die engen Gassen hinter dem Königlichen Schloß, Räume wahrnehmbarer öffentlicher Unsittlichkeit. Zwei Beschreibungen dieser so unterschiedlichen Räume verdeutlichen die Dringlichkeit der Auseinandersetzungen:

»Vor dem Hamburger Thore, im sogenannten Vogtland, hat sich eine förmliche Armen-Kolonie gebildet. Man lauert sonst jeder unschuldigen Verbindung auf. Das aber scheint gleichgültig zu sein, daß die Ärmsten in eine große Gesellschaft zusammengedrängt werden, sich immer mehr abgrenzen gegen die übrige Bevölkerung *und zu einem furchtbaren Gegengewichte anwachsen.*«[48]

»Als im Jahre 1839 der Prostitution in Berlin ein gewisser, so zu sagen durch sich selbst begrenzter Schlupfwinkel, die kleine Straße ›An der Königsmauer‹, angewiesen wurde, da wurden die Gesetzgeber unserer Vaterstadt von der richtigsten Ansicht geleitet, indem sie *den Körper Berlin von seiner Sittenkrankheit so zu sagen amputierten und das kranke Glied absonderten.*«[49]

Elend und »Sittenkrankheit« erscheinen als Zeichen für die Existenz einer »anderen« Seite, einer *Nachtseite* der Stadt. Gleichzeitig und parallel zur Formierung der eigentlichen Stadt – ein Prozeß, der mit Stolz begleitet wird – bildet sich, aus ihr heraus, ein »Gegengewicht«, im Wachstumsprozeß des »Körpers« Berlin wächst eine innere Krankheit mit. Die Bilder sagen es eindeutig: Die Gefahr besteht darin, daß das Gegengewicht überhand nimmt und die Krankheit, wird sie nicht radikal »amputiert«, den gesunden Körper zerstört.

Die Auseinandersetzung um die zukünftige Entwicklung der Stadt ist in der Hauptsache eine Auseinandersetzung um die entsprechenden Maßnahmen – und um die Zuständigkeit für ihre Durchführung –, die dieser Herausforderung steuern können. Aktive, zukunftsorientierte *Stadtplanung*, wie sie etwa von Lenné für Berlin angestrebt wurde, bleibt angesichts der Vordringlichkeit reaktiver Politik auf der Strecke. In Berlin wird die Herausbildung einer dynamischen Stadt*politik* dadurch erschwert, daß »der eigentliche Regent der Stadt (...) das ganze 19. Jahrhundert hindurch der Polizeipräsident«[50] war, Angelegenheiten der Sicherheit und der Sittlichkeit lagen ebenso in den Händen der Polizei, wie die Straßenreinigung oder das Beleuchtungswesen von ihr mitbestimmt wurden.

8. Die Entdeckung der gefährlichen Klassen

Nur mühsam konnte die Berliner Stadtverwaltung ab 1840 ihre Tätigkeitsfelder erweitern. Denn in den Augen der Polizeibehörden waren öffentliches Elend und öffentliche Sittenlosigkeit Zeichen für eine Störung der Ordnung; sie behandelten die störenden Elemente auch unterschiedslos – nämlich mit dem Ziel ihrer Beseitigung aus dem geordneten Stadtbild. Sozialpolitische Ursachenforschung und die Entwicklung differenzierter, präventiver und fürsorgerischer Hilfsprogramme blieben zwangsläufig Randerscheinungen. Bezeichnend dafür ist eine Auseinandersetzung, die 1845/46 um das Berliner Arbeitshaus geführt wurde. Diese Einrichtung war in einem 1845 erschienenen Buch, ›Voyage en Prusse‹ angegriffen worden, weil hier Kriminelle mit Unschuldigen zusammengeworfen würden. Der Prediger Andrae verteidigte die »allgemeine Bestimmung« der Institution,

»das große Depot für das moralische und eventuell auch physische Elend unserer Hauptstadt zu bilden. Demgemäß nimmt es in seine Räume *alle* jene verschiedenen Classen von Unglücklichen auf...«[51],

während die Berliner Armen-Direction darauf hinweist, daß bereits die von Andrae zugestandenen Mißstände so gravierend seien, »daß durch sie allein schon das Arbeitshaus als ein durchaus unzweckmäßiges Institut erscheint«[52].

Weil eine differenzierte Wahrnehmung des Elends und seiner Ursachen kaum gelingen kann, wird auch in Berlin das Wort von den »classes dangereuses dans la population des grandes villes«[53] übernommen. Der Chef de Bureau de la Préfecture de la Seine, H. A. Frégier, hatte die in einem Schreibwettbewerb gestellte Frage, welche Mittel es zur »Verbesserung« der gefährlichen Klassen geben könnte, zu beantworten versucht. Seine Einschätzung war durchaus geeignet, Angst und Schrecken unter den Begüterten hervorzurufen. Die Gefahr, so stellte Frégier fest, bestand vor allem darin, daß *bestimmte Teile der Bevölkerung den ihnen zugewiesenen Platz verlassen*, daß sie, ohne zu arbeiten, in der Stadt *unterwegs*, »errants«, sind und sich so der Kontrolle entziehen. Die Suche nach ihren bisherigen Aufenthaltsorten und nach den Wegen, auf denen sie, Elend und Unsittlichkeit mit sich ziehend, durch die Stadt gehen, gerät dem Autor zur »topographie morale« seiner Stadt Paris: Kein Quartier, auch nicht das vornehmste, ist ohne »dunkle Winkel«, überall in der Stadt finden sich »quelques rues étroites«, einige enge und entlegene Sträßchen – überall bietet die Stadt Schwachstellen, Ansatzpunkte für die zerstörerische Lebensform der gefährlichen Klassen.

Einige Quartiere sind aber besonders gefährdet, dort ist die »domaine particulier des prostituées, des vagabonds et des malfaiteurs«, der Aufenthalts- (und »Herrschafts«-)Bereich der Prostituierten, der Vagabunden und der Verbrecher: Sittenlosigkeit, Heimatlosigkeit und Gesetzlosigkeit verbinden sich zu einer undurchdringlichen Melange der Gefahr. Das große Interesse an diesen Themen ist ein wesentlicher Bestandteil der neuen Mentalitäten, die sich mit dem Leben in den großen Städten herausbilden; es ist geprägt durch *Modellerlebnisse* wie die Konfrontation mit den »gefährlichen Klassen« in den dunklen Winkeln der Stadt. Mit seinem Fortsetzungsroman ›Les Mystères de Paris‹ hat Eugène Sue in den Jahren 1843/44 solche Erlebnisse modellhaft vorgeführt und tausendfach verbreitet. Sue hat den »zufälligen« oder »unvorsichtigen« Gang in die dunklen Gegenden der Stadt zum Prinzip gemacht und systematisiert. Die Tatsache, daß Sue, der »Dandy«[54], die »Wildnis« der Stadt mit einer Aura des Exotischen versehen hat (und daß diese Form der Darstellung so erfolgreich war), wurde oft kritisch vermerkt; immerhin hat er damit ein lange Zeit gültiges Muster für Beschreibungen der »Nachtseiten« großer Städte geschaffen.

Seinen Spuren folgten nicht nur zahlreiche Imitatoren und »Geheimnis«-Beschreiber anderer Städte – »so hat denn auch, wie vorauszusehen war, das jetzt überall herrschende Geheimnisfieber besonders in Berlin einen empfänglichen, fruchtbaren Boden gefunden (...), das Interesse nämlich für die Zustände der heutigen Gesellschaft, d. h. für ihre sogenannten ›Nachtseiten‹, für ihre niederen Sphären«[55] –, er gab auch den Anstoß zu einer Erfassung des sozialen Elends in bis dahin ungekanntem Ausmaß.

9. Zwiespältige Nachtseiten

Vor allem wird das zunehmende Elend der proletarisierten Bevölkerungsschichten mehr und mehr als etwas spezifisch Großstädtisches empfunden. In den bereits 1844 erscheinenden ›Mysterien von Berlin‹ formuliert der Verfasser, August Brass, daß »der Luxus, mit seinem treuen Begleiter, dem Laster, immer mehr dazu beiträgt, den Stempel der Nationalität zu verwischen«.[56] Zwar hat Berlin noch nicht den »Zustand« erreicht, in dem sich Paris bereits befindet, aber, so könnte man Brass' Einführung interpretieren, wenn Berlin dem Vorbild Paris nacheifern und zur Großstadt sich entwickeln will, dann muß es die Existenz seiner eigenen Nachtseiten anerkennen.

Doch bereits in diesen Jahren ist der Begriff der »Nachtseiten« unklar und schillernd. Er bezieht sich gar nicht immer und unbedingt auf die Nacht selbst, dennoch wird ihr bald die negative Seite der Entwicklung zugeschrieben. F. Gustav Kühne beschreibt das Berlin von 1843 in Kategorien der zunehmenden Gegensätze:

»Das Straßenleben ist lärmender geworden, der bürgerliche Verkehr lebendiger. Der Luxus ist gestiegen, die Üppigkeit, die der Reichtum entfaltet, das Elend, das in den unteren Classen gräbt und wühlt, *haben sich schärfer gegenübergestellt*, es giebt jetzt mehr Adel und mehr Pöbel hier als sonst, mehr parfümierten Hochmut und mehr nacktes Verbrechen.«[57]

Ort und Zeit dieser Gegenüberstellung ist die Nacht. Sie spielt auch in den Berlinbüchern der beiden demokratischen Revolutionäre Ernst Dronke und Friedrich Saß eine wichtige Rolle – als Hintergrund für die gesellschaftlichen Anklagen, die sie äußern. Friedrich Saß beginnt sein Buch ›Berlin in seiner neuesten Zeit und Entwicklung‹ (1846) direkt mit einer Nachtszene:

»Wer, Verzweiflung und Gram im Herzen, die weiten öden Straßen durchwandelt, während sich überall die Türen schließen (...), der würde bald in seiner Entblößung entdeckt werden, und die bürgerliche Gesellschaft würde sich seiner in der Person eines Nachtwächters oder eines Gensdarmen, wenn auch nicht eben auf die zarteste Weise, annehmen.«[58]

Auf den nächtlichen Straßen ausgestoßen und hilflos den Gewalten ausgeliefert zu sein, das ist die Metapher für Verzweiflung und Gram; so wie für die Polizeibehörde der Nachweis einer Wohnung, eines legalen nächtlichen Aufenthalts gleichsam die Voraussetzung für die Anerkennung einer Existenz bildet, so stellt, in der Umkehrung, die Situation der *Obdachlosigkeit*, des nächtlichen Umherirrens ohne Ziel und ohne Rast, das Ausgeschlossensein aus der bürgerlichen Gesellschaft dar.

10. Schritte in die Nacht

Während Friedrich Saß das Straßenleben als »bunte Schale« des Lebens betrachtet – »es trügt« –, beschreibt Ernst Dronke das Treiben auf den

Straßen als Kern seiner Stadtwahrnehmung; allerdings bleibt sein Blick auf Armut und Verbrechen der des Neugierigen, er verharrt in der distanzierten Ironie des Abenteuerreisenden.

Gibt die Straße, und gar bei Nacht, ein realitätsnahes Abbild des Lebens in der Stadt? Oder bietet sie jedem Betrachter das, was zu sehen er gerade gekommen ist? Erweckt die moralisierende Metapher – »schaudernd lasse ich den Schleier über dieses Nachtgemälde unserer Zeit niedersinken«[59] – Abscheu oder, erst recht, Neugier? Und ist beabsichtigte Ent-Schleierung schon aufklärerisch? Ist die Straße tatsächlich ein *Ort der Begegnung* zwischen den verschiedenen sozialen Gruppen in einer Stadt?

In diesen Jahren um 1840 wird die Nacht in der Stadt zum Thema öffentlicher Auseinandersetzung. Wer aber über die Nacht redet, muß sie auch kennen: Die Zahl derjenigen, die sich »hinaus« wagen und durch die nächtliche Stadt gehen, wächst. Es ist sicher richtig, daß die Spaziergänge der Bürger durch die Straßen der Stadt sich auch als *Wege der Versicherung* lesen lassen; sie schreiten ihren (sich ständig vergrößernden) Stadtkreis ab, genießen vielleicht den Kitzel eines kurzen Besuchs in den Wohngegenden der »Elemente«, die sie als »gefährlich« ansehen, sehen wohl auch mit schauderndem Vergnügen, daß da etwas »brodelt« – und vergewissern sich, daß (noch) keine Explosion droht.

Richtig ist wohl auch, daß sie auf diesen Gängen, gerade weil sie diese in der Absicht unternahmen, sich der Gefahrlosigkeit zu versichern, nicht »alles«, nicht die ganze Stadt, nicht jeden dunklen Winkel sehen konnten. Weil kaum einer von ihnen die Gefahr wirklich suchte – nur eine Ahnung davon, und die Rettung aus der Gefahr gehörte von Anfang an zum Programm der Exkursion –, blieb ihre Wahrnehmung von der Stadt (und von der Nacht) zwangsläufig unvollständig.[60] Aber auch in ihrem Unvermögen, »alles« zu sehen und zu erkennen, vermitteln die Nachtwanderer den Eindruck, daß sie Zeugen der Entstehung einer neuen, eigenen Welt sind: »In diesem Moment«, so Louis Chevalier, »beginnt die Nacht tatsächlich zu existieren, als etwas Eigenes, nicht mehr nur als die einfache Verdunklung der Dinge, die im übrigen ihr Wesen nicht verändern.«[61]

Die Nacht ist mehr als bloß eine dunkle Version des Tages. Tägliche Verhaltensweisen lassen sich nicht (mehr) einfach auf die Nacht übertragen, *nächtliches Verhalten in der Stadt* muß erst erlernt werden. Dazu gehört vor allem der Umgang mit Angst und Gefahr. Zwei Texte sollen abschließend die Unsicherheit im Umgang mit dieser »neuen« Nacht illustrieren. Eduard Devrient schreibt 1840 in seinen ›Briefen aus Paris‹:

»Nach ein Uhr trennte sich die Gesellschaft, ich fand zum erstenmale die Straßen von Paris ganz menschenleer. (...) Nichts vernahm ich als meine eigenen Tritte und das Rauschen einiger Brunnen, wo man bei Tag sich vor dem betäubenden Geschwirre nicht zu retten weiß. In der Nähe des Palais Royal begegnete ich einer Patrouille. Die Soldaten gingen zu beiden Seiten der Straße dicht an den Häusern, einzeln, hinter einander, um nicht zu gleicher Zeit angegriffen zu werden und sich gegenseitig beistehen zu können. Das erinnerte mich, daß man mir gleich zu Anfang meines Aufenthalts hier gerathen hatte, auf diese Weise des nachts zu gehen, unbedingt aber einen fiacre zu nehmen, wenn ich alleine meinen Heimweg zu machen habe.«[62]

Noch war der Palais Royal ein zentraler Ort im Pariser nächtlichen Leben, aber er büßte seine Funktion nach und nach ein, seit 1837 die Läden und Spielsalons geschlossen worden waren. Bald war er nicht mehr Zentrum, sondern nur noch Ausgangspunkt nächtlicher Wanderungen, die hinaus auf die Boulevards führten:

»Um 1840 bildete sich in Paris eine kleine Gruppe von etwa einem Dutzend Noctambules, die sich beinahe jeden Abend, ungefähr um Mitternacht, in einem Café des Palais Royal trafen. Ihr einziger gemeinsamer Gedanke (...) galt der Nachtschwärmerei, der nächtlichen Promenade in Paris.«[63]

Der gleiche Ort, dieselbe Zeit – und so unterschiedliche Bilder von der Nacht: Bei Devrient wirken noch mächtig die Fesseln der Vergangenheit, er sieht die Nacht noch als Fremde, gegen die man sich wehren und rüsten muß. Neu dagegen ist, und ungewohnt, aber voller Spannung, die »vagabondage nocturne« in der Stadt; die Gefahr wird gesucht und herausgefordert, das Vergnügen an der Entdeckung dieser neuen Welt, der Stolz, den entscheidenden Schritt *hinaus* von den behüteten Orten auf die Straßen unternommen zu haben, sie gehören zur neuen, sich bildenden *urbanen Mentalität*: Wer ganz Städter sein will, muß die Nacht beherrschen lernen.

Diese Möglichkeit besteht erst, seitdem die Nacht nicht mehr ganz dunkel ist; sie wird allerdings nicht gleich von Anfang an genutzt. Seit 1819 brennen in Paris, seit 1826 in Berlin die ersten Gaslaternen, ihre Zahl nimmt rasch zu, Straße für Straße mehren sich die Licht- und Orientie-

Einsame Straßen und verlockende Etablissements: Nur gemeinsam stellen sie Nacht-Leben her (Montmartre 1930).

rungspunkte. Die Beleuchtung *kennzeichnet* die Topographie der nächtlichen Stadt, aber sie schafft diese nicht alleine. Erst wenn die durch das neue Licht gegebene Gelegenheit zur nächtlichen Wanderung mit der Bereitschaft – oder dem Bedürfnis – zusammentrifft, sich auch diese Seite der Stadt anzueignen, werden die Fesseln abgestreift, kommt es zum Aufbruch.

Exkurs: Im neuen Licht

Der geheimnisreichen Nacht zu Ehren
löschet die Polizei
heut in des Wonnemondes erster Nacht
jedes matt aufdämmernde Flämmchen
in den Laternen der Stadt.
Vier Monde dauern die dunklen Mysterien
und während vier Monden darf
kein leuchtendes Lämpchen
in dem prachtvollen Berlin
in der Hauptstadt der Brennen, brennen. –

Nur nicht ängstlich, mein Freund!
Nur ruhig! Ich führe dich ja
und kenne genau
die Topographie der Vaterstraßen.

Ludwig Robert, Promenade eines Berliners in seiner Heimat[64]

Was die Beleuchtungsforschung vom *Licht* erzählt, bestimmt merkwürdigerweise unser Bild von der Nacht in den großen Städten. Erst mit dem künstlichen Licht, so lautet ihre Botschaft, formen sich die Konturen der nächtlichen Stadt heraus, das Licht kennzeichnet die Stadt[65]. Die Geschichte der Stadt ist, in dieser Perspektive, eine Geschichte der fortlaufenden Erhellung. Zwangsläufig wird dabei die Nacht in ein Reich des Vorzeitigen, der Mythologie abgedrängt. Keine der vielen Beleuchtungsgeschichten, die, wenn auch unter ganz verschiedenen Aspekten, den Siegeszug des Lichts beschreiben, will darauf verzichten, zunächst einmal das undurchdringliche Gelände des Nächtlichen zu schildern: als fremde, angsterregende Gegend, die erobert und schließlich überwunden wird.

Die Nachtforschung hat es nicht leicht, dagegen eine andere Perspektive aufzubauen; natürlich läßt sich der materiellen Evidenz nicht widersprechen. Aber die Konzentration auf das Licht führt manchmal dazu, daß die Eigenwertigkeit, ja die Widerborstigkeit der Nacht nicht wahrgenommen wird.

Erst »im 16. Jahrhundert«, so Wolfgang Schivelbusch, »regten sich die ersten Ansätze einer permanenten und fest installierten öffentlichen Beleuchtung«[66]. In der Nacht, so wird es überliefert, zogen sich die Einwohner in ihre Häuser zurück, in fast allen Städten bestand eine permanente Ausgangssperre. Aber: Wo »Wegelagerer und Vagabunden«[67] drohen, ist die Welt außerhalb der verschlossenen Häuser nicht tot. Freilich schrieben die Polizeiverordnungen vor, daß niemand sich ohne Grund, und ohne mitgeführtes Licht, bei Nacht auf den Straßen antreffen lassen durfte. Aber die Geschichte der Nichtbefolgung von Polizeiverordnungen dürfte älter sein als die der Beleuchtung: Die Verordnungen waren Ausdruck einer lang anhaltenden Auseinandersetzung, Reaktionen auf den Mißstand, den nächtliches »Treiben« in den Augen der Polizei darstellte. Die Behörden setzten das *Licht als Ordnungsfaktor* ein. Die Nacht ist, im Vergleich zum Tag, unstrukturierter, unordentlicher, und damit potentiell bedrohlich. Die Angst vor der Dunkelheit wird geschürt und von der Obrigkeit als Instrument der Disziplinierung eingesetzt; aber läßt sich daraus der Schluß ziehen, daß die Nacht aus Angst grundsätzlich gemieden wurde?[68]

Mit der im späten 17. Jahrhundert begonnenen zentral organisierten *Straßen*beleuchtung verbindet sich der Anspruch der Obrigkeit auf die Kontrolle der *ganzen Stadt* durch die Kontrolle ihrer Hauptadern. Die Laternen stehen zeichenhaft für diesen umfassenden Herrschaftsanspruch, der sich mit der (im Licht erleichterten) Verfolgung von Straftätern nicht begnügt, sondern gegenüber der gesamten Bevölkerung deutlich machen will, wem die Straße gehört. Aber: Mit jedem neuen Licht, das die Straßen erhellt, wächst der Kreis derer, die sich in die Nacht hinauswagen. In der Realität »gehörten« die Straßen bald nicht mehr den »Nachtschwärmern und Sittenlosen«[69] allein; viele Arbeiter und Arbeiterinnen waren in den späten Abend- und frühen Morgenstunden in der Stadt unterwegs, und sie waren zweifellos dankbar für jedes neue Licht.

Wolfgang Schivelbusch hat die Geschichte der langsamen und gegen manchen Widerstand erfolgten Durchsetzung der Gasbeleuchtung in Paris, die Geschichte der Zerstörung von Laternen in den Revolutionen von 1830 und 1848 beschrieben. Es sind die Jahre um 1840, in denen sich auch im technischen Bereich eine Wende vollzieht: 1835 zählte man in Paris im ganzen 203 Lichter, 1839 waren es bereits 12816 – in 6273 Laternen.

Die alte Beleuchtung durch Öllaternen, so hieß es in Berlin, »reichte gerade aus, um erkennen zu lassen, wie dunkel es eigentlich in Spree-Athen war«[70]. Am 21. April 1825 schloß die Imperial Gas Association, später »Englische Gasgesellschaft«, einen auf 21 Jahre befristeten Kontrakt mit dem Preußischen Ministerium des Innern und dem Polizeipräsidium ab, in dem sie sich verpflichtete, gegen die Zahlung von 81 000 Talern Kurant 1300 Straßenlaternen aufzustellen. Die erste vom neuen Licht erhellte Straße war die Promenade *Unter den Linden*, am 19. September 1826 leuchteten dort die ersten Gasflammen auf:

»Gestern abend sahen wir zum ersten Male die schönste Straße der Hauptstadt, die zugleich unser angenehmster Spaziergang ist, die Linden, im hellsten Schimmer der Gasbeleuchtung. Eine große Menge Neugieriger war durch dieses Schauspiel herbeigelockt worden und alle davon überrascht: denn heller haben wir selbst bei glänzenden Illuminationen die Linden nicht gesehen. Nicht in dürftigen Flämmchen, sondern in handbreiten Strömen schießt das blendende Licht hervor, das so rein ist, daß man in einer Entfernung von 20–25 Schritten einen Brief recht gut lesen konnte. (...) Bald werden auch die anderen Hauptstraßen auf gleiche Weise beleuchtet werden, *und Berlin*, das wegen seines erfreulichen Eindrucks, den es bei Tag macht, berühmt ist, *wird auch bei Nacht den Fremden angenehm überraschen.*«[71]

Wie in den anderen großen Städten – Pall Mall, Oxford Street, Regent Street und Piccadilly in London; Place Vendôme, Place du Carrousel, Rue de la Paix und Palais Royal in Paris – waren es auch in Berlin die Hauptstraßen und -plätze im städtischen Zentrum, die vom neuen Licht profitierten. In dem Vertrag von 1825 fand sich eine Bestimmung, daß die Gasgesellschaft nicht verpflichtet sei, »kleinere Gäßchen und weniger bedeutende Straßen zu beleuchten, weil die Legung der Rohre dahin sich nicht lohnen würde«[72].

Die Brennzeit der Laternen war auf 1300 Stunden im Jahr festgesetzt, die Polizeibehörde legte die Verteilung dieser Stundenzahl auf Monate und Tage fest; viele Laternen brannten nur bis Mitternacht, bei Vollmond und in den Sommermonaten von Mai bis August blieben sie ganz ausgeschaltet. Die von der Polizei festgelegten Tabellen der Brennzeiten lesen sich – in Paris wie in Berlin – wie eine *Nacht- und Licht-Topographie* der großen Stadt, vom hellen Zentrum ziehen sich dünner werdende Lichterketten bis hinaus in die Randbezirke der Städte, die noch für lange Zeit im Dunkeln liegen.[73]

Erst 1847, nach Ablauf des Vertrages und im Zuge des erwachenden Selbstbewußtseins der Berliner Stadtverwaltung, gelang es, das Beleuchtungswesen in eigene Regie zu übernehmen – allerdings blieb es noch bis 1854 mit dem Nachtwachtwesen und der Straßenreinigung in einer Kasse verbunden – und in den folgenden Jahren die Beleuchtung auszudehnen; bis 1849 wurden auch die Brennzeiten von 1300 auf 2400 Stunden im Jahr erhöht.

1. Schönheit der Nacht im Licht

Die Verzögerungen in der Ausbreitung der neuen Beleuchtungstechnik hatten erhebliche Auswirkungen auf die Wahrnehmung der nächtlichen Stadt: Während das Gaslicht die *Zentren* der Städte in ein märchenhaftes Licht tauchen sollte und sich auf den *Boulevards* »luxury lighting« zusammen mit dem neu entdeckten Vergnügen an der abendlichen Promenade zu einem Ensemble fügte (ein Ensemble, das Vertreter der Beleuchtungsforschung in ihrer Lichtlastigkeit »als Nachtleben bezeichnen« wollen[74]), blieben andere Stadtteile im Dunkel zurück.

Eine Form der Wahrnehmung nächtlicher Städte stellt das Licht und das Licht-Erlebnis in den Vordergrund; eine der schönsten Beschreibungen aus dieser Perspektive – und dazu: von oben, von den Höhen des Montmartre – liefert, 1867, Julius Rodenberg:

»Mitten im Herzen der Stadt erscheint ein goldener Punkt, ein anderer hier, ein dritter dort, ein vierter – es ist gar nicht zu sagen, wie rasch sie sich folgen, sie sind nicht mehr zu zählen. Ganz Paris ist mit goldenen Punkten besäet, so dicht wie ein dunkles Sammetgewand mit Goldflittern. Bald zwinkert und blinzelt es überall, und man kann sich nichts Schöneres denken, und doch kommt nun erst das Schönste. Aus den Punkten bilden sich Linien, aus den Linien Figuren, Funken reiht sich an Funken, und soweit das Auge sieht, erblickt es endlose Lichteralleen.«[75]

Die Schönheit des Lichts und seine Fähigkeit, die Stadt zu zeichnen, sie leuchten zu lassen und gegen das umgebende Dunkel abzuheben, diese Effekte sind natürlich in der *Übersicht* auf die ganze Stadt besonders einprägsam; aber auch im Innern der Städte, auf den hell erleuchteten Straßen, entfalten sie eine Wirkung, die Beobachter entzückt; als Beleg dafür sei Gottfried Sempers Ausruf »Wie herrlich ist die Gasbeleuchtung!«[76] zitiert. Der Eindruck einer »allgemeinen« Illumination, den viele Zeitgenossen äußern, ist freilich ungenau; viele Gegenden in den Städten blieben noch lange Zeit ohne die neue Beleuchtung. Aber Eindrücke sind nicht falsch, sie vermitteln die Atmosphäre der Zeit:

»(Man) meint damit den Endpunkt der Lichtentwicklung, den endgültigen Triumph erreicht zu haben, seit der Mensch die Höhle verließ, die er mit offenem Feuer zu belichten und zu erwärmen verstand. *Das Nachtleben der Großstädte, jedes Abend- und Nachtleben überhaupt erhält durch die neue Lichtquelle Auftrieb und Schwung.* Besiegt war der lange Winter des Nordens, wie Paris – la ville lumière – im Glanz der Gaslaternen erstrahlte, erhob sich in London, in Berlin, in den großen Städten des europäischen Nordens *die Stadt als hell erleuchtete Insel im Ozean der Dunkelheit.*«[77]

Der extreme Ausdruck dieser Lichtgläubigkeit ist der Entwurf für einen Lichtturm, der – als Alternative zum Eiffelturm für die Weltausstellung 1889 geplant – »taghell« leuchten, die Nacht über Paris ganz abschaffen sollte. Ähnliche Zukunftsvisionen hatte bereits 1855 Eugène de Mirecourt geäußert. In seinem Flug durch die Zeiten führt ihn der Nachtteufel Asmodée auch ins Jahr 1955: Alles ist hell erleuchtet, es gibt keine Dunkelheit mehr.[78] Was für den Blick von oben auf die dunkle Landschaft mit den Städten als Lichtinseln gilt, gilt auch im Innern der Städte selbst: Der Pariser Boulevard konnte als *Innenraum* erlebt werden, weil er sich wie eine Lichtinsel gegen das ihn umgebende Dunkel abgrenzte; so wie die abendlichen Vergnügungen, der Besuch von Restaurants, Cafés, Theatern, die Flanerie durch die Passagen, die Sache einer kleinen Minderheit der Stadtbevölkerung waren, so war auch ihr Aufenthalt, waren die hell erleuchteten Straßenzüge, verglichen mit der ganzen Stadt, die sie doch zu repräsentieren vorgaben, nur ein kleiner Bezirk; und so war auch das »Nachtleben«, das sich dort abspielte, nur ein ganz geringer Teil des gesamten nächtlichen Lebens in der Stadt.

2. Im Dunkeln

Eine andere Form der Wahrnehmung entsteht zur gleichen Zeit und in den gleichen Städten; sie setzt sich aber bewußt von den Zentren des Lichts und des Vergnügens ab und richtet den Blick auf jene Bezirke, die von der neuen Beleuchtung nicht – oder noch nicht, oder aus einem ganz

»Die künstliche Helle verscheucht in den Gemüthern das Grauen vor der Finsterniß, das die Schwachen von mancher Sünde abhält.« (Kölnische Zeitung 1819; Foto: Paris um 1930)

anderen Motiv: dem der Kontrolle – erfaßt wurden. Solche Texte über die »Nachtseiten« konfrontieren den Lichterglanz mit seinem Gegenbild.

Eine »sociale Skizze« aus der ›Gartenlaube‹ führt den Gang in die dunklen Regionen der Städte prototypisch vor; ihr wesentliches Moment ist die *Gegenüberstellung*: »Keine Stadt der Welt ist reicher als London, aber auch keine birgt solche Tiefen des Elends in sich.« Abseits von den Straßen, »paved with gold«, befinden sich düstere Regionen der Armut; wer diese nicht wahrnimmt, sieht nicht die ganze Stadt: »Daher war es mein Vorsatz, nachdem ich an der schimmernden Seite desselben mich übersättigt hatte, *auch das Kehrbild aufzusuchen* und in jene ein paar Streifzüge zu unternehmen.«[79]

Die Streifzüge in die dunklen Regionen werden durch Lichtmetaphern anschaulich gemacht; je dunkler die Straßen, um so tiefer erscheint der Abstieg. Die Darstellungen der »Kehrbilder« sind freilich in vielem zweifelhaft; »Romantik«, gar »dämonischen Reiz«, hat die Region wohl nur für die Eindringlinge, nicht für die, die darin wohnen. Immerhin: Nachrichten aus der Welt der Dunkelheit machen deutlich, daß es neben dem Lichtermeer ein anderes Bild der Nacht – und der sozialen Realität – gibt.

Die Nachrichten aus dem Dunkel wirken bedrohlich und fordern die Kontrolle der Autoritäten heraus. Auch ihre Agenten unternehmen »Streifzüge« in die gefährlichen Regionen, und sie bringen Licht dorthin. Das polizeiliche Ziel einer Kontrolle der ganzen Stadt bleibt bestehen; sie akzeptiert, wenn auch zögerlich, das Entstehen des nächtlichen Vergnügungslebens in den Zentren und richtet ihren (lichtverstärkten) Blick nun auf die dunklen Zonen. Funktion der Beleuchtung ist, »die Sicherheit und den freien Verkehr in den Stunden der Dunkelheit zu gewährleisten«[80].

Die Polizei hat nun auch die Aufgabe, die Lichter zu schützen (denn sie wird auch von ihnen beschützt) und das Monopol der Obrigkeit auf ihren gezielten Einsatz zu sichern. Der Gedanke, daß dieses Monopol in Frage gestellt werden könnte, erscheint unerträglich, die Angst, daß die ganze Stadt in Dunkelheit versinkt – was wenige Jahrzehnte zuvor keineswegs ungewöhnlich war –, wächst im gleichen Maß, wie sich die Straßenbeleuchtung durchsetzt. Im Oktober 1872 drohen die Arbeiter der Londoner Gasanstalten mit einem Streik; das Deutsche Handelsblatt kommentiert die Tatsache, daß er letztlich nicht erfolgreich war: »So war (...) der Gedanke, eine große Stadt in Dunkelheit zu lassen, durch nichts zu rechtfertigen.«[81]

Parallel zur Entwicklung des Beleuchtungsnetzes, das über der Stadt ausgeworfen wird, häufen sich Klagen über die »Zustände« in den Stadtbezirken, die noch im Dunkeln liegen. Mehr und mehr wird »nächtliche Unsicherheit« mit der Abwesenheit von Licht gleichgesetzt, die Aufstellung von Laternen an gefährlichen Orten gilt als das geeignete Mittel, Sicherheit herzustellen.[82] Das Licht kennzeichnet also die wachsenden Gegensätze innerhalb der Stadt; je heller es in den Zentren leuchtet, um so krasser erscheinen die Konturen der dunklen Regionen davon abgesetzt.

Das Licht spielt zweifellos eine große Rolle bei der »Entdeckung« der Nachtseiten in den Städten, nur: Es prägt auch den Blick und die Sehweise der Entdecker. Die nächtlichen Regionen erscheinen ihnen als zurückgebliebene Reste einer dunklen Vergangenheit, als Gegenden, die *noch* nicht in den Genuß der Erhellung gekommen sind. Viele kommen »aus dem Licht«, besuchen die dunklen Orte, und sie alle tragen ihre metaphorischen Lichter – der Aufklärung, der Religion, der politisch »hellen« Zukunft – in die Dunkelheit.

3. Blendende Helligkeit

Die Lichtmetaphorik verstärkt sich noch mit dem beginnenden Einsatz der elektrischen Beleuchtung in den 1880er Jahren, mit der »endgültigen Eroberung der Nacht«[83]. Fakten und Mythen der Elektrifizierung sind Gegenstand verschiedener Untersuchungen[84] und sollen hier nicht erörtert werden. Die neue Helligkeit wurde ähnlich euphorisch begrüßt wie ihre Vorgängerin; »wer aus einer der gasbeleuchteten Seitenstraßen auf einen der (...) Plätze einbog«, so berichtete die ›Illustrirte Zeitung‹, »der hatte den Eindruck, als ob er aus einem halbdunklen Gang unvermuthet in einen taghellen Saal trete.«[85] Noch 1930 erinnert sich ein Autor, Bruno H. Bürgel, an diesen Unterschied, und er verwendet ein ähnliches Bild: »Mein Vater, der noch aus der Zeit der Öllampenbeleuchtung stammte, führte mich, stolz auf sein mit Siebenmeilenstiefeln vorwärtsstürmendes

Nach Mitternacht am Londoner Themse-Ufer: Neugierige aus allen Schichten bestaunen die glänzende Helligkeit der neuen elektrischen Beleuchtung, die das Gas der alten Lampen an Leuchtkraft weit übertrifft. Beim Einsatz des neuen »Wunders« ist London den anderen Städten erneut um Jahre voraus (Holzstich 1879).

Berlin, durch die Lichtfülle. *Ein Schritt in die Nebenstraßen, und man glaubte sich um Jahrhunderte zurückversetzt.*«[86]

Noch mehr als zuvor galt nun das Licht als Ausweis der Modernität einer großen Stadt, noch stärker als zuvor wird seine Abwesenheit als Mangel empfunden. Während der Vorbereitungen für die Weltausstellung von 1900 waren die Pariser Straßen einige Jahre lang nur unzureichend beleuchtet: »Paris, ville lumière trop obscure«[87]. Die Pariser ›Revue des deux mondes‹ wurde, im März 1904, noch deutlicher; das künstliche Licht ist unter allen Bedürfnissen des Lebens in der modernen Gesellschaft das am wenigsten verzichtbare.[88] Durch einen Streik – auch unter der elektrischen Sonne gibt es nichts Neues – der Arbeiter in den Elektrizitätswerken wird Paris 1907 in die Zeit des »clair de lune« zurückgeworfen, das Ereignis machte aus einem Teil der »Ville lumière« eine »Ville de Ténèbres«, eine Stadt der Finsternis.[89] Von einer Minute zur anderen, so Jacques Lardy, sei die vielfältige Aktivität der Stadt unterbrochen, ihr geistiges Leben geradezu »aufgehoben« worden. Ein Gedicht, das aus diesem Anlaß entstand, schwelgt in noch stärkeren Bildern: Das Licht ist die schönste Sonne der Stadt, wird es gelöscht, ist die Stadt ihrer Ausstrahlung beraubt.[90]

Nicht nur das Licht alleine bezeichnet die Modernität der Stadt, auch der rasante Wechsel der Erfindungen, die einander folgen und die Stadt in immer helleres Licht tauchen, entspricht dem Gefühl, »schnell« zu leben – um so tiefer wird der erzwungene Rückfall in die Dunkelheit als Zumutung empfunden. Zwischen den europäischen Städten entwickelt sich ein regelrechter Wettbewerb um den Ehrentitel »Lichtstadt«; vor allem Berlin bemüht sich, die französische Metropole einzuholen, womöglich zu übertreffen. Ausgerechnet Hans Ostwald, der wie kein anderer von Beginn des neuen Jahrhunderts an die Erforschung der »dunklen Winkel« seiner Stadt betrieb, sieht mit dem künstlichen Licht eine ganz neue Schönheit der großen Stadt heraufziehen: »Eins aber zwingt auch uns zur Bewunderung: die Fülle des Lichts der abendlichen Stadt (...). Und so wird sie denn vielleicht als *Lichtstadt* sich mehr Freunde draußen im Reich erwerben – und wird vielleicht auch als Lichtbringerin geliebt werden.«[91] Im Ausland wirkte die Licht-Werbung Berlins wohl stärker als im Deutschen Reich, das seine »Lichtstadt« nicht sehr liebte; als eine Gruppe von »City Electrical Engineers« der australi-

»Jede Laterne ist nach Mitternacht so gut wie ein Scharwächter«, hieß es schon um 1850 in Paris – das elektrische Licht verstärkt noch die Einsatzbereitschaft der Beleuchtung für die Polizei (Osram-Lichthaus, Bewegungsbilder 1925).

schen Stadt Melbourne 1912 Europa besuchte, war der Weg nach Berlin zwingend, »electrically the most important city«[92].

Diese kurzen Momentaufnahmen zeigen, welch große Bedeutung Zeitgenossen der Helligkeit – also: der Überwindung von Dunkelheit – beimaßen. In beiden Städten, Berlin und Paris, beendete der Weltkrieg die Lichterfreude; wo die Metropolen an einem – schon stark reduzierten – nächtlichen Vergnügungsleben festhielten, waren sie das Ziel heftiger Angriffe aus der Provinz.[93] Allerdings finden sich aus dieser Zeit auch Texte, die von einer Wiederentdeckung der Dunkelheit berichten. Das plötzliche und erzwungene *Innehalten im Lichtbetrieb* brachte manche Beobachter dazu, vergessene Schönheiten des Dunklen wieder wahrzunehmen: Die Farbe der Nacht in den verschiedenen Jahreszeiten, die Realität langer Winter- und kurzer Sommernächte. Geduld wurde (wieder) zur nächtlichen Tugend. Die Bewohner mußten ihre Städte neu kennenlernen, sich anders darin bewegen, sie waren auf einen engen Kontakt zu ihr angewiesen.

Das allzu helle Licht hatte, seltsam genug, den Blick auf die nächtliche Stadt eher verstellt als erleichtert; als die Lichter nach dem Ersten Weltkrieg wieder angingen, heller noch als zuvor, gab es viele, die ihre Nacht vermißten. Die Dunkelheit, so schrieb Legrand-Chabrier in der Zeitschrift ›L'Opinion‹, hüllt die Gegenstände sanft ein, während das elektrische Licht sie zu schön schminkt und das Gaslicht sie gar entstellt; »seit dem Krieg«, so heißt es hier weiter, »gibt es kein wahres Nachtleben mehr in Paris, wenigstens nicht auf der Straße.«[94]

Die seit Beginn der künstlichen Beleuchtung immer wieder gestellte Frage, ob Helligkeit oder Dunkelheit die wahre »Natur« der nächtlichen Stadt ausmacht, schien offenbar nur zugunsten des Lichts beantwortet. Das Bild der Stadt ist in den zwanziger Jahren, mehr als zuvor, nur in Extremen faßbar: Auf der einen Seite wurde der »Licht- und Elektrizitätskult«[95] immer weitergetrieben, auf der anderen Seite ließ sich das Elend der Stadt vom Licht nicht (mehr) verdrängen – die Gegensätze machten sich gegenseitig deutlich erkennbar.

In der Woche vom 13.–16. Oktober 1928 feierte sich die deutsche Hauptstadt: »Berlin im Licht«. Da wurde, materiell wie metaphorisch, noch einmal alles aufgeboten, was den inneren Zusammenhang von *Licht und Fortschritt, Licht und Modernität, Licht und Großstadt* beweisen sollte: Lichtwerbung, Schaufensterbeleuchtung, Illuminationen öffentlicher Gebäude, Fahrzeugbeleuchtung, ein Lichtkorso. In allen Texten zu diesem Ereignis wird das Licht als technische Errungenschaft, als Wirtschaftsfaktor, aber auch als Zeichen der Schönheit beschworen.[96] Darin liegt wohl eine offizielle Anerkennung, und gleichzeitig eine Indienstnahme, des »Nachtlebens«, vor allem für die Reklame: »Berlin ist die Stadt der ästhetischen Lichtreklame geworden. Gerade die Lichtreklame gibt der Weltstadt am Abend erst die prägnante individuelle Note«, hieß es im offiziellen Festprogramm, und das ›Berliner Tageblatt‹ schrieb, »das Licht wurde auf der ganzen Linie in den Dienst der Reklame gestellt«.[97] Die Antwort ließ nicht auf sich warten; die ›Welt am Abend‹ sah darin den

Versuch, »das Elend der Reichshauptstadt nach außen hin zu übertünchen und sich an einem überflüssigen Blendwerk zu berauschen (...): Gibt es in Berlin keine finsteren Straßen und Plätze, die schon seit langem auf eine ärmliche Gasfunzel warten?«[98] Noch prägnanter formulierte Max Epstein:

»Kriegskrüppel läßt man auf Straßen frieren,
Aber man läßt diese Straßen illuminieren.
Das ist das schrecklich wahre Gesicht:
Berlin im Licht.«[99]

In diesen Jahren werden die Texte der Nachtgänger merklich melancholischer; sie resümieren eine Entwicklung der Stadtnacht, die sich in der Lichtgeschichte nur ungenügend reflektiert, die in der blendenden Helle sogar unsichtbar wird. Verläßlicher als ihr trügerischer Schein sind die Texte derer, die die »Topographie der Vaterstraßen« auch im Dunkeln kennen.

III. Nacht und Sicherheit

Dunkelheit macht Angst. Wie ein Leitmotiv zieht sich durch die Texte, die sich mit der Stadtnacht beschäftigen, das Thema der *nächtlichen Unsicherheit*. Wer sich, bei Nacht, auf die Straßen wagt, begibt sich in Gefahr. Diese Vorstellung prägt alle das nächtliche Verhalten betreffenden Anordnungen und Maßnahmen der Obrigkeit, aber auch bis heute die Gefühle der Nachtgänger, die den Warnungen trotzen: »On rentre en territoire nocturne: c'est le danger.«[1]

Begriffe wie »Sicherheit« und »Unsicherheit« erhalten ihre Bedeutung dadurch, daß sie nicht klar bestimmbar sind, sich der exakten Festlegung entziehen; das gibt ihnen bedrohliche Kraft. Die Macht der staatlichen Autoritäten nährt sich nicht zuletzt davon, daß sie alleine die Zuständigkeit zur Definition von Sicherheit haben: In ihren Augen wird sie durch eine möglichst vollständige Präsenz der Herrschaft gewährleistet; ist das nicht möglich, muß ein ausgefeiltes Regelwerk die Anwesenheit von Herrschaft symbolisch ersetzen. Eine Verweigerung der Regeln wird bestraft. Unsicherheit droht also da, wo die *Gelegenheit zur Verweigerung groß ist* und die *Möglichkeit der Kontrolle gering*.

Sicherheit hat, unabhängig davon, wie eng die Grenzen des Regelwerks gezogen werden, immer eine zeitliche und eine räumliche Dimension: Für die Ordnungskräfte ist das höchste Maß an Sicherheit erreicht, wenn niemand ihre Kompetenz zur Organisation des Raumes und der Zeit in Frage stellt, wenn alle, die unter ihrer Aufsicht stehen, sich zu den vorgegebenen Zeiten an den vorgeschriebenen Orten aufhalten und die Funktion erfüllen, die ihnen zugedacht ist. Dabei ist der *öffentliche* Raum und die Zeit, die in der Öffentlichkeit zugebracht wird, in stärkerem Maße der Kontrolle unterworfen als private Räume und Zeiten.

Die nächtlichen Straßen der Stadt sind deshalb in zweifacher Hinsicht ein *Gelände potentieller Unsicherheit*; die Ordnungskräfte bemühen sich in besonderer Weise, die Nachtstunden unter ihrer Kontrolle zu halten. In dem Moment, da die Städte »aus sich heraus« gehen, verstärken die

Autoritäten sowohl ihre Präsenz auf den nächtlichen Straßen wie das Regelwerk, das dieses Gelände organisieren soll.

Damit beginnt eine öffentliche Auseinandersetzung um die nächtliche Sicherheit; wächst einerseits bei verschiedenen Bevölkerungsgruppen das Bedürfnis, die Nacht außerhalb der privaten Räume zu verbringen, so entsteht andererseits ein Rechtfertigungsdruck bei den Ordnungskräften: Sie entdecken, notgedrungen, die propagandistischen Möglichkeiten der *Rede von der Unsicherheit in der Nacht*. Wenn immer mehr Menschen – aus ganz unterschiedlichen Motiven – nachts unterwegs sind und erkennen, daß es durchaus möglich ist, sich in die Nacht zu wagen, ohne in Gefahr zu geraten, dann verliert das bloße Argument, die Nacht sei voller Fährnisse, an Glaubwürdigkeit. Eine *Propaganda der Einschüchterung* und der Herstellung von Angst soll die entstandene Lücke füllen, und sie wird begleitet von einer *Propaganda der Moral*.

Ich untersuche vier verschiedene Bereiche, in denen diese Auseinandersetzung um »Sicherheit« und »Unsicherheit« ihren Ausdruck findet: Nachtwacht, Polizeistunde, Verbrecherwelten, Obdachlosigkeit. In jedem dieser Bereiche sind Fragen der Organisation und Fragen der Wahrnehmung, sind »Realitäten« und »Imaginationen« der Nacht miteinander verschränkt. In jedem dieser Bereiche findet, auf unterschiedliche Weise, *Entgrenzung* statt: Die Nachtgeschichte ist voller Auseinandersetzungen über Grenzen; was ist noch zulässig, was schon verboten? Was ist noch möglich, was nicht mehr? Die Regeln, die lange galten, gelten nun nicht mehr, was tritt an ihre Stelle?

1. Nachtwacht

> »Wie viele hundertmale habe ich gedacht, jeder Richter, jeder Justiz- und Polizeiminister, jeder Bischof, jeder Arzt des Körpers und der Seele sollte ein paar Jahre Nachtwächter in verschiedenen Quartieren einer großen Stadt gewesen sein.«
>
> *Memoiren eines Berliner Nachtwächters*, 1845 [2]

Der Nachtwächter ist eine Figur aus der städtischen Vergangenheit, aus der »guten, alten und gemütlichen Zeit« [3], die unfehlbar in Texten beschworen wird, die der modernen, hell erleuchteten Stadtnacht ein Bild aus früheren, finstereren Zeiten entgegenhalten. In diesem Bild darf er nicht fehlen:

»Nur aus wenigen Fenstern der überragenden Giebelgeschosse flimmerte ein mattes Licht. Es war ein eigener Anblick, eine mittelalterliche Stadt am stillen, düsteren Abend, die tausend Ecken, Winkel, Türmchen, Bogen, von den herausschießenden Strahlen seltsam beleuchtet, wunderbar und schreckhaft, heimlich und unheimlich zugleich. Und nun erlosch ein Licht nach dem andern, die Mauern wurden finster, die schwarzen Schatten traten unförmlich heraus (...). *Um die Ecke schallte das Horn des Nachtwächters*, und sein Abgesang wetteiferte an Mißtönen mit dem Geheul der Katzen, das auf den steilen Dächern laut wurde.«

Die historische Stadtforschung hat dieser Figur wenig Aufmerksamkeit geschenkt; nur unter einem Aspekt findet sie in verschiedenen Darstellungen Erwähnung, nämlich als Zeichen für die Formung des bürgerlichen Selbstbewußtseins in den Städten des Mittelalters. So wird etwa berichtet, daß König Chlotar II. in Frankreich im Jahr 595 ein Edikt erlassen hatte, das die Einwohner der Städte dazu verpflichtete, Nachtwachen, »gardes de nuit«, aufzustellen; im Jahr 1150 stellten die Korporationen der Händler und Handwerker »jede Nacht eine bestimmte Anzahl Männer, um für die Sicherheit der Stadt zu sorgen«.[4] In Paris wurden die »guets« (Wachen) 1559 zunächst durch »archers royaux« (königliche Büttel), 1563 dann durch »guets royaux« abgelöst, bis schließlich zu Beginn des 18. Jahrhunderts die *bürgerliche Pflicht der Wache* ganz aufgehoben und die Aufgabe von der »police royale« übernommen wurde.

Der Stadthistoriker Lewis Mumford beklagt diesen Prozeß, am Beispiel englischer Städte, als einen Verlust bürgerlicher Tätigkeit im Dienste der Stadt; noch 1693 bestimmte eine Verfügung des Londoner Gemeinderates, daß *von Sonnenuntergang bis Sonnenaufgang* ständig mehr als tausend Wächter in der City auf Posten sein müssen; zur Aufrechterhaltung dieses Korps, so Mumford, »war ein hohes Maß von bürgerlichem Pflichtgefühl nötig (...); weil es daran fehlte, geriet die Vorschrift im 18. Jahrhundert in Vergessenheit«[5].

Für Berlin wird der erste »Versuch zur Abwehr der nächtlichen Unholde«[6] zeitlich und metaphorisch mit dem »Aufklärungslicht von Wittenberg«, also mit der Reformation verbunden. Kurfürst Joachim II. ordnete die Einrichtung einiger nächtlicher Wachtfeuer an verschiedenen Orten an, Feuer, die von den Ratsknechten angezündet und von der

Scharwache unterhalten wurden: Nach elf Uhr nachts sollte niemand auf der Straße »sich betreten« lassen. Seit 1677 bestand in Berlin das Institut einer städtischen Nachtwacht; sie geriet immer dann in den Blickpunkt öffentlicher Aufmerksamkeit, wenn nächtliche »Vorfälle« die Ruhe der Stadtbewohner störten.

1808 wurde die Verwaltung der städtischen Sicherheitspolizei der Berliner Regierung, als Staatsbehörde, übertragen; 1822 bereits ging diese Verwaltung, im Rahmen des Polizei-Reglements für die Haupt- und Residenzstadt Berlin, auf das Polizeipräsidium über. Die Akten des Berliner Magistrats über die »Aufbringung der Nachtwachtgelder« beginnen mit dem Jahr 1813, und bis Ende der 1830er Jahre sind es vor allem Kostenfragen, die die Verwaltung beschäftigen. Die Erhebung einer »Nachtwacht-Cassen-Gebühr« – »½ pro Cent von dem Betrage der Miethe«[7] – war kaum umstritten, da daraus die Einrichtung neuer Nachtwächterstellen finanziert werden sollte, und genau dies wird in den Jahren nach 1830 im wachsenden Berlin, vor allem von den Bewohnern neu erbauter Straßenzüge, immer wieder gefordert: Die »Vergrößerung der Stadt« ist das Hauptargument, wenn gefordert wird, neue Stellen oder gar neue Nachtwacht-Reviere einzurichten. 1839 werden im Berliner Magistrat »Überlegungen zur Umgestaltung des hiesigen Nachtwachtdienstes« angestellt, *»da die bestehenden Einrichtungen dem jetzigen Bedürfnis durchaus nicht entsprechen«*[8].

Das war in Paris nicht anders; zwar hatte die Französische Revolution zunächst die Abschaffung aller Nachtwacht-Einrichtungen zur Folge, aber schon im Jahr 10 der Republik (1803) schrieb der Polizeipräfekt an seine Kommissare, es sei dringend notwendig, die »patrouilles grises« aus der vorrevolutionären Zeit wieder einzuführen; Patrouillen zu zwölf Mann sollten in der Zeit zwischen elf Uhr abends und halb drei Uhr morgens in der Stadt unterwegs sein.[9] In den folgenden Jahren wurden der Polizeipräfektur verschiedene Vorschläge zur Errichtung einer verbesserten »Garde de Nuit« gemacht. 1812 stellte der Baron de Gérando sein Projekt vor: 24 Kompanien, bestehend aus acht Offizieren und 75 Männern, sollten jede Nacht in jedem Arrondissement auf Patrouille gehen und die Sicherheit von Paris, dem »théâtre des crimes et des accidents pendant la nuit«[10], gewährleisten. Wer ohne Berechtigung »à pied dans les rues« angetroffen wurde, sollte nicht sofort verhaftet werden, sondern zum Preis von 50 centimes einen »laissez-passer« erhalten, der allerdings nur den Heimweg gestattete:

»Diejenigen Individuen, die ihren laissez-passer dafür mißbrauchen, in den Straßen zu spazieren und nicht nach Hause zu gehen (en se promenant la nuit et en ne pas rentrant chez eux), sollen auf die Präfektur gebracht werden.«[11]

Gérandos Vorschläge werden höflich, aber recht bestimmt abgelehnt. 1826 wird ein neues Projekt vorgeschlagen; die Nachtwacht soll die Stadt, so der Petent, ein ehemaliger Colonel, aus dem »vrai chaos« der Revolutionszeit herausführen. Aber erst zwei Jahre später, am 12. Februar 1828, verfügt der Präfekt »angesichts der Insuffizienz der gegenwärtigen Mittel zur Aufrechterhaltung nächtlicher Sicherheit«, daß eine spezielle Brigade »au service des rondes de nuit« eingerichtet werde. Durch einen Erlaß vom 14. März 1829 werden auch die Öffnungszeiten der Kommissariate in Paris bis um zehn Uhr abends verlängert, die Kommissare selbst werden verpflichtet, mindestens einmal wöchentlich nach Schließung ihres Büros Rundgänge zu den Orten zu unternehmen, die als mögliche Ausgangspunkte nächtlicher Unruhen gelten.

Was genau die Polizei unter »nächtlichen Unruhen« verstand, was sie fürchtete und verhindern wollte, ist aus den Dokumenten nicht eindeutig zu entnehmen; die Diskussion über eine bessere Organisation der Nachtwacht vollzieht sich aber eindeutig unterhalb einer politischen Ebene, denn die politischen Veränderungen der Jahre 1830 und selbst 1848 nehmen darauf wenig Einfluß. Die Sorge der Polizei gilt der Stadt selbst. Im Jahr 1831 unternimmt die Präfektur einen neuen Anlauf:

»Es ist eine der ersten Pflichten der Polizei und ihr stetes Bestreben, über die Sicherheit der Personen und des Eigentums zu wachen (...). *Die Nacht, die den Übeltätern Sicherheit gewährt, verlangt auch eine aktivere Überwachung.*«[12]

Von nun an wird das Netz der nächtlichen Überwachung immer dichter. Vom 12. Januar 1835 an sind es 5 Brigadiere und 40 »sergents de ville«, deren Aufgabe es ist, »durch die Straßen und Plätze ihres Viertels zu gehen, dabei häufig die Richtung zu wechseln und die größte Stille zu bewahren«. Voller Stolz zitiert der Polizeibericht für die Jahre 1830 bis 1848 einen Zeitungsartikel, in dem die Arbeit der Nachtpatrouillen gelobt und ihre ständige Anwesenheit in den Straßen als Garantie für die neu entdeckte – und, anders als in den Jahren davor, kaum noch moralisch verurteilte – Leidenschaft der nächtlichen Bummelei gepriesen wird:

»Wenn Sie sich gelegentlich zwischen ein und drei Uhr morgens alleine mitten auf den Straßen unserer Hauptstadt befunden und besorgt auf die Gesichter der wenigen Passanten geschaut haben, immer in Erwartung einer dieser Attacken, von denen man soviel hört, dann mußten Sie Dankbarkeit gegenüber der Nachtpatrouille fühlen, die in aller Stille in Ihrer Nähe ist und Ihnen durch ihre bloße Anwesenheit Sicherheit garantiert.«[13]

Die Nachtwacht hat ganz offenbar eine doppelte Funktion; indem sie die Straßen zur Nachtzeit nun aufmerksamer und systematischer patrouilliert als zuvor, öffnet sie die nächtliche Stadt für einen größeren Kreis von Unternehmungslustigen. Als Versuch zur Erhaltung der alten Nacht-Ordnung gedacht, trägt die Neuorganisation der Nachtwacht effektiv zur Entgrenzung bei.

Aufgaben der Nachtwacht

Am 15. März 1840 bittet der Berliner Polizeipräsident den Magistrat »um die Einberufung einer Konferenz zur Klärung der strittigen Fragen«.[14] Das Ergebnis dieser und einiger weiterer Konferenzen ist eine genaue »Dienst-Instruktion« für die Arbeit der Berliner Nachtwächter; eine zusätzliche »Anweisung« erläutert den allnächtlichen Dienst im einzelnen: »Jedem Nachtwächter ist ein Nachtwacht-Revier zur besonderen Beaufsichtigung überwiesen, aus den Revieren aber bilden sich die Bezirke der Nachtwachtmeister, welche die Nachtwächter ihrerseits zu controllieren haben.« Die Wächter müssen, im Winter zwischen zehn Uhr abends und fünf Uhr morgens, im Sommer zwischen elf und drei Uhr, die vollen Stunden »durch eine zinnerne Pfeife andeuten«, danach in ihrem Revier »fleißig herumgehen«, auch Quer- und Nebenstraßen benutzen und ihre Strecke öfters verändern; sie sollen offenstehende Türen und Fenster bei den Hauswirten melden, von Diebstählen oder Einbrüchen, die sie entdecken, der Polizei berichten.

»10. Die des Nachts betroffene Bettler oder liederliche Menschen, die sich in den Straßen, auf öffentlichen Plätzen und unter den Brücken aufhalten, müssen die Wächter arretiren und in die nächste Wache abliefern. (...)
11. Sie haben diejenigen, welche in der Nacht die Straßen verunreinigen, die kleinen Gassen oder den Bürgersteig zur Hinderung der Passage versetzen, oder mit bloßem [= offenem] Licht oder Kohlen über die Straßen gehen, anzuhalten, und hiernächst zur Bestrafung anzuzeigen. (...)

12. Was sie etwa von Hurenwinkeln oder Diebesherbergen in Erfahrung bringen, sollen sie des anderen Tages dem Nachtwachtmeister melden.
13. Sollte sich ein Nachtwächter beikommen lassen, während seiner Dienststunden, ein Bierhaus oder einen liederlichen Ort selbst zu betreten und zu trinken, oder überhaupt mit liederlichem Gesindel umzugehen, so soll er nicht allein verabschiedet, sondern auch noch außerdem, dem Befinden nach, bestraft werden.«[15]

Für diese vielfältige Tätigkeit erhalten die Nachtwächter monatlich sechs Taler Besoldung. Das erklärt, warum eine weitere Tätigkeit, die in den Vorschriften nicht erwähnt wird, als Nebenverdienst herhalten muß: Die Nachtwächter verfügen über Schlüssel zu zahlreichen Häusern in ihrem Revier und öffnen den spät Heimkehrenden gegen ein kleines Entgelt die Türen. Außerdem häufen sich in den 1840er und 1850er Jahren die Beschwerden gegen Nachtwächter, die eine Geldstrafe von den Wirten kassieren, deren Häuser nicht »gehörig« abgeschlossen sind; diese Regelung wird vom Polizeipräsidium lange geduldet und erst 1859 verboten. Die Nachtwachtmeister müssen die Nachtwächter und deren Lebenswandel kontrollieren und dazu vor allem »die ihnen angewiesenen Reviere zu unbestimmten und verschiedenen Stunden durchgehen, und die Wächter auf dem Posten visitiren«.

Mit dem Ablauf des Vertrages zwischen dem Ministerium des Innern und der Imperial Gas Association wird auch die Verbindung der Nachtwacht mit dem Erleuchtungswesen langsam aufgehoben; nach der Vorstellung des Polizeipräsidiums sollte die Nachtwacht ab 1847 ausschließlich dort ressortieren. Und tatsächlich zeigt die neue Dienst-Instruktion von 1853 den mehr und mehr polizeilichen Charakter der Tätigkeit: »Die Nachtwächter und Nachtwachtmeister haben auf die Erhaltung der Ordnung und auf die Sicherheit der Personen und des Eigentums zu achten«, sie sollen diese Aufgabe »in einträchtigem Zusammenwirken mit der Schutzmannschaft« besorgen, sie müssen vollständige Dienstkleidung tragen und »unausgesetzt durch die sämmtlichen Straßen und Plätze ihres Reviers Runden machen«. Obdachlose »Herumtreiber« und »Frauenzimmer, die sich durch ihr Benehmen auf den Straßen verdächtig machen, Straßenhurerei treiben zu wollen«, müssen sie nun sofort der Polizei zuführen.[16]

Kompetenzstreit um die Nachtwacht

In den Jahren ab 1850 wenden sich immer häufiger Fabrikanten aus der Gegend des Hamburger und Oranienburger Tores an das Polizeipräsidium, mit bewegten Klagen über die nächtlichen Zustände – »und ist namentlich jetzt bei Abendzeit ein förmliches Bivouac liederlicher Frauens- und Mannspersonen«[17] – und mit Bitten um die Aufstellung weiterer Wächter. Die zunehmenden Beschwerden begleiten die Herausbildung der industriellen Zonen im Norden und Osten Berlins; sie veranlassen aber auch das Polizeipräsidium Ende 1861 zu einer Bestandsaufnahme über den Zustand der öffentlichen Sicherheit in der ganzen Stadt. Daraus entwickelt sich eine Debatte über die Frage der Zuständigkeit für die Organisation der Nacht.

»Die öffentliche Sicherheit Berlins während der Nacht«, so heißt es im Bericht des Polizei-Hauptmanns Ahne vom 12. Januar 1862, »ist in der letzten Zeit leider vielfach gestört worden.« Die Presse berichte über nächtliche Überfälle, Einbrüche in Geschäftslokale, »namentlich aber [über] die sich fast täglich wiederholenden Einbrüche in die Schaufenster«; diese unliebsamen Vorfälle seien so zahlreich, »daß man nicht ohne Grund einen Theil dieser betrübenden Erscheinung auf die Unzulänglichkeit der nächtlichen Bewachung der Stadt zurückführen zu müssen glaubt«. Die 15 Nachtwachtmeister, so Ahne weiter, seien einfach nicht in der Lage, die Nachtwächter genügend zu kontrollieren, die Zahl der Wächter sei insgesamt zu klein, ihre Arbeit unterbezahlt.[18]

»Frechheit« und »Sicherheitsgefühl« der Übeltäter nehmen zu, das ist auch die Ansicht des Magistrats[19]; aber er weist die Verantwortung dafür der Polizei zu. Was ist das Nachtwacht-Wesen? »Nichts anderes als eine Gemeinde-Einrichtung«, die jetzt nur nicht mehr von der Gemeinde selbst, sondern von speziell dafür abgestellten Beamten geleistet wird, aber natürlich von der Gemeinde bezahlt werden muß? So argumentierte das Polizeipräsidium, während die Stadt die Ansicht vertrat, daß die »gesammte Dienstthätigkeit der Nachtwächter (sich) auf Erhaltung der öffentlichen Ruhe, Sicherheit und Ordnung« beziehe, »und diese Verrichtungen sind eben das Amt der Polizei« – das heißt, sie sollten aus den Mitteln des Preussischen Ministeriums des Innern bezahlt werden.

In dieser Debatte geht es nicht nur um Geld; sie kennzeichnet wachsende Auseinandersetzungen zwischen kommunaler Selbstverwaltung und Polizei[20], zwischen einer (links)liberal orientierten Stadtverordneten-Versammlung und einer, seit 1848, zunehmend militarisierten Ordnungsmacht. In diesen Jahren um 1860, in denen die »entstehende Industriewirtschaft« das soziale und kulturelle, aber auch das topographische Gefüge Berlins nachhaltig veränderte[21], sind die Bedürfnisse der Fabrikanten von großer Bedeutung; wenn sich einer von ihnen, und gar im Namen eines Grundbesitzervereins, mit der Drohung an die Stadt wendet, »die Abgaben bis zur Abhilfe genannter Übelstände zu verweigern«[22], dann kann die Stadt diese Kritik an die Polizei weitergeben und deren Autorität herausfordern. Die Polizei hat noch immer ihr Ideal einer geschlossenen Stadt nicht aufgegeben, während die Verwaltung beginnt, die Nacht als Teil des Lebens in der Stadt zu akzeptieren. Bei ihrem Rückzugsgefecht verstärkt die Polizei ihre anti-nächtliche Propaganda, in Berlin ebenso wie in Paris.

»Die nächtlichen Attacken, deren Schauplatz Paris seit einiger Zeit ist«, schreibt etwa die Zeitung ›Le Public‹ am 4. Juli 1870, »lassen an die Wiedereinführung der alten ›patrouilles grises‹ denken«; und in »La Patrie« heißt es am 7. Februar 1872 gar, »man spricht von der Organisation von zwei *Bataillonen* von Nachtwächtern«, die aus jeweils 600 Mann zusammengesetzt sein und von abends zehn Uhr bis morgens sechs Uhr »toutes les rues de Paris« patrouillieren sollten. Wie ein »Sicherheitskordon« sollte diese fast militärische Einheit sich zwischen die zwei nächtlichen Bezirke, zwischen die helle, glänzende Welt der Boulevards und die nahegelegenen »dunklen« Viertel legen.

Aber diese Sicht der Nacht, die die Polizei vertritt, erscheint den Stadtpolitikern nicht mehr zeitgemäß; nach wie vor will die Polizei nächtliches Leben generell einschränken, in ihrer Propaganda verschränkt sie politische Unruhen, soziale Bedrohungen durch die »gefährlichen Klassen« und nächtliches Vergnügungsleben zu einem einzigen Bild der Unordnung. In diesem Punkt sind sich die Polizeiadministrationen in Paris und Berlin weitgehend einig. Dagegen will die Berliner Stadtverwaltung erreichen, daß die Polizei sich ausschließlich um die Verfolgung von Straftaten kümmert, sich in das nächtliche Leben der Stadt aber nicht mehr einmischt:

»*Die Trennung der Polizei in eine Tages- und eine Nachtpolizei entspricht nicht mehr den Bedürfnissen einer modernen Großstadt*; die gegenwärtig fungierenden Nachtwächter sind mit dem Polizeidienst, wie er bei Tage gehandhabt wird, nicht vertraut. (...) Und (so) sind wir in Übereinstimmung mit der Stadtverordnetenversammlung der Überzeugung, daß den gegenwärtig herrschenden Übelständen nur durch die gänzliche *Abschaffung des Instituts der Nachtwacht* und durch eine *Verschmelzung der bisher getrennten Tages- und Nachtpolizei* gründlich und dauernd abgeholfen werden kann.«[23]

Dieser Text könnte eine Schlüsselrolle in der Geschichte der Stadtnacht einnehmen: Die Nacht wird als Teil der Stadt akzeptiert, die alten Maßnahmen zu ihrer »Sicherung« genügen nicht mehr, die neue Situation ist unumkehrbar und erfordert neue Methoden. Aber Bedürfnis und Erkenntnis alleine schaffen noch keine Fakten, die Diskussion hat erst begonnen.

Von der Nachtwacht zur Polizei

In der »modernen« Wahrnehmung wird die Figur des Nachtwächters zur lächerlichen Gestalt; der Nachtwachtdienst erscheint als vormoderne Lösung eines aktuellen Problems, das sich durch diese altmodische Organisation noch weiter verschärft. Zwei Texte aus Berlin seien dafür beispielhaft zitiert:

»Es wird Ihnen wahrscheinlich allen, als Sie zum ersten Male die Hauptstadt des Landes besuchten oder wenigstens zum ersten Male Berlin bei Nacht in seinem Treiben auf den Straßen kennenlernten, aufgefallen sein, daß die Wache über die Sicherheit dieser Großstadt sich im wesentlichen in den Händen jener gemütlich aussehenden Männer befindet, die Abends nach zehn Uhr mit der Pfeife und einem großen Bund Schlüssel auf den Berliner Straßen umherwandeln. Wahrscheinlich wird Ihnen dies umso mehr aufgefallen sein, als Sie vorher vielfach in den Blättern gelesen hatten von den Unthaten und Verbrechen, die in Berlin auf den Straßen geschehen sind, bzw. geschehen sein sollen.«[24]

Die Debatte im Preußischen Landtag, in der diese Worte fielen, fand am 7. April 1875 statt. Inzwischen war Berlin Reichshauptstadt geworden, seine industrielle Entwicklung und die massenhafte Zuwanderung erreichten neue Rekordzahlen. In dieser Zeit entsteht auch eine eigene *urbane Ironie*, eine Haltung, die die Großstadt grundsätzlich bejaht, die vielleicht manche Fehlentwicklung kritisiert, insgesamt aber der Stadt gegenüber positiv eingestellt ist und sie gegen die ahnungslosen (aber einflußreichen) Kritiker aus der Provinz verteidigt.

Das Argument von der übertriebenen Berichterstattung von angeblichen nächtlichen Vorfällen wurde nicht nur von großstadtfreundlichen Abgeordneten verwendet; auch die Berliner Polizei wehrte sich gegen überzogene Darstellungen – »Es gehört zum Geschäft der zeilensüchtigen Reporter mancher hiesiger Zeitungen, fortgesetzt in vorwurfsvollen Artikeln von der beängstigenden Unsicherheit Berlins zu fabeln«[25] –, aber ihr Motiv ist natürlich ein anderes: Sie will die bestehende Organisationsform des Nachtwachtdienstes beibehalten, sie will ihre Vorstellung von der nächtlichen Stadt aufrechterhalten. Dagegen argumentieren die Kritiker der alten Nachtwacht:

> »Greifen wir nur eins heraus, das Nachtwachtwesen, so müssen wir sagen, daß der Nachtwächter, der für den üblichen Nickel jedes Haus erschließt, *der sein Viertel nur von der Nachtseite kennt, der es also in Wirklichkeit nicht kennt*, denn Tag und Nacht sind so verschieden, aber nur zusammen liefern sie ein Lebensbild – daß dieser Nachtwächter mindestens *unmodern*, eine veraltete Erscheinung in diesem ungeheuren Getriebe geworden ist.«[26]

Bisher war in diesem Abschnitt nur von Paris und Berlin die Rede, London war früh andere Wege gegangen. Hier hatte im Jahr 1748 der »blinde Richter« John Fielding, Bruder des Romanciers Henry Fielding, das Amt des Richters über den Polizeibezirk *Bow Street* übernommen und dort eine eigene Polizeitruppe, die »Bow Street Runners«, gebildet. Ihre eiligen Patrouillengänge durch die Gegend der Zeitungen und der Theater, der Märkte und der Spelunken machten sie schnell bekannt; um 1825 bestand die Truppe aus 150 Mann, ihr Gehalt war aber so niedrig, daß sie auch private Aufträge annehmen mußten. Vier Jahre später, 1829, wurde die Londoner Polizei gründlich reformiert, die »Metropolitan Police of London« geschaffen. Einer der wesentlichen Anlässe dieser Neuorganisation war die ungenügende Sicherheit der nächtlichen Stadt, »die nächtliche Unsicherheit und Gefahr der Londoner Straßen, die Diebstähle, Einbrüche und Überfälle, die prekäre Situation einer Hauptstadt, deren hauptsächliche Abwehrkraft in Zeiten öffentlicher Unordnung die Treue von dreitausend Wachleuten war«[27]. Das war ganz offensichtlich nicht genug, das bisherige »Establishment of Nightly Watch and Nightly Police« hatte sich in der großen Stadt als ungenügend erwiesen.

So kam es, daß am Dienstag, dem 29. September 1829, abends um sechs Uhr, »several parties of police constables« von Whitehall aus in die Straßen von London marschierten und dort ihre Tätigkeit aufnahmen – eine Momentaufnahme und ein Schritt in »The Making of Modern London«, der von vielen Zeitgenossen geschildert wurde: Nachtwacht als Aufgabe einer modernen Polizeiorganisation. Es ist ganz zweifellos die herausragende ökonomische Stellung Londons in diesen Jahren, die dafür sorgt, daß diese modernere Lösung des Problems früher und entschiedener angegangen wird als in den anderen Städten; aber auch ein anderes Verständnis von Polizeiarbeit spielt dabei eine Rolle. Darauf geht, 1882, der Verwaltungsbericht des Berliner Polizeipräsidiums ein: »Die Londoner Constabler haben *eigentlich und im wesentlichen nur Straßendienst*, sie haben nur auf das zu achten, was auf der Straße und vor ihren Augen geschieht.«[28]

In Berlin dagegen begreift sich die Polizei nach wie vor als die eigentliche *Verwalterin des Lebens*, deren Zuständigkeit sich nicht nur auf den öffentlich sichtbaren Raum beschränkt. Trotz ihrer vielfältigen Tätigkeit – die ja, in Preußen wie im Deutschen Reich, immer auch eine politische Dimension hatte –, so wird im selben Bericht stolz vermerkt, lag beispielsweise die Zahl der im Jahr 1878 »eingebrachten« Bettler, Prostituierten und »obdachlosen Bummler« in Berlin bei 52111 Personen, in London bei 54610 – kein signifikanter Unterschied in der absoluten Zahl, ein Berliner »Erfolg« sogar, wenn man bedenkt, daß London schon längst Millionenstadt war. Die Berliner Polizei will die bisherige Organisationsform des Nachtwachtdienstes beibehalten (vor allem seine Bezahlung durch die Stadt), deshalb kann sie aber in die Rede von der zunehmenden nächtlichen Unsicherheit nur halbherzig einstimmen. Die Befürworter einer Reform des Nachtwachtdienstes zeigen dagegen eine neue Einstellung zur Nacht, sie kommen zu der Einsicht, *»daß man also eine feste Abgrenzung zwischen Tag und Nacht eigentlich nicht hat«*[29].

Alarmposten

Der Präfekt der Pariser Polizei teilt am 28. Juni 1880 seinen Kommissaren lakonisch mit, »ich habe entschieden, daß der nächtliche Wachtdienst (›le service des rondes de nuit‹) mit Wirkung vom 30. Juni seine Funktion beendet«[30]. Die neue Strategie sieht die Einrichtung von *Alarmposten* im ganzen Stadtgebiet vor. In einem Bericht »über die Mittel zur Hebung der Sicherheit in Paris« wird dieser Schritt damit begründet, daß es angesichts der wachsenden Bevölkerung dringend notwendig geworden sei, die Zahl der »Kontaktpunkte« zwischen Bevölkerung und Polizei zu vergrößern. Darin steckt aber auch Resignation: Die Polizei ist nicht mehr in der Lage, die ganze Stadt während der Nachtstunden zu übersehen und zu kontrollieren. Sie schafft sich Stellvertreter in den Alarmposten, sie nutzt die neuen technischen Möglichkeiten, die sich ihr bieten, aber der Traum von der vollständigen Kontrolle ist vorbei.

Die Einrichtung der »kiosques avertisseurs«, die leicht zu handhaben sind, wird zu einer peniblen *Bestandsaufnahme des nächtlichen Paris*. Für jeden Punkt in der Stadt, an dem solch ein »kiosque« eingerichtet wird, gibt der Bericht ein »motif« an: »bei Nacht verlassen«; »in der Nähe von Bordellen gelegen«; »nachts ein gefährlicher Ort«; »völlig verlassen und wenig sicher«.[31] Die meisten Kioske befinden sich auf den Boulevards, zumeist an Stellen, die »strategisch« günstig in der Nähe von Straßen der Prostitution, wie der Rue St. Denis, liegen, oder in der Nähe verlassener Straßen, die als Aufenthaltsorte von Zuhältern und »Apachen« angesehen werden.

Die Polizei versichert sich durch diese Aufstellung der veränderten nächtlichen Topographie; sie bemerkt, daß die Nacht inzwischen verschiedene »tägliche« Funktionen des städtischen Lebens – im Verkehr, in der Versorgung mit Lebensmitteln oder mit Energie – zu übernehmen begonnen hat. Auch dieser Bereich muß gesichert werden, und dazu reichen die alten Patrouillen nicht mehr aus.

Überreste der alten Nacht

Zur gleichen Zeit, in der diese Modernisierung vorgenommen wird, existieren noch Reste der »alten«, vormodernen Stadtnacht. Die Abschaffung der Patrouillen hat vor allem die eine Konsequenz, daß »Bummler« und »Schwärmer« jetzt nicht mehr festgehalten werden oder sich ausweisen müssen; jetzt sollte jeder nach Belieben durch die Straßen gehen können. Aber diese Konsequenz will (oder kann) die Polizei noch nicht ziehen. Im gleichen Jahr, 1881, weist der Präfekt seine Kommissare zur besonderen Aufmerksamkeit gegenüber den »chiffonniers« an; die traditionelle Unsicherheit gegenüber den alten Figuren der Nacht ist noch so stark, daß der Präfekt sie benutzen kann, um wie durch die Hintertür doch wieder Patrouillengänge zuzulassen.

Die alte Form der Nachtwacht wird in vielen unterschiedlichen Texten, auch in Berlin, schier zum Gespött; kaum eine Erzählung aus dem »Berliner Leben« will auf eine Karikatur des Nachtwächters verzichten: Max Ring beispielsweise beginnt seine Geschichte von der »Rück-Kompagnie« – einer Gruppe, die von der Zwangsexmittierung bedrohten Familien hilft, heimlich (bei Nacht) das Haus zu verlassen und ihr Eigentum mitzunehmen – mit einem Stimmungsbild:

»Mitternacht ist längst vorüber; die Straßen sind öde und menschenleer; nur hier und da begegnet man noch einem taumelnden Nachtschwärmer oder einem verdächtigen Strolche. Auch der Wächter des Reviers läßt sich nicht blicken und ruht von seiner Runde unter irgend einem geschützten Thorweg oder in einem befreundeten Bierkeller aus.«[32]

Es ist ganz offensichtlich, daß dieser Nachtwächter nicht in der Lage ist, den neuen Gefahren der Nacht zu wehren. Ein Satz wie »Berlin ist unterm Nachtwächter« hat keinen bedrohlichen Inhalt mehr, im Gegenteil, Anklänge an eine vermeintliche »gute, alte Zeit« sind darin enthalten.

Nachtleben und Gefahr

In allen drei Städten, London, Paris und Berlin, gewinnt in den Jahren nach 1880 die öffentliche Debatte um die Gefährlichkeit, Unsicherheit und Sittenlosigkeit der nächtlichen Stadt an Intensität. Das Vergnügungsleben erobert sich in diesen Jahren neue Bereiche und (Außen-)Bezirke der Stadt: Montmartre in Paris – im Winter 1881/82 eröffnet das »Chat Noir« als erstes Cabaret seine Pforten, 1889 das »Moulin Rouge« –, die Hasenheide in Berlin; es fand, vor allem in der Revue, neue Formen der Massenunterhaltung, die Elemente des Theaters, des Jahrmarkts, der alten »Café-Concerts« miteinander verbinden. Die Wege zwischen den Stadtzentren und den neuen Orten des Vergnügens füllen sich mit nächtlichem Leben und geraten in den Blickpunkt der Öffentlichkeit. Die traditionelle Wahrnehmung sieht hier nur »das lüderliche Gesindel und sein die öffentliche Sicherheit gefährdendes Treiben«[33] am Werk, »Elemente«, »welche von hier aus des Nachts ihre gefährlichen Streifzüge unternehmen und alsdann den Raub in Gesellschaft mit lüderlichen

Dirnen verprassen«[34]. Organisiertes Verbrechen, Banden, die feste »Schlupfwinkel« haben und von dort aus »Streifzüge« unternehmen – die »Nachtseite« der großen Stadt breitet sich aus, und die Nacht-Polizei ist darauf ungenügend eingerichtet. Kompetenzstreitigkeiten kommen hinzu: Das Zuständigkeitsgebiet der Berliner Polizei endet an den Grenzen von Schöneberg, Wilmersdorf und Charlottenburg. Ein Lokal mit weiblicher Bedienung auf Berliner Gemarkung muß um 11 Uhr schließen, aber die Gäste gehen einfach – über die Straße – »in ein Lokal mit gleicher Tendenz, das für die ganze Nacht ›plein pouvoir‹ hatte«[35].

Neben den städtischen Randgebieten bleibt auch das Zentrum der Stadt – und des Vergnügungslebens –, die Friedrichstraße, im Blickpunkt der Öffentlichkeit;

»das beispiellos rüde und unsittliche Treiben, welches sich allabendlich und allnächtlich in der Friedrichstraße und in der Passage entwickelt und inderthat eine solche Ausdehnung angenommen hat, daß es kaum mehr möglich ist, diese Gegend nach 6 Uhr abends mit anständigen Damen zu passiren«[36],

beschäftigte neben der Polizei immer mehr auch die Kirche, in diesem Fall die Kreissynode Friedrichswerder. In einzelnen Redebeiträgen wird das Schreckensbild noch ausgemalt, es würde den »guten Ruf eines anständigen Mannes schon schädigen«, wenn er dort gesehen würde, es müsse gar jedem anständigen Menschen peinlich sein, »unter solcher Bande herumzulaufen«.

Die Nacht ist nicht mehr überschaubar. Neue Themen drängen sich auf: Verbrecherwelten, Prostitution, Polizeistunden für Kneipen, Bars und Restaurants. Außerdem wachsen die Städte, wächst vor allem Berlin in dieser Zeit schnell und wenig koordiniert. Die neue Zeit verlangt nach neuen Organisationsformen; die »Begleiterscheinungen« der fortschreitenden Urbanisierung rufen unterschiedliche Reaktionen hervor: Einerseits füllen sich die Aktenordner im Berliner Polizeipräsidium mit Beschwerden über die nächtlichen Ruhestörungen, über den Lärm der Kneipen und das »Treiben« der Nachtschwärmer; andererseits entsteht aber auch eine Art Gegenbewegung. Da wird argumentiert, daß bestimmte Erscheinungen wie das abendliche Vergnügungsleben, aber auch Obdachlosigkeit und Prostitution untrennbare Bestandteile des Lebens in den großen Städten geworden sind, daß man sie zwar »bekämpfen«, aber keineswegs »abschaffen« könne.

An den Themen der Nacht entzündet sich Streit über die Stadt selbst; die Verteidiger der Stadt und des städtischen Lebens wehren sich gegen die Vorwürfe der Stadtkritiker, die das Negative überbetonen und die Stadt damit verunglimpfen: »Die Sicherheitszustände Berlins sind bekanntlich besser als ihr Ruf«, schreiben die ›Berliner Neuesten Nachrichten‹ im Juni 1885, »in der Provinz besonders sind oft ganz fabelhafte Vorstellungen von der Unsicherheit unserer öffentlichen Verkehrswege verbreitet«. Die Beurteilung der Sicherheitszustände ist ganz offensichtlich eine Frage der Wahrnehmung: »Seit Jahren ist die Unsicherheit in der Umgebung Berlins nicht so groß gewesen wie heuer«, heißt es Anfang Juni 1885 im ›Düsseldorfer Anzeiger‹, und am 13. Juni des gleichen Jahres kontert die ›Berliner Volkszeitung‹: »So läßt sich in Betreff der allgemeinen Sicherheit sagen, daß Berlin besser ist als sein Ruf.«

Die interessante Frage lautet nicht, wer recht hat; die Frage ist vielmehr, wie diese Verschiebungen in der Wahrnehmung zustandekommen. Polizeistatistiken über die Entwicklung der Verbrechensraten oder über die Prostitution sind allen Autoren gleichermaßen zugänglich. Aber die Kritiker der Nacht sehen in den modernen Erscheinungen Zeichen des Verfalls, der Auflösung einer alten Ordnung, während eine eher pragmatische Sichtweise die – eingestandenen – Probleme im Rahmen der Stadtentwicklung für lösbar hält. Dieser Streit ist nicht auf Berlin begrenzt, es ist ein Streit um *die Großstadt* und ihre Zukunft, der ebenso in London oder Paris geführt wird.

Auch in Paris nehmen Klagen über die nächtliche Unsicherheit einen großen Raum in den Unterlagen der Polizeipräfektur ein; 1891 schlägt der Abgeordnete Georges Berry, zum wiederholten Male, die (Neu-)»Schaffung eines Nachtwachtdienstes« vor: »Die Polizei«, so Berry, »ist unfähig, Sicherheit zu gewährleisten, und die Zeitungen berichten unablässig davon, wie gering die nächtliche Sicherheit in Paris ist.«[37] Aufgrund dieser Berichterstattung und im Zusammenhang mit Berrys Vorschlag erbat der Conseil Municipal von Paris von der Polizeipräfektur genauere Informationen über die Zahl und Art der Verbrechen.

Die monatlichen Statistiken über »Crimes et Délits«[38], die die Präfektur daraufhin vorlegte, lassen es nicht zu, die Behauptung von der ständig zunehmenden Kriminalität, von der erhöhten Gefahr aufrechtzuerhalten. Die eigentliche Gefahr besteht darin, daß die Kräfte der Ordnung die vollständige Kontrolle über die Nacht verlieren; aber in ihrer Propaganda benutzen sie, Gegner der nächtlichen Freiheit und Entgrenzung, das alte Schreckbild von der »bösen Tücke, die im Finstern schleicht« – auch wenn sie selbst am besten wissen, daß dieses Bild nicht stimmt.

Endlich, am 1. Oktober 1894, tritt auch in Berlin die lange geforderte Änderung ein, wird »der Ersatz der Nachtwächter durch Schutzleute jetzt nach und nach in die Wege geleitet«, den städtischen Nachtwächtern wird gekündigt, alle dagegen angestrengten Prozesse bleiben erfolglos. Luc Gersal (Jules-Emile Legras) verfaßte den Abgesang auf die alte, vertraute Figur:

»Er macht eine Runde durch die seiner Obhut anvertrauten Straßen, schließt persönlich die Thüren, welche zufälliger Weise noch offen stehen, und nun beginnt sein Reich. Langsam, die Hände auf dem Rücken und lauschenden Ohres schlendert er die Bürgersteige auf und ab. (...) Die armen Leute müssen von zehn Uhr abends bis fünf oder sechs Uhr morgens auf dem Posten sein, ohne eine andere Zerstreuung als die Thüren aufzuschließen und die Pflastersteine zu betrachten. (...) Immerhin aber passen sie gut auf, und man wird selten belästigt in den Straßen Berlins, deren Ueberwachung übrigens nicht schwer ist, da sie fast alle gerade und langgestreckt sind. Das nächtliche Berlin ist keine Brigantenhöhle, wie Tissot sie beschrieben hat; ich für meinen Theil muß gestehen, daß ich mich dort nach Mitternacht sicherer fühle als in Paris.« [39]

Da die »Beamten des Königlichen Polizei-Präsidii ausschließlich den nächtlichen Sicherheitsdienst übernahmen« [40], wurden andere Aufgaben, wie etwa das Schließen der Häuser und das gezielte Abschreiten von Industriegebieten, von privaten Wach- und Schließdiensten übernommen; diese Dienste arbeiteten, wenn auch nicht immer ganz reibungslos, mit der Polizei zusammen. Sie sahen ihre Aufgabe eher im Schutz des Eigentums, in der Verhütung von Diebstählen. Kritik an »Geschäftspraktiken unreeller Nachtwachtinstitute« wurde bald laut [41]; vor allem aber ließ die Zahl der Zeitungsmeldungen über nächtliche Überfälle und Störungen auch in den ersten Jahren des Jahrhunderts nicht nach.

Nacht ohne Wächter

Bewohner der von nächtlichen »Umtrieben« betroffenen Stadtteile fordern »zeitgemäße« Maßnahmen einer modernen Polizei – »diese Mißstände treten nicht weniger am Tage wie in der Nachtzeit in Erscheinung« –, sie fordern eine »ununterbrochene Beobachtung«[42] oder drohen gar damit, die Sache – ihren Schutz – selbst in die Hand zu nehmen: »Die Gefahr existiert in der Nacht, und natürlich ist sie nachts am größten, und wenn man uns nicht beschützt, dann wissen die Bürger, was sie tun müssen: Sie werden sich selbst beschützen.«[43] Diese Bürger, und, stellvertretend für sie, die Zeitungen, fordern ein *Recht* auf nächtliche Sicherheit; aber haben sie recht? Ist die Sicherheit der Stadt und ihrer Bewohner tatsächlich bei Nacht stärker gefährdet als am Tage? Das ist ganz offensichtlich eher eine Frage des Gefühls, der Stimmung, der Einschätzung, als eine der Statistik.

In beiden Städten, Paris und Berlin, brechen in den folgenden Jahren die Diskussionen um eine Wiedereinführung der Nachtwacht ab. Die Polizei differenziert sich, entsprechend ihren veränderten Aufgaben, weiter aus, *Verbrechensbekämpfung* und *Bekämpfung der öffentlichen Unsittlichkeit* bilden dabei zwei zentrale Bereiche. Die alte Nachtwacht hat ausgedient. Ernest Laroche weint ihr 1906 im ›Eclair‹ eine kleine Träne nach:

»Der Nachtwächter ist uns sympathisch. Die Erinnerung an ihn verbindet sich mit der an eine Unzahl von alten Geschichten und Erzählungen von früher, Geschichten, die unsere Kindheit verzauberten und versüßten; und wenn wir nur die Augen schließen, glauben wir seine seltsame Silhouette vorbeiziehen zu sehen, wir glauben seinen nächtlichen Ruf und sein Lied im melancholischen Rhythmus zu hören. Dieser tapfere Mann, der alleine durch die Straßen ging, eine Laterne in der Hand und mit einem Spieß bewaffnet, war wie ein Schutzengel aller Einwohner der Stadt.«[44]

Die Kindheit der Großstadtnacht ist vorbei. Das verändert die Qualität der nächtlichen Stadt ganz erheblich. Gerade die zwanziger Jahre, für das nächtliche Vergnügen wie für das nächtliche Elend eine Zeit der Höhepunkte, müssen ohne den Nachtwächter auskommen, ohne den, der die Nachtseite seines Reviers am besten kannte.

Eine Zeichnung aus dem ›UHU‹ im Oktober 1925 nimmt die anonyme Überwachung per Bildschirm vorweg:

»Der Nachtwächter der Zukunft, der an der Radio-Fernsehwand die nächtlichen Straßen kontrollieren kann« – die moderne Nacht muß ohne den auskommen, der sie am besten kannte (aus: UHU 1925).

2. Schließzeiten

> »Eine kurze Ruhefrist nur kann sich täglich die Millionenstadt gönnen, deren Leben und Treiben fast ohne Aufhören zügellos dahinbraust und welche aus ihrer eigenen Rastlosigkeit stets neue Unterhaltung und Unruhe zu schöpfen scheint.«
>
> *Paul Lindenberg*, Die 24 Stunden von Berlin (1895)[45]

Mit der Nachtwacht versuchten die Ordnungskräfte, den öffentlichen *Raum* der nächtlichen Stadt zu organisieren und im festen Griff zu behalten. Ebenso große Anstrengungen galten dem Versuch, die *Zeit* in der »aus sich heraus« gehenden Stadt festzuhalten und über sie zu bestimmen. Diese Bemühungen standen in einem engen Zusammenhang mit dem Versuch, das wachsende städtische Proletariat überwachen und kontrollieren zu können. Bevor wir uns den Bereich näher ansehen, in dem dieser Versuch praktische Anwendung fand, die *Polizeistunde*, sind deshalb einige allgemeinere Überlegungen notwendig.

Zeitstrukturen und Zeitempfinden

Die Entwicklung einer »rationalen Zeit«, einer Einteilung der Stunden, die nicht mehr vom Lauf der Sonne, sondern von den Bedingungen des Lebens und Arbeitens abhängig gemacht wird, ist eine der wichtigsten Voraussetzungen für den Aufbau der modernen Gesellschaft.[46] Die täglich zur Verfügung stehenden Stunden werden danach eingeteilt, ob gearbeitet wird oder nicht: Der Tagesablauf jedes einzelnen und damit auch sein Zeitempfinden[47] wird vom Beruf und von den Bedingungen der Arbeitsorganisation geprägt, die Tageseinteilung aber formt in ganz entscheidendem Maße die Lebensweise. Insgesamt verändern die Prozesse der Modernisierung und Urbanisierung auch die Formen des Verkehrs und der Kommunikation zwischen den Menschen, verändern das Zeitempfinden der gesamten Gesellschaft.

Das Erlebnis der Stadt und das Leben in der Stadt – zusammengesetzt aus vielen einzelnen täglichen Beschäftigungen – prägt auch das Zeitempfinden der Städter. Der Anblick von Vielfalt und die daraus erwachsenden Möglichkeiten zur Gestaltung des eigenen Lebens zeigen dem einzelnen, wie sich die Verhältnisse in der Stadt vom Leben auf dem Dorf, in der Provinz unterscheiden. Zur traditionellen Ordnungsstruktur der Provinz gehörte auch die Tatsache, daß man ihr, außer durch Flucht, nicht entrinnen konnte[48]; das Leben in der Stadt stellt an das Zeitempfinden neue Anforderungen, eröffnet ihm aber auch neue Möglichkeiten.

Zu den neuen Anforderungen im Industrialisierungsprozeß gehörte auch die Notwendigkeit, eine *neue Einstellung zur Nacht* zu gewinnen, zu erlernen. Dabei spielte die Ausbreitung nächtlicher Schichtarbeit eine wesentliche Rolle. Sie ist allerdings nicht eindeutig als Phänomen der *Urbanisierung*, eher als Bestandteil der allgemeinen *Industrialisierung* anzusehen; sie spielt eine Rolle in der Stadt, aber sie prägt die Wahrnehmung der nächtlichen Stadt eher am Rande.

Die Stadt arbeitet in der Nacht

Die ersten Bereiche, in denen, außerhalb der Landwirtschaft, Nachtarbeit geleistet wurde, Seeschiffahrt, Bergbau und der Wachdienst, sind keine städtischen Spezifika.[49] Für die Zeit um 1900 zählt Jon. Sternkopf neben dem Sicherheits- und Wachdienst folgende Gewerbe und Berufe auf, in denen regelmäßig nachts gearbeitet wurde: Verkehrsanstalten (Schiffahrt, Eisenbahn, Post, Telegraphen); Wasser-, Gas- und Elektrizitätswerke; Zeitungsdruckereien; Hotel- und Gasthausbetriebe; Anstalten für nächtliche Reinigung; Bergbau; Hochöfen, Hütten- und Walzwerke; Ziegelbrennereien und Glashütten; Zuckerfabriken; chemische Fabriken; Papier- und Zellulosefabriken; Wassertriebwerke. In dieser Aufstellung ist, neben der Schwerindustrie, doch ein großstädtisches Element spürbar: Verkehr, Dienstleistung, Kommunikation und Energieversorgung – sie ermöglichen den Kreislauf des städtischen Lebens, sie müssen auch bei Nacht funktionieren.

Unter den wenigen Autoren, die sich überhaupt mit dem Thema »Nachtarbeit« beschäftigt haben, sind selbst grundsätzliche Fragen umstritten. Schadet Nachtarbeit? Stellt sie eine »moralische Gefährdung« dar oder »bewahrt sie vor der Sünde«? Festzuhalten ist, daß Arbeits- und Betriebszeiten das »zeitliche Aktivitätsmuster« einer Stadt ganz entscheidend mitbestimmen.[50] Entstehung und Entwicklung der nächtlichen Schichtarbeit leisteten einen wesentlichen Beitrag zum *kontinuierlichen Betrieb*, durch den sich die Großstadt auszeichnet. Immer mehr Menschen sind in den Nachtstunden unterwegs, auf dem Weg zur Arbeit oder nach Hause, sie wollen versorgt, sie müssen transportiert werden. Wichtig für unseren Zusammenhang ist dabei die Tatsache, daß grundsätzlich die wachsenden Anforderungen im Arbeitsprozeß und die eingeschränkten, teils unmenschlichen Verhältnisse im Wohnbereich die Voraussetzung für eine Verlagerung der notwendigen Erholung aus dem Bereich der Familie und des Hauses in die Öffentlichkeit schafften.

Die Tatsache, daß die Stadt selbst nicht mehr schläft, spielt eine entscheidende Rolle für das Bild der Stadtnacht; verschiedene Autoren, beispielsweise sehr anschaulich Ulfilas Müller in der Zeitschrift ›Daheim‹ (1901), halten dem vorherrschenden Bild des vom Vergnügen geprägten Nachtlebens ein Bild der Arbeit entgegen:

»Wenn es sich darum handelt, das ›Nachtleben‹ in der Großstadt zu schildern, dann denken merkwürdigerweise selbst die Schriftsteller, welche mit den wirklichen Verhältnissen vertraut sind, vor allem daran, das nächtliche *Vergnügen* der Großstadt zu schildern, und eine Beschreibung solcher Stätten zu geben, wo die Lüderlichkeit und das Laster ihre Orgien feiern! Und doch ist diese Art großstädtischen Nachtlebens keineswegs die interessanteste, diese findet man vielmehr dort, wo *ehrliche Arbeit zu nächtlicher Zeit* in der Großstadt verrichtet wird, eine Arbeit, ebenso schwer wie notwendig, denn der ganze Tagesverkehr wird zumeist dadurch ermöglicht, daß nachts schon Vorbereitungen für ihn getroffen und die Schäden beseitigt werden, die der Verkehr am Tage vorher verursachte.«[51]

Müllers Aufzählung ist dann in der Tat beeindruckend. Eine große Rolle spielt auch hier der Verkehr, die Arbeit in den Bahnhöfen, die Gleisreparaturen, aber auch die Arbeit auf der Straße, Pflasterer und Asphaltierer sind tätig – die Nacht als Reparaturbetrieb des Tages; gearbeitet wird in den Telephonämtern und in den Postanstalten, bei der Kanalisation, der Straßenreinigung; gearbeitet wird in den Markthallen, bei der Polizei, im (privaten) Nachtwachtdienst, bei der Feuerwehr, in den Krankenhäusern und in den Warenhäusern, in den Zeitungsdruckereien. Wer in den Vergnügungstempeln sitzen bleibt, gewinnt keinen Eindruck von der arbeitenden Stadt, sondern nur, »wer darauf ausgeht, Studien zu machen und die nächtlichen Arbeiter bei ihrer Beschäftigung aufzusuchen«.

Dieses Bild des arbeitenden Berlin wird in unterschiedlicher Weise verwendet; es kann dazu dienen, die Konfrontation von Tätigkeit und Müßiggang zu illustrieren; es kann aber auch für die Schlaflosigkeit der großen Stadt stehen:

»Wenige Stunden, kaum zwei bis drei, umfaßt jene Spanne Zeit, in welcher Berlin in einen unsteten, oft gestörten Schlummer sinkt, aus dem es häufig jäh aufgeschreckt wird, gleich einem aus wirren Träumen emporfahrenden Fieberkranken, der zu erregt ist, um selbst auf die geringe Dauer den nötigen Schlaf zu finden. Wenn die sinkende Nacht mit dem beginnenden Tag um die Herrschaft ringt, dann ist der Zeitpunkt da, wo der Pulsschlag der Hauptstadt am schwächsten geht, wo ihre steinernen Glieder nicht mehr oder noch nicht von dem ungestümen Lärm umhallt sind, wo man in den entfernteren Stadtteilen (...) an eine gänzliche Erstarrung allen Lebens in dem gewaltigen Häusermeere glauben könnte.«[52]

Und selbst dort, in den »entfernteren Stadtteilen«, stimmt das Bild der schlafenden Stadt nicht mehr, auch »Berlins Toilette«, die Reparatur der Straßen, »vollzieht sich zur Nachtzeit, nur sichtbar für einzelne verspätete Gesellschaftsmenschen«[53].

In der proletarisch-revolutionären Literatur der 1920er Jahre wird diese Gegenüberstellung, vom bürgerlichen Feuilleton der Jahrhundertwende noch liebevoll gemalt, mit schärferen Konturen gezeichnet: Klaus Neukrantz schildert in seinem Roman ›Barrikaden am Wedding‹ die Nacht in den Arbeitervierteln als armselig und ohne jedes Vergnügen – weil der Tag mit seinen Sorgen und Ängsten »die Nächte längst vergiftet hat«; unterwegs in den Straßen sind die Polizeipatrouillen, die Obdachlosen und wenige Betrunkene, aber »in den dicht mit Menschen gedrängten Wohnschluchten des Wedding wird es früh Nacht. Die Nächte des Arbeiters sind kurz.«[54] Ähnlich schreibt Ehm Welk, der in der ›Vossischen Zeitung‹ dem Klischeebild der »Verfasser Berliner Kriminalgeschichten und Großstadtmärchen« ein unromantisches Bild der Arbeit entgegensetzt:

»In dem einen oder anderen Wirtshaus kreischt ein Grammophon oder ein Radioapparat drei Gästen einen Charleston oder eine Romanze – Klänge aus einer anderen Welt, ›für die vom Kurfürstendamm‹, sagen sie hier. Aber es hören nicht viele die Worte, die meisten schlafen, denn sie sind müde und arm.«[55]

Über die Anklage hinaus – deren Stellenwert hier gar nicht unterschätzt werden soll – bewirken die Bilder vom arbeitenden Berlin, und die Gegenüberstellungen zwischen dem Berlin des Vergnügens und dem der Arbeit, noch mehr: Sie illustrieren die Entwicklung hin zu einem neuen Zeitgefüge in der Stadt, innerhalb dessen auch die Stunden der Nacht einen neuen Stellenwert erhalten. Sie unterstreichen den Eindruck vom »kontinuierlichen Betrieb« Großstadt, sie illustrieren die Ausdifferenzierung des nächtlichen Lebens der Städte, und besonders deren soziale und sozialtopographische Dimensionen; sie liefern *ein* Kontrastbild, in dem die nächtliche Stadt als eine Welt der Gegensätze, der Konfrontationen erkennbar wird.

Bilder vom nächtlichen Vergnügen

Im Zusammenhang mit den neu entstehenden Bedürfnissen nach Erholung bildet sich im Prozeß der Industrialisierung eine *Freizeitindustrie*, und mit ihr eine Freizeit-Infrastruktur, in den Städten heraus, die ihre Aktivität vor allem in den Abend- und Nachtstunden entfaltet. Für die Formierung eines *großstädtischen* Vergnügungslebens spielen, in Paris, die Jahre um 1840 eine entscheidende Rolle. Der Historiker François

Gasnault stellte für diese Zeit, in der die Bevölkerung der Stadt durch Zuzug von außen in ungekannten Proportionen anwuchs, auch eine Vervielfältigung der »bals publics« fest. 1840 beschließt der Ministerpräsident Thiers den Bau einer neuen Festungsanlage; jetzt werden die »communes rurales« Montmartre, La Chapelle, La Villette, Belleville, Charonne, Bercy, Vaugirard, Grenelle, Auteuil, Passy und des Batignolles in einen zweiten, »inneren« Gürtel der Stadt einbezogen. Das Verhältnis »intra/extra muros« verliert an Bedeutung, die Stadt hält an den alten Barrieren nicht mehr an, die halb ländlichen, halb proletarischen Vergnügungsétablissements der neuen »faubourgs«, der Vorstädte, werden in die Unterhaltungstopographie der Pariser »noctambules« aufgenommen. Der Radius der nächtlichen Rundgänge hat sich erheblich erweitert, ein »Ausflug« in den Norden oder in den Süden der Stadt bereichert das Programm, und es entsteht der Eindruck, »à Paris, le plaisir est partout«: Überall in der Stadt finden sich Inseln des Vergnügens, noch voneinander isoliert, nur auf die engere Nachbarschaft bezogen – aber mit ihren Rundgängen, ihren neugierigen Erkundungen, erschaffen die Abend- und Nachtschwärmer das Netzwerk, das aus Paris eine »capitale du plaisir« macht.

Es ist häufig nicht einfach, den Grund herauszufinden, warum gerade ein bestimmtes Etablissement besonders anziehend wirkt, warum in seinem Sog weitere Einrichtungen folgen, warum ein bestimmter Stadtteil sich plötzlich zum nächtlichen Zentrum entwickelt; vielleicht boten die Tanzsäle und die kleinen Theater in den Vorstädten einem verwöhnten und neugierigen Pariser Publikum die Illusion unverbrauchter, frischer Darbietungen und den Eindruck eines größeren Abenteuers, als es die gewohnten innerstädtischen Angebote leisten konnten. Mit seinen Ansprüchen veränderte dieses Publikum aber auch den Charakter der Darbietungen. In Wellen »erobert« das Nachtleben neue Bezirke, und die Tendenz zur Nivellierung scheint dem Prozeß eingeboren. Louis Chevalier beschreibt in seiner Geschichte des Vergnügens auf Montmartre, wie die Kunde von den »echten« Vergnügungen, »de vieilles traditions et moins vulgaires«, auf die Boulevards drang und ihr Publikum in die entlegenen Viertel lockte, bis eines Tages »à jamais maudit«, auf immer verflucht, das »Chat Noir« dort seine Türen öffnete; und im Jahr 1929 beschreibt Bob Landsberg im ›Querschnitt‹ das voraussehbare Schicksal des »Negerballs in der Rue Blomet«:

»Vielleicht – noch ist das nicht entschieden – wird bald oder eines Tages die große Masse der Seh-Leute, der Sensationslüsternen, der Mit- und Nachläufer auf den Spuren der ersten Entdecker, der wahren Liebhaber und der wenigen Eingeweihten wandeln, wird Einzug halten in den Negerball der Rue Blomet –, so wie sie unweigerlich dorthin dringt, wo Menschen sind, die ihr interessant zu sein scheinen, auch wenn diese gar keinen Ehrgeiz haben, das Interesse des lieben Nächsten auf sich zu ziehen. So geschah es mit den Apachenkellern, mit den Künstlerkneipen. So kann es auch hier geschehen. Dann wird der wackere Kneipwirt sicherlich nicht verfehlen, seinen Profit zu machen. Er wird die Preise erhöhen, Tische mit Sektzwang einrichten, Oleanderbäume vor den Eingang seines Etablissements stellen, Nummern für die Autos ausgeben lassen, die in der Straße parken.
Aber die jetzigen Gäste werden nicht mehr kommen. Sie werden sich eine andere Zuflucht suchen.«[56]

Nachtleben und Arbeiterkultur

Die Frage, wieweit die arbeitende Bevölkerung den »von Generation zu Generation wachsenden Zeitraum« tatsächlich »nach eigener Entscheidung für sich nutzen«[57] konnte, ist auch für die Nachtforschung von großem Interesse: Da die täglichen Lebensbedingungen der verschiedenen Bevölkerungsgruppen und -schichten in der Stadt so unterschiedlich waren, mußten es eigentlich auch die der Nacht sein. Aber die Variationen abendlicher und nächtlicher Unterhaltung sind nicht unendlich, Unterschiede manifestieren sich weniger darin, *was* in den Stunden der Freizeit unternommen werden konnte, sondern darin, *wie*, und – dies vielleicht vor allem – *wo* sich die »Vergnügungen« abspielten. Karl Marx und Friedrich Engels konstatierten eine »brutale Form«, die die »Genüsse des Proletariats« durch die lange Arbeitszeit (also die kurze Zeit, die für Erholung blieb) und durch die »qualitative und quantitative Beschränkung der dem Proletarier zugänglichen Genüsse«[58] annehmen mußten. Andererseits entstanden innerhalb der Arbeiter- und Arbeiterkultur-Bewegung schon früh Einrichtungen, die sich für eine »sinnvolle« Gestaltung der Abend- und Nachtstunden einsetzten. Dabei läßt sich feststellen, daß manche Theoretiker der Arbeiterkultur das Schreckbild Nacht – mit der Angst vor ihren Verführungskräften: Alkohol, Sittenlosigkeit, Unordnung – mit bürgerlichen Sozialreformern durchaus teilten. Bei beiden findet sich die Überzeugung, daß die Nacht in besonderem Maße Anlaß bietet, *Strategien der Kontrolle* und der Regulierung der Bedürfnisse nach Unterhaltung zu entwickeln.

»Je cherche fortune, autour du Chat Noir, au clair de la lune, à Montmartre le soir« – so besang Aristide Bruant das Vergnügungslokal am Boulevard Clichy (Foto um 1900).

Im Blickpunkt der Kontrolle standen die *Orte* des abendlichen Vergnügens; die Polizei, die gegen die Ausbreitung einer bürgerlichen Unterhaltungsindustrie nichts unternehmen wollte, sah mit Argwohn, wie sich in den Bezirken, wo die Proletarier wohnten, eine eigene Infrastruktur proletarischer »Unterhaltung« herausbildete. Die Kneipe[59] wurde zum Kristallisationspunkt der neuen Arbeiterkultur, Schnittpunkt auch von Geselligkeit, Kultur und Politik, sie bot mehr als Unterhaltung, auch Zuflucht vor den schrecklichen Wohnverhältnissen – allerdings nur für die proletarischen Männer –, sie bot auch die Gelegenheit zur politischen Versammlung, zum politischen Austausch.

Die Beschreibung der (männlich-)proletarischen Kultur als »dauernde Neugier, unersättlicher Stoffhunger, Vergnügungssucht, maßloses Austoben, Sensationslüsternheit und (...) ein konsumtives *Interesse für alles Mögliche*«[60] trifft – vermittelt über eine Kritik der Proletarier – die ganze Stadt; die Zuordnung der »schnellen, kurzen und wiederholbaren Genüsse« (Zigarette, Bierflasche, Schnellgaststätte, Kiosk, Kino, Zeitung) zu den Formen der Massenkultur, die mit dem Proletariat entstanden sind, eröffnet auch der bürgerlichen Stadtkritik neue Möglichkeiten für ihre Verurteilung des städtischen Lebens. Auf der Straße, dem Ort der Begegnung und der Kommunikation, findet der Erlebnishunger neue Nahrung, und an der Ecke wartet, als Ort der Geselligkeit und Gelegenheit zum politischen Austausch, die Kneipe; »in der Großstadt lebt der Arbeiter inmitten von Einrichtungen, die ihm bei seinem Leben und seiner Arbeit unerreichbar erscheinen«[61], da entfaltet die Kneipe eine »verhängnisvolle Anziehungskraft«.

Die Argumente gegen nächtliches Leben – gefürchtet als Bruch mit der Ordnung – unterscheiden sich nicht grundsätzlich, ob sie nun an »das Proletariat«, an ein bürgerliches Publikum oder an »die Städter« allgemein gerichtet werden: Die nächtliche Stadt bietet – allen – einerseits eine große Anzahl von Erwerbs- und Arbeitsmöglichkeiten, »zu denen der Tag nicht ausreicht«[62]. Andererseits sind die Orte und Angebote der Nacht Auffangstationen für die »gesteigerten Lebenswallungen, wie sie in vorgerückte Stunden sich hinausschieben«, Tankstellen, an denen das »Interesse für alles Mögliche« gespeist wird.

In vielfacher Weise geht die Stadt, bei Nacht, »aus sich heraus«, sprengt die Ketten einer traditionellen Zeitordnung. Die Ordnungskräfte, denen die Bewahrung von Ruhe, Ordnung und Sicherheit in der nächtlichen Stadt obliegt, müssen die Maßnahmen, die sie zur Erfüllung ihrer Aufgaben einsetzen, den veränderten Verhältnissen anpassen. Die Kontrolle der nächtlichen Bewegung in der Stadt wird immer schwieriger, je mehr Leben auf den Straßen herrscht, je unterschiedlicher und vielfältiger dieses Leben wird, je mehr auch die potentiellen Konfliktfelder zunehmen.

Ein Versuch, die nächtliche Stadt »im Griff« und unter Kontrolle zu behalten, ist die Regelung der Schließzeiten öffentlich zugänglicher Einrichtungen, das *Festhalten an einer einheitlichen Zeit*, die die Nacht organisieren und strukturieren soll.

Die Polizeistunde

Vor der Industrialisierung spielt die »Polizeistunde« in Vorschriften und Kommentaren, die sich mit der Regelung nächtlichen Lebens befassen, keine Rolle. Die generelle Ausgangssperre, das »curfew« oder »couvrefeu«, verbot grundsätzlich das »nächtliche herumlauffen«, stellte Ruhestörung, ungebührliches Lärmen unter Strafe und belegte »Nachtschwärmerei« mit prinzipiellem Prostitutionsverdacht. Die vollständige Kontrolle der *öffentlichen* Räume reichte aus; eine zusätzliche Überwachung und Reglementierung der *Innenräume* wird erst dann notwendig, wenn die zwei Hauptverstöße gegen die Ordnung, Trinken und unsittliches Treiben, sich in festen Räumlichkeiten etablieren *und* wenn diese Räume von außen, von der Straße her, zugänglich sind. Wenn sie gar soviel Publikum anziehen, daß Straßenleben provoziert wird und damit die öffentliche Ordnung gefährdet erscheint, muß die Obrigkeit Maßregeln für die Innenräume ersinnen. In einem Edikt vom 1. Mai 1662 ordnete der »Große Kurfürst«, Friedrich Wilhelm von Preußen, solche Reglements für das Berliner nächtliche Leben an:

»Wie Wir nun alles balgen im ganzen Lande verbotten, also können Wir auch nicht gestatten, daß dergleichen in unseren Residentien (...) verübt werde. Ueber diesem wird von Unß hiermit den Braweren [Brauern] und Bürgern gebohten und befohlen, sobald als durch die Trommel der Zapfen zugeschlagen, ferner kein Bier zu verlassen oder auszuschenken, noch Biergäste in den Häusern oder Kellern zu behalten.«[63]

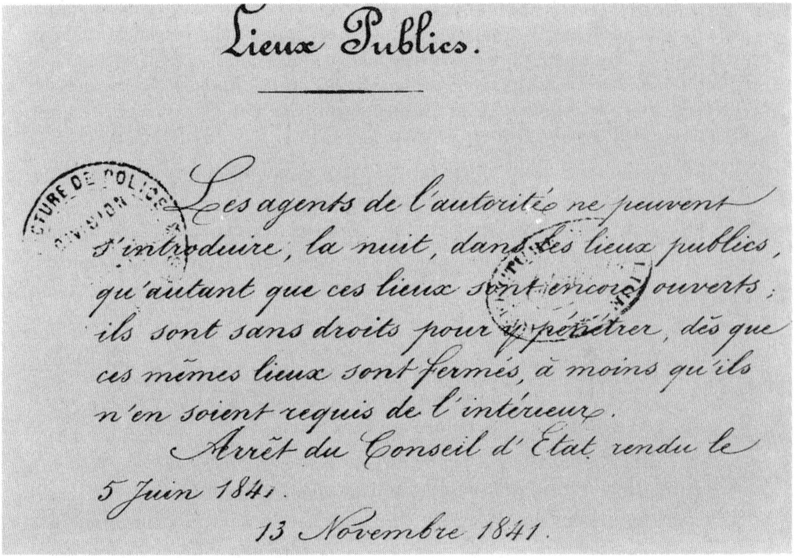

Lieux Publics.

Les agents de l'autorité ne peuvent s'introduire, la nuit, dans les lieux publics, qu'autant que ces lieux sont encore ouverts; ils sont sans droits pour y pénétrer, dès que ces mêmes lieux sont fermés, à moins qu'ils n'en soient requis de l'intérieur.

Arrêt du Conseil d'Etat rendu le 5 Juin 1841.

13 Novembre 1841.

Geschlossene Etablissements sind auch der Polizei unzugänglich – aber sie fürchtet, daß Unzucht und Verbrechen, die sie von den Straßen vertreibt, immer neue »Schlupfwinkel« finden (Polizeipräfektur Paris, 1861).

Mit diesem Edikt beginnt eine lange Geschichte der Vorschriften und Verordnungen, »betreffend«, wie es in den Akten des Berliner Polizeipräsidiums heißt, »die Anlegung der Tanzwirthschaften und Tabagien, ingleichen die nächtlichen Schwärmereien in denselben und die Bestimmungen wegen der Polizeistunde«[64]. Auch unter diesem Gesichtspunkt nehmen die Jahre um 1840 eine Schlüsselstellung ein: Mit der Ausbreitung von Schankwirtschaften über die ganze Stadt und mit ihrer Ausdifferenzierung in vielen verschiedenen Formen werden neue Maßnahmen erforderlich; im Jahresbericht der Ordnungs- und Sittenpolizei Berlins von 1839 wird das Für und Wider einer speziellen Verordnung abgewogen:

»Hiernach geht der Wille Sr. Majestät unzweifelhaft nur dahin, *daß das nächtliche Schwärmen der weniger gebildeten Volksklasse in Bier- und Branntweinschänken gesteuert werden solle.* Da nun anzunehmen ist, daß Leute welche Weinstuben und Restaurationen etc., wo mit Ausschank von Branntwein und Bier, oder Wein, gedient wird, besuchen, zu den wohlhabenderen und wahrscheinlich auch zu den gebildeteren Klassen gehören, *von diesen aber nächtliche Ruhestörungen nicht zu befürchten sind,* so können Ausschänke dieser Art von der Vorschrift einer Schlußzeit füglich ausgenommen werden.«[65]

Die Überlegungen der Polizei sind von der Vorstellung geprägt, daß die Angehörigen der wohlhabenden und »gebildeten« Klassen deshalb das Recht haben, Gaststätten zu besuchen und dort ihrem Vergnügen nachzugehen, weil sie nach dem Verlassen dieser Orte friedlich nach Hause gehen oder fahren und keine Störung der nächtlichen Ordnung auf den Straßen von ihnen zu befürchten ist. Das »Treiben« in den Orten wird erst polizeilich bemerkenswert, wenn von dort Ruhestörungen ausgehen: »Das Singen und Lärmen in diesen Lokalen soll in der Regel erst gegen 10 Uhr beginnen und bis 2–3 Uhr morgens dauern, *wo dann der größte Teil der Gesellschaft angetrunken herauskommt, um den Skandal auf der Straße fortzusetzen* und die Nachtwächter zu insultieren.«[66]

Der Berliner Polizeipräsident v. Puttkammer schreibt am 18. Februar 1840 an die Leiter aller Polizeireviere, sie sollten nur dort einschreiten lassen, wo sie Störungen beobachten oder befürchten. Die Funktion der Polizeistunde besteht hier also noch darin, das nächtliche Vergnügen der unteren Schichten zu steuern und – eine Stufe unterhalb des Geschäftsverbots – »Auswüchse« in den Gaststätten zu unterbinden, in denen ein besseres Publikum verkehrte.

Die Pariser Polizei stand, etwas früher, vor den gleichen Problemen und löste sie auf ganz ähnliche Weise. Am 24. Mai 1841 resümiert der Präfekt die Politik der Schließzeiten – »heures de fermeture« – der vergangenen zwanzig Jahre:

»Es kommt häufig vor, daß Personen beim Verlassen von établissements in der Nähe der Pariser Barrières während der Nacht die öffentliche Ruhe durch Schreien und Rufen stören, daß sie sich untereinander prügeln, und daß sie Passanten beleidigen und mißhandeln.
Diese Vorfälle, denen ein Ende bereitet werden muß, ereignen sich vor allem an Sonntagen, Montagen und an Festtagen, wenn die Weinhändler ihre Geschäfte am Abend länger als erlaubt offenhalten.
Die Polizei-Verordnung vom 3. April 1819 sieht vor, daß alle Cabarets, Cafés, Kneipen, Billardsäle, Tanzsäle und andere öffentliche Einrichtungen in den ›communes rurales‹ im Einzugsbereich der Präfektur von April bis Oktober um

elf Uhr abends, in den anderen Monaten um zehn Uhr schließen müssen, und daß ihre Besitzer oder Angestellten nach dieser Zeit keine Speisen, Getränke oder Spiele mehr ausgeben dürfen.«[67]

Die Polizeistunden-Regelung für das innere Paris war durchschnittlich um eine Stunde großzügiger, wurde aber genauer eingehalten; »un usage qui a acquis une sorte d'autorité«, eine Gewohnheit, die den Charakter einer Vorschrift angenommen hatte, legte die Schlußzeit für öffentliche Einrichtungen »dans l'intérieur de Paris« auf Mitternacht fest.

Verbotene Zeit

Die umfassenden ökonomischen Veränderungen greifen die alte Zeitordnung von zwei Seiten her an. Die erste »ordonnance« in bezug auf die Polizeistunde, die in den Unterlagen der Pariser Polizeipräfektur erwähnt wird, stammt vom 1. November 1780; sie regelt, in Erinnerung an das »couvre-feu« der ganzen Nacht, nicht nur die Schließ-, sondern auch die Öffnungszeiten und schafft damit einen dem Vergnügen verschlossenen *Zeitraum*, wenn sie verfügt,

»daß die Wirte, Cafébesitzer, Wein- und Likörhändler und andere, die Getränke ausschenken, in Paris ihre établissements nicht vor vier Uhr morgens (vom 1. März bis zum 1. November) bzw. um fünf Uhr morgens (vom 1. November bis zum 1. März) *öffnen* dürfen, und daß sie ihre Häuser im Winter um zehn Uhr, im Sommer um elf Uhr am Abend *schließen* müssen«[68].

Diese grundsätzliche Regelung, »deren exakte Beobachtung eine so wünschenswerte und so notwendige Einheitlichkeit der polizeilichen Maßnahmen möglich macht«, läßt sich angesichts des zunehmenden Verkehrs in der Stadt nicht lange aufrechterhalten. Erste Ausnahmeregelungen betreffen vor allem die établissements in den Straßen rund um die Markthallen – je früher die Anlieferung von Waren beginnt, um so früher können auch die Schenken geöffnet werden. Die »ordonnances« der Präfektur in den Jahren nach 1840 sind Dokumente einer ständigen Auseinandersetzung zwischen der Polizei, die »uniforme« Regelungen verlangt, und den Wirten samt deren jeweiliger Klientel, die aus verschiedenen Gründen um eine Befreiung von der Regel nachsuchen, und damit tragen sie zur weiteren *Ausdifferenzierung der nächtlichen Zeit* bei.

Die Gegner von Ausnahme-Toleranzen stützen sich häufig auf moralische Argumente; ihnen galten verlängerte Öffnungszeiten in Gaststätten als Herausforderung von Sitte und Ordnung – effektiv nicht ganz zu Unrecht, denn die veränderten Zeiten schafften die Voraussetzung für die Verbreitung einer neuen nächtlichen Infrastruktur. Bei der (kurzfristigen) Retablierung der Berliner Bordelle im Jahr 1851 schrieb Theodor Bade, »doch wir gehen weiter und fragen nun: wie lange standen die Bordellpforten dem Publikum offen? Horribile dictu: bis 2 Uhr am Morgen!« Vorher mußten die Bordelle um Mitternacht geschlossen werden, nun »gab die neue Einrichtung noch zwei nächtliche Stunden zu – Abermals ein arger Mißgriff!«[69] Solche Kritik traf nicht allein die Bordelle, sondern auch, und vor allem, die neu entstehenden Arbeiterkneipen in der sich industrialisierenden Stadt. Hier bildeten sich neue, eigene Milieus, die zugleich politisch und kulturell als bedrohlich angesehen wurden, Versammlungsorte, Treffpunkte, kleine Nischen, in denen womöglich widerständige Kommunikations- und Handlungsformen entwickelt werden konnten, Anlaß genug für eine erhöhte Wachsamkeit der Ordnungskräfte. Die Durchsetzung der Polizeistunde als Kontrollinstrument spielte dabei, neben der Überwachung durch (meist in Zivil gekleidete) Vigilanten die wichtigste Rolle.

Die Berliner Polizeiverordnung vom 9. März 1866 führt dabei den Begriff der »verbotenen Zeit« ein: »[Es] wird bestimmt, *daß die ›verbotene Zeit‹ die Stunden von 11 Uhr abends bis 4 Uhr morgens umfaßt.*«[70] Die Schließzeiten werden in den Städten zum vielseitig einsetzbaren Instrument, sie begleiten den Kampf gegen die Prostitution ebenso wie Initiativen zur Hebung der Arbeitsmoral; im Verwaltungsbericht des Berliner Polizeipräsidiums heißt es, »unzweifelhaft konnten solche Tanzlocale, welche ausschließlich von prostituirten Frauenzimmern besucht werden, in denen der Tanz früher zum großen Theil bis 3 Uhr morgens ausgedehnt wurde (...), nur schädlich wirken, mag man auch über die angebliche Notwendigkeit solcher Einrichtungen einer Großstadt denken, wie man will.«[71] Die Schlußformulierung ist interessant als Zeichen dafür, daß die restriktiven Maßnahmen der Polizei keineswegs unumstritten waren. Ihre Argumente sind vielfältig:

»Von dem größten Einflusse auf die Erwerbsverhältnisse der Schankwirthe und auf das sittliche und wirtschaftliche Verhalten des Volkes ist (...) immer die Festsetzung der sogenannten Polizeistunde. (...)

Die Polizeistunde dient auch der Reglementierung von »Sitte und Anstand« – und der Erhaltung eines Nachtlebens, das seine Attraktionen vor allem Männern anbietet (Heinrich Zille 1929).

Die bis in die späte Nacht hinein zechenden Gäste haben nicht nur Veranlassung, über ihr Vermögen Ausgaben zu machen, sondern werden auch nach durchschwärmter Nacht unfähig, am nächsten Morgen wieder mit der erforderlichen körperlichen und geistigen Frische an ihr Tagewerk zu gehen, das späte Wirtshausleben verschlechtert also nicht nur unmittelbar ihre Vermögensverhältnisse, sondern mindert mittelbar auch ihre Erwerbsfähigkeit.«[72]

Diese Einsicht läßt sich aber schwer direkt in praktische Maßnahmen umsetzen. Die Polizei muß lernen, daß das Leben in der großen Stadt eine Eigendynamik entfaltet, die zu steuern immer schwieriger wird: »Die verordnungsmäßige Zeit als Schluß der öffentlichen Schankstätten ist die 11. Stunde. *Die Verhältnisse der Großstadt mit ihrem Tag und Nacht fortgehenden ruhelosen Leben und Treiben ließen an sich jedoch das strenge Festhalten dieser frühen Stunde nicht zu* und es war dadurch *Gebrauch geworden*, die Mitternachtsstunde im Allgemeinen als die für Berlin gebräuchliche Polizeistunde anzusehen.« Im Juni 1878 wurde allerdings, durch den »Mißbrauch dieser Toleranz« bestimmt, die Konzession für neue Lokale mit der Auflage verbunden, bereits um elf Uhr zu schließen, erst bei einer ordentlichen Geschäftsführung konnte Verlängerung gewährt werden. Der »entsittlichende schädliche Einfluß der Schanklokale« verstärkt sich, so sieht es die Polizei, im Maß der fortschreitenden Uhrzeiger; moralische und politische »Entsittlichung« gehen in den Augen der Hüter Hand in Hand, überlange Öffnungszeiten symbolisieren den »allgemeinen Verlust an Bindung und Halt«:

»Es kann gewiß nicht geleugnet werden, daß die in den letzten Jahrzehnten so vielfach vermehrte Gelegenheit zur Völlerei und Lüderlichkeit und deren Folgen wesentlich mit dazu beigetragen haben, den Arbeitern Anlaß zu geben, früher nie gekannte Bedürfnisse und Genüsse sich anzugewöhnen, in dem allabendlichen Wirthshausleben ihren kärglichen Lohn zu vergeuden und ihre Vermögensverhältnisse zu zerrütten. Schließlich legen sie dann ihren Vermögensverfall der Regierung zur Last und deren Maßregeln, die sie für die üblen Folgen ihrer eigenen verderblichen Lebensweise verantwortlich machen; sie werden dadurch zu unzufriedenen Staatsbürgern und fallen der Socialdemokratie anheim.«

Da erscheint die Sozialdemokratie als Nutznießerin der Völlerei und »Lüderlichkeit« – dabei führen zur gleichen Zeit herausragende Vertreter der Arbeiterpartei einen Kampf gegen die Kneipen, gegen den Alkoholismus, der ihrer Ansicht nach die Arbeiter eher zu willfährigen Dienern des Kapitals erniedrigt und sie dem politischen Leben entfremdet.

Für Schanklokale mit weiblicher Bedienung wurde, durch Verfügung vom 22. Juli 1879, die Schließzeit auf elf Uhr abends festgesetzt, und die Polizei berief sich zur Begründung auf gleichlautende Bestimmungen in Paris und London; aber wenigstens für Paris kann dies keinesfalls bestätigt werden. Hier verfügte eine »ordonnance« vom 31. Dezember 1878, daß die Schließzeit »à 1 heure précise« für die ganze Stadt gelte; für die Vergnügungsorte auf den Boulevards wurde mit einer Ordonnance vom 28. Juni 1879 eine Schließzeit von »2 heures précises du matin« festgelegt, und für die Établissements im Hallenviertel gilt die Toleranz sogar, erstmals, für die ganze Nacht: »Die Wirte im Bereich der Hallen, in dem Gebiet, das vom Boulevard Sébastopol und den Straßen Tiquetonne, Jean Jacques Rousseau, Saint-Honoré, du Louvre und de Rivoli umschlossen wird, sind dazu berechtigt, ihre Schankstätten, während des ganzen Jahres, die ganze Nacht geöffnet zu halten.«[73]

Diese Toleranz ist das Ergebnis einer von der Pariser Polizei veranlaßten Zusammenstellung vom April 1877. Darin wurden die Établissements aufgeführt, die aus verschiedenen Gründen Toleranz genießen: Die Zahl der Cafés, Cabarets und anderer Orte, die erst um ein Uhr, um zwei Uhr, oder überhaupt nicht schließen, war so groß, und die Gründe für die ihnen gewährte Ausnahmegenehmigung waren meist kaum noch zu rekonstruieren, daß es der Präfektur wohl sinnvoller erschien, eine allgemein geltende großzügige Regelung einzuführen. Über die Cafés Defert, Lenoble und Vanniez, sämtlich im Hallenviertel gelegen, heißt es: »Diese établissements genießen, man weiß nicht mehr, aus welchem Grund, eine Toleranz. Sie sind zwar nachts verschlossen, aber es genügt, in einer bestimmten Weise anzuklopfen, um dort die ganze Nacht hindurch eingelassen zu werden.«[74]

Diese Zusammenstellung erweitert unsere Kenntnis von der Topographie des nächtlichen Paris. Brennpunkte des »Nachtlebens«, soweit es von den Orten des Vergnügens, der Unterhaltung geprägt ist, sind zweifellos die Boulevards – »diese établissements genießen die Toleranz in der Folge einer jahrelangen Gewohnheit, weil sie sich auf den Boulevards befinden (comme étant situés sur les Boulevards)« –, vor allem die Boulevards des Italiens, des Capucines, Poissonnière, Montmartre, Saint-Denis und Saint-Martin, letztere bereits als Verbindungsstränge zum Hallenviertel, dem zweiten Mittelpunkt des Nachtlebens. Von diesen Zentren aus werden aber auch benachbarte Straßen und Quartiers erfaßt, etwa, vom Boulevard Montmartre, die Rue du Faubourg Montmartre oder die Rue Drouot im IX. Arrondissement, Verbindungswege zur Place Pigalle.

Im Jahr 1891 stellt auch der Berliner Polizeipräsident Überlegungen an, die zeigen, daß die Polizeistunde als Kontrollmaßnahme schon wieder an Gewicht verliert: »Die gegenwärtig giltige Polizeiverordnung vom 9. März 1866 trägt der seit ihrem Erlaß eingetretenen Veränderung der Verhältnisse nicht mehr in ausreichendem Maße Rechnung. Mit der seit den siebziger Jahren einsetzenden Entwicklung Berlins zur Weltstadt hat der Verkehr nicht nur an Intensität erheblich zugenommen, er hat sich auch (...) nach der Richtung hin entwickelt, daß er auch während der Nacht eine Zeit der Ruhe kaum aufweist.«[75] Es soll in erster Linie verhindert werden, daß Zuhälter und Verbrecher »nach nächtlicher Thätigkeit« in den Lokalen Unterschlupf finden. Im Mittelpunkt der polizeilichen Aufmerksamkeit stehen nicht mehr die späten Nacht-, sondern die frühen Morgenstunden: »In Verbindung mit dem Umstande, daß (...) die Schankwirthe die Befugnis besitzen, ihre Lokale bereits um 4 Uhr morgens wieder zu öffnen, haben sich im nächtlichen Straßenleben Zustände herausgebildet, die eine durchgreifende Änderung dringend erheischen.« Vor übelberüchtigten Nachtcafés und minderwertigen Bars spielten sich »in den frühen Morgenstunden auf der Straße« Vorgänge ab, die »zu einer schweren *Beeinträchtigung der öffentlichen Ruhe, Sicherheit und Sittlichkeit* (...) führen.« Der Polizeipräsident fordert deshalb, daß die Besitzer von Kaschemmen und »Kaffeeklappen« ihren Betrieb in den Stunden von 4 bis 6 Uhr morgens einstellen. Zuhälter, Prostituierte und andere Figuren der Nacht sollten zeitig »aus der Öffentlichkeit verschwinden«, dieses oberste Ziel polizeilicher Tätigkeit bleibt unverändert, und damit würde die Zahl der Belästigungen sich vermindern, »denen die um diese Zeit schon wieder die Arbeitsstätten aufsuchenden betriebsamen Arbeiter und Arbeiterinnen häufig genug ausgesetzt sind, es würde Kindern, die auf dem Weg zur Schule sich befinden, in vermehrtem Maße erspart bleiben, lüderlichen Frauenzimmern am Arme angetrunkener Begleiter zu begegnen.«

Die vorgeschlagene Verordnung soll also die »verbotene Zeit« prinzipiell zwischen 11 Uhr abends und 6 Uhr morgens festlegen, Ausnahmen aber für Lokale in der Nähe von Fabriken, Baustellen oder Markthallen möglich machen. Genau zehn Jahre dauern die Diskussionen um diese Vorschläge an; Widerspruch kommt, erwartungsgemäß, vom Gaststättengewerbe, aber auch aus den Reihen der Berliner Stadtverordneten-Versammlung. Durch Erlaß vom 27. Juli 1900 werden alle Polizei-Hauptmannschaften aufgefordert, Bericht über die Polizeistunde der Bars und Nachtcafés, über die Möglichkeiten und Probleme der Einführung einer späteren Öffnungszeit zu erstatten. Die Berichte stützen, was wohl ebenfalls zu erwarten war, die Argumentation des Polizeipräsidenten; darüber hinaus liefern sie aber Anschauungsmaterial über das nächtliche

»Von dem größten Einflusse auf die Erwerbsverhältnisse der Schankwirthe und auf das sittliche und wirtschaftliche Verhalten des Volkes ist (...) immer die Festsetzung der sogenannten Polizeistunde.« Drei Uhr nachts: Zeit für die Abrechnung (Berlin 1929).

Straßenleben in diesen Jahren um die Jahrhundertwende. Eine wesentliche Veränderung, so heißt es da, sei die neue Gewohnheit, »Theater, Vergnügungsorte und Schanklokale erst zu später Stunde aufzusuchen und infolgedessen das Verweilen in ihnen bis in die Morgenstunden auszudehnen«. Die früher übliche *Ruhepause* in der tiefen Nacht sei jetzt »*zum Mindesten in den Hauptverkehrsstraßen der Stadt, fast völlig verschwunden*; in beinah unverminderter Stärke setzt sich in diesen der Verkehr auf den Strassen und das Treiben in den Schankstätten vom vorangegangenen Abend bis zum folgenden Morgen ununterbrochen fort.«[76]

Einzelne Polizei-Hauptmannschaften weisen in ihren Berichten darauf hin, daß es sinnvoll wäre, die »besseren« Nachtlokale geöffnet zu lassen, da viele Reisende, aber auch eine große Anzahl von Arbeitern, dort vor ihrer Abreise bzw. vor dem Arbeitsbeginn Aufenthalt finden könnten. Aber die generelle Tendenz lautet so:

»Diese Lokale werden um 2 Uhr geschlossen, aber um 4 Uhr früh schon wieder geöffnet. Zu dieser Zeit beginnt aber erst das eigentliche Nachtleben solcher Elemente, die einzig und allein Lokale aufsuchen, in denen sie sich ungenirt und vom Wirthe uncontrolirt bewegen können. (...) Würde den nachtschwärmenden, leichtlebigen Personen die Gelegenheit zum ungenirten Unterschlupf durch Schließen solcher minderwertiger, zur Sittenverderbnis Gelegenheit bietender Lokale entzogen, dann dürfte vieles besser werden in dem Nachtleben Berlins.«

»Diese Nachtkafés sind notorisch der Ausgangspunkt zahlreicher sich auf die Straße fortpflanzender Lärmscenen und Schlägereien und die hauptsächliche Ursache für den widerwärtigen Anblick betrunkener, gutgekleideter Herren und ihrer leichtfertigen Begleiterinnen auf der Straße bei Anbruch des öffentlichen Lebens.«

»... dass insbesondere das Erscheinen betrunkener Personen beiderlei Geschlechts auf öffentlicher Straße in den Morgenstunden nicht mehr in dem bisherigen Masse das Gefühl der arbeitsamen Bürgerschaft verletzen und den Hass des Arbeiters und Handwerkers gegen gutsituirte Nichtsthuer herausfordern kann.«[77]

Wenn allerdings die auch von der Polizei beanstandeten nächtlichen Szenen in der Presse, mit einem Unterton der Kritik an den Ordnungskräften, erörtert werden, wie in dem »Großstadtbild« der ›Deutschen Tageszeitung‹ vom 6. Februar 1901 – »Frühmorgens ist die Gegend am Oranienburger Thor einzig in ihrer Art. Von allen Seiten strömen über diesen Knotenpunkt des Verkehrs in der achten Stunde fleißige Menschen zur Arbeit, mittendurch schreiten mit stolz erhobenem Haupte, mit unnachahmlich frechen Mienen, die Koryphäen der Halbwelt (...). Mehrere Cafés sind schon oder noch offen, Droschken halten davor, hier hinein strömt das Gelichter, um Abrechnung zu halten und sich über die Erlebnisse der letzten Nacht Bericht zu erstatten« –, dann muß sich die Polizei wiederum zur Wehr setzen, es sei »selbstverständlich, daß die polizeilichen Organe gegen Exzesse dieser Art sofort einschreiten«. Auch aus dem Kreis der Stadtverordneten wird kritisiert, daß die Polizei zwar lange Untersuchungen über das Problem anstelle und immer wieder neue Forderungen erhebe, daß sie aber in der Bekämpfung der konkreten Zustände wenig effektiv sei; am 25. März 1901 schreibt der Magistrat der Stadt Berlin an das Polizeipräsidium, er könne seine Zustimmung zu einer neuen Regelung der Polizeistunde nur unter der Voraussetzung erteilen, daß diese von 11 Uhr abends bis um 5 (statt 6) Uhr morgens reiche, weil »ein großer Theil der jungen, unverheiratheten Arbeiter genöthigt ist, vor Beginn der Arbeits-Zeit das erste Frühstück in Schankstätten einzunehmen«; als aber der Polizeipräsident versichert, daß er von seiner Befugnis zur Erteilung von Ausnahmegenehmigungen weitgehenden Gebrauch machen werde, willigt der Magistrat schließlich ein. Am 14. Mai 1901 erscheint endlich die neue Polizeiverordnung, die festlegt, »daß die Polizeistunde die Zeit von elf Uhr Abends bis sechs Uhr Morgens umfaßt«[78].

Jetzt beginnt erst die Diskussion in der Stadtverordneten-Versammlung, deren Mitglieder sich vor allem darüber beklagen, daß sie nicht rechtzeitig informiert wurden. Als besonders negativ wird an der neuen Verordnung bemängelt, daß nicht eine angemessene *Regel* gefunden wurde, sondern die Möglichkeit der *Ausnahme*-Gewährung im Vordergrund steht und daß die Beurteilung eines Lokals als »solide« im Ermessen der Polizei bleibt. Gegen die neue Verordnung wenden sich auch die Verbände und Vereine der Berliner Wirte und Saalbesitzer; ihre Protestversammlung vom 15. Juli 1901 stellt fest, daß die Politik der Genehmigungen »in der rigorosesten Weise« erfolgte.[79] Dagegen legt das Polizeipräsidium beeindruckende Zahlen vor: Von 1460 (von insgesamt 10829) Schank- und Gastwirtschaften war bis August 1901 die Erlaubnis zum früheren Öffnen beantragt worden, nur in 198 Fällen wurde sie versagt.

Die Berichte von Berlinreisenden aus diesen Jahren bestätigen eher die Sicht der Polizei. Der Berliner Fremdenverkehr scheint in einen regelrechten Wettbewerb mit den anderen Weltstädten, London und Paris, getreten zu sein, und es ist nicht allein die Lichterfülle der abendlichen Stadt, die als Vergleichsmaßstab für Modernität und Fortschrittlichkeit herangezogen wird, sondern auch die »Durchhaltefähigkeit« der Stadt, die Nacht, die nie endet:

»Das Nachtleben Berlins ist merkwürdig lebhaft. Sollte Paris in dieser Hinsicht überholt sein? Und wird man nicht eines Tages die Geographie Babylons und Ninives ändern müssen? Unter den Linden, auf der Friedrichstraße, um die Leipziger und Potsdamer Straße herum hört das Getriebe die ganze Nacht nicht auf. Viele Lokale schließen überhaupt nicht. Wenn die letzten Gäste aufbrechen, wird aufgeräumt, und dann ist es Zeit, wieder aufzumachen.«[80]

Jules Huret vergleicht diese Situation mit dem Bild der Place Blanche und der Place Pigalle in Paris – dort hat der nächtliche Betrieb inzwischen die Höhen von Montmartre erreicht (und die Grenzen der »heures de fermeture« längst überschritten). Auf seinem »unter Führung anerkannter, geprüfter Autoritäten« unternommenen Nachtbummel in Berlin lernt der Reisende aus Paris die Vielfalt des Nachtlebens um 1900 kennen, er sieht Kneipen, »wo das Leben gegen Mitternacht erlischt«, und andere, »die vor dieser nächtlichen Stunde kaum aufgemacht werden«; der Gang führt nicht nur vom Abend in den Morgen, sondern auch von den allgemein zugänglichen, harmlosen Gaststätten zu den speziellen Einrichtungen, deren Besuch den »Kenner« auszeichnet: Das Unternehmen, *eine ganze Nacht lang* »durchzuhalten«, wird aus der Sicht von Vergnügungsreisenden zum Bestandteil der nächtlichen Folklore Berlins. Darauf reagieren auch die »Nacht-Führer«, die das »Durchbummeln« zur neuen Tugend erheben: »*2 Uhr nachts.* Aus [dem] Palais de danse und Moulin Rouge kommen die Paare. Die rotglühenden Buchstaben von ›Maxim‹ verlöschen. Es ist das Zeichen, daß jetzt in den Kasinos Unter den Linden, bei Toni Grünfeld und im Monbijou in der Jägerstraße, im Neuen Buffet in der Französischen Straße usw. die Lichter aufflammen und die Sektkübel bereit gestellt werden. Zunächst saugt das meiste elegante Nachtleben nach Schluß der Ballsäle und Bars der *Pavillon Mascotte* auf. (...) Es entwickelt sich hier das Leben, wie es bezeichnend ist in den eleganten Nachtlokalen der Berliner Lebewelt (...). Viel Schönheit unter den Kokotten, die frisch und lebhaft jetzt ›den Tag‹ beginnen und das Milieu vollkommen beherrschen.« Dieser Bummel in der Friedrichstadt endet bei *Dreher*, einer einfacheren Weinstube, in der sich am frühen Morgen, um fünf Uhr, die Reste des eleganten Nachtlebens, »durch Sekt- und Nervenüberreizung gehoben«, sammeln. Eine zweite Bummeltour führt in den Berliner Nordosten – »Legitimationspapiere nehme man mit, für alle Fälle. Man bleibe allein und schließe sich keiner unbekannten Gesellschaft an! Man mache die Tour ohne seine Damen« –, der Weg führt über das *Café Lang* auf der Friedrichstraße über den *Winkel am Tore* in der Hannoverschen Straße, das *Café Steuer* und den *Strammen Hund* schließlich um sechs Uhr morgens in den *Erlanger Krug* in der Elsässerstraße: »Immer neue Gäste kommen herein. Burschen, die Haarlocke tief im Gesicht, und Dirnen dominieren. Studenten, Nachtbummler, und alles das, was der Verkehr zu so ungewohnter Stunde noch hergibt, sitzen dazwischen.«[81]

Auch Jules Huret glaubt (und schreibt), daß »es« in den Arbeiter- und Industrievierteln »ganz gleich wie Unter den Linden zugehe«. Gegen Ende seiner Darstellung beschreibt er, dem Muster treu, die Straßenkehrer, die den Schmutz der Nacht entfernen; schon im Moment der Darstellung gerinnt ihm das Nachtbild zum Klischee: Die Arbeiter sind Fremde. Der Soziologe Werner Sombart schreibt in seiner 1906 erschienenen Studie über das Proletariat:

»Wie es den Tag anfängt, davon erfahren wir höchstens einmal, wenn wir nach einer durchtanzten Nacht oder einer ausgedehnten Pokerpartie früh um fünf oder sechs übernächtig nach Hause kommen oder wenn wir zum Frühzug zum Bahnhof gehen. (...) Dann staunen wir wohl, mit einem Male einen Blick in eine ganz fremde Welt zu tun. Wir wußten ja gar nicht, daß diese Hunderte, diese Tausende, die da raschen Schrittes, zu zwei, zu drei, meist wortlos nebeneinander, das Arbeitsgerät oder die blaue Kaffeekanne in der Hand, in langen Zügen ›an die Arbeit gehen‹, auch da sind. Sie (...) eilen nun dem riesigen Moloch: der Fabrik in die Arme, deren schriller Pfiff um sechs Uhr, wenn wir uns noch einmal behaglich im Bette auf die Seite drehen, verkündet, daß nun das Einzelleben der Insassen für elf oder zwölf Stunden aufgehört hat.«[82]

»Erst der Abend«, so schließt Sombart, »gibt ihn [den Arbeiter] sich selbst zurück«, aber dann ist da die Müdigkeit, die Familie, und vielleicht noch die Kneipe. Die beiden Bilder vom Vergnügen und von der Arbeit wollen sich nicht vereinen lassen.

Die Welt des Vergnügens fordert, in Berlin wie in Paris, die ganze Nacht für sich, die Polizei ringt mühsam um die Erhaltung einer noch so kurzen »verbotenen Zeit«, »und wenn die böse Polizeistunde herannaht und es vier Uhr schlägt, sind Männlein und Weiblein ärgerlich über die Hartherzigkeit einer Aufsichtsbehörde, die das Vergnügen gerade in dem Augenblick unterbricht, wo es anfängt am schönsten zu werden«[83]. Das schreibt Edmund Edel 1914, kurz bevor der große Krieg das nächtliche Leben abrupt beendet. Die Ordonnance der Pariser Polizeipräfektur dokumentiert das offizielle Ende des Nachtrauschs der »Belle Epoque«: »Die Schließzeit für Restaurants in Paris und im Département de la Seine wird auf zehn Uhr abends festgelegt.«[84] Auch in Berlin verfügt der Polizeipräsident, etwa am 14. Dezember 1916, neben einer starken Einschränkung der Außenbeleuchtung von Gebäuden und der Schaufensterbeleuchtung, eine strengere Regelung der Polizeistunde. Natürlich ging, unterhalb der geduldeten Ebene, nächtliches Leben weiter; Magnus Hirschfeld hat das ausführlich – und mit kritischen Seitenhieben auf die Nächte der »Etappe« – in seiner ›Sittengeschichte des [ersten] Weltkrieges‹ beschrieben.[85]

Die zwanziger Jahre: Kurze Zeit der Öffnung

Nach dem Weltkrieg spiegelt die Entwicklung der Polizeistunde die Orientierungslosigkeit der Verwaltung, die Unsicherheit darüber, ob die Wirren vorbei sind und etwas Neues beginnen kann: In Paris wird die Schließzeit am 15. April 1919 auf 23.30 Uhr festgelegt, am 14. Oktober 1919 auf 1 Uhr, und am 5. November 1919, nur drei Wochen später, liegt sie wieder bei 12 Uhr. Die »ordonnances« vom 29. Mai 1920 und vom 3. Januar 1921 legen die Schließzeit erneut auf 1 Uhr fest; gleichzeitig wird die Bestimmung der frühesten Wiederöffnungszeit auf 4 Uhr morgens aufgehoben.

Auch in Berlin dauert es lange, bis die kriegsbedingten Einschränkungen ersetzt werden. Am 3. Mai 1920 richtet der Verband der Kaffeehausbesitzer eine Eingabe an die Reichsregierung mit der Bitte, der *Lebensnotwendigkeit* einer späteren Schließzeit doch wieder Rechnung zu tragen. Könnten sie ihre Kaffeehäuser offen halten, wäre den »Schädlingen des Großstadtlebens, durch die die Unmoral gefördert wird«, das Wasser abgegraben. Mit einem Runderlaß vom 19. August 1921 hebt der Minister des Innern endlich die Regelung von 1916 auf, die Schließzeit wird auf 12 Uhr, in Ausnahmefällen auf 1 Uhr festgelegt; es sei aber »Sorge zu tragen, daß die neuen Bestimmungen nur dem berechtigten Bedürfnis der Allgemeinheit entsprechen, nicht jedoch der Vergnügungs- und Verschwendungssucht gewisser Kreise Vorschub leisten. Es bedarf kaum einer Betonung, *daß der Ernst der Zeit zur äußersten Zurückhaltung auf dem hier zur Erörterung stehenden Gebiet zwingt.*«[86]

Die neue Ausdehnung der Polizeistunde stößt auf die Kritik der Mäßigkeits- und Anti-Alkohol-Verbände. Auf dem 16. internationalen Kongreß gegen den Alkoholismus, in Lausanne, sprach der Berliner Oberverwaltungsgerichtsrat Konrat Weymann. Seine Ausführungen werden, über die beabsichtigte Kritik des übermäßigen Trinkens hinaus, zu einer Kritik der Nacht:

»Man wird sagen dürfen, daß der Alkoholismus als Massenerscheinung sich hauptsächlich in den Abendstunden betätigt. (...)
Nun ist kein Zweifel, daß die frühen Abendstunden, sagen wir bis 10, 11 Uhr, den allermeisten Menschen hinreichende Gelegenheit geben, ihr Bedürfnis nach Erholung in der Geselligkeit beim Trunk in öffentlichen Wirtschaften zu befriedigen. Man wird hinzufügen dürfen, daß im allgemeinen die Geselligkeit um so weniger einem inneren Bedürfnis entspricht, je länger sie sich in die späten Stunden hinein erstreckt. (...)
Die lähmende Wirkung des Alkohols vereinigt sich mit derjenigen der Verkürzung des Nachtschlafs; sie bewirkt (...) eine Verringerung der Freude an der Arbeit. Die späte Trinkstunde ist unwirtschaftlich in ausgesprochenem Maße.
Aber die späte Trinkstunde ist auch kulturwidrig in mehrfachem Sinne. Sie ist ein Ausdruck unserer Entfernung von der Natur und natürlichen Verhältnissen, und sie vergrößert diese Entfernung. (...)
Das späte Trinken wirkt auch schädigend auf das Familienleben. (...)
Die späte Trinkstunde vergrößert wesentlich die an sich große Gefahr der Geschlechtskrankheiten. (...)
Der Spättrunk steigert die Kriminalität. (...)
Ich sehe keinen zureichenden Grund, weshalb die Angehörigen der wohlhabenderen Schichten eine umfassendere Gelegenheit zu Geselligkeit und Trinken in öffentlichen Wirtschaften sollen beanspruchen können. *Vor allem aber kann ich dem Nachtleben, dessen leider gerade meine Vaterstadt Berlin sich vor einigen Jahren rühmen durfte, keinen Anspruch in der öffentlichen Ordnung zugestehen.*«[87]

Gegen all dieses soll nun die Polizeistunde helfen; auch der Gerichtsrat sieht, wie die Polizei, die Gefahr, daß bei einer strengen Regelung (11 Uhr) »geheime Schankstätten« das Bedürfnis der Nachtschwärmerei aufzufangen suchen. Die *Umgehung der Polizeistunde* ist ein Thema, das häufig in den zwanziger Jahren in Großstadtreportagen und -feuilletons aufgegriffen wird. Egon Erwin Kisch beschreibt unter dem schönen Titel »Bacchanale gefällig?«, wie nur wenige Lokale im dunklen Osten der Stadt es wagen, gegen das Verbot offenzuhalten und »des Nachtschlafs entwöhnte Gesellen« zu beherbergen, und insgesamt zieht er das Fazit, »daß das Nachtleben um ein Uhr nachts zu Ende ist. Tausende von Leuten sehen sich um diese Stunde aufs Pflaster gesetzt und müssen nach Hause gehen, obwohl sie dazu gar keine Lust haben. Hier setzt nun die Tätigkeit der wandernden Nachtlokale und ein neuer, geheimer Beruf ein, der in Berlin heute schon weit mehr als tausend Angehörige zählt, der Beruf des Schleppers oder Spanners.« Der gute Schlepper setzt sich in ein Nachtlokal, knüpft Kontakt mit einer zahlungskräftig erscheinenden Gesellschaft, und »wenn man dann zur Polizeistunde bedauernd auseinandergehen soll, hat er dann schmunzelnd anzudeuten, daß *er* noch nicht nach Hause gehen müsse, er wisse noch ein tadelloses Lokal ...«[88] Die Tätigkeit der Schlepper wurde auch von Egon Jacobssohn und Carl Zuckmayer anschaulich beschrieben.[89] Nicht zuletzt durch solche Nachrichten hat Berlin, der Emporkömmling, in den Augen des Auslands wie in denen der Provinz, im »positiven« wie im »negativen« Sinn, seine Unschuld verloren. Der Frankfurter Oberbürgermeister schreibt am 13. 1. 1923 an den Preußischen Städtetag:

»Das öffentliche Interesse gebietet dringend, daß der durch die vielen schon am Tage geöffneten Vergnügungsetablissements mancher Großstädte hervorgerufene Eindruck dauernden ausgelassenen Vergnügungstaumels der Bevölkerung beseitigt wird. (...) Es ist keine der deutschen Städte würdige Aufgabe, in der Zeit ihres tiefsten politischen Elends zur Vergnügungsstätte des Ausländers zu werden.«[90]

Die moralische Sicht der Dinge ist stark, und wortgewaltig: »Personen, deren Vergnügungsbedürfnis in dieser ernsten Zeit nach 12 und 1 Uhr nachts noch nicht gestillt ist, verdienen in der Tat nicht, daß ihre Wünsche durch die öffentlichen Gewalten berücksichtigt werden.«[91] Das Argument, »Berlin ist die einzige Gross- und Weltstadt von Deutschland. Sie kann daher bezüglich der Polizeistunde beanspruchen, anders behandelt zu werden wie die übrigen Städte«, das der Arbeitgeberverband im Gaststättengewerbe in einem Schreiben vom 10. Juli 1923 formuliert, zeigt aber doch Wirkung. Liest man die Polizeistunde als Barometer der wirtschaftlichen Entwicklung, erscheint es folgerichtig, daß der Magistrat der Stadt Berlin im April 1926 darum bittet, »nachdem die deutsche

Währung sich seit über zwei Jahren voll gefestigt hat«, die Sperrstunde wieder zu verlängern. Noch gibt es Gegenstimmen, etwa – auch nicht besonders überraschend – in der ›Gastwirtsgehilfen-Zeitung‹, dem Organ des Zentralverbandes der Hotel-, Restaurant- und Caféhaus-Angestellten:

»London, New-York und andere Weltstädte haben einen weit größeren Fremdenverkehr als Berlin, obwohl in ihnen der nächtliche Junkel-Punkel unbekannt ist. Wie sah denn das wieder so heiß angestrebte Berliner Nachtleben der Vorkriegszeit aus? Nach außen übertriebene Eleganz, an welche der Fachmann freilich nicht allzu nahe herangehen durfte. In den Cafés wurde jedes Stückchen altbackener Torte von mindestens sechs Glühbirnen angestrahlt. Aber die eigentlichen Darbietungen waren doch immer nur recht unbeholfene und unzureichende Imitationen der Pariser und Brüsseler Nachtlokale und des damaligen amerikanischen Vergnügungsrummels. Alles das, was das Berliner Nachtleben angeblich so reizvoll machte, sah man in jenen Städten im Original und darum weit besser.
Wenn Berlin London oder Paris wäre, könnte es sich, vom Gesichtspunkte des Fremdenverkehrs aus, das Offenhalten von Gaststätten in der Nacht ruhig schenken. Aber Berlin ist einstweilen, und leider noch auf lange hinaus, hinter diesen beiden Weltzentren soweit zurück, daß es den internationalen Fremdenverkehr mit etwas anlocken muß, was die beiden älteren Weltstädte nicht haben und nicht haben wollen. Das war vor dem Krieg das Berliner Nachtleben.«[92]

Freilich reden die Angestellten, nicht anders als ihre Arbeitgeber auch, im eigenen Interesse. Aber es ist doch interessant, einmal eine ganz andere Sichtweise der Berliner zwanziger Jahre kennenzulernen: Hier erscheinen die Vorkriegsjahre als die eigentliche Hoch-Zeit der Berliner Nächte (auch wenn sie lächerlich gemacht werden), und hier erscheint auch das Berliner Nachtleben als eine Veranstaltung für die Fremden, nicht als eine Sache der Berliner selbst. Wenn auch der internationale Vergleich wohl ein vorgeschobenes Argument ist, natürlich »hat« Paris sein nächtliches Leben und »will« es auch, so wird in diesem Text doch die verkrampfte, bemühte, angestrengte Seite der Berliner Nacht offenbar.

Die Proteste helfen nicht, durch eine Verordnung vom 19. Oktober 1926 wird tatsächlich *»als Polizeistunde die Zeit von 3 Uhr morgens bis 6 Uhr morgens* festgesetzt«.[93] Das klingt wie eine Fanfare, und sowohl der Centralausschuß der Inneren Mission wie etwa auch der deutsche Frauenbund für alkoholfreie Kultur richten empörte Protestbriefe an das mit offiziellem Segen wiedererstandene »Sündenbabel« Berlin.[94]

Der Preußische Minister des Innern, Grzesinski, muß auf diese Eingaben antworten, und er veröffentlicht am 31. März 1927 eine Denkschrift »über die Verlängerung der Polizeistunde in Berlin«. Diese Schrift ist ein Dokument für das gewandelte Selbstverständnis der Polizei. Sie habe, so der Minister, *nur* die Aufgabe, für die »Aufrechterhaltung der öffentlichen Ruhe, Sicherheit und Ordnung« zu sorgen, eine Bekämpfung des Alkoholmißbrauchs – allgemeiner: eine Überwachung und Reglementierung der Lebensweise – sei nicht ihre Sache. Das Bedürfnis nach nächtlicher Erholung sei groß, nicht zuletzt die unzureichenden Wohnungsverhältnisse führten dazu, daß viele Menschen ihre Erholungszeit »außerhalb« verbringen müssen. Außerdem seien mit dem neuen Gesetz viele Mißstände der alten Regelung, etwa die notwendige Kontrolle der Wirte, die die Polizei von anderen Aufgaben abhielt, oder die Entstehung illegaler Nachtlokale – für ein Publikum, »das sich über die Polizeistunde hinaus vergnügen wollte« –, praktisch verschwunden.

Damit gibt die Polizei – nach der Nachtwacht, deren Organisation sie den veränderten Verhältnissen bereits angepaßt hat – eine weitere traditionelle Strategie zur Kontrolle der Nacht, die »verbotene Zeit«, fast aus der Hand. Es ist nicht mehr möglich, den städtischen Raum bei Nacht zu verschließen, und es ist auch nicht mehr möglich, die Zeiten, die das nächtliche Leben sich erobert hat, einzugrenzen. Aber die neue Freiheit der Nacht währt nur kurze Zeit.

3. Verbrecherwelten

> »›Treffen Sie mich doch heute nacht um ein halb elf Uhr in Villa Colonna in der Ihnen bekannten ‚kleinen Loge', hatte mir ein befreundeter Beamter der Berliner Kriminalpolizei, den ich zuweilen auf seinen nächtlichen Razzias durch die Berliner Verbrecherwelt begleitete, geschrieben. ›Ich habe einige Recherchen zu machen und hoffe Ihnen einige neue Spezialitäten unserer Verbrecherwelt zu zeigen.‹«
>
> *Gustav Rasch*: Eine Nacht in der Berliner Verbrecherwelt, 1870.[95]

Die beiden vorigen Abschnitte behandelten zwei Strategien der Polizei zur Aufrechterhaltung nächtlicher Ordnung in der Stadt. Im Verlauf der fast hundert Jahre zwischen 1840 und 1930 haben sich die Aufgaben der

Polizei verändert; ihr Ideal, die nächtlich-schlafende Stadt, ließ sich nicht mehr mit den veränderten Lebens- und Arbeitsbedingungen der Großstadt in Einklang bringen, die »alten« Maßnahmen zur Schließung der städtischen Räume und Zeiten trugen nicht mehr: Die »Nachtwacht« als Versuch, den ganzen städtischen Raum unter Kontrolle zu behalten, ist ebenso unzeitgemäß geworden wie die »Polizeistunde« als Versuch, den Gedanken der »verbotenen Zeit« in die Moderne hinüberzuretten. In beiden Fällen wurde öffentliche Kritik laut: Die Polizei sollte sich gefälligst um ihre eigentliche Aufgabe kümmern – die Bekämpfung der Verbrechen.

Verbrechen, Kriminalität, Unterwelt – das sind Themen, Gedankenverbindungen, die sich unweigerlich aufdrängen, wenn von der Großstadtnacht die Rede ist. Auch hier, und hier vielleicht mehr als bei irgendeinem anderen Aspekt unserer Geschichte, sind wir mit *Bildern*, mit *Imaginationen* konfrontiert, die den Blick auf die Realität der Stadtnacht verstellen. Kein anderes Thema führt uns so weit in den *Grenzbereich zwischen Imaginationen und Realitäten*[96], denn in der Regel findet die Konfrontation mit dem Verbrechen doch über die Vermittlung von Medien statt. Sie liefern uns solche Bilder:

»Es ist Nacht, und Regen fällt auf den glänzenden Asphalt. Schwarz ragt die Silhouette der Stadt in einen düsteren Himmel ohne Sterne. Alle paar Sekunden flackern die Neonlichter einer Bar auf. Die Straßen scheinen wie ausgestorben, aber an der Hauswand bewegt sich ein Schatten.«[97]

Als Fernseher und Krimileser erwarten wir an dieser Stelle den Gangster mit einem tief über die Augen gezogenen Hut, den Detektiv im Trenchcoat, oder vielleicht eine schöne Unbekannte, die im nächsten Moment einem Verbrechen zum Opfer fällt, wir erwarten den »Fall«, die ruchlose Tat. Im »Leben« wird in neun von zehn Fällen ein harmloser Betrunkener um die Ecke biegen, ein Zeitungsausträger oder ein Liebespaar; aber das ist nicht interessant. Normalität ist langweilig, für Reporter wie für die Polizei, berichtenswert in der Geschichte der Stadtnacht ist einzig die Störung, die Sensation. Literatur und Film, Zeitungsreportage und Polizeibericht haben aus der Großstadtnacht das setting der *gefährlichen Situation* gemacht.

Die Erschaffung der Unterwelt

Die Reduktion der nächtlichen Stadt auf ihre außergewöhnlichen, geheimnisvollen, gefährlichen Seiten; die metaphorische Koppelung des Begriffs »Nachtseiten« mit Worten wie Gefahr, Angst, Schrecken und Drohung; die Ausstattung der Stadtnacht mit einem entsprechenden Personal, mit einer eigenen Sprache und mit eigenen – eigenartigen – Verhaltensweisen; die Dekoration des »Milieus« mit den entsprechenden Motiven: regennasse Straße, flackerndes Licht, dunkle Winkel; das sind Voraussetzungen und Strukturelemente einer regelrechten, umfassenden *Erschaffung der Unterwelt* in den Städten. Am Anfang dieser Geschichte stehen zwei Texte, die häufig genug zitiert wurden: Edgar Allan Poes ›The Man of the Crowd‹, und Eugène Sues ›Les Mystères de Paris‹.

Die Protagonisten beider Erzählungen, Sues Rudolf von Gerolstein und Poes anonymer Erzähler, unternehmen *Streifzüge* in die Dunkelheit der Stadt, beide finden dort eine unbekannte, schreckenerregende Welt vor, eine Welt der Nacht:

»Wir wollen versuchen, dem Leser einige Episoden aus dem Leben anderer *Barbaren* darzustellen, die ebenso *außerhalb der Zivilisation* stehen wie die von Cooper so hervorragend geschilderten wilden Völker. Nur leben die Barbaren, von denen wir sprechen, *mitten unter uns*; wir können ihnen begegnen, wenn wir uns *in ihre Schlupfwinkel wagen* (...). Diese Menschen haben ihre *eigenen Sitten*, ihre eigenen Weiber und ihre *spezielle geheimnisvolle, von düsterer Bildhaftigkeit und bluttriefenden Anspielungen erfüllte Sprache*. (...)
Am 13. Dezember 1838, einem regnerischen, kalten Abend, überquerte ein athletisch gebauter Mann in schlechter blauer Bluse den Pont-au-Change und *drang in die Cité, die Altstadt mit ihrem Labyrinth finsterer enger, gewundener Gassen*, das sich vom Justizpalast bis zur Notre-Dame erstreckt. In dieser Nacht also tobte der Wind heftig durch das Gassengewirr dieses schauerlichen Viertels. Das fahle, flackernde Licht der vom Sturm geschaukelten Laternen spiegelte sich im Rinnsteinwasser, das mitten durch das kotige Pflaster floß.« (*Eugène Sue*: Die Geheimnisse von Paris)[98]

»Je tiefer die Nacht herniedersank, desto mehr vertiefte sich meine Teilnahme für dieses Schauspiel; denn nicht nur wandelte sich der allgemeine Charakter der Menge wesentlich derweil (die sanfteren Züge schwanden daraus, schrittweis', je mehr die ordentlichen, gesitteten Leute verschwanden, und schärfer trat das Abstoßende hervor, als nun die späte Stunde jede Art von Laster aus seiner Höhle kriechen ließ)...« (*Edgar Allan Poe*: Der Mann der Menge)[99]

Die Blickrichtung ist festgelegt; in beiden Fällen führt der Weg vom Licht ins Dunkel, aus der Welt, der »wir«, Autor und Leser, angehören, in eine *andere*, eine fremde Welt *außerhalb* und *unterhalb* der vertrauten Oberfläche, und doch zum Greifen nah, nur wenige Schritte entfernt. Vor allem Eugène Sue verleiht dem alten und vertrauten Gedanken, daß jedes Ding seine »Kehrseite« hat, topographische Verankerung in der Stadt. Da ist, am Rande der Stadt (wie in London) oder sogar in ihrer Mitte (wie in Paris) eine zweite Stadt, unbekannt, von unbekannten Ausmaßen und von einer dadurch verstärkten Bedrohlichkeit. Die Tatsache, daß beide »Streifzüge« in der Nacht stattfinden, verleiht dem Gelände noch größere Bedrohlichkeit. Hier ist, so die gängige Interpretation, das »Lebenselement des Verbrecherischen«[100], übergroß gezeichnet, unreal – aber prägend für die Vorstellungswelt kommender Generationen. Beide Autoren zeichnen in ihren Texten eine *Bewegung* nach: Die beiden Welten innerhalb der Stadt sind einander zwar unvertraut, aber sie sind nicht statisch, nicht scharf voneinander abgetrennt.

Erkundungs- und Kontrollgänge

Auf der einen Seite besteht die Gefahr, daß die (so kreierte) »Unterwelt« sich ausbreitet, sich Straße um Straße erobert und schließlich in die Welt der Sicherheit eindringt. Auf der anderen Seite wächst, zur gleichen Zeit, die Zahl der *Kundschafter*, die aus der Welt des Lichts in die finsteren Labyrinthe entsandt werden. Sie ziehen aus, um die unbekannten Flecken »auf der Landkarte des Großstadtdschungels«[101] zu erforschen, um das Gelände und die dort wohnenden »Barbaren« für die schließliche Eroberung durch die Zivilisation vorzubereiten.

Auf beiden Wegen wird die Vielfältigkeit der »anderen« Welt immer deutlicher sichtbar; anfangs stehen die Kundschafter, Reporter, Forscher, Missionare und Polizisten, vor einem für sie undurchdringlichen und unentwirrbaren Konglomerat abweichender Verhaltensweisen und Lebensgewohnheiten. Die »Barbaren« wohnen, arbeiten und kommunizieren, so scheint es, nach eigenen Regeln, nach eigenen Gesetzen, diese bilden eine unüberwindliche Abwehrmauer gegen den beginnenden Ansturm der Zivilisation.

In einem Schwung ist die Mauer nicht zu nehmen, neue Strategien müssen ersonnen werden, um einzelne Steine herauszubrechen und so die Mauer durchlässig, erschütterbar zu machen. Die schrittweise Erkundung und Erforschung der anderen Kultur im Untergrund der großen Städte, im Londoner East End, in der Pariser Cité und im Hallenviertel und, noch in kleinerem Maßstab, im Berliner Nordosten, fördert mit den Jahren neue Differenzierungen zutage. Ist etwa 1846 in einem Bericht über das Berliner Arbeitshaus noch von *den* »Proletariern und Verbrechern der Residenz« die Rede [102], so sehen wir fünfzig Jahre später die »Unterwelt« in eine Unzahl verschiedener Kategorien aufgeteilt und erfaßt. Die Differenzierung erlaubt den Sicherheitsbehörden, auf die unterschiedlichen Formen der »Abweichung«, der »Störung«, auch unterschiedlich zu reagieren.

Neue Realitäten, alte Bilder

In ihrer praktischen Arbeit nutzen die Behörden diese Möglichkeit auch – aber, und das ist die Rückseite dieser Entwicklung, in ihren Veröffentlichungen transportieren sie das alte Bild der geschlossenen, einheitlichen – bedrohlichen – *Gegenwelt* des Verbrecherischen weiter, lassen alle Differenzierungen beiseite und beharren auf der Existenz ihres Schreckbildes von der Unterwelt.

Die Formen der Polizeiarbeit sind in den einzelnen Großstädten in den wesentlichen Punkten einheitlich; die grundsätzliche Aufgabe, Ruhe, Sicherheit und Ordnung in der Öffentlichkeit aufrechtzuerhalten, teilt sich auf in zwei ebenfalls generelle Vorgehensweisen: Es geht einerseits darum, die als *potentiell gefährlich* eingestuften Viertel und Regionen permanent zu überwachen und die Kontrollmaßnahmen – »eyes and ears« [103] – immer weiter zu verfeinern, andererseits mußten die als *potentiell gefährdet* beurteilten Stadtteile vor dem Eindringen des »Verbrechertums« gerettet und beschützt werden. Dabei mußte die Polizei außerdem berücksichtigen, daß im Lauf der Jahre die Übergänge zwischen den beiden Welten zahlreicher werden und daß andere Maßnahmen der Obrigkeit – wie die Verbreitung der Straßenbeleuchtung oder die baulichen Veränderungen im Bild der Stadt – die Topographie von Gefahr und Ordnung immer wieder verändern. Die Polizei differenziert (und hier kommen regionale Unterschiede natürlich ins Spiel) ihre Arbeitsweise

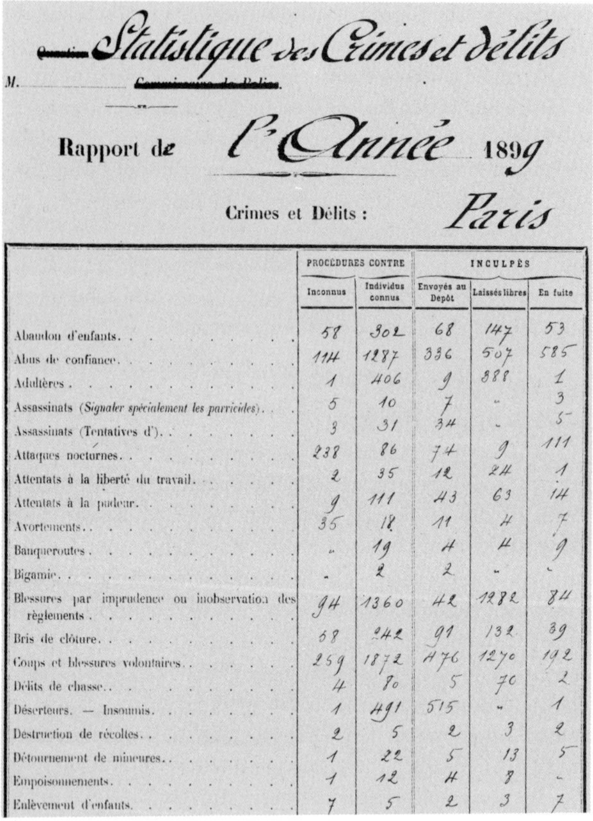

Statistique des Crimes et délits

M. ....

Rapport de l'Année 1899

Crimes et Délits : Paris

	PROCÉDURES CONTRE		INCULPÉS		
	Inconnus	Individus connus	Envoyés au Depôt	Laissés libres	En fuite
Abandon d'enfants	58	302	68	147	53
Abus de confiance	114	1287	336	507	585
Adultères	1	406	9	388	1
Assassinats (*Signaler spécialement les parricides*)	5	10	7	-	3
Assassinats (Tentatives d')	3	31	34	-	5
Attaques nocturnes	238	86	74	9	111
Attentats à la liberté du travail	2	35	12	24	1
Attentats à la pudeur	9	111	43	63	14
Avortements	35	18	11	4	7
Banqueroutes	-	19	4	4	9
Bigamie	-	2	2	-	-
Blessures par imprudence ou inobservation des règlements	94	1360	42	1282	84
Bris de clôture	68	242	91	132	39
Coups et blessures volontaires	259	1872	476	1270	192
Délits de chasse	4	80	5	70	2
Déserteurs. — Insoumis	1	491	515	-	1
Destruction de récoltes	2	5	2	3	2
Détournement de mineures	1	22	5	13	5
Empoisonnements	1	12	4	8	-
Enlèvement d'enfants	7	5	2	3	7

Im Paris der Jahrhundertwende ist die Rede von zunehmenden »nächtlichen Attacken«; Polizeistatistiken sagen das Gegenteil, können aber gegen die Vorstellung von einer gefahrvollen Nacht wenig ausrichten (Polizeipräfektur Paris, Kriminalitätsstatistik für 1899).

immer weiter aus, stellt für die Bekämpfung des Verbrechens, der Prostitution, der Obdachlosigkeit, für alle Formen der Störung, entsprechende Abteilungen auf, deren Arbeit sich fortwährend spezialisiert, die immer reibungsloser ineinandergreifen. Was sich hierbei zwischen den Jahren um 1840 und denen um 1930 verändert, ist die nach und nach sich vollziehende Isolierung der Begriffe »Verbrecher« und »Verbrechen« aus dem anfangs schier unentwirrbaren Komplex der »classes dangereuses«, aus der unübersehbaren Vielfalt von Randgruppen, Ausgegrenzten, Ausgestoßenen. »Verbrecher« sind dann diejenigen, die nach dem Einsatz aller polizeilichen, erzieherischen und sozialhygienischen Maßnahmen zur Aufrechterhaltung von Sicherheit und Ordnung, nach der peniblen Ausdifferenzierung der Randgruppen in kleinere, leichter zu beherrschende Einheiten immer noch »übrigbleiben«: der innere Kern der Bedrohung.

Damit ist keineswegs gesagt, daß die »Verbrecherwelt« real die größte Gefahr für die Ordnung der Stadt darstellt. Immerhin haben die Sozialreporter seit Eugène Sue, bei aller Schwäche ihrer Darstellungen, doch auf die *soziale Sprengkraft von Armut und Elend* aufmerksam gemacht und damit auch den ganzen Apparat der Betreuungsinstitutionen sozialer Reform in Gang gesetzt. Auch haben entsetzte Zeitgenossen die Gefahr, die von einer Politisierung, gar von einer *politischen Formierung der Elenden* ausging, keinesfalls unterschätzt. Aber diese Einsichten konnten nicht verhindern, daß die Bilder und Vorstellungen von der Verbrecherwelt die potentielle Gefährdung der Stadt am stärksten symbolisierten. Die Polizei benutzte, in allen drei Städten, diese Vorstellungen, um mit dem generell akzeptierten Motiv der Verbrechensbekämpfung Maßnahmen der Überwachung und der Einschränkung öffentlicher Bewegungsfreiheit zu begründen.

Dirk Blasius hat in seiner Studie ›Kriminalität und Alltag‹ gezeigt, wie sich das alltägliche Leben der Unterschichten im Blick der Obrigkeit als bedrohlich darstellte: »Zum ›Reichtum‹ des Alltags gehörten neben den in ihm lebenden Traditionen auch Möglichkeiten des Sichauslebens, von zeitgenössischen Alltagskritikern als ›Vergnügungssucht‹ gebrandmarkt.« Als, zu Anfang des 19. Jahrhunderts die öffentlichen Angebote »an Vergnügungen«, etwa auf Schützenfesten oder Jahrmärkten, zunahmen, forderten auch Angehörige der unteren sozialen Schichten ihr *Recht auf Vergnügen* ein und versuchten, an Privilegien teilzuhaben, die andere schon besaßen: »Hier lernten sie Atem schöpfen.« Kritische Beobachter dieser Entwicklung erkannten »die soziale Schubwirkung, die von der Vervielfältigung der Vergnügungsorte ausging« und denunzierten den übermäßigen Alkoholgenuß auf den Festen, aber auch in den Bier- und Branntweinschenken, die Verwischung der Standesunterschiede und die

Konfliktbereitschaft (»Deliktfähigkeit«, schreibt Blasius) als *verbrechensfördernd.*[104]

Weil die »Verbrecherwelt« als so besonders gefährlich galt, konnten die Reporter, die es wagten, dorthin vorzudringen, sich als besonders mutig feiern lassen. Deshalb mußten auch sie, wie die Polizei, das Bild von der gefährlichen Welt immer weiter verstärken und ausschmücken – auch wenn ihnen die Realität dieser Welt weitgehend verschlossen blieb. Hier sind wir an einem wichtigen Punkt in der Geschichte der Stadtnacht angelangt: Was immer wir über die »Verbrecherwelt« erfahren, aus den Texten der Reporter oder aus den Protokollen der Polizei, es ist von solchen Strategien bestimmt, von Bildern verdeckt, gefiltert durch die Motive der Kundschafter, durch ihre Vorstellung davon, was einen »Fall«, was eine »Störung« ausmacht. Über die Realität der großstädtischen Kriminalität erfahren wir wenig, um so mehr über eines der Elemente, aus denen sich das Bild der Nacht zusammensetzt.[105]

Kundschafter und Polizisten

In der Regel wagten sich die Reporter in den inneren Kern der »Verbrecherwelt« nicht alleine; sie vertrauten sich der Führung eines Kenners, eines Polizisten oder Detektivs an und begleiteten diesen bei der Erfüllung seiner Aufgaben. Solche Schilderungen weisen – unabhängig vom Ort, an dem sie entstanden sind – viele Gemeinsamkeiten auf: Das *Eindringen* in die gefährliche Zone wird ausführlich beschrieben, vor allem der zurückgelegte *Weg von den hellen Straßen in die dunklen Winkel*, von der allen zugänglichen Stadt in ihre versteckten Bezirke. Anschließend wird, mit viel Liebe zum pittoresken Detail, das »Publikum«, die Bevölkerung der »finsteren Gassen« und »dunklen Häuser« gemalt, bevor die Handlungen der Ordnungshüter dem Treiben – kurzfristig – ein Ende setzen. Das Vorbild für solche »Begleit-Studien« lieferte Charles Dickens: Bei seinen Besuchen in den Hütten der Diebe, in den Schlupfwinkeln der »Infamie« hielt er es »für vorsichtig, mich mit einer Gruppe von Polizisten zu verbinden, die sich in den Orten, die ich besuchen wollte, gut auskannten«[106]. Die erste dieser Reportagen, »On Duty with Inspector Field«, erschien am 14. Juni 1851 in den ›Household Words‹; sie beginnt, wie eine Fanfare, mit den Worten: »How goes the night?« Das wird zum Motto:

Die Reporter sehen ihre Aufgabe darin, ein Bild der dunklen Stadt zu übermitteln, die Leser auf die Existenz der »anderen Seite« aufmerksam zu machen. Die Polizisten kennen das Gelände, sind »equally at home wherever we go«, führen die Reporter in Obdachlosenasyle, Kneipen und Tanzsäle, zeigen ihnen die verschiedenen »Verbrechertypen«, und wo es sein muß – das ist die Botschaft der Reportagen –, da schlagen sie zu, sorgen für Ordnung, behalten den Überblick. Ängste bei den Lesern werden geweckt und gleichzeitig, aber nie ganz, wieder beruhigt.

Gustav Rasch, »Verfasser kritischer Sozialreportagen und politischer Tagesschriftsteller«[107], beschrieb 1870 »Eine Nacht in der Berliner Verbrecherwelt«; seine Reportage soll, als Prototyp, ausführlicher zitiert werden:

»Wir gingen die Königstraße aufwärts nach der Kurfürstenbrücke zu, an den Kolonnaden entlang, deren innere Räume jetzt tiefe, schwarze Schlagschatten bedeckten. Die Straße war fast so belebt wie am Tage, obschon die Spaziergänger auf derselben einer ganz anderen Klasse der Bevölkerung angehörten, als es diejenige ist, welche sich in dieser Hauptgeschäftsstraße der großen Stadt während des Tages bewegt. Auf dem Turm der Klosterkirche schlug es elf Uhr. (...)
Die Nachtvögel, wenn sie die Gestalt und den Uniformmantel meines Begleiters erkannten, zogen scheu oder ganz ungeniert an uns vorüber, je nachdem ihr Gewissen mehr oder weniger belastet war oder je nachdem sie unter Polizeiaufsicht standen; denn in diesem Falle durften sie ihre Wohnung nach zehn Uhr nicht verlassen und setzten sich, sobald sie erkannt wurden, der sofortigen Verhaftung aus. (...)
Zwischen der Neuen Friedrichstraße und der Bischofstraße mündet in die Königstraße eine schmale, lange Gasse, welche sich, wie eine steinerne Schlange, von der Königstraße durch ein Gewirr von kleinen Häusern und Spelunken bis zur Spandauer Brücke hinaufzieht. Die Straße gehört heute zu den Hauptsitzen und Lagerplätzen der niedrigsten berliner Verbrecherwelt. Sie ist der Stapelplatz der in diesem Viertel hausenden Strolche, Bauernfänger, Mauerjungen und Gänsejungen, der Taschendiebe und jener unglücklicher Mädchen, die das Tageslicht scheuen.«[108]

Kein Versatzstück dieser Form von Nacht-Literatur fehlt: die Gasflammen der »wenigen« Laternen »flackerten hinüber und herüber«, »zuweilen huschten unheimliche Gestalten an den Häusern vorüber die Straße entlang«, ein Nachtwächter, »der die Straße abpatrouillierte«, machte Meldung, und »Ruhe und Stille waren nur Täuschung«. Polizisten und Begleiter erzwingen sich den Zugang zu einem der Keller, die anwesenden

Razzia in einer Berliner »Verbrecherkaschemme« – die Herrschaftsbereiche der Unterwelt werden regelmäßig visitiert, und die Bilder von diesen Aktionen beruhigen und beunruhigen zugleich (Zeichnung von F. Lindner 1906).

»Strolche« werden überwältigt und in Polizeigewahrsam gebracht. Das geht alles sehr schnell vor sich, der Auftritt ist beendet, wenn die Polizisten aus dem Keller steigen und »die Lichter der im Winde flatternden Gasflammen auf den metallenen Beschlägen und den metallenen Spitzen der Helme funkeln«. Die Nacht ist damit noch nicht zu Ende, weitere Schlupfwinkel werden aufgesucht, nicht nur in der verrufenen Gegend, auch an Orten »mit ganz unverdächtigem Gepräge«, an denen sich aber »nach Mitternacht (...) die gefährlichsten Strolche der Königsstadt ein rendez-vous geben«. Die Beschwörung der *drohenden*, der *möglichen* Gefahren und die detailverliebte Schilderung der angsterregenden Atmosphäre nehmen einen viel breiteren Raum ein als die Beschreibung der eigentlichen Polizeiaktion. Ungewollt kommentiert Rasch selbst, beim Vergleich mit einer fünf Jahre zuvor unternommenen ähnlichen Tour, sein Vorgehen: »Die Straße erschien mir heute noch dunkler und unheimlicher als damals. Vielleicht war der immer mehr sich verdunkelnde Nachthimmel daran schuld; *vielleicht mochte das dunklere Kolorit auch in meiner Phantasie liegen.*« Wie einflußreich und prägend Raschs Reportage ist, läßt sich auch daran erkennen, daß der Journalist Victor Tissot sie einige Jahre später schamlos abschreibt und als »mein(en) Bericht über das Elend und das Verbrechen in Berlin« veröffentlicht.[109]

Die Phantasie bedarf der statistischen Absicherung. Immer wieder versuchen die Reporter, ihre Darstellungen zu belegen, zu untermauern. Dabei entsteht ein *Bild* der Stadt, in dem das Verbrechen eine dominierende Stellung einnimmt:

»Großstädte sind der natürliche Sammelpunkt der Verbrecherwelt. Aus sich selbst heraus bereits eine Menge fragwürdiger Naturen erzeugend, locken sie durch die mannigfaltigen Vortheile, welche sie allen dunklen Existenzen darbieten, alles, was sich zweideutiges und zweifelhaftes im Lande herumtreibt, an sich. In dem mächtigen Getriebe der in der Großstadt wogenden, von Interessen und Leidenschaften beseelten Massen verschwindet ja der einzelne. Welche Fülle von Schlupfwinkeln außerdem! und welche Fülle von Gelegenheiten zum Übertreten der gesetzlichen Ordnung! Nirgends können die Verhältnisse günstiger sein für jemand, der es nöthig hat, das Licht zu scheuen. Die Statistik lehrt denn auch, daß z. B. in London reichlich ein Fünftel der gesammten Verbrecher Englands lebt. Für Paris gegenüber Frankreich ist der Bruchtheil noch größer, und auch unsere deutsche Reichshauptstadt kann sich seit ihrem Eintritt in die Reihe der europäischen Großstädte der Folge ihres mächtigen Aufschwunges, eine ziemlich zahlreiche Verbrecherzunft in ihrem Innern zu beherbergen, nicht mehr erwehren.«[110]

In der Folge ihres mächtigen Aufschwungs erlebt die deutsche Hauptstadt, ebenso wie London und Paris, in den Jahren nach 1870 aber auch einen Prozeß der *Modernisierung ihrer Sozialpolitik*. Das wird aus dem Charakter der Reportagen nur versteckt deutlich. Anfangs spielt »das Polizeigewahrsam« als Sammelstätte aller »nächtlicherweise Aufgegriffenen« eine zentrale Rolle in den Beschreibungen. Die Auflösung dieses vormodernen Konzepts, die Unterscheidung der »zweideutigen und zweifelhaften« Gestalten der Nacht und die Einrichtung spezieller Institutionen für die einzelnen Gruppen – Bettler, Obdachlose, »schuldlose Arme«, Prostituierte, die Trennung auch von aufgegriffenen Männern, Frauen und Familien –, all dies schafft der Polizei mehr Gestaltungsraum, mehr Raum auch für die Bekämpfung der Verbrechen. Klaus Bergmann hat darauf hingewiesen, daß sich die Aufmerksamkeit der Sozialreporter mit den Jahren weg von der Straße und hin zu den geschlossenen Räumen der neuen »Anstalten« bewegt; das entspricht dem Vorgehen der Polizei und ihrer steten Spezialisierung. Dennoch bleibt die *Sprache* der Reporter bis ins Detail den vorgegebenen Traditionen verhaftet. Selbst ein Autor wie Bernhard Hesslein, der die »socialen Zustände«, aus denen das Verbrechertum erwächst, heftig anklagt, bedient sich der klischeehaften »nächtlichen Wanderung durch die Höhlen des Elends«, auch er erfreut sich der »Gesellschaft eines uns sehr wohlbekannten Polizeibeamten«; immerhin fügt er aber doch Bedenken hinzu:

»Es mag für den Criminalisten ein interessanter und ausgiebiger nächtlicher Gang sein, Berlins Spelunken, Elends- und Lasterhöhlen einen Besuch abzustatten, für den Humanisten, für den Philosophen ist es abschreckend, niederbeugend, entmuthigend, einen Blick in diese furchtbare Welt zu thun. (...)
Nur der Polizei ist es vergönnt, beständig ihr Auge auf diese Pesthöhlen der Kaiserstadt gerichtet zu halten, aber dieses Auge kann weder helfen noch heilen, weder trösten noch rathen, es kann nur drohen, strafen, abschrecken, *und doch bedürfen alle diesen Elenden so sehr des Blicks des Philosophen*, der für so entsetzliche Gebrechen der Menschheit Linderung und Heilung erspäht.«[111]

Gibt es diesen Blick, den des humanistischen, wohlwollenden, helfenden, und eben nicht von Bildern vorbelasteten Zeugen? Es ist zumindest nicht einfach, Belege dafür zu finden. Hesslein unterscheidet sich allerdings in zwei – für uns ganz entscheidenden – Punkten deutlich von anderen Autoren: Er sieht in der »durch unsere Gesetze und Einrichtungen herbeigeführten Isolirung der Verbrecherwelt (...) die Hauptursache der steigenden Zunahme der Verbrechen«; der Beitrag der Reportagen aus der bedrohlichen Welt zu dieser »Isolirung« ist ja nicht zu unterschätzen. Vor allem aber entwirft er grundsätzlich kein Schreckbild der Nacht: »Wenn auch in Verborgenheit, so doch nicht immer unter dem Schleier der Nacht wird das Verbrechen begangen; es ist gewöhnlich am lichten Tage thätig.«

Die ständige Anwesenheit des »Verbrechens« – als Thema, als Bild, als Instrument der Auseinandersetzung – im gesellschaftlichen Diskurs der Jahrhundertwende[112], in ganz Europa, zeigt, wie wenig »Philosophen« hier am Werke waren. Der sensationelle Gehalt der Berichte über das Verbrechertum wog allemal schwerer als die differenzierte Darstellung städtischer und nächtlicher Realität: Die Existenz der Nachtlokale beispielsweise wird immer wieder angegriffen, dabei macht einfache Überlegung klar, daß sie der Polizei wesentlich bessere Kontrollmöglichkeiten boten als viele »geheime«, ständig wechselnde »Schlupfwinkel«. Die Kehrseiten des städtischen Lebens lassen sich nicht einfach ausrotten: Wer den Glanz der Städte will, muß mit dem Elend leben, wer die Tempel des Vergnügens preist, darf die Lasterhöhlen nicht tadeln.

Missionare und Statistiker

Zu den Experten der städtischen Nacht gehören die Vertreter der kirchlichen Missionen. Sie müssen »die Lasterhöhlen tadeln«, und sie entwikkeln dennoch ein anderes Bild als die Kundschafter, die sich nur unter Polizeibegleitung in die Dunkelheit wagen. Ihr Großstadt-Bild ist nicht nur vom Verbrechen geprägt, sondern auch von der Existenz (oder der Beschwörung) starker Gegenkräfte der Rettung. In seiner Einleitung zu Henry Mayhews ›London Labour and the London Poor‹, Band IV, schreibt der Reverend William Tuckniss, daß die Anlage von Kriminalitätsstatistiken nur der Ausgangspunkt, nicht aber schon das Ziel einer ernsthaften Auseinandersetzung mit dem Verbrechen sein könne:

»Nirgendwo sind diese hoffnungsvollen Zeichen deutlicher sichtbar als in dieser gigantischen Metropole, in der die verschiedenen täglichen Lebensumstände durch ihren direkten Kontakt mit dem Guten wie mit dem Bösen verstärkt und intensiviert werden. Hier, inmitten der übervölkerten Gegenden und der lärmenden Viertel dieser größten aller großen Städte, können wir mehr über das Leben erfahren als irgendwo anders – und davon können sich diejenigen, die zwischen blühenden Blümchen und ländlichem Vergnügen leben, keine richtige Vorstellung machen. (...)
Wir sehen London als den Hauptort all dieser Vorgänge, es ist zugleich das Reich des Verbrechens *und* der Hort des Christentums. London ist die große Arena des Konflikts zwischen den Kräften der Dunkelheit und den Abgesandten des Himmels.«[113]

Es ist also einerseits notwendig, die »Gelegenheiten zum Verbrechen«, die die große Stadt hervorbringt, zu beschreiben und zu untersuchen, aber es wäre falsch, ihnen die ganze Aufmerksamkeit zu widmen. Aus diesem Grund stellt Tuckniss der Mayhewschen Sammlung von Gesprächen mit »denen, die nicht arbeiten wollen, einschließlich den Prostituierten, Dieben, Schwindlern und Bettlern« eine nicht minder eindrucksvolle Liste der »Agenturen für die Unterdrückung von Laster und Verbrechen« voran, vor allem die kirchlicher Sozialeinrichtungen für Kinder, für Jugendliche, für Arbeitslose, Obdachlose, Alkoholkranke, Prostituierte, denn ohne diese Beigabe müßte der Eindruck einer hilflosen, den Kräften der Dunkelheit ausgelieferten Stadt entstehen.

Allerdings, die öffentliche Aufnahme der Mayhewschen Studien zeigt, daß dieser Eindruck doch vorherrschend war. Alle Versuche, zwischen den verschiedenen Kategorien der »criminal classes« zu differenzieren, soziale Ursachen für den Abstieg einzelner ins Verbrechen ausfindig zu machen, selbst Mayhews unerhörte Leistung, die Betroffenen selbst mit ihren Lebensgeschichten zu Wort kommen zu lassen – alle Bemühungen also, wissenschaftlich vorzugehen, blieben weitgehend wirkungslos. Was in der Öffentlichkeit ankam, war ein Entsetzen verbreitendes Bild von »London's Underworld«, einem Universum der Bedrohung.

In der ideologischen Auseinandersetzung über die Ursachen für die angebliche Zunahme der Verbrechen und über die daraus zu ziehenden Konsequenzen geriet, von verschiedenen Seiten, die *Stadt als Ort der Moderne* in das Zentrum der Kritik. Manche Texte der christlichen Missionen beschreiben das Leben in den Städten als Symbol für den Abfall der Menschen von Gott; die Verbrechen, die »in ihrem Schoß« geboren wurden, erscheinen als gerechte Strafe für die »Szenen der Unzucht«, die sich dort abspielen. In den Publikationen der politisch motivierten Sozialreformer ist die Stadt andererseits das Symbol der kapitalistischen Gesellschaft, die selbst den »Ausschuß«, die »Unterwelt« produziert, die ihr Ende herbeiführen wird: Endzeitgemälde also auf beiden Seiten.

Untersuchungen, die sich von solchen Gemälden bewußt abzusetzen versuchten, hatten es nicht leicht. Charles Booth begann die Studien zu seinem 17bändigen Werk ›Life and Labour of the People in London‹ 1886, im berüchtigten East End der Stadt. Selbst für diesen Distrikt bezifferte er den Anteil der »lowest class« auf 11 000 Einwohner, etwa 1¼ Prozent der Bevölkerung. Die Beschreibung des Wissenschaftlers zielt eher auf Entwarnung als auf Beunruhigung: »Die barbarischen Horden, von denen wir soviel gehört haben, die eines Tages ihre Slums verlassen und die Gesellschaft überwältigen werden, diese Horden gibt es nicht. Es gibt ›Barbaren‹, aber nur eine Handvoll, eine kleine und bereits abnehmende Gruppe: Eine Schande, aber keine Gefahr.«[114]

Bei genauerem Hinsehen löst sich also das Bild der »Unterwelt«, der »Verbrecherwelt«, in verschiedene Elemente auf; es dominiert Armut, Verwahrlosung, aber keinesfalls das Verbrechen. Dem Sozialforscher erscheinen die Probleme bei einer gewaltigen staatlichen und öffentlichen Anstrengung lösbar. Aber Booths Darstellung bleibt, für das *Bild* der nächtlichen Stadt, nahezu wirkungslos, die Bilder der Bedrohung und der Unsicherheit sind stärker. Jack London beispielsweise hat ein ganz anderes Bild von den »people of the abyss«, den Menschen am Abgrund, entworfen:

»Es ist unmöglich, auch nur einen Bruchteil dessen zu beschreiben, was ich dort sah. Das meiste läßt sich gar nicht schildern. Es war ein Alptraum, in dem der Straßenschlamm sich mit abscheulichem Getier belebte, ein Gewimmel unsäglicher Häßlichkeit, neben der die nächtlichen Schrecken von Piccadilly und Strand verblaßten. (...) Sie stellen eine neue Menschengattung dar. Straßen und Häuser, Gassen und Höfe sind ihr Raubgebiet, so wie einst Tal und Berg, Wald und Feld den wilden Naturvölkern als Jagdgrund diente. *Der Slum ist ihr Dschungel*, in dem sie leben und rauben.«[115]

Das Bild der Verbrecherwelt in solchen Texten hat etwas seltsam Statisches; zwar verändert sich das Leben in den Städten, verändern sich die ökonomischen Bedingungen dieses Lebens ständig, aber die Vorstellung, daß »darunter«, unter der Oberfläche des Sichtbaren, eine andere Welt existiert, die aller Veränderung widersteht, die sich den Versuchen der Reform ebenso entzieht wie der Kontrolle, diese Vorstellung verliert nichts von ihrer Wirksamkeit. Alle eher pragmatischen Unternehmungen, von Sozialforschern wie Booth oder von Missionaren wie Tuckniss gegen diese Macht der Bilder gerichtet, bleiben nahezu fruchtlos.

Stadtplaner, Statistiker, aber auch manche Polizeioffiziere, Fürsorgebeamte oder Mediziner reden und schreiben gerade in diesen Jahren über die Großstadt als einen Ort, dessen Probleme groß, aber lösbar sind. Die Tendenz zur *Abnahme der Ideologie bei näherer Bekanntschaft*, vor allem bei einer längerfristigen Tätigkeit in den Orten der »Unterwelt«, läßt sich selbst innerhalb ideologieträchtiger Organisationen wie der Inneren Mission der Evangelischen Kirche nachweisen. Reisende und Journalisten, deren Interesse nicht ausschließlich auf die »Nachtseiten« gerichtet ist, präsentieren in vielfältigen Publikationen in den Jahren des Fin de siècle »Organe und Funktionen«[116] der *modernen* Stadt: Maßnahmen zur Bewältigung der Bau- und Wohnprobleme, der Verkehrssituation, zur Verbesserung der Hygiene etc. werden zu Triumphen der Leistungsfähigkeit modernen Denkens, moderner Technik, moderner Planung stilisiert. Das »Reich« des Verbrechens wird so, wie nebenbei,

Die böse Tücke, die im Finstern schleicht – Ein Bild vom unsicheren Heimweg, Anklage gegen das Verbrechertum, und gegen die Nachtschwärmerei zugleich (Gustave Doré, London 1863).

auf seine reale Größe reduziert. Auf diese Ambivalenz weist der Berliner Feuilletonist Paul Lindenberg hin, wenn er sagt, daß das »Getriebe der Stadt« vieles verdecke, was sich anderswo nicht ans Tageslicht wagen würde, daß es aber auch Tausenden einen Platz und ein Fortkommen biete, die anderswo verloren wären.[117]

In dieser Sicht wird es dann auch möglich, die populären Vorstellungen vom Verbrechen in den großen Städten zurechtzurücken: »Nach einer weitverbreiteten, leichthin nachgesprochenen Behauptung«, so schreibt am 1. März 1884 die Leipziger ›Illustrirte Zeitung‹, »ist die Anzahl der Verbrechen im steten Wachsen begriffen. Dieser krankhaften Sucht gegenüber machen die Resultate wissenschaftlicher Erhebungen, wie sie in den letzten Wochen ein Vertreter des preußischen Justizministeriums dem Abgeordnetenhaus vorlegte, einen beruhigenden Eindruck (...). Sie enthielten zunächst den Nachweis, daß gerade in der neueren Zeit die Zahl der bei jeder Statistik den Ausschlag gebenden schweren Verbrechen und Vergehen abnimmt.«

Die *Rede von der Verbrecherwelt*, deren Ziel es ist, »grelle Streiflichter [zu werfen] auf die Welt von Schwindlern und Verbrechern, die im Dunkel der großen Stadt ihr Unwesen treiben«[118], versagt vor der Wirklichkeit des Verbrechens; als Instrument in der ideologischen Auseinandersetzung über die Stadt konnte sie gerade dadurch gezielt eingesetzt werden. Ich will an drei Beispielen aus verschiedenen Zeiten und aus den drei Städten etwas genauer darstellen, wie diese Rede von der Verbrecherwelt die Wahrnehmung der Stadt (und der Stadtnacht) prägt: London 1888, Paris um 1910, Berlin um 1925.

Verbrechen in der Nacht: Jack the Ripper

Die Bedrohung lauert in vielen Formen, und an allen Orten. Aber in einigen Regionen der Stadt ist sie besonders groß; in London war es das *East End*, das die Projektionen der Angst auf sich zog:

»Das East End von London ist die Hölle der Armut. Wie ein enormer, schwarzer, unbeweglicher, gigantischer Krake liegt die Armut Londons da, in bedrohlicher Stille, und umschließt mit ihren mächtigen Armen Leben und Reichtum in der City und im West End.«[119]

Hier war, in den Augen der Kirche und der Polizei, die »City of Dreadful Night«, hier artikulierte sich der »bitter cry of outcast London«, hier fand William Booth, der Gründer der Heilsarmee, sein »Darkest London«. Im Jahr 1888 traf vieles von dem, was diese Bilderwelt ausmacht, zusammen, Londons East End wurde weit über Englands Grenzen hinaus zum Symbol des Verbrecherischen in der Stadt. William J. Fishman hat gezeigt, daß bereits in den Jahren davor ein Gefühl bestand, das East End sei topographisch, aber auch ökonomisch und geistig weit entfernt von allen anderen Teilen der Stadt. Die Menschen, die in dieser anderen Welt wohnten, waren so fremd und unbekannt wie das Leben, das sie führten, »until slumming became fashionable in the 1870s and 1880s« – und auch dann, oder erst recht dann, dominierten in den Darstellungen Verzeichnungen und Klischees. Eine Demonstration der Armenbevölkerung aus dem Osten, im Herzen der Stadt, auf dem Trafalgar Square, führte dazu, daß die ungenaue Angst vor der Bedrohung eine politische Dimension erhielt. Die Presse rief die Polizei zum erbarmungslosen Niederschlagen des befürchteten Aufstands auf, die öffentliche Meinung stand, so berichtete kein geringerer als George Bernard Shaw, auf der Seite der Ordnung – bis, so Shaw, »ein unabhängiger Geist die Sache in seine Hände nahm«: Jack the Ripper.

»Als George Cross etwa um 3.40 Uhr, am Morgen des 31. August 1888, auf seinem Weg zur Arbeit durch die dunkle und leere Buck's Row ging, beleuchtete nur eine einzelne Gaslaterne das untere Ende der Straße. Auf der einen Seite dieser Straße stand die Mauer eines Warenhauses, auf der anderen standen Terrassen-Häuser, die zum größten Teil von wohlhabenderen Händlern bewohnt waren. Er befand sich gegenüber von diesen Häusern, als er in einem engen Durchgang, der, zwischen den Häusern und der Schule, zu den Ställen führte, ein Bündel sah, das er zuerst für Müll hielt. Erst als er näher trat und genau hinsah, entdeckte er, daß dieses Bündel in Wirklichkeit eine Frau war.« [120]

Der nächtliche Fund stand am Beginn einer bis dahin beispiellosen Auseinandersetzung um die Unsicherheit des Lebens in der großen Stadt, einer Auseinandersetzung, die mit schrillen Tönen geführt wurde: »Es schien, als ob die Gesellschaft so ein Schreckenserlebnis gebraucht hätte, um aufzuwachen und zu sehen, daß in einer geringen Entfernung von den Palästen und Wohnhäusern des West End Zehntausende von Mitmenschen in einer Atmosphäre gottloser Brutalität geboren wurden und aufwuchsen ...« [121] Die Opfer des unbekannten Mörders waren Prostituierte; ihre Lebensgeschichten, die bei der Suche nach dem Täter in den Zeitungen veröffentlicht wurden, waren Schilderungen von Armut und Elend, von wiederholtem Aufenthalt in Arbeits- und Krankenhäusern, von der Flucht in den Alkohol und von entsetzlicher Brutalität im Elternhaus, in gescheiterten Ehen, auf der Straße. Das East End hatte alle Romantik des »slumming« wieder verloren. Die Nachtgeschichte vom Aufschlitzer war zwar Anlaß zu intensiven Debatten über die Funktion der Polizei, die das Verbrechen, Zeichen der Gefährdung, nicht aufklären konnte, auch, allgemeiner, über die Zustände, die schlaglichtartig erhellt wurden. Aber auch hier wirkte die sensationelle Berichterstattung erkenntnishemmend. Ausgerechnet im Jahr 1888 registrierte der Jahresbericht des »Commissioner of Prisons« für ganz London, auch für das East End, eine »allgemeine Abnahme der Verbrechen in der Metropole«. Statistiken geben also auch hier nur *eine* historische Realität wieder; die andere Realität setzt sich aus den – nicht weniger mächtigen – Angst- und Schreckensphantasien zusammen, die das Jahr 1888 zum »Jahr der Morde« machten. Vor allem aber sollte die Nacht-Ansicht Londons auf lange Jahre von dieser einen Geschichte geprägt sein: Die Kombination der einzelnen Elemente – nächtliches Gelände, Armutsviertel, Prostitution, perverses Verbrechen (und dazu eine unfähige Polizei) – bildet ein ideales Setting für Kriminalromane, Filme und Erzählungen, in denen das Ereignis so lange ausgearbeitet wird, bis es als charakteristisches Symbol *dieser* nächtlichen Stadt dasteht.

Die Pariser Apachen

Hier zeigen sich deutlich die Unterschiede zwischen den jeweiligen Nacht-Bildern der einzelnen Städte. Die Romantisierung des Verbrecherischen nimmt in Paris ganz andere Züge an: Hier stehen die »kleinen«, leicht idealisierten, heimlich bewunderten Gauner aus dem Viertel um die Place de la Bastille, die »Apaches«, im Mittelpunkt der Aufmerksamkeit und der Berichterstattung. In den Zeitungen werden nächtliche Überfälle und Messerstechereien lange Zeit unter der Rubrik »Faits divers«, »Verschiedenes«, geführt, bis, in den Jahren zwischen 1900 und 1914, ihre angebliche Zunahme sie auf die ersten Seiten der Blätter trägt. Die Debatte über die Degradierung der gesamten Gesellschaft, die Form der Auseinandersetzungen um den Preis und die Folgen der Moderne, die sich am Beispiel der angeblichen Unkontrollierbarkeit der städtischen Unterwelten entzündete, bedient sich in Paris dieses Beispiels:

»Warum gibt es alle diese ›Apaches‹, die unsere Wohnviertel bevölkern, die so schnell den Weg vom Vagabundentum zum Verbrechen finden? Eines Tages wird es nötig sein, herauszufinden, woher sich diese Armee rekrutiert, zu wissen, warum sie sich ständig vergrößert und warum trotz aller Verhaftungen und Verurteilungen die Zahl dieser traurigen Schlupflöcher nicht abnimmt.«[122]

Ein gewichtiger Vorwurf gilt der Polizei: Auf ihren Streifzügen und nächtlichen Razzien sammle sie nur die Unglücklichen und Armen ein, verwahrloste Kinder, bettelnde Alte, die Ausgeworfenen der Gesellschaft; die eigentlichen Verbrecher seien dabei nie zu finden. Die Polizei wiederum macht die späten Schließzeiten der Lokale und vor allem die ganznächtliche Öffnung der »Schlupfwinkel« im Hallenviertel und in der Gegend der Bastille dafür verantwortlich, daß sie ihre Aufgabe nicht erfüllen kann. Die ständigen Re- und Neuorganisationen der Pariser Polizei genügen nicht mehr; sie muß zwei Fragen zugleich beantworten: Wie kann gewährleistet werden, daß »friedliche« Bürger nächtliche Bewegungsfreiheit genießen, und wie kann man garantieren, daß sie dabei nicht zu Opfern nächtlicher Attacken werden? Auch hier gelingt den »Kriminalstudenten« der Einblick in die nächtliche Realität nur unzureichend. Die Texte verfangen sich in einer seltsamen Mischung aus Abscheu und Faszination; die Autoren berichten von einer ständigen Konfrontation zwischen der »dunklen« Stadt und den Kräften der Ordnung, aber ihr eigentliches Ziel, Auskunft darüber zu erteilen, wie die Verbrecherwelt wirklich beschaffen sei, erreichen sie nicht. Die Bilder vom »volkstümlichen« Verbrechertum sind in Paris bereits so verfestigt, daß die Panikstimmung der Vorkriegsjahre merkwürdig aufgeregt und übertrieben wirkt. Der ›Matin‹ veröffentlicht 1907 eine Serie mit dem Titel »Paris aux apaches – où on les trouve«; was als Darstellung der *überall* lauernden Gefahr gedacht war, ließ sich auch als Wegweiser und Gebrauchsanweisung für einen Besuch in der Unterwelt lesen: Im ersten Arrondissement gelten der Pont des Saints-Pères und die Place de la Concorde als »gefährlich«, der Jardin des Tuileries und der Garten des Palais Royal, ebenso schreckenerregend die Rue St. Honoré, dann natürlich das gesamte Hallenviertel, die Rue St. Denis, der Boulevard Sébastopol, die

Eine Kehrseite der Großstadtnacht: Der Hinterhof eines Restaurants im London der 30er Jahre.

Nebenstraßen der Grands Boulevards – im Grunde sämtliche touristischen Anziehungspunkte der Stadt. Diese Darstellung verleiht dem Besuch der Orte den Charakter einer Mutprobe. Die Touristen, auch die einheimischen, gehen, ob sie wollen oder nicht, »à travers les repaires du crime et de la débauche«, und überall gibt es »Apachen«: »Sie sind jetzt Teil der Pariser Sehenswürdigkeiten, ebenso wie der Eiffelturm oder der Invalidendom.«[123] Wie sehr diese Beobachtung zutrifft, zeigt eine Beschreibung aus der 1927 erschienenen ›Sittengeschichte von Paris‹:

»Schon lange vor dem Kriege gab es in Paris *einen für Fremde arrangierten, jedermann zugänglichen Rundgang*, den man die ›Tournee der Großfürsten‹ nannte, von dem sogar die Polizei Kenntnis hatte und den sie duldete. Man trat die ›Tournee der Großfürsten‹ als Apache verkleidet an, um nicht unnötigen Verdacht hervorzurufen, der dem ruhigen Verlauf der Expedition hätte nachteilig werden können. Man besuchte alle berüchtigten Kneipen, Höhlen und Spelunken von Belleville, dem Montmartre und den Markthallen, man konnte in aller Ruhe den traditionellen Humpen Glühwein mit einem der berühmtesten Apachen trinken. Die Apachen sahen sogar diese Tournee nicht ungern, denn sie waren stolz über die Aufmerksamkeit, die man ihnen zollte. Außerdem *folgten die Teilnehmer einer Route, die im voraus festgelegt und von Zivilwachleuten begleitet war.* (...) So entsteht ›Paris bei Nacht‹, wie die Reise-Agenturen es liefern.«[124]

Berlin: zwanziger Jahre

Ähnliche Unternehmungen gab es auch im Berlin der zwanziger Jahre: »Die Berliner Öffentlichkeit, angeregt durch mannigfaltige Berichte, umgibt die Ringvereine mit einem Glorienschein von Romantik und Dramatik«, erinnerte sich der ehemalige Chef der Berliner Kriminalpolizei, Saugmeister[125], und »damals bedeutete es für Männer und Frauen der guten Gesellschaft einen Nervenkitzel, sich in Frack und Ballkleid auf dem Parkett der Unterwelt zu bewegen«. PEM beschreibt in seinem Buch ›Heimweh nach dem Kurfürstendamm‹, wie er nach einem Besuch im »Toppkeller« in der Schwerinstraße – »die Keller (...) waren aber auch für bessere Nachtschwärmer Gelegenheit, sich noch einen unter die Weste zu schütten, wenn die regulären Lokale längst dicht gemacht hatten. Man goutierte es, mit der Halb- und Unterwelt Ärmel zu reiben, um den Kitzel des gefährlichen Lebens zu spüren« – Bekanntschaft mit Mitgliedern eines Ringvereins machte: Bei der Eröffnung seines »Kabaretts der Unmöglichen« standen die Herren des Vereins »Glaube, Liebe, Hoffnung« vor der Türe und verlangten Bares; schließlich waren sie für diese Gegend zuständig. Auch in Berlin gab es Nacht-Experten, Schlepper meist im Auftrag von Nachtlokalen, die Reisende schon an den Bahnhöfen abholten und ihnen – »Dunkles Berlin gefällig? Berlin, wie es lebt und liebt? Individuelles Geleit durch alle Lasterstätten«[126] – aufregende Abenteuer versprachen. Selbst das traurige Surrogat schien imstande, die Phantasie zu wecken; auch wenn das Ergebnis voraussehbar enttäuschend ist, sind Spuren der Anziehungskraft noch im banalisierten Rest zu finden.

Die Berliner Nacht-Bilder der zwanziger Jahre sind durch eine starke innere Zerrissenheit charakterisiert; auch aus einer Zusammenschau der unzähligen Erinnerungen ergibt sich höchstens ein Kaleidoskop verschiedener Elemente: Die Vervielfältigung und »Quasi-Demokratisierung« des Vergnügungsbetriebs als Massenveranstaltung ist hier an erster Stelle zu nennen, sie hängt zusammen mit der Durchsetzung einer neuen »Angestelltenkultur« (»Berlin ist heute die Stadt der ausgesprochenen Angestelltenkultur«, heißt es kurz bei Siegfried Kracauer 1930, und: »Indem sie [die kleine Expedition] die Angestellten aufsucht, führt sie zugleich ins Innere der modernen Großstadt.«[127]), wohl auch mit einer Orientierung am neuen Vorbild Amerika[128]. Nachtwacht und Polizeistunde haben als ordnende Faktoren an Gewicht verloren, neue Arbeitszeitregelungen und die Entstehung einer Dienstleistungsindustrie ermöglichen, wenn auch nur langsam und mit vielen Hindernissen, größeren Gruppen der städtischen Gesellschaft die Teilhabe am Angebot der »Freizeit«; auch die technischen Erfindungen der Vorkriegszeit, wie »der Kino«, haben ihre Kinderkrankheiten überwunden und können einem breiten Publikum zugänglich gemacht werden. Manche Formen abendlichen und nächtlichen Vergnügens, die bisher einem Kreis von Privilegierten – oder: mutigen Grenzüberschreitern – vorbehalten waren, öffnen und verändern sich zugleich, Revuen etwa oder Kabaretts, daneben entstehen neue Formen der Unterhaltung, die bewußt auf die großen Sehnsüchte und die bescheidenen finanziellen Mittel der Angestellten, der »kleinen Ladenmädchen« (Siegfried Kracauer) zugeschnitten werden, Ausflugslokale oder Vergnügungsparks. Berlin blickt dabei durchaus nach New York; das wird sichtbar in der wachsenden Zahl von Jazz-Bars, in denen auch amerikanische Künstler auftraten, oder in den Revue-Theatern, wo »amerikanische Girltrupps zur europäischen Sensation wurden«, die eine »Kultur der technischen Höchstleistung, die Bewunderung der formalen Möglichkeiten des Rekords«[129] mit sich brachten. Demokratisierung, Mechanisierung, Industrialisierung: Stichworte für eine neue Prägung der Berliner Nächte. Noch 1912 hatte Stefan Zweig das nächtliche New York so beschrieben: »Am Abend erlischt plötzlich aller Rhythmus, bricht zerknickt in sich zusammen«, aber er selbst fügte später den Kommentar an: »Geschrieben 1912, als New York noch nicht nachts die zauberischste Lichtstadt der Welt war.«[130] New York hatte, in europäischen Augen, den Vorteil, daß seine »modernen« Nächte nicht so viel restriktiven Ballast abwerfen mußten wie die Paris' oder Berlins; andererseits gingen die Sehnsüchte auch den umgekehrten Weg: »Die 1920er Jahre in New York«, heißt es bei Peter Conrad, »waren eine verspätete Version der ästhetischen europäischen 1890er Jahre«[131], und viele amerikanische Touristen und Künstler suchten das wahre Nachterlebnis dieser Zeit wiederum in Paris und, immer mehr, auch in Berlin. Josephine Baker schwärmte: »Vom Kurfürstendamm aus gesehen wirkt die Stadt auf mich wie ein funkelndes Kleinod; abends glänzt sie in einer Pracht, wie Paris sie nicht kennt.«[132] Einen schönen – und klischeebildenden – Beleg für das Leben der Amerikaner im Großstadtdschungel Berlin liefern etwa die Romane von Christopher Isherwood, vor allem aber der Film ›Cabaret‹, der nach Motiven dieser Romane entstand. Hier ist freilich nicht nur von Pracht die Rede; aber die Darstellungen von Not und Elend wirken doch mehr dekorativ als anklagend.

Zum Bild der zwanziger Jahre gehört die Faszination (und Metaphorik) des elektrischen Lichts als Ausweis der Modernität – auch hier gibt es, nebenbei bemerkt, einen interessanten Bezug zu New York: 1939 präsentierte die Consolidated Edison auf der »World's Fair« die Stadt als »The City of Light – Where Night never comes«[133] –, als Zeichen einer überwundenen Angst vor der Nacht. Aber auch dieser Befund ist widersprüchlich: Das »Hoppla-wir-leben-Syndrom« kennzeichnet auch ein Gefühl, auf schwankendem Boden zu stehen, viele Beobachter konstatierten den Drang, nach dem Erlebnis des Krieges – und mit ähnlicher Intensität – nun die Abenteuer der Stadt zu genießen.[134] Dazu kommt im republikanischen Berlin die reale politische Instabilität; die Nacht wird vielfach als Schauplatz politischer Auseinandersetzungen gezeichnet, und immer wieder versuchen Schriftsteller und Reporter, in einer Gegenüberstellung von strahlenden Nächten und Nächten der politischen Gefährdung das Berlin der Inflationszeit oder der Weltwirtschaftskrise zu erfassen: eine unheilvolle Mischung durchaus. Immer wieder auch bildet in solchen Texten das (nächtliche) Element des Verbrecherischen die Brücke zwischen den beiden scheinbar fremden Welten. Ein Bild, in dem sich, nach Walter Benjamin, »die Bilder des Weibs und des Todes«[135] *und* die der Stadt gegenseitig durchdringen, ist das Motiv des »Lustmordes«, eine veränderte, modernisierte und von neuen Ängsten gespeiste Wiederaufnahme der Jack-the-Ripper-Geschichte, die in Zeichnungen (etwa von George Grosz, Rudolf Schlichter, Otto Dix und vielen anderen), in Romanen, Liedern und Filmen Aufmerksamkeit erregt.[136] Aber auch in einer allgemeineren Form wird das *Bild des Verbrechers* zu einem Stereotyp der Berlin-Darstellung dieser Jahre. In den vielgelesenen Zeitungsreportagen erscheint er »als ein lichtscheues Element, primitiv, roh und gewalttätig, zudem ständig betrunken« – ein Produkt der Stadt, ein Opfer ihrer Zustände.

Gegen Ende der zwanziger Jahre veränderte sich das Bild allerdings. Produkte der Stadt und Opfer ihrer Zustände sind auch die Leser dieser Reportagen und Romane, sie stehen vor den gleichen Lebensschwierigkeiten – Inflation, Wohnungsnot, Arbeitslosigkeit, politische Orientierungslosigkeit –, die eine Minderheit zu Verbrechern werden läßt. Der Abgrund, der die »halbe« von der »ganzen« Welt trennt, scheint vielen Menschen nähergerückt, wer abrutscht, ist kein »wilder« Fremder mehr, sondern vielleicht der Nachbar. Unter diesen Umständen verändern sich auch die Aufgaben der Polizei, der Kraft, die zwischen den beiden Welten steht und sie, zum Wohl der ganzen Stadt, voneinander trennen soll. Die Polizei war im Berlin der zwanziger Jahre im Straßenbild stark präsent, sie war das Symbol der Aufrechterhaltung *innerer* Ordnung nach dem verlorenen Krieg. Eine besondere Funktion hatte die »Streifbeamtenschaft«, ihre Mitglieder patrouillierten »– oft in bunter Verkleidung, die sich der jeweiligen Umgebung anpaßt – das ganze Groß-Berliner Stadtgebiet, um das gewerbsmäßige Verbrechertum aus seinen Schlupfwinkeln zu scheuchen«[137]. Einer ihrer Leiter, Kriminalkommissar Ernst Engelbrecht, tat sich darin hervor, die – aus seiner Sicht – sympathisierenden Milieuzeichnungen zu konterkarieren. Er berichtet vom heldenhaften Kampf gegen die Unterwelt:

›Großstadtnächte‹

»Theater und Kinos haben längst ihre Tore geschlossen, und aus den weitgeöffneten Türen der Konzert-Cafés und anderer Lokale strömt das Publikum. Durch die Straßen strebt die Menge zu Fuß, mit Auto, Droschke oder Straßenbahn heimwärts. Aber noch lange währt es, bis die Massen sich verlaufen haben, bis die Straßen wieder leerer und einsam geworden sind. Nur wenige Passanten durcheilen jetzt noch die Straße, scheu um sich spähend, ob ihnen nicht von irgendwoher Böses droht, *denn die Großstadtnacht, die Nacht der Verbrecher, beginnt.*«[138]

Die Gegenden, die Engelbrecht in zahlreichen Veröffentlichungen beschreibt, haben in der Berliner mentalen Topographie von Elend und Verbrechen einen festen Platz gefunden. Auch seine Schilderungen, »ein längst verschwundenes Panoptikum, zu dem er selber gehörte«, wie Eike Geisel feststellte, reihen sich funktional in die Tradition der Rede von der Verbrecherwelt ein, in der es ja nicht um Realitäten geht; er streut Spurenelemente des Vergangenen, Überlebten, in die Darstellung des Gegenwärtigen ein und übt damit großen Einfluß auf die Bilderwelt der Stadtnacht aus: Bilder der Nacht als Elemente der Beunruhigung, der Verunsicherung, und Bilder der Ordnungsmacht als Elemente der Sicherheit. Engelbrecht weiß alles, kennt alle Schlupfwinkel, zeigt sich bei Razzien und anderen Aktionen als Herrscher der Nacht: »Pünktlich erschien ich selbst dann im Mittelpunkt der Operationsgegend und gab das Pfeifsignal zum Beginn der Aktion.«[139] Gefährlich und unsicher, so der Experte, ist der Besuch von Nachtlokalen; noch gefährlicher ist es, sich – ohne Schutz und Begleitung – in die »dunklen Viertel« im Osten und Norden der Stadt zu wagen. Ganz besonders unsicher ist die nächtliche *Straße* und, genau besehen, die Nacht selbst: »Wenn in den Provinzstädten der Bürger schon in Morpheus' Armen liegt, und Straßen und Plätze einsam und leer werden, herrscht in den Straßen der Weltstadt Berlin noch reger Verkehr«, Menschen sind unterwegs – ein trügerisches Bild des Vergnügens, denn:

»Der harmlose Bürger, der nachts die Straßen passieren muß, merkt kaum etwas von den vielen Gefahren, die ihn umlauern, ihm kommt das nächtliche Leben und Treiben oft harmlos vor. Und dennoch fordert die Nacht in der Großstadt dauernd ihre Opfer.«[140]

Unmoderne Unterwelt

Diese Darstellung der Nacht zeitigt zwiespältige Ergebnisse. Einerseits kann sich die Polizei als Herrscherin der Nacht empfehlen, andererseits fordert sie so Ängste und öffentliche Auseinandersetzungen geradezu heraus. Hier ist ein imaginäres Bild »der Großstadt« entstanden, das nicht erst heute unzeitgemäß erscheint. In einem Text von Robert Heindl aus dem Jahr 1928 wird diese Sichtweise auf »das Berufsverbrechertum *der* Großstadt« exemplarisch vorgeführt; die Zusammenschau aus verschiedenen Städten soll belegen, daß die Existenz der »anderen Seite« zur Grundausstattung jeder großen Stadt gehört, als ihr nächtliches Element. Heindl geht scheinbar ins topographische Detail, wiederholt jedoch dabei nur die von Eugène Sue eingeführten stereotypen Gänge in die niedere Welt, fast wörtlich:

»Wer eine Großstadt als Fremder besucht, geht nur zögernd durch die nächtlichen Straßen der äußeren Stadtperipherie und wähnt dort die Schlupfwinkel des lichtscheuen Gesindels, während sie fast alle im Zentrum der Städte sind. Im ›Herzen der Stadt‹, meist unmittelbar neben den großen Geschäfts- und Animierstraßen, finden die professionellen Gauner ihre finsteren Löcher, ihre sicheren Absteigequartiere, ihre Häuser mit doppeltem Ausgang, ihre auch mittags im Halbdunkel liegenden Kellerkneipen und vor allem ihre Große Alliierte: die Prostitution. *In den schlangenartig gewundenen Gäßchen der Altstadt, in die nie ein Strahl Sonne scheint und deren Pflaster ewig naß und stinkend ist*, dort sind sie zu Haus; dort tauchen sie unter, wenn sie verfolgt werden. In diesen düsteren Passagen, die oft direkt auf die von strahlenden Auslagefenstern und Reklamescheinwerfern taghell erleuchteten Korsos münden, *lebt ein Volk völlig außerhalb der bürgerlichen Rechtsordnung, das nur seine eigenen perversen Instinkte als Gesetze anerkennt*. (...)

Am auffallendsten ist dieser Kontrast zwischen Licht und Schatten wohl in Paris. Wer dort abends die Hauptstraßen des Vergnügens und Fremdenverkehrs, die ›Großen Boulevards‹ entlang bummelt (...), wird gut tun, nach Mitternacht nicht in die Seitengäßchen rechts abzubiegen; denn manche von ihnen gehören zum finstersten Paris. (...) Sein Mittelpunkt (...) sind die Halles Centrales, der große Viktualienmarkt, am Tag eine Augenweide, nachts ein Ort der Schrecken, ein Kehrichthaufen physischer und moralischer Fäulnis, der Rendez-vousplatz der Obdachlosen und Lichtscheuen.

In London ein ähnliches Bild. Der Fremde, der aus dem ›Britischen Museum‹ kommt und durch die kurze Museum-Street zur Oxford-Street, der großen Geschäftsstraße vorgeht, hat wohl meist keine Ahnung, daß er ein paar Schritte von einem der schlechtest beleumundeten Viertel Londons entfernt ist, von Soho. (...)

In New York ist's genauso. Der Broadway in Licht und Glanz. Wallstreet der Kanal, durch den das meiste Geld der Welt fließt. Und dicht dabei das verrufenste Viertel der Stadt, die Gegend zwischen Broadway und Bowery, von der die Reisehandbücher schonend sagen, der Besuch sei während der Nachtzeit ›den Damen auf alle Fälle und dem Fremden im allgemeinen zu widerraten‹. Auch in Berlin liegt direkt hinter den von tausend Lampen illuminierten Geschäftspalästen des Alexanderplatzes der wildeste Distrikt der Millionenstadt: das Scheunenviertel.«[141]

Dies alles festgestellt, muß Heindl dann aber, am Berliner Beispiel, einräumen, daß die »Zahl der nächtlichen Überfälle auf friedliche Straßenpassanten« nicht besonders hoch ist; wer alkoholisiert durch die Straßen schwankt, begibt sich wohl in Gefahr, wer aber nüchtern und umsichtig geht, wird in der Regel auch unbelästigt ans Ziel kommen. Viel häufiger als die vielbeschriebenen nächtlichen Attacken sind Taschendiebstähle und andere *tägliche* »Aktivitäten«. Es bleibt, als »großstädtische« Erscheinung, der Mord; aber auch hier will es Heindl nicht gelingen, einen nachvollziehbaren Zusammenhang zwischen den eingangs geschilderten »dunklen Winkeln« und dem Kapitalverbrechen herzustellen: Morde geschehen zumeist in Wohnungen.

Die Rede von der Verbrecherwelt hat über den Zeitraum von fast hundert Jahren die Schilderungen der Großstädte und die Auseinandersetzungen über »good and evil« der Städte begleitet; sie hat ein Bild von der »anderen«, der schlechten Seite großstädtischen Lebens entworfen und die Vertreter großstadtfeindlicher Positionen mit ausreichend Munition versorgt. Sie hat vor allem die Nacht der großen Städte als ein Reich der ständig drohenden Gefahr gezeichnet, die Straße als ein Feld der Unsicherheit. Auf diese Weise hat sie »das Alte, Unmoderne, die Vorstufe, die überstiegen wird« – wie H. A. Kober 1929 in der Zeitschrift ›UHU‹ die Unterwelt charakterisierte[142] – immer wieder bewahrt. Während die realen Bedingungen des Lebens in den Städten sich dramatisch veränderten, blieb die Rede von der Unterwelt merkwürdig statisch und unbeeindruckt. Sie bietet objektiv keinen Einblick in die nächtliche Stadt, sie steht für das »Unmoderne«, das überwunden werden soll – und für die Fesseln, die das Neue immer wieder hemmen.

4. Obdachlosigkeit

»Schutzlos in London! Hülflos in London! Obdachlos in London! Welche Geschichten von Weh und Leid umfassen solche Worte! (...) Wohin sich diese Tausende und aber Tausende von Obdachlosen verlieren, wenn die Nacht kommt, wer kann es sagen?«

Anonym (Gartenlaube 1866)[143]

»Wer sind die Obdachlosen? Die negative Antwort lautet: Es sind keine Verbrecher.«

Gustav Schubert (1855)[144]

Die Angst der Behausten

Wenn die Nacht kommt, sollen sich die Bewohner der Städte in ihre Häuser zurückziehen, so verlangt es die Obrigkeit. Was aber geschieht mit denen, die kein Haus haben? Das »nächtliche herumlauffen« auf den Straßen ist, bis zur Mitte des 19. Jahrhunderts, nicht erlaubt, wer das Verbot übertritt, muß mit Sanktionen rechnen und setzt sich dem Vorwurf aus, er oder sie gefährde Sicherheit und Sittlichkeit. Was geschieht jedoch mit denen, die weder zum Vergnügen noch aus »dunklen« Absichten, sondern in auswegloser Not auf der Straße stehen?

Obdachlosigkeit ist der sichtbarste Ausdruck der Misere, und sie wird sichtbar in der Nacht: Am Tage herrscht in den Straßen Verkehr, am Abend erst sucht jeder den Platz, an den er gehört, und übrig bleiben die, deren Armut so groß ist, daß sie keinen Platz finden. Das sichtbare Elend zeigt aber – öffentlich –, daß etwas nicht in Ordnung ist; es stellt eine Provokation dar. Im Zangengriff von sozialpolitischer Fürsorge und polizeilicher Überwachung sollte die Bedrohung, die von der Armenbevölkerung ausging, vermindert und kontrolliert werden.[145] Die Sichtweise der staatlichen und kirchlichen Agenten, die das Leben der Armen erforschten, prägt die Beschaffenheit der Informationen, mit denen wir es zu tun haben: Entsetzen, Angst, Mitleid und Verachtung deformieren die Berichte, die sich dennoch von den Reportagen aus der Verbrecherwelt, trotz mancher Übereinstimmung, in einem wichtigen Punkt unterscheiden. Auch hier finden sich stereotype Negativcharakterisierungen, auch hier wird etwas kategorisch Fremdes beschrieben, auch hier ist reale sinnliche Wahrnehmung selten. Aber die Bilder von der Verbrecherwelt handeln in der Regel von einer Schimäre, einem Phantasieprodukt, einer imaginierten Gegenwelt – »Wer sich des Nachts allein in diese schmutzigen Gänge wagte, der war nicht immer sicher, mit heiler Haut sie wieder verlassen zu können«[146] –, während die Gefahr der *Verarmung* die Gesellschaft, und die Stadt!, real bedroht: als mögliches Schicksal, als Ausdruck der Unsicherheit darüber, ob die Gesellschaft ihre nächtlichen Anteile unter Kontrolle halten kann oder nicht. Texte und Berichte über die Obdachlosigkeit geben wohl auch nur beschränkt und vermittelt Auskunft über das wirkliche Elend, aber sie informieren direkt über die Angst der Behausten vor der Nacht.

Obdachlosigkeit wird definiert

In den Texten des 19. Jahrhunderts wird generell zwischen »guten«, und das heißt: seßhaften, arbeitswilligen, und »schlechten« Armen unterschieden, die bettelten oder durch das Land vagierten. Im Rahmen der Strategie einer »Armenerziehung durch Arbeit« nahmen *Zwangsarbeitshäuser* eine wichtige Rolle ein; sie ersetzten die Arbeits- und Werkhäuser des 18. Jahrhunderts, erfüllten aber zugleich die Funktion von verschärften Strafanstalten. Die Arbeitshäuser sollten den »Bodensatz« an unversorgten Armen auffangen, das »Bassin« bilden für diejenigen, die von keiner anderen armenpflegerischen Maßnahme erreicht wurden.[147] Wer nicht nur arm und ohne Arbeit, sondern dazuhin noch ohne Heim ist, wer also auf der Straße »herumstreicht«, ist mehr als lästig. Die Einrichtung von Arbeitshäusern, in denen die Vaganten diszipliniert und, zwangsweise, an ein Leben *in festen Räumen und Grenzen* angepaßt werden sollten, ist eine Begleiterscheinung der Industrialisierung, ihre Funktion wird vor allem in den Zentren dieser Entwicklung bedeutsam, in den großen Städten. Im »Ochsenkopf« am Berliner Alexanderplatz war, wie Gustav Rasch berichtete, »die ganze Summe der Berliner Armen und Elenden und des Berliner Gesindels der verkommensten und verworfensten Klassen zusammengepfercht oder auch, wenn es räumlich nicht anders ging, wild durcheinandergeworfen«[148]. Dieses »wilde Durcheinander« entsprach aber bereits in den Jahren um die Jahrhundertmitte nicht mehr den Vorstellungen und Konzeptionen einer Armenpolizei, die feststellte, daß es, gerade in den Städten, viele verschiedene Gründe gab, warum Menschen die Nacht auf der Straße verbringen mußten – und daß folglich auch verschiedene Maßnahmen entwickelt werden mußten, diese Menschen von der Straße zu holen.

Die definitorische wie praktische Herauslösung des »Phänomens« Obdachlosigkeit aus dem »Durcheinander« von Armut, Elend, Krankheit, Sittenlosigkeit und Verbrechen vollzieht sich langsam und in einzelnen Schritten. Dabei zeigen sich viele Gemeinsamkeiten, aber auch – vor allem im Bereich der Metaphorik, der Folklore, wenn man so will: der Mentalitäten – interessante Unterschiede zwischen den einzelnen Städten. In vielen Darstellungen, aus London, Paris, oder aus Berlin, stehen die Jahre um 1870 im Mittelpunkt, zu Recht, denn in diesen Jahren wurden die meisten zentralen *Asyle für Obdachlose* eingerichtet – aber der Prozeß begann doch früher, in den späten 1830er und frühen 1840er Jahren, als die Städte »aus sich heraus« gingen und die Zeitgenossen mit Schrecken feststellten, wer dabei zurückblieb.

Nachtasyle

Mit der Inthronisierung von Queen Victoria begann in England eine Ära der sozialen Gesetzgebung; 1838 gaben die Poor Law Commissioners einen Erlaß heraus, in dem sie die Unterbringung von »wandering poor« in Arbeitshäusern empfahlen, aber bereits 1840 betreute das »Committee for affording shelter to the Houseless« drei Asyle in London, die während der Wintermonate geöffnet waren und etwa 1000 Menschen Platz boten. Die Kunden dieser Asyle gerieten bald in die Aufmerksamkeit der Polizei; William Jones, Constable 157D, beauftragt, »nach den Nachtasylen zu sehen, wenn die ›vagrants‹ sie verließen«, stellte fest, »daß die Personen, welche die ›night refuges‹ normalerweise besuchten, zu den schlimmsten Vaganten und den verkommensten Bettlern gehörten«[149]. Die unterschiedlichen Wahrnehmungsweisen von Wohlfahrtsorganisationen und Ordnungskräften führten immer wieder zu Auseinandersetzungen; in den Augen mancher Ordnungshüter stellten die Nachtasyle eine regelrechte Ermunterung zur »Herumtreiberei« dar: »Es kann keinen Zweifel daran geben, daß mit der zunehmenden Sicherheit, Unterkunft für die Nacht und kostenloses Essen zu erhalten, und bei dem gleichzeitigen

»Ebenso glaubte man, die Nacht sei ein lebendes Wesen, das mit einer unerklärlichen Macht die Menschen anziehe, und wer ohne festes Ziel in die Nacht eindringe, kehre nie mehr zurück.« (Eduardo Mendoza: Die Stadt der Wunder, Frankfurt/M. 1989, S. 77)

Mangel an Kontrolle ihrer Gewohnheiten und Lebensläufe, mehr und mehr Bettler und Vaganten Zuflucht in den Asylen suchen werden.«[150]

Gerade eine »inquiry into their habits or course of life« war aber durchaus geeignet, die Negativbilder zu erschüttern. Seit 1835 arbeitete die »London City Mission«, einige hundert Missionare (1860: 389) waren in der Stadt unterwegs, »auf diese Weise wird die ganze Stadt von dieser effektiven Maschinerie ausgemessen«, und ihre regelmäßigen Berichte im ›London City Mission Magazine‹ informierten ausführlich über die Lebenssituation der Armen. Es waren wohl die christlichen Missionen, die zuerst die große Bedeutung der Nacht entdeckten und vermittelten; die »London by Moonlight Mission« und das »Midnight Meeting Movement« zeigten nächtliche Präsenz in den Straßen der Stadt und machten auf die große Zahl der »houseless poor« aufmerksam. Von den Besuchen bei den Armen über die Abhaltung nächtlicher »meetings« führte der Weg zwangsläufig zur Errichtung von »night shelters«. Das Bild von den »utterly destitute and friendless of good character«, das die Missionen dem polizeilichen Bild von »idleness and vice«, Faulheit und Laster, entgegensetzten, entstand in der praktischen allnächtlichen Arbeit der Wohlfahrtsverbände; es dauerte bis 1864, bis sich dieses andere Bild wenigstens teilweise auch bei staatlichen Stellen durchsetzte und der »Houseless Poor Act« erlassen wurde. Natürlich sind die Texte der Missionare nicht frei von Vorurteilen und Vorwürfen gegen die Armen, gegen ihren »Abfall von Gott«, gegen ihre unmoralische Lebensweise, aber effektiv formulieren sie eine heftige Anklage gegen die Mitleidslosigkeit der Gesellschaft und ihrer Instanzen: »Gibt es keine frommen Menschen mehr in Oxford Street, in Holborn, und in den anderen Gemeinden, die so nahe bei [dem Elendsviertel] St. Giles' liegen? Sollen die Armen vergebens weinen und beten?«[151]

Auch für Frankreich wird die entscheidende Vorreiterrolle der privaten und kirchlichen Wohltätigkeit bei der Entwicklung einer funktionierenden »Hospitalité de Nuit« hervorgehoben: »In der Mitte unseres [des 19.] Jahrhunderts fanden sich die mittellosen Armen erneut auf den Straßen Frankreichs«; 1846 errichtete der Arzt Ballot in Gien an der Loire ein Asylzimmer im örtlichen Krankenhaus, aber »wir müssen bis zum Jahr 1872 warten, um die Errichtung des ersten Nachtasyls im modernen Sinne in Frankreich [jetzt aber: in Paris] zu konstatieren«.[152]

In Berlin entwickelt sich ein *städtisches* System zur Bekämpfung der Obdachlosigkeit ebenfalls nur langsam. Schon die Titel der Aktenbestände illustrieren die Unsicherheit der zuständigen Stellen: Der Magistrat legt 1816 eine Akte »betr. im Allgemeinen die wohnungslos gewordenen Personen« an[153], er konstatiert, ohne Wertung, ein neues, drängende Probleme bereitendes Phänomen in seiner Stadt. 1825 beginnen die ersten Eintragungen in den »Acta der Armen-Direction betr. Maaßregeln zur Verminderung der obdachlosen Herumtreiberei«[154]. Die Armen-Direction weist denn auch, in einem Brief vom 5. Juni 1838, die Administration des Arbeitshauses an, »in allen Fällen, wo Personen wegen Obdachlosigkeit ins Arbeitshaus kommen«, diese Personen genauestens zu überprüfen: Betrugsverdacht, der Vorwurf an einzelne, die Kassen unrechtmäßig zu belasten, ein grundsätzliches Mißtrauen gegenüber den Wohnungslosen ist in diesen Akten stets festzustellen.

In den jährlichen Statistiken des Arbeitshauses werden obdachlose Familien eigens aufgeführt. 70 Familien, »bestehend aus 237 Köpfen«, waren 1837, über das Jahr verteilt, dort untergebracht, 66 von ihnen konnten im gleichen Jahr wieder entlassen werden. 1838 war die Zahl mit 44 Familien geringer, aber in den folgenden Jahren stieg sie stetig an. Die ›Haude- und Spenersche Zeitung‹ berichtete am 8. Oktober 1853 – also eine Woche nach dem Beginn eines neuen Quartals und dem damit verbundenen Wohnungswechsel –, »außerdem sind noch nie so viele Familien obdachlos geworden, als diesmal«, und sie zieht das Fazit: »Die Noth ist drückender geworden.«

Nachtasyle als Teil der Stadt

Solche Meldungen häufen sich in den 1850er Jahren, das Thema wird öffentlich interessant; die »Stationen« und Asyle der Obdachlosen ziehen eine lange Reihe Neugieriger, Reporter, Journalisten, Künstler, Sozialforscher an, die aus den Stätten der Nacht berichten: »Auf freiem Felde schlafen, verbietet das Gesetz, auf der Straße den Pflasterstein zum Kopfkissen wählen, verbietet das Gesetz (...). Wäre nicht die Polizei in London barmherziger als das Gesetz, das *Elend zur Nacht* wäre noch viel elender, als es ist.«[155]

In den Reportagen wird die Funktion der Asyle für eine größere

»Vor dem Asyl für Obdachlose«: Warten auf Einlaß. Die bürgerliche Presse zeichnet ein Negativbild von randalierenden und saufenden Heimatlosen – zur großen Beunruhigung der Behausten (Illustrirte Zeitung 1885).

Sicherheit der Straßen besonders betont – »das Vagabundiren bei sinkender Nacht und später wird so Manchem verleidet«, weil er zu später Stunde keinen Einlaß und erst recht kein Lager mehr finden würde. Die Schilderung in der ›Gartenlaube‹, die London zum Inhalt hat, aber Berlin gleichermaßen gilt, 1866 erschienen, ist in vielen Punkten prototypisch für die Darstellungen der Asyle: Zunächst gleitet der Blick über die *ganze Stadt*, der Autor stellt der glänzenden Fassade die Existenz der großen Zahl Armer und Wohnungsloser gegenüber; dann wird die Aufmerksamkeit der Leser auf die wenigen Stätten der Wohltätigkeit gelenkt – »es ist ein langes düsteres Haus in einer düstern Straße im düstern London« –, und bevor das Asyl betreten wird, richtet sich der Blick auf die Straße vor dem Haus:

»Schon lange vor der sechsten Abendstunde sammeln sich Gruppen von Wartenden, zumeist dem weiblichen Geschlecht angehörend, vor dem Eingange, Alte und Junge, Kinder und Säuglinge in der Mutter Arm. Diejenigen, welche ›daran gewöhnt‹, drängen sich dicht an die Thür, aber Andere, die vielleicht diesen Schritt zum ersten Male thun, halten sich in größerer Entfernung, wartend, als gehörten sie nicht dazu.«

Die Beschreibung des Hausinneren, die darauf folgt, wäre ohne eine Einrahmung durch abendliche Einlaß- und morgendliche Entlassungsszenen nicht vollständig; es geht den Autoren nicht alleine darum, das Elend, etwa am Beispiel einzelner Lebensgeschichten, die sie in den »verhärmten Gesichtern« erkennen, an sich darzustellen, es soll vielmehr *als Teil der ganzen Stadt* beschrieben werden und wirken. Damit wird auch die Verantwortung der ganzen Stadt, und der Gesellschaft, für die Vorgänge betont: Das Elend ist sichtbar, es ist nicht nur versteckt in den Asylen, sondern abends und frühmorgens auf den Straßen präsent. Die Darstellung des Hausinneren ist für unseren Zusammenhang weniger bedeutend; aber ein eindrückliches Bild der »*wandering* poor« sei zitiert:

»Das Schuhwerk wird bis zum nächsten Morgen aufbewahrt. In Reihen, wie auf Bücherbrettern, stehen die Schuhe an den Wänden geordnet; schwere und leichte, große und ganz kleine, welche trostlosen Wanderungen haben sie durchmessen! Dort jene Matrosenschuhe kommen vom sturmerschütterten Deck vielleicht eines Ostindienfahrers; diese Frauenschuhe in der Nebenkammer wanderten wohl die Insel Britannien durch von einem Ende zum andern; jene Bettelschuhe eines Kindes standen tausendmal auf dem Pflaster von London-Bridge und die kleinen Füße darin zitterten vor Frost und der Leib darüber schwankte im Verschmachten. Auch der elegante Lackstiefel fehlt nicht, wenn auch nur als Ruine ...«

Die ›Gartenlaube‹ behauptete später, es sei gerade dieser Artikel gewesen, der »den eigentlichen Anstoß« zur Gründung des Berliner Obdachlosenasyls gegeben habe[156]; tatsächlich gab es Überlegungen für eine solche Einrichtung bereits innerhalb der Armen-Direction, bei kirchlichen Stellen und beim Magistrat.[157] Der Kaufmann Neumann brachte im Friedrich-Werder'schen Bezirksverein die Angelegenheit zur Sprache, der Polizeipräsident, von Wurmb, nannte die Idee »eine so außerordentlich humane und zeitgemäße, daß er ihre Realisirung dringend wünschte«, ein »Comité« aus Kaufleuten, Fabrikanten, Beamten und Gelehrten formierte sich, »ein humaner Verein mit dem Zwecke, Asyle für Obdachlose zu bilden«, wie es etwas distanziert im Verwaltungsbericht des Polizei-präsidiums heißt, »trat ins Leben«[158]. Eine große Schwierigkeit bot vor allem »die Beschaffung eines geeigneten Locals«; nach langem Suchen wurde eine frühere Artillerie-Werkstätte an der Ecke der Dorotheen- und Wilhelmstraße angemietet, und am 3. Januar 1869 wurde das Asyl eröffnet. Im Verlauf dieses ersten Jahres nahm das Asyl mehr als 13000 Frauen, Mädchen und Kinder auf, dennoch beklagte sich die Verwaltung des Arbeitshauses, daß auch dort die Zahl der Obdachlosen weiter zunahm, und so wurde noch 1870 auf dem gleichen Grundstück ein Männerasyl errichtet. Das Frauenasyl wurde 1871 in die Füsilierstraße Nr. 3, später Nr. 5 verlegt. 1873 dann wurde endlich auch ein *städtisches* Asyl eingerichtet, vor allem zur Entlastung des völlig überforderten Polizeigewahrsams; es befand sich ab 1877 in der Pallisadenstraße, ab 1878 in der Friedenstraße 55/56. Hier waren, wie in den privaten Einrichtungen, nur kurzfristige Übernachtungen möglich,

»wer die Anstalt wiederholt zur Nacht aufsucht, wird vor den am Morgen dort anwesenden Polizeibeamten geführt und zu Protokoll verwarnt. Hat er sich nach 5 Tagen kein Obdach besorgt, so wird er dem Polizei-Gewahrsam mittels Formular überwiesen.«[159]

Aufgaben der Asyle

Die Auseinandersetzungen zwischen Fürsorge und Kontrolle gehen weiter. Das Polizeipräsidium beschäftigt sich vor allem mit den »Pennen«, den »Nachtherbergen, welche den elendsten und verkommensten Personen gegen ein Entgelt von einigen Pfennigen einen Schlupfwinkel für eine oder die andere Nacht gewähren«, es kritisiert aber auch die »geringe Controle« in den Asylen. Diese Auseinandersetzung wird Ende der 1870er Jahre auch in Paris geführt, und die Verwaltung der Asyle sieht genug Anlaß, ihre Arbeit gegenüber der Polizei zu rechtfertigen:

»Paris wurde häufig als modernes Babylon bezeichnet; die es anklagen, sehen nichts weiter als seinen Luxus und seine Vergnügungen (...). In Paris (...) hat die öffentliche und private Wohltätigkeit bis zu diesem Tage denjenigen unbeachtet gelassen, *dessen Elend als Verbrechen oder doch als ein Vergehen angesehen wird.* Möchten Sie wissen, was aus diesen vom Glück Enterbten wird? Die einen wandern, um nicht in die Hände der Polizeiagenten zu fallen, die ganze Nacht vor sich hin, oft von Müdigkeit und Hunger geplagt, bis sich ihnen eine Kirchentüre öffnet (...). Andere, die noch einige Sous besitzen, suchen Unterkunft in Nachtherbergen, wo sie inmitten anstößiger und blasphemischer Reden schlafen müssen. Wieder andere können den Versuchungen des Elends nicht widerstehen und werden zur Unzucht, zum Verbrechen oder zum Selbstmord getrieben.«[160]

Die Unterbringung der Obdachlosen ist ein wesentlicher Schritt für die Organisation der ganzen Stadt. Jetzt gibt es – noch nicht ausreichend, aber mehr als zuvor – eine Gelegenheit, unterzukommen, folglich kann die Polizei strenger gegen illegale Nachtherbergen vorgehen. 1880 tritt in Berlin eine Polizeiverordnung »betr. die Nachtherbergen« in Kraft, sie hat zum Ziel, die »bisherige Bevölkerung der Pennen« in die Asyle zu drängen, sie bringt strenge hygienische und sanitäre Maßnahmen mit sich, verbietet die Aufnahme von Personen verschiedenen Geschlechts in einem Haus. Die Zahl der »Pennen« wird von 21 im Januar auf 8 im Dezember 1880 gedrückt, zweifellos ist damit ein weiterer Schritt zur vollständigeren Kontrolle der Nacht getan.

Die Funktion der Asyle wird immer wichtiger, und die Zahl der Reportagen aus diesen Stätten nimmt zu. Lucius Mummius erläuterte das Motiv der Besuche so: »Die Idee, sich mit dem Geschick der Unglücklichen in der modernen Gesellschaft etwas näher vertraut zu machen, ist eine so durchaus zeitgemäße«, daß ein Interesse der Öffentlichkeit vorausgesetzt werden kann, einmal Einblick in die Stätten zu nehmen, die den Armen anbieten, »was Tausende ihrer begüterten Mitbürger für klingende Münze sich leicht erkaufen können: ein Asyl, ein gastlich Dach, ein Heim für die Nacht«[161]. Mitleid mit dem Geschick der Unglücklichen wird auch weithin akzeptiert; aber die Tradition der Erziehung durch Arbeit hat sich noch lange nicht verloren; im August 1878 veröffentlicht der »Hausbesitzer« Zeitler eine Anzeige in der ›Vossischen Zeitung‹, die sich gegen die Politik des Berliner Asyl-Vereins wendet:

»Die Asyle des Mittelalters in Kirchen und Elendsgilden wurden aufgehoben, als die Gesellschaft erkannte, daß sie durch *Mißbrauch gemeingefährlich* wurden. Demselben Schicksal scheint das Asyl des Vereins für männliche Obdachlose entgegen zu gehen, wenn der Vorstand des Vereins keinen Unterschied glaubt machen zu dürfen bei der Aufnahme zwischen unverschuldet Obdachlosen und arbeitsscheuem Gesindel. (...)
Die Connivenz des Polizei-Präsidiums, daß *alle im Asyle Nächtigenden* – auch jetzt noch nach eingeführtem Paßzwange – *von der Meldepflicht befreit* sind, hat den Beifall aller derjenigen gefunden, welche ihre polizeiliche Meldung fürchten.«

Die Idee des Vorstands – »wenn die Verbrecher im Asyle nächtigen, können sie sich nicht an der Gesellschaft versündigen« – wird von denen nicht geteilt, die in den Asylen nur neue Schlupfwinkel des Verbrechertums sehen können; ihrer Ansicht nach können die Asyle dazu dienen, »asoziale Elemente« von der Straße zu holen, aber nur als Vorinstanz des Polizeigewahrsams; wo das Mitleid regiert, wo alle aufgenommen werden, wo alle »gleich« gelten für die Stunden der Nacht, da hat das Asyl seinen Zweck verfehlt. In dieser Sicht sollten die Asyle Teil einer polizeilichen *Strategie zur Erhaltung der Herrschaft über die Nacht* sein; dagegen vertritt die Mehrheit der Mitglieder des Asyl-Vereins die Ansicht, daß die *Nacht als Freiraum, als Zeit des »Waffenstillstands« zwischen den Ordnungskräften und den Obdachlosen* erhalten werden sollte. Der Verein, so das sozialdemokratische Vorstandsmitglied Paul Singer, mache sich nicht zum »Richter über Schuld und Unschuld«, er »entlasse die Hilfsbedürftigen des Morgens so ungenannt und ungekannt, wie er denselben am Abend zuvor sein Haus geöffnet habe«[162].

Reportagen aus den Nachtasylen

Zwischen diesen beiden Sichtweisen scheinen die Reportagen aus den Asylen merkwürdig zerrissen. Einerseits sammelten viele Künstler und Schriftsteller ihr Material, »indem sie sich von Polizisten oder Herbergsangestellten über das soziale Elend informieren ließen«[163]. Peter Schmandt hat in seiner Analyse von Zeichnungen aus englischen Armenhäusern und Asylen nachgewiesen, wie stark die Tatsache, daß die Reporter sich in den *Spuren der Polizei* bewegten, ihre Darstellungen beeinflußte; damit förderten sie, gewollt oder ungewollt, Klischeevorstellungen über die im Obdachlosenmilieu verbreitete Kriminalität; auch die Darstellungen der Warteschlangen vor den Asylen illustrierten häufig nur die Idee von den »arbeitsscheuen«, »herumlungernden« Obdachlosen. Andererseits konnten auch viele Reporter, ob sie nun mit dem Schreib- oder mit dem Zeichenstift unterwegs waren, ihre Augen vor der Realität des Elends nicht verschließen. Sie erzählten, oft eingewebt in tendenziell negative oder moralisierende Texte und Bilder, wirkliche Leidensgeschichten.

Die Reportagen entstanden aus nächtlichen Entdeckungsreisen in das fremde Milieu der Obdachlosen; manche Reporter verbrachten eine

Nacht im Asyl. Heutige Interpreten sind mit der Verurteilung solcher Exkursionen als eine Form des »slumming«, als Unternehmungen »mit voyeuristischem Charakter« schnell bei der Hand, und tatsächlich sind manche Schilderungen der Konfrontation von Elend und wohltätigem Reichtum an Zynismus (und an unfreiwilliger Komik) kaum zu übertreffen – aber es sind, im Kern, doch Schilderungen dieser Konfrontation. Aus der Lebensgeschichte des Doktor Thomas John Barnardo, des »Bodelschwingh für die Londoner Unterwelt«, des »Mannes mit der Laterne«, erzählt sein Biograph E. E. Ronner eine Episode, die diese Zwiespältigkeit illustriert. Nach einem seiner leidenschaftlichen öffentlichen Vorträge über das Elend der Straßenkinder Londons war Barnardo zu einem Dinner bei Lord Shaftesbury geladen, und nach dem Essen entspann sich folgender Dialog:

»Wäre es Ihnen möglich, uns zu einem Schlupfwinkel zu führen, wo solche Elendskinder nächtigen?
– Dazu bin ich jederzeit bereit.
– Nun (...), da ich wohl annehmen darf, daß sich alle anwesenden Herren dafür interessieren würden, Ihre Niemandskinder kennenzulernen, schlage ich vor, die Gelegenheit beim Schopfe zu packen und sogleich aufzubrechen.
– Leider geht das nicht. (...) Aus dem einfachen Grunde, weil es dazu noch zu früh ist. Doch wenn sich die Herren bis nach Mitternacht gedulden wollen, so sollen sich sie davon überzeugen können, daß ich nicht übertrieben habe.
– Ausgezeichnet. (...) Meine Herren, Sie beteiligen sich doch alle an dieser mitternächtlichen Fahrt?
Von allen Seiten her kamen bejahende Zurufe. Kurz nach Mitternacht kam die Meldung, daß die bestellten Droschken vorgefahren seien, so daß Shaftesbury das von allen erwartete Zeichen zum Aufbruch geben konnte. Von den späten Passanten, die stehenblieben und neugierig zuschauten, wie die vornehmen Zylinderherren die Droschken bestiegen, vermutete wohl keiner, daß ihr Ziel die Elendsgassen Ostlondons waren.« [164]

Die »Zylinderherren« wollten nicht glauben, daß »in einer solchen Nacht« irgend jemand auf der Straße schlafen sollte, »geschweige denn eines dieser Kinder«. Aber Barnardo findet einen Unterschlupf in einem Hinterhof, aus dem schließlich 73 Kinder kriechen. Im Kaffeeschank von Dick Fisher, der »die ganze Nacht offen« ist, werden sie mit Kaffee und Brot versorgt, jedes erhält einen Penny. Einige Kinder kann Barnardo unterbringen, die anderen müssen wieder zurück. Eine sentimentale Geschichte durchaus, ein Rührstück, Wohltätigkeit als »eine Art von

Christliche Missionen betreuen die Obdachlosen im Asyl – in der Nacht gehen praktische Fürsorge und Ideologie Hand in Hand (Gustave Doré: Bibel-Vorleser im Nachtasyl, um 1870).

Unterhaltung«, Nervenkitzel, Abenteuer, »Genuß der eigenen Vortrefflichkeit« – das mag alles zutreffen[165], aber diese Beurteilung erscheint selbst als Zynismus, wenn nicht gleichzeitig Barnardos Rolle als Aufklärer, als Berichterstatter und als Nothelfer gewürdigt wird. Denen, die helfen wollen, bleibt, wenn sie die Öffentlichkeit informieren, oft kein anderes Mittel als der Appell an das Gefühl, an das Mitleid, sie brauchen die »Zylinderherren«, sie können auf ein gewisses Maß an sentimentalem Pathos nicht verzichten. In einem Gedicht, das zur Hundertjahrfeier der Pariser »Société Philanthropique« vorgetragen wurde, heißt es: »Das Elend ist groß, und Paris ist so riesig; und trotz der vielen Spenden verfügt dieses Werk nur über eine einzige Herberge, weit draußen, in der Vorstadt gelegen. Das Unglück kommt von weither dorthin. Helft, seinen Weg zu verkürzen; gründet ein weiteres Asyl. Ihr Glücklichen der Welt, für die es so einfach ist, Gutes zu tun: Gebt.«[166]

Obdachlosigkeit ist bereits, auch wenn manche das nicht wahrhaben wollen, Teil der Stadt: »Paris, diese fantastische Stadt, von der man Herrlichkeiten erzählt, die wie ein Wunder unsere Einbildung beschäftigt! Hier wohnt das Glück und das Vergnügen! Paris! Hier kann der kleine Händler ein gutes Geschäft machen ... Und dann kommt der Tag, an dem er sein Hotel nicht mehr bezahlen kann: *Hier steht er, mitten auf der Straße, zu dieser Zeit, da die Stadt sich so grell beleuchtet, daß es seine Blöße schier beleidigt.* Jetzt kommen die korrumpierenden Gedanken und die schuldhaften Versuchungen.«[167] Wer die »pensées corruptrices« und die »tentations coupables« vermeiden will, wer der Überzeugung ist, daß Obdachlose keine Verbrecher sind, der muß *städtische* Lösungen für das Problem finden. Damit tun sich die Verantwortlichen schwer:

»Weshalb bauen wir Asyle? Erstens, um den durch Unglück heruntergekommenen Familien ein Obdach zu gewähren und zweitens, *um arbeitsscheue, vagabundirende Menschen während der Nacht dadurch unschädlich zu machen, daß wir ihnen ein Obdach gewähren.* (...)
Wenn wir die Sache richtig ausführen wollen, so müssen wir entweder ein großes Asyl im Mittelpunkt der Stadt errichten –
(lebhafter Widerspruch)
– Ja, meine Herren, das ist der einzige Weg, oder wenn Sie das nicht wollen, dann müssen wir mehrere kleine Asyle nach jeder Himmelsrichtung bauen.«[168]

Weibliches Elend

Eine Illustration aus der ›Berliner Illustrirten Zeitung‹ vom März 1885 zeigt, inzwischen ein vertrautes Bild, die Wartenden vor dem Asyl, Männer auf der Straße, betrunken, Weinflaschen schwenkend, aggressiv, streitend, dem – damit gerechtfertigten – Zugriff der Polizisten ausgesetzt. Wenn dagegen die traurige Seite des Elends gezeigt werden soll, werden Frauengesichter, Frauenschicksale veröffentlicht. Das Elend, »ein unermeßliches und immerwachsendes«, ist auch zunehmend ein weibliches. Ruth Köppen hat sich damit ausführlich befaßt, sie kommt zu dem Fazit, daß Frauen damals den größten Teil an den dauernd Obdachlosen stellten, vorübergehende Obdachlosigkeit war dagegen hauptsächlich ein Männerproblem.[169] Tatsächlich waren sowohl in Paris wie in London die ersten von privaten Vereinen eingerichteten nächtlichen Unterkünfte nur für Frauen (und Kinder) gedacht. Viele Frauen, die real obdachlos waren, wurden nicht aus diesem Grund, sondern unter dem Verdacht der Prostitution aufgegriffen. In den Reportagen werden Frauen regelmäßig erwähnt: Das Bild der exmittierten, »hülflosen« jungen Frau mit Kindern oder das der abgearbeiteten, verhärmten Alten erzeugt sicheres Mitleid. Aber nur wenige Reporter wollen sich den Hinweis auf die angeblich große Zahl »liederlicher Dirnen« in den Asylen entgehen lassen. Auch in den Augen der Sittenpolizei sind die Asyle »Schlupfwinkel der Prostitution«, während – noch – für die Betreiber der Asyle die Devise gilt, nächtliche Not müsse, egal woher sie komme, versorgt werden.

Auf die Frage des Sozialreporters Hans R. Fischer, der auf seinen Streifzügen durch das Berliner Elend »wieder einmal«, 1890, das Frauenasyl besuchte, wie eine Frau hierhergekommen sei, »war's eigene oder fremde Schuld?«, antwortet ihm die Hausmutter: »Ich glaube, daß Jede, die das Asyl aufsucht, Entschuldigung und Mitleid verdient (...), nicht Eine verdient verstoßen zu werden.«[170] Und in einer Reportage von 1894, »Im Frauen-Asyl für Obdachlose in Berlin«, wird, den Vorbildern getreu, zunächst die Umgebung des Asyls, der Weg dorthin geschildert, bevor sich der Blick auf die Insassinnen richtet:

»Lothringer Straße, breit, mit Boulevards in der Mitte, aber doch nicht konkurrierend mit den Straßen im Westen. Schönhauser Allee, Linienstraße, Dragoner- und Grenadierstraße – endlich eine kleine, stille Sackgasse. Dahin dringt augenscheinlich gar nichts von dem Lärm der Großstadt. [Füsilierstraße] Nr. 5, ein dreistöckiges Haus. Freundlicher Lichtschein aus den Fenstern der Mittelthür, links im Erdgeschoß und aus dem ersten Stock. Wie so mancher armen Verlassenen mag er tröstlich winken, wenn sie auf dieser selben Stelle steht und die Hand nach dem Glockengriff ausstreckt. (...) Der Polizei sind die Räume des Asyls unzugänglich, und wer sich ihm anvertraut, ist für die Nacht, die er dort zubringt, geborgen.«[171]

Das Asyl ist eine Lichtinsel in der nächtlichen Großstadt, der Hafen für die Schiffbrüchigen, die nicht gefragt werden, woher sie kommen und wohin sie gehen. Solche Schilderungen sind fragwürdig. Sie berichten von einer Sehnsucht, die Reporter und Leser wohl teilen: Sehnsucht nach

Geborgenheit, nach Schutz, nach Wärme. In der Stadtnacht ist die Gefahr, »ausgeworfen« zu werden, besonders groß, und das Schicksal der Ausgeworfenen besonders hart – die Asyle symbolisieren in dieser Welt die *Hoffnung auf Heimat*, »Herberge zur Heimat« heißen denn auch die Unterkunftsstätten der Inneren Mission.

Es gibt eine andere Seite. Manche literarischen Texte beschreiben, im Paris der »Clochards« wohl stärker als in Berlin, die Faszination, die eine »radikale Obdachlosigkeit« auf die zur Seßhaftigkeit Eingerichteten ausübt[172]. Das Vagabundentum steht hier für eine grundsätzliche Verweigerung aller Bindungen, für die *Wahl der Freiheit*; die Wünsche nach Geborgenheit richten sich dabei »auf das Draußen, die Straße«. Der echte Vagabund, so will es das Klischee, sucht in der Stadt nicht Heimat, er hält sich an Orten auf, die jederzeit Abreise signalisieren, Bahnhöfe vor allem, das Asyl sucht er nur im äußersten Notfall auf, bei großer Kälte. In beiden Fällen wird wohl viel von den Hoffnungen und den Ängsten der Behausten, von der Angst vor dem Verlust des Vertrauten und von der Hoffnung auf neue Freiheit durch den Verlust der Bindung erzählt.

Heimat Großstadtnacht?

Im steinernen Meer der Großstadt sind die Obdachlosen Schiffbrüchige, das Asyl aber kann sie nicht retten, »es hält dem Ertrinkenden die Rettungsleine eine Weile hin und zieht sie dann schnell wieder zurück, den Obdachlosen der Not und der Gefahr des Untergehens wieder überlassend«[173]. Constantin Liebich beschreibt 1901 die nächtliche Odyssee eines Mannes, der nicht ins Asyl gehen kann, weil ihm die Überstellung an die Polizei droht, er versucht, irgendwo Unterschlupf zu finden, wird aber von Nachtwächtern oder Anwohnern jedesmal aufgestöbert:

»Nach diesen Erfahrungen beschloß Wilhelm, die Nacht ›durchzutippeln‹. Der Regen goß noch in Strömen herab. *Ach, die Hausbewohner*, die ihm so grausam das Plätzchen raubten, wo er, nach seiner Meinung niemandem zur Last, ausruhen wollte, sie wußten gar nicht, wie schlecht das Wetter war, wie sehr der Wind pfiff. Bis auf die Haut durchnäßt, vor Kälte zitternd, wandte sich Wilhelm nun nach Süden. Er kam ans Oranienburger Thor; die Normaluhr zeigte erst halb zwölf. Er ging die unendlich lange Friedrichstraße hinunter. Die hellen dreifachen Gasflammen wurden von den Laternenmännern herabgeschraubt. Wilhelm sah die hell erleuchteten Cafés und die fröhlichen Menschen darin. Noch immer rollten die Pferdebahnwagen mit ihren zufriedenen und glücklichen Insassen durch die Straßen. Tausenden von Menschen begegnete er, die es fast alle eilig hatten, von denen jeder ein Ziel, jeder ein Heim, jeder ein Obdach hatte.«[174]

Die Gegenüberstellung von armseliger und dunkler Nacht hier, heller und glückseliger Nacht dort wird noch in einer Szene verstärkt, da der einsame Wanderer auf drei Nachtschwärmer »in der tollsten Weinlaune« trifft; sie prahlen mit dem Geld, das sie ausgegeben haben – »nicht der Rede wert für solch tolle Nacht!« –, und als er ihnen bittend entgegentritt, rufen sie nach dem Schutzmann, der ihnen das nächtliche »Gesindel« vom Leib halten soll. Die Stadt wird nicht mehr als Heimat, nicht mehr als Freiheitsraum empfunden, sie ist feindlich.

Eine ähnliche Erfahrung machte Paul Grulich. 1907 veröffentlichte er sein Buch ›Dämon Berlin‹, für vier Wochen versetzte er sich in die Rolle eines Obdachlosen: »*Da ich die Nacht liebe, um der Geheimnisse willen, die ihre Nebelschleier verhüllen*, ließ mich die Mitternachtsstunde an meinen Aufbruch denken (...). Mein Weg führte mich, von Steglitz aus, *mitten hinein in die Riesenstadt, in deren tiefstem Dunkel ich nun verschwinden wollte.*«[175] Grulich weiß, und betont immer wieder, wie künstlich seine Situation ist, er kann jederzeit das Experiment abbrechen; aber mit der Zeit dominiert eine umfassende Lähmung alle exotischen, romantischen oder geheimnisvollen Anreize der Nacht. Sein Fazit ist ernüchternd: »Ein zweites Mal ziehe ich nicht aus, um den Kampf mit ›Dämon Berlin‹ aufzunehmen.«

Solche Erfahrungen konnten andere nicht davon abhalten, »es« selbst einmal, in der Regel aber nur für eine Nacht, zu versuchen, um »Berlin wirklich kennen [zu] lernen«, »nicht aus krankhafter Neugierde«, »nicht um ein ›interessantes Abenteuer‹ zu erleben«. Sehr anschaulich schildert etwa Hermann Heijermann den *Weg ins Dunkel*, vom hellerleuchteten Zentrum der Stadt – »die Laternen stürmten auf uns zu in einem ermüdenden Taumel von hellen Flammen und Schatten, gleich umherschwirrenden Fledermäusen« – über einige Zwischenstufen in den Stadtrandbezirken – »die erst so grelle, üppig leidenschaftliche Beleuchtung begann zu erschlaffen« – bis in die dunkle Gasse, in der das Asyl liegt.[176]

Während die Reportagen aus der Verbrecherwelt die *potentielle Gefährdung* des bürgerlichen Lebens durch die nächtlichen Elemente weniger darstellen als heraufbeschwören, zeigen die Berichte aus dem Leben der Obdachlosen die *tendenzielle Brüchigkeit* der städtischen Existenz: Obdachlosigkeit erscheint als drohende Möglichkeit im Leben, als Ereignis, das die doch nicht so sicheren Fundamente des Lebens, und der Stadt, erschüttern kann. Dieser Befund: Obdachlosigkeit als Signal eines tiefergreifenden Konflikts – Wie kann die Stadt die aus ihr herausbrechenden, sie bedrohenden Tendenzen niederhalten? macht das *Thema Obdachlosigkeit* zum politischen Instrument.

Reform und Politisierung der Obdachlosenfürsorge

Im Jahr 1907 ereignete sich im Berliner städtischen Asyl eine Massenvergiftung durch verdorbenen Fisch (andere behaupteten: durch Alkohol). Die offenbare Vernachlässigung der Obdachlosen durch die Behörden gab Rosa Luxemburg Anlaß zu einer Reportage »Im Asyl«, in der sie nicht nur die Polizeibehörden angriff, sondern auch Tendenzen in der eigenen Partei, die Obdachlosen nicht als Opfer, sondern als Schuldiggewordene anzusehen, ihnen also die Solidarität der Arbeitenden zu verweigern.[177] Die Tatsache, daß die Opfer, wie es in einem antialkoholischen Pamphlet von R. Burckhardt hieß, »auf der Bahn der Hoffnungslosigkeit schon weit fortgeschritten waren« [178], konnte ganz und gar nicht beruhigend, viel eher: bedrohlich wirken.

Vor allem die Jahre nach dem Ersten Weltkrieg standen in Berlin »im Zeichen der Obdachreform«; Ziel der Reform war es, noch eindeutiger als bisher, die verschiedenen Funktionen des Asyls voneinander zu trennen, den Zusammenhang der Fürsorge mit polizeilichen Maßnahmen also möglichst gering zu halten. Außerdem ging es um eine verbesserte hygienische Einrichtung des Gebäudes in der Fröbelstraße und darum, die individuelle Betreuung und die Arbeitsvermittlung in den Vordergrund zu rücken. Dieses sozialdemokratische Konzept stieß aber auf erhebliche Schwierigkeiten; gerade der Berliner Asyl-Verein, der eine solche Politik lange proklamiert hatte, befand sich seit Kriegsende in großen finanziellen Nöten. In der Inflationszeit konnten kaum Spenden gesammelt werden, der Verein mußte Räume in der Wiesenstraße untervermieten. Am 1. Oktober 1926 schloß der Verein mit der Stadt einen Vertrag ab, in dem bestimmt wurde, »daß die Aufnahmekontrollen nach den Grundsätzen des Städtischen Obdachs in der Fröbelstraße und von städtischem Personal durchgeführt wurden (...), von diesem Zeitpunkt an hat die Polizei Zutritt zum Gebäude«[179]. Die Modernisierung scheint, im positiven Sinn der effektiveren Betreuung wie im negativen der verstärkten Kontrolle, gelungen. Die Wohlfahrtsorganisationen, und vor allem die Reporter der Zeitungen von KPD und SPD – mit der Zeit auch die der NSDAP – äußern weiterhin Kritik: »Ich hatte gedacht, das Asyl sei da, um den Obdachlosen zu helfen. Fühlt man etwas von der abgrundtiefen Verzweiflung, die einen dort befällt? Nicht so sehr das namenlose Elend und Leid ist es, sondern der Geist, vielmehr der Ungeist der Institution.«[180] Das Asyl selbst ist abschreckend – »gerne wäre ich umgekehrt, aber mir graute vor der Nacht«, schreibt ein anonymer Reporter in der Zeitung ›Der Deutsche‹, und ähnliche Impressionen liefert der Berichterstatter der ›Roten Fahne‹ im Mai 1926:

Obdachlose übernachten bei der Heilsarmee in sargähnlichen Kisten (London 1888).

»Die ›Palme‹ in der Fröbelstraße jagt selbst dem im allerelendesten Loche hausenden Erwerbslosen einen gelinden Schauer über den Rücken. (...)
Für den Bourgeois sind die verlumpten Gestalten, die hier Abend für Abend ein Unterkommen für die Nacht suchen, die ›Hefe des Volkes‹, ›das Verbrechen selbst‹. (...) Die paar Gaslaternen, ganz in diese Atmosphäre der Verzweiflung passend, zeigten mir den Weg, als ich fröstelnd im kalten Frühjahrsabend die Fröbelstraße hinaufschritt. Da stand ich nun vor dem finsteren Eingang. Einzeln und truppweise, hinkend und humpelnd, auf Krücken und Stöcken, kroch die endlose Schlange des Elends heran, und in das gierig aufgesperrte Maul des Torbogens, das schwarz in die kalte Nacht gähnte. Morgen früh wird es sie wieder ausspeien auf die Straße, die ihre Heimat ist. Berlin ist groß, und das Elend verkriecht sich in seinen Winkeln. (...) Endlich, um ½7 Uhr, läßt man uns hinaus. Und während ich mit vollen Zügen die frische Morgenluft atme, hüllt sich das Elend noch fester in seine Lumpen. Sie werden morgen wieder da sein, und übermorgen, und dann wieder.«[181]

Auf ihren Nachtwanderungen im Berliner Osten entdecken die Reporter »ein ganzes Heer« von Menschen, die die Zivilisation ausgestoßen hat, »Abgebaute des Lebens«, die Arbeit und Wohnung verloren haben, für sechs Wochen vielleicht im Asyl wohnen können, aber dann, hoffnungslos, »nachts die Straßen Berlins durchirren, von dem Bürger scheu umgangen«.[182] Die zunehmende Kritik bringt die Stadtverwaltung auf die Idee, gezielt Pressevertreter zu Besuchen in der Fröbelstraße einzuladen, und tatsächlich erscheinen Ende 1926, Anfang 1927 einige Artikel, in der ›Deutschen Allgemeinen Zeitung‹ oder in der ›Täglichen Rundschau‹, die die Arbeit in den Asylen positiv bewerten. Das ›Kleine Journal‹ bezeichnet, zynisch genug, die Wartesäle der großen Berliner Bahnhöfe als »Eldorado für Obdachlose«.

Obdachlosigkeit ist ein zentraler Prüfstein für die Lebensfähigkeit der Stadt – und für die Einstellungen der Stadt gegenüber. Im März 1929 veröffentlichen zwei Zeitungen, der sozialdemokratische ›Vorwärts‹ und die nationalistische ›Germania‹, kurz hintereinander denselben Artikel, beide geben ihm den gleichen Untertitel – »Asylisten, Vagabunden und Arbeitslose in der Stadtvogtei« – aber die Überschrift lautet einmal: »Das lockende Berlin«, und im andern Fall: »Dämon Berlin«[183]. Zwischen den beiden Extremen schwankt die Wahrnehmung des Phänomens Obdachlosigkeit – und die der ganzen Stadt. Gegen Ende der Weimarer Republik werden die pragmatischen Bemühungen zur Lösung des Problems überholt, überschrieen von visionären Stadtansichten, die die Redeweise über den Heimatverlust politisch funktionalisieren. 1932 entwickelte der Berliner Stadtrat und Wohlfahrtsdezernent Hermann Drechsler aus der Schilderung der vielen traurigen Schicksale aus seiner Praxis eine sozialistische Utopie:

»Drüben über dem Wald steigt ein Lichtdunst auf, verwaschen wie das Tierkreislicht, nur heller und intensiver.
Es ist der Abglanz der Stadt. Dort unten, wo der Lichtschein herkommt, wird Leben gezeugt, geboren, geschändet, Leben ausgehaucht, darüber hin lärmt tausendfältiges Leben in den Straßen, den Kaufläden, den Warenhäusern mit ihren Lichtreklamen, den Gasthäusern, Animierkneipen und Kaschemmen mit ihrem Bierdunst und schwülen Gerüchen, in denen Laster und Verbrechen gedeihen wie in riesigen Treibhäusern, in denen das Gift der Trunksucht und aller eklen Krankheiten von Leib zu Leib verbreitet wird. (...)
Und tief vom Hintergrund her wächst die Riesenfaust des erwachenden Proletariats empor, höher und immer höher ungeheuer mächtig in den tintenschwarzen Himmel hineinquellend wie die Rauchwolke eines Vulkans. (...) Und das Dröhnen in den Lüften und unter uns kündigt die Zeit an, da diese Faust niedersaust.«[184]

Andere Fäuste sollten kurze Zeit später »niedersausen«, die nationalsozialistischen Maßnahmen zur »Säuberung« der Stadt von ihren nächtlichen Elementen bereiteten der Phase sozialpolitischer Experimente und humanitärer Hoffnungen ein brutales Ende.

IV. Nacht und Sittlichkeit

»Ein junger Mann bietet einem ihm unbekannten jungen Mädchen, das ihm gefällt, seine Begleitung an, und obgleich sie ihn anfangs zurückweist, bringt er es durch bescheiden-zudringliche Beharrlichkeit dahin, daß sie ihm zuletzt die Erlaubnis gewährt.

Der junge Mann: Mein Fräulein, fürchten Sie sich nicht, bei eintretender Dämmerung so ganz allein zu gehen?

Das junge Mädchen: Was sollte ich in einem civilisierten Land und in einer volkreichen Stadt zu fürchten haben?

Der junge Mann: Ihre Unerfahrenheit läßt Sie die Gefahren nicht ahnen, die bei zunehmender Dunkelheit mit jedem Schritte auf Sie lauern können. – Gestatten Sie mir daher, Ihnen zum Schutze meine Begleitung anzubieten.

Das junge Mädchen: Ich danke Ihnen, kann aber keinen Gebrauch davon machen, sondern trotze mutig den Gefahren, an die ich aber nicht glauben kann.«

Leopold v. Riesbeck (1863)[1]

In seiner Geschichte, die »als Anleitung (...), auf eine passende, anziehende und interessante Weise eine Unterhaltung anzuknüpfen, sowie mit Gewandtheit und Takt weiterzuführen«[2], verstanden werden soll, läßt Leopold von Riesbeck den jungen Mann Schauergeschichten von einer »Bande von Unholden« erzählen, die in der Stadt »ihr Wesen treibt«. Darauf erwidert das Mädchen, der beste Schutz gegen solche Gefahren sei wohl, *jede* Begleitung zurückzuweisen, auch die des bescheiden-zudringlichen Warners mit seinen vermutlich finsteren Absichten.

Kann »das junge Mädchen« die Begleitung zurückweisen? Ist – und war – die nächtliche Straße ein Ort, an dem sich eine Frau bewegen kann – konnte –, wie es ihr gefällt?

Auf den ersten Blick erscheint das Quellenmaterial über die nächtliche Großstadt umfangreich und vielfältig genug, um eine ganze Welt zu beschreiben. Bei der Bearbeitung des Materials stellt sich aber bald heraus, daß bestimmte Elemente, Themen, die dieser Welt unverzichtbar angehören, in der Fülle von Texten und Archivalien unterrepräsentiert sind. Auch in dieser Beziehung ist die Erforschung der Nacht einer nächtlichen Wanderung durch die Städte gut vergleichbar: Es gilt, Pfade in der Finsternis zu finden, das Offensichtliche nicht für das Eigentliche zu nehmen, »Spuren« des Unsichtbaren zu finden und ihnen, sei es auf Umwegen, abseits der lichterfüllten Hauptstraßen, zu folgen. Es gilt aber auch – sonst wird die Spurensuche zur reinen Raritätensammlung –, die Frage nach den Gründen für die Abwesenheit dieser Themen zu stellen.

Die Darstellung der nächtlichen Stadt ist, mit ganz wenigen Ausnahmen und bis heute, eine Angelegenheit von Männern; Frauen erscheinen wohl in den Texten, aber in der Regel als Objekte, als Teile eines von Männern wahrgenommenen und beschriebenen Ensembles. Ist also die nächtliche Stadt eine Männer-Welt, erbaut und eingerichtet von Männern und für ihre Bedürfnisse, eine Welt, die auch nur von Männern und nach den von ihnen gemachten Regeln umfassend genutzt werden kann? Oder ist (und war) sie ein Raum, den durchaus, in der Praxis, beide Geschlechter nutzen können und konnten, und ist nur die Überlieferung, die Quellenlage, Ausdruck männlicher Dominanz? Je nachdem müßten unterschiedliche Forschungsstrategien greifen; im ersten Fall wäre die *Stadtnacht als Männerwelt* zu beschreiben, mit all den Eigenschaften, die sie für Männer erreichbar, für Frauen aber unzugänglich macht. Im anderen Fall müßte eine intensive Suche nach Quellen, und nach versteckten Hinweisen in den vorhandenen Quellen, einsetzen, in denen die nächtliche Stadt aus der Sicht von Frauen und als *Handlungsraum von Frauen* dargestellt wird. Beide Vorgehensweisen werden dem Dilemma nicht gerecht. Ich will deshalb versuchen, die *Stadtnacht als Raum der Konfrontation*, der Begegnung von Männern und Frauen zu beschreiben, als Ort, an dem sich ihre Wünsche, Bedürfnisse und Begierden, Ängste und Hoffnungen treffen, widersprechen oder – selten genug – ergänzen.

Die deutsche Sprache verfügt, ebenso wie die französische, über einen Begriff, der die Schwierigkeit, die sich aus dieser Strategie ergibt, gut ausdrücken kann: »Sitten« und »mœurs« bezeichnen jeweils ein bestimmtes gesellschaftliches Verhalten, und sie weisen diesem Verhalten zugleich bereits eine bestimmte Wertigkeit zu. »Sittengeschichten« und »histoires des mœurs« berichten vom Verhältnis der Geschlechter zueinander und versuchen so, die soziomoralischen Werte einer Epoche, oder auch einer Stadt, zu charakterisieren. Wer von den »Sitten« berichtet, informiert über Verhaltensweisen, die üblich, verbreitet, »eingebürgert« sind; gleichzeitig schwingt bei solchen Darstellungen eine *untergründige* Konnotation von »Sitte und Anstand« mit und besorgt eine Interpretation des Verhaltens nach Maßstäben der Moral.

In der Eigenschaftsform wird »Sittlichkeit« – analog zum Begriff der »Sicherheit«, mit dem die Verhältnisse von Ordnung und Unordnung, von »oben« und »unten« in der Stadt erfaßt werden – zum Maßstab für die Beurteilung der Geschlechterbeziehungen, und ihrer öffentlichen Praxis, zum Gradmesser dessen, was Moral heißen soll. In seiner ›Geschichte der öffentlichen Sittlichkeit in Deutschland‹ (1897) wagt Wilhelm Rudeck einige Definitionen, denen ich hier gerne folgen möchte: »Unter Sittlichkeit verstehe ich die Summe aller Sitten einer Zeit, in denen Beziehungen zum sexuellen Leben enthalten sind«, und: »Das Merkmal der *Öffentlichkeit* ist der Prüfstein, der galante Geschichten von Dokumenten der Sittlichkeit scheidet.«[3] Dennoch: »Sittlichkeit« ist, ebenso wie »Sicherheit«, keine neutrale Kategorie, sondern Ausdruck herrschender Denkungsart, und damit: veränderbar. Auseinandersetzungen über die »sittlichen« Zustände einer Stadt sind deshalb so interessant, weil sie nicht nur davon berichten, welche Verhaltensweisen in einer bestimmten Epoche *üblich* waren, sondern auch davon, welchen Stellenwert die Obrigkeit diesem Verhalten zumaß, und davon, welche Gruppen in der Stadt – und auf welche Weise – diese Wertungen herausforderten.

Auch hier gilt, daß die staatlichen (und, dies sei hervorgehoben, die kirchlichen) Autoritäten ihre Macht durch die Zuständigkeit für die Definierung dessen, was Sittlichkeit sei, abzusichern suchen; und auch hier schaffen sie Institutionen, die herrschaftliche Präsenz ersetzen, die über die Einhaltung der Regeln wachen und Verstöße ahnden. Diese Institutionen registrieren als erste einen eventuellen Wandel im gesellschaftlichen Verhalten und in den gesellschaftlichen Verhältnissen. Der Berliner Polizeirat Albert Moll bemühte sich 1926 um eine Darstellung der Beziehung zwischen »Polizei und Sitte«:

»Aufgabe der Polizei ist es, die Sitte zu schützen, und zwar soweit, wie es das Interesse des Staates erfordert. Daß zuweilen Sitte und Sittlichkeit zusammenfallen, kann keinem Zweifel unterliegen; daß sie aber nicht gleichzusetzen sind, zeigt

schon das Beispiel des Diogenes, den die moderne Polizei wahrscheinlich nicht in einem Fasse wohnen ließe, da sich dieses nicht in einer Wohnung befand. Er wäre heute als Obdachloser der Polizei verfallen. (...)
Wenn es jedem freistünde, die *Sitte* zu verletzen, so würde in Wirklichkeit auch die *Sittlichkeit* gefährdet werden (...). Die Sitte schützt vor dem schnellen, willkürlichen Wechsel, sie verbürgt die Stabilität der Gesellschaft und des Staates. Dessen Vollstreckungsorgan, die Polizei, hat aber die Pflicht, Gefahren, die dem Staate drohen, zu bekämpfen.«[4]

Sitten können sich also verändern, wie die Maßstäbe dafür, was »sittlich« und was »unsittlich« ist; solange sie aber gelten, muß die Polizei über ihre Einhaltung wachen, gilt der Verstoß – noch sprechender in unserem Zusammenhang: die *Überschreitung* – als Gefahr. Die nächtliche Straße in der großen Stadt ist *ein* Schauplatz, an dem sich Beharrungskraft und Wandel von »Sitte« und »Sittlichkeit« beobachten lassen: Sie lockt mit Versprechungen von Freiheit, von Ungebundenheit, von möglichen Grenzüberschreitungen. Gleichzeitig ist sie, wie kaum ein anderer Ort, von einem feingesponnenen Netz der Überwachung umfangen; dieses Netz ist teilweise sichtbar, in Gestalt der Polizeibeamten oder der vielen anderen »Sittenwächter«, teilweise aber auch unsichtbar, repräsentiert durch die geltenden Verhaltensvorschriften und Moralvorstellungen. Die Einschränkungen der nächtlichen Freiheit treffen Frauen in viel stärkerem Maße als Männer, ihre Bewegungsmöglichkeiten werden von den sichtbaren wie den unsichtbaren Kontrollinstanzen der Nacht viel radikaler verstellt.

1. Frauen in der Stadtnacht

Die doppelte Mauer aus herrschenden Vorstellungen von Sittlichkeit und aus männlichen Vorstellungen von Freiheit ist nach wie vor mächtig und versperrt Frauen den selbstgewählten Zugang in die nächtlichen Städte; Ulrike Scholvin hat die Großstädte als »für mich zugesperrte Räume der Phantasie« beschrieben, als Orte, die zu Abenteuern verlokken, aber schier unüberwindliche Mauern davor errichten. Zwar sind die Städte selbst heute keine »verbotenen« Räume mehr, und eine Infrastruktur von Nischen wurde geschaffen, die Frauen problemlos zugänglich ist.

»Aber auf den Straßen dazwischen, die nicht von uns und nicht für uns gebaut sind, bewegen wir uns nach wie vor strategisch, immer darauf eingestellt, unsere Anwesenheit rechtfertigen zu müssen. (...)
Denn die Städte, in die wir unsere Projektionen tragen, um uns daran zu verlieren, sind zugestellt mit Bildern, die unsere Wünsche nicht produziert haben und die nicht Bilder von Frauen sind, die wir gerne wären.«[5]

Die Einschränkungen der Freiheit betreffen die Realität der nächtlichen Stadt ebenso wie ihren imaginären Gehalt; die Wünsche und Bedürfnisse von Frauen unterscheiden sich nicht grundsätzlich von denen der Männer: Es geht beiden darum, die nächtliche Stadt frei, ungebunden, und ohne sich »sinnlosen Verletzungen und Diskriminierungen auszusetzen«, betreten und sich darin – in der *ganzen* Stadt, in der *ganzen* Nacht, nicht nur in räumlichen und zeitlichen Reservaten – bewegen zu können. Aber die Bewegungsfreiheit der Männer wirkt real einschränkend auf die der Frauen.

Auch die »Projektionen«, die Ulrike Scholvin beschreibt: sich verlieren zu können, sich »treiben« zu lassen, verlockende Abenteuer zu erleben, auch einsam sein zu dürfen, aber »unbeschädigt« wieder auftauchen zu können, sie unterscheiden sich weder inhaltlich noch sprachlich von denen, die Männer ausdrücken; aber die Projektionen der Männer betreffen und verletzen häufig die Wunsch-Räume der Frauen.

Ein Grund dafür könnte sein, daß in der Literatur immer wieder, in verschiedenen Variationen, der Topos von der »Nacht als Frau« beschrieben und beschworen wird:

»Nach Einbruch der Dunkelheit herrschen andere Mächte als tagsüber. In der Symbolik und den Mythen der meisten Völker ist die Nacht das Chaos, der Schauplatz der Träume, sie wimmelt von Gespenstern und Dämonen, wie das Meer von Fischen und Seeungeheuern. *Sie ist weiblich*, wie der Tag männlich ist, und wie alles Weibliche birgt sie Ruhe und Schrecken zugleich.«[6]

Dieses männliche Bild der »Nacht als Frau« wird nun aber von Wolfgang Schivelbusch nicht analysiert (anders, als es beispielsweise Klaus Theweleit mit dem »Bild der Flut« versucht hat[7]), sondern unendlich weitertransportiert wie eine anthropologische Konstante; was heißt das, »die Nacht ist weiblich«? Auch in diesem Bild wird letztlich nur ein »Wunschterritorium Frau« erkennbar, ein schrecklich-faszinierendes, vor allem: ein fremdes Gelände, das Angst macht und erobert werden muß.

Die Straße entgrenzt: Gehen, Sehen, Suchen im vielfältigen Angebot der Straße sind eins. Undine Gruenter, die nächtliche Streifzüge eines

Ein langes Leben in der Nacht – aber »Bijou« hat nichts von ihrer Würde verloren.

Mannes durch Paris beschreibt, macht den Zusammenhang zwischen Stadtnacht und – männlich dominierter – Sexualität offensichtlich: »Anonymität der nächtlichen Straßen, durch die schon der scharfe Luftzug des Morgens weht, *ich glitt in sie hinein wie in eine Höhle*«, und, an anderer Stelle: *»Man müßte in eine Stadt eindringen können wie in einen menschlichen Körper.«* [8]

In den letzten Jahren haben Stadtforscherinnen damit begonnen, die Spuren des Weiblichen in der städtischen Realität und in der Imagination zu verfolgen; sie haben Themen aufgegriffen, die eine männlich dominierte Forschung stets unbeachtet ließ.[9] Zugleich haben Frauengruppen dazu aufgerufen, die Nacht »zurückzuerobern«, »to take back the night«. In dieser Formel allerdings verbirgt sich wohl ebensoviel Raunend-Mystisches wie im undifferenzierten »die Nacht ist weiblich«, dumpfe Erinnerung an Hexenzauber und Walpurgisnächte. Dennoch steckt darin ein Hinweis auf das entscheidende Defizit der nächtlichen Stadt: Solange sie nicht Frauen ebenso zugänglich ist wie Männern, solange kann von Freiheit keine Rede sein:

»Die Nacht ist die des Mannes, er kann es sich leisten, nah heranzugehen. Eine Frau bewegt sich nachts anders durch die Straßen: sie geht wie in der Mitte der Fahrbahn, gleich weit entfernt von den dunklen Hauseingängen und dem Lärm der Kneipentüren.« [10]

In einem Gespräch über die Schönheit der vergangenen Pariser Nächte erinnert sich der Historiker Louis Chevalier: »C'était la chasse« [11], es war eine Jagd – nach Vergnügen, nach einem Blick, nach einer Begegnung, nach einer Frau. Frauen, die – aus welchen Gründen auch immer: Wer fragt nach den Gründen der Männer? – in der nächtlichen Stadt unterwegs waren, wurden, gegen ihren Willen und ungefragt, potentielle Gejagte, potentielle Opfer. Die Rede von der jederzeit verführbaren Verführerin entlarvt sich schnell als männlicher Wunschtraum, denn in dem Moment, da Frauen tatsächlich, aus freien Stücken und zum eigenen Vergnügen auf die Jagd gehen, da kommt in den Texten der Männer Angst zum Vorschein, eine Tendenz, »die Gefahren der Großstadt mit der Bedrohung zu verbinden, die von weiblicher Sexualität ausging« [12].

Beides gehört, in den männlichen Texten, zusammen: Sehnsucht nach der Stadt und Sehnsucht nach »der Frau«, Angst vor der Stadt und Angst vor der Frau. Das verbindende Element, das die »begehrenswerten« [13] wie die abstoßenden Eigenschaften der Stadt, der Nacht und der Frau in sich vereinigt, ist das *Thema Prostitution.* Prostitutions*verdacht* traf deshalb Frauen, die unbegleitet und ohne Rechtfertigung nachts unterwegs waren, nicht nur in den Städten: »Die Freiheit der Straße war nicht unbegrenzt, junge ledige Frauen waren in ihrer Bewegungsfreiheit erheblich eingeschränkt. *Die entscheidende Grenze setzte hier die Dunkelheit und die mit ihr assoziierten sittlichen Gefahren.* (...) Wer nachts unterwegs war, um sich zu amüsieren oder gar mit Freunden zu treffen, machte sich der ›Nachtschwärmerei‹ verdächtig, und diese war strafbar«, schreibt Carola Lipp.[14] Sie zieht die Linie dieser Verbote für Württemberg zurück bis ins Jahr 1536, als die Landesordnung bestimmte, »item niemand sol nachts im Sommer nach der neunden Uhr auf den Gassen gehen«. »Niemand« – das galt im Prinzip für beide Geschlechter; aber in der Regel wurden Männer erst aufgegriffen, wenn sie über das »nächtliche Herumlaufen« hinaus noch andere Verbote übertraten. Nachtschwärmerei erscheint in den Polizeistatistiken der 1840er Jahre durchweg als weibliches Delikt.

In den großen Städten, zur Zeit ihres Ausbruchs aus den Fesseln der Tradition, war die soziale Kontrolle geringer als in den Dörfern, aber sie war noch stark genug, um Übertreterinnen der moralischen Gebote zu identifizieren. »Öffentlichkeit als Sphäre der Unmoral«, schreibt Richard Sennett, »bedeutete für die Frauen etwas anderes als für die Männer. (...) *Öffentlichkeit war mit der Vorstellung von Schande eng verknüpft.*«[15] Bürgerliche Männer eroberten sich, wie wir gesehen haben, in den Jahren um 1840 nach und nach die abendliche und nächtliche Straße als Bewegungsraum; dabei spielte die Entwicklung der Straßenbeleuchtung und die ihr folgende Ausstattung der Straßen mit Haltepunkten: Cafés, Schaufenstern, Theatern, eine wesentliche Rolle. Von hier, von den beleuchteten Zentren aus, begannen die Streifzüge ins Dunkel, in die nächtlichen Viertel der Städte. Die Fähigkeit, sich im Dunkel zurechtzufinden, die Möglichkeit, es kennen- und beherrschen zu lernen, wird zu einer wesentlichen Voraussetzung für die Fähigkeit, die Anforderungen des modernen Lebens in der Stadt zu bewältigen. Frauen blieb diese Gelegenheit lange vorenthalten, männliche und weibliche Wege in der Stadt entwickelten sich nicht gleichmäßig.[16]

Je mehr sich männlicher Aufstieg im Grad der Teilhabe am öffentlichen

Leben ausdrückt, um so mehr werden Frauen auf den häuslichen Bereich eingeschränkt. Der einzige Ausweg war »frauliches« Engagement »im Dienst der armen und leidenden Menschheit«[17], waren Aktivitäten in der Krankenpflege, im karitativen Bereich. Dazu gehörte auch der Besuch von Armenfamilien, der natürlich mit einem *Besuch der Armenviertel* verbunden war. Während also Männer die »dunklen Winkel« der großen Städte eher als Regionen des Abenteuers, der herausfordernden Gefahr, der Selbstbestätigung erfuhren – und als »Jagdgebiet« –, waren Frauen tendenziell eher mit Elend und Armut, mit den häßlichen und mitleiderregenden »Nachtseiten« konfrontiert.

Im Blick der Männer

Öffentlich – und bei Nacht – unterwegs waren in den Jahren der heftig einsetzenden Industrialisierung, in deren Folge auch viele junge Frauen in die großen Städte zogen, »Frauen, die keine andere Möglichkeit (sahen), als sich ihren Lebensunterhalt mit Prostitution zu verdienen«[18]. Die Zunahme der (Straßen-)Prostitution, die Anwesenheit der Prostituierten auf den öffentlichen Straßen und Plätzen erhöhte wohl den Reiz und das Abenteuer der Stadtnacht für Männer, engte aber den Bewegungsraum für Frauen noch weiter ein. Im Bestreben, sich von den Prostituierten abzugrenzen, distanzierten sich viele bürgerliche, im karitativen Bereich beschäftigte Frauen besonders heftig – und besonders moralisierend – von der öffentlichen »Unsittlichkeit«, sie »blickten vorwurfsvoll auf jene Frauen herab, die die Normen bürgerlicher Sexualität verletzten«[19].

Der Reiz des Verbotenen, für Männer eine der wesentlichen Attraktionen der Nacht – Alfred Delveau schreibt über die »lorettes« von Montmartre: »Ce ne sont pas de femmes, ce sont des nuits«[20] – berührt Frauen wohl auch; während Männer aber den Attraktionen folgen können, müssen sie einen verstärkten Schutzpanzer gegen die Verführungskraft ausbilden. Vielleicht ist die moralisierende Sprache der Sittlichkeitsbewegung auch darauf zurückzuführen. Eine verständnisvollere Haltung, wie sie etwa Willy Hellpach 1907 ausdrückte, war selten:

»Am Tage sind die Mädchen beschäftigt. Kommt der Abend, mit dem ersehnten Ladenschluß, so winkt ihnen die Aussicht, heimzugehen in ärmliche Verhältnisse, oft genug trüben Familienszenen beizuwohnen, sich schlafen zu legen und am nächsten Tag wieder ins Geschäft zu wandern. Tagaus, tagein. Das ist kein ergötzlicher Wochenkalender, zumal wenn der Weg vom Geschäft in die Wohnung an strahlend erleuchteten Bierpalästen und Cafés vorbeiführt. Und das alles in den Jahren der geschlechtlichen Entfaltung, wo die heiße sinnliche Begierde zum ersten Male in allen Nerven prickelt. War es da zu verwundern, wenn das Verlangen brennend wurde, nach aller Tagesarbeit abends auch einmal ein klein bißchen von den sich aufdringlich zur Schau stellenden Herrlichkeiten der Großstadt zu genießen?«[21]

Hier wird deutlich, welche Gelegenheit zur Gestaltung eigener Freizeit, und womöglich eigener Freiheit, die Nacht hätte bieten können; aber gerade diese jungen Frauen bewegten sich in einem dichten Netz der Regeln und der Vorurteile, die ihnen den selbsterwählten »Ausgang« nicht erlaubten: »Als junges Mädchen gestatte deinen Blicken keine zu große Freiheit«, hieß es unter dem Stichwort »Wie soll ich auf der Straße gehen?« in einem der zeitgenössischen Handbücher.[22] Frauen im Gelände der Nacht sind, in den Augen der Männer, und eben auch in den Augen vieler Frauen, Huren oder Engel; dazwischen gibt es, selbstbestimmt, für sie kaum einen Platz. So schreibt etwa Friedrich Naumann über Henriette Arendt, die 1903 eingesetzte erste weibliche Polizeiassistentin in Stuttgart: »Die Polizeibeamtin ist als solche eine *Vertreterin der menschlichen Fürsorge gegenüber der Unterwelt der Frauen.*«[23] Das Gegenbild liefert Ernst von Salomon, aus der Perspektive des Freikorpskämpfers im Berlin der Weimarer Republik; entsetzt berichtet er von den »Huren«, die »hinter der Front unserer Kampfgruppen strichen«, die mit gelassener Selbstverständlichkeit »nach unseren Körpern griffen, die eben noch den zuckenden Feuern der Maschinengewehre ausgesetzt«[24].

Frauen, die sich in die Stadtnacht begaben, mußten damit rechnen, mit einem dieser Bilder – oder mit einem seltsamen Amalgam daraus – belegt zu werden. Erst in den 1920er Jahren, im Zusammenhang mit dem Versuch einer allgemeinen Demokratisierung des Lebens, öffnete sich der nächtliche Stadtraum für Frauen. Die »neuen« Frauen der Republik – »im allgemeinen haben sie das Tempo ihres Berlin, das unsereinen so atemlos macht«, schrieb Franz Hessel[25] –, sie überschritten geltende Grenzen, auch die der ihnen zugedachten Sittlichkeit. Der Grad weiblicher Teilnahme am öffentlichen Leben war nun zweifellos höher als je zuvor, aber viele Einschränkungen galten weiterhin: Frauen mußten sich, wollten sie in der Stadt bestehen, in einer von Männern gemachten Umwelt orientieren. In den Texten der Gegner nächtlichen Lebens erscheint die Anwesenheit von Frauen in den Straßen als starkes Zeichen des Verfalls und des drohenden Niedergangs. Aber auch in den Texten der Liebhaber städtischen Lebens sind Frauen häufig nur als Staffage, als Element der Dekoration präsent: »Blüten« großstädtischer Nachtkultur sind die Tänzerinnen wie Anita Berber, Gespielinnen wie Kiki de Montparnasse[26], Schauspielerinnen, Sängerinnen: *Begleiterinnen*, Frauen, die »dazu« gehören, aber nicht sich selbst.

Alleine gehen

Im Januar 1927 veröffentlichte die ›Vossische Zeitung‹ eine interessante Diskussion, in der diese Gedanken aufgenommen und an den (nächtlichen) Alltag von Frauen in der Stadt angebunden wurden: Die folgenden Texte berichten vom Stand der »Sittlichkeit« in der großen Stadt Berlin und über den Versuch von Frauen, »alleine zu gehen«.

»*Die Frau, die allein geht*
In Neukölln erschoß ein Kellner einen Betrunkenen, der auf der Straße seine Mutter belästigt hatte.
Dieser tragische Vorfall lenkt die Aufmerksamkeit wieder einmal auf die Lage, in der sich alleingehende Frauen und Mädchen an Orten des öffentlichen Verkehrs befinden. Von mancher Seite wird behauptet, daß die Belästigungen durch Männer in letzter Zeit unerträglich geworden sind.«

Die Zeitung gab drei Frauen Gelegenheit, sich zu diesem Thema zu äußern, und sie bat den Leiter der Berliner Kriminalpolizei, Dr. Bernhard Weiß, ebenfalls um eine Stellungnahme. Mady Christians schreibt:

»Als ich beim Kriegsende nach Berlin zurückkam und zum ersten Mal als erwachsenes Mädchen in Deutschland arbeitete, war der Eindruck, den ich von der Stellung der Frau im Berliner öffentlichen Leben hatte, ein ebenso überraschender als für unsere Frauen im Vergleich mit dem Auslande beschämender. (...)
Mein Heimweg führte mich vom Theater durch sehr belebte Straßen, die Linden, Friedrichstraße zur Stadtbahn und vom Zoo durch die Joachimsthaler zum Kurfürstendamm. Wenn das Einsperren (wie in Amerika) auch hier Brauch gewesen wäre, hätte ein ganz nettes Häuflein Männer jeden Abend brummen können.
Natürlich kann man sich selber wehren. Ich hatte sogar einen blendenden Trick: Merkte ich, daß jemand hinter mir im Begriff war, aufzuholen, um neben mich zu

kommen und mich anzusprechen, so ließ ich achtlos mein Handtäschchen am Arme schlenkern, und im selben Augenblick, da der Mann neben mir war und reden wollte, nahm ich mit starkem Ruck und Schwung mein Handtäschchen schützend in den anderen Arm und maß mit erschrockenem und empörtem Blick den Übeltäter. Einem jeden blieb das Wort in der Kehle stecken vor Beschämung. Kein Mann mit zarten Absichten läßt sich gern von der Auserwählten als Taschendieb mißverstehen.
Man muß schon zu einem solchen Mittel greifen, denn Schnellgehen, Anschnauzen oder mit Verachtung strafen schüchtert die lieben Leute nicht ein. Es ist doch recht beschämend, daß sich die Frauen in Berlin überhaupt derartig schützen müssen, und ich finde die amerikanische Sitte, die Schutzleute zu den Rettern der Frauen zu bestellen, doch recht nachahmenswert.«

Das ist das Stichwort für die Polizei. Bernhard Weiß antwortet auf die Klagen mit einer Darstellung der Polizeiarbeit auf den Straßen und gibt damit interessante Aufschlüsse über das Bild, das die Ordnungskräfte von der Straße – und von den »alleingehenden« Frauen – haben:

»[Der Berliner Polizeipräsident] errichtete Anfang September 1903, und zwar versuchsweise, einen besonderen, von Kriminalbeamten beschickten *Patrouillendienst in der Friedrich-, Leipziger und Potsdamer Straße sowie Unter den Linden.* Die Tätigkeit dieses besonderen Patrouillendienstes sollte (...) ›hauptsächlich ein beobachtender und vorbeugender sein‹. Nicht nur polizeilich, sondern auch psychologisch interessant ist es, daß die Anweisung über die Art des polizeilichen Vorgehens sagt: ›Nehmen die Beamten wahr, daß ein Herr eine anständige Dame in auffallender und aufdringlicher Weise verfolgt, sich ihr nähert oder sie gegen ihren Willen begleitet, so sollen sie der Dame schützend zur Seite treten, indem sie sich als Kriminalbeamte zu erkennen geben. Ob die Annäherung des Herrn wider den Willen der Dame erfolgt, wird sich aus ihrem Verhalten erkennen lassen, wenn sie ihre Schritte lebhaft beschleunigt, ausweicht, abweisende Bewegungen macht oder sich nach Hilfe umsieht.«

Die Problematik der polizeilichen Vorgehensweise ist offensichtlich. Welches sind beispielsweise die Kriterien für die Beurteilung einer Frau als »anständig« und »ehrbar« – im Jahr 1903, da der polizeiliche Prostitutionsverdacht alleingehende Frauen noch stärker traf als 1927? Galt die wohlwollende Aufmerksamkeit der Beamten auch Frauen aus der Unterschicht? Darauf geht Weiß näher ein:

»Der provisorisch eingerichtete ›Damenschutzdienst‹ bewährte sich. Von Januar 1904 ab wurde er daher erheblich erweitert. Kriminalbeamte beschützten die allein gehende Weiblichkeit jetzt nicht nur in den Hauptverkehrsstraßen der Innenstadt, sondern auch in den entlegeneren Stadtteilen, um, wie die neue

Die Schutz-Männer sorgen für Sicherheit – aber auch dafür, daß die Städte, bei Nacht, nicht zu »woman's own« werden (London um 1935).

polizeiliche Anweisung erklärt, ›*auch den Frauen und Mädchen des Arbeiterstandes auf ihren Wegen den notwendigen Schutz zu verleihen*‹. Im Jahre 1911 nahm man eine organisatorische Neuerung vor. Man zog den besonderen kriminalpolizeilichen Damenschutzdienst ein und übertrug seine Aufgaben auf die Kriminalbeamten der Sittenpolizei. Diese Neuregelung, die über den Krieg hinaus bei Bestand blieb, bedeutete sicherlich keine ideale Lösung des Damenschutzproblems. Bei der Art ihrer polizeilichen Tätigkeit, die auf *Kampf gegen die unanständige Frauenwelt* eingestellt ist, erscheinen die Beamten der Sittenpolizei nicht als die berufenen Beschützer anständiger Damen.«

Probleme sieht Weiß in der zu geringen Anzahl von Polizeibeamten auf den Straßen, aber auch in der geringen Möglichkeit, »Belästiger« festzustellen; viele Männer würden den Spieß herumdrehen und »sich als belästigt« darstellen – wie ja auch die Sittenpolizei ihr Augenmerk auf die Ordnungsstörung durch Prostituierte richtet, nicht auf die Männer. Zwei weitere Zeuginnen kommen in der gleichen Ausgabe der ›Vossischen Zeitung‹ zu Wort, Dr. Gertrud Haupt und Annemarie Horschitz:

»Trotzdem seit Jahrzehnten die Frau vom Manne als gleichberechtigter Mitarbeiter und Kamerad anerkannt ist, gibt es bei ihm die scheinbar schwer auszurottende *Vorstellung, daß jede sich in der Öffentlichkeit allein zeigende Frau abenteuerlustig ist*. Besonders in Berlin hat das Belästigtwerden einen Grad erreicht, der nun endlich die Behörden zum Eingreifen zwingen sollte.
Mit Neid blickt die deutsche Frau hinüber zu ihren begünstigteren Mitschwestern in London, New York und (hier hat der amerikanische Einfluß Wunder bewirkt) auch in dem verleumundeten Paris.
Den bisher im geheimen geführten Kampf um Gleichbewertung mit dem alleingehenden Manne sollte jetzt die Berlinerin mit neuem Mute aufnehmen im Gedenken an den starken polizeilichen Rückhalt.«

»Die Polizei will sich unser und der Sittlichkeit annehmen. Es ist ein netter, ritterlicher Plan, und der Beifall aller ist ihr gewiß. Nur einen Rat und eine Bitte schon heute: bleibt nicht hinter Amerika zurück, bewahrt uns Frauen vor dem Angesprochen- und Belästigtwerden nicht nur durch eine strenge Autorität und durch euer Dazwischentreten, nein, droht den ›Verbrechern‹ mit hohen Geldstrafen, Gefängnis und – Ehezwang. In New York verkleiden sich die findigen ›Bobbies‹ und suchen in Frauenkleidern nach leichtsinnigen Männern, die sich verleiten lassen, ungeziemende Zumutungen zu flüstern.«[27]

In diesem Brief wird bereits ein leichterer, ironischer Ton bemerkbar; das macht besonders der (bei der Rede über das Nachtleben ja beliebte) internationale Vergleich – »In Paris? Ach, Paris lebt doch von dem Charme seiner Gesten. Und dieses Ansprechen ist eine von ihnen« –

deutlich. Am 29. Januar 1927 wird die Diskussion in der ›Vossischen Zeitung‹ mit zwei weiteren Beiträgen fortgesetzt. Lotte Spitz:

»Die unbegleitete Dame
– Man steigt nach –
Hand aufs Herz, ihr Frauen, die ihr viel allein zu gehen genötigt seid: Wie oft, unter den unzähligen Malen, die euch berufliche oder gesellschaftliche Verpflichtungen ohne Begleitung zu Tages- oder Nachtstunden durch die Berliner Straßen führen, seid ihr ernsthaft belästigt worden? Angefangen von dem schnell vorbeihuschenden Blick, von dem sondierend hingeworfenen Wort bis zu der konsequenten Belästigung durch einen Hartnäckigen? Wo bleiben die Vielen, die euch, ohne mit der Wimper zu zucken, ohne die Lippen zu einem Wort zu schürzen, ohne ihren Gang zu beschleunigen, eures Weges ziehen lassen?
Ein anderes. Die uniforme weibliche Kleidung erfordert von flanierenden Herren – besonders des Nachts – erhöhtes und verfeinertes Unterscheidungsvermögen. In neun von zehn Fällen wird bei nicht beachtendem beschleunigtem Weiterschreiten der Dame der Herr die Aussichtslosigkeit seines Beginnens einsehen und von ihr ablassen.
Zugegeben, daß in bestimmten Straßenzügen, an gewissen Ecken eine muntere Miene, ein Lächeln, das irgendein Gedanke auf das Gesicht zaubert, gelegentlich mißdeutet und als Einladung genommen wird. Aber auch dann wird der ungebetene Bewerber an dem offensichtlich ungeheuchelten, impulsiven Schrecken der angeredeten Dame seinen Irrtum erkennen.«

Lotte Spitz plädiert dafür, Polizeibeamte nur dann zu Hilfe zu rufen, wenn es gar keine andere Möglichkeit mehr gibt; denn sonst wäre es »der polizeilichen Überwachung anheimgestellt, immer die Grenze zu erfassen, wo ein harmloser Straßenflirt, in dessen Verlauf die anfangs vielleicht gar nicht abgeneigte Dame plötzlich chokiert wird, sich zur wirklichen Belästigung auswächst«. Die Polizei sollte manche dunklen Nebenstraßen besser überwachen, aber Frauen könnten prinzipiell »ihren Mann stehen«. Für mehr weibliches Selbstbewußtsein spricht auch Margarete Caemmerer in ihrem Beitrag:

»Ist denn das ›Nachsteigen‹ an sich schon ein Verbrechen? Wir wollen doch nicht so engherzig sein, eine der nettesten Nuancen im Liebesspiel von vornherein zu verdammen. Ob aus dem Nachsteigen Ansprechen wird, liegt allein im Verhalten der alleingehenden Frau. (...) Wir Frauen sollten doch etwas mehr Selbstbewußtsein zeigen und nicht gleich nach der Polizei schreien.«[28]

Aber das »Benehmen« ist nicht frei wählbar; unter den herrschenden Umständen ist es nicht einfach, die Perspektive des Opfers zu verlassen, eigene Strategien für die eigenen Wege durch die (nächtliche) Stadt zu finden und nicht die neue Selbständigkeit durch den Ruf nach dem Schutz-Mann wieder aufzugeben.

Die nächtliche Stadt *ist* ein Ort der Risiken, der potentiellen Gefahr, und sie *ist* mit Sexualität aufgeladen. »Vergnügen und Gefahr«[29] halten sich die Waage, und jede Darstellung wäre verfehlt, die nur einen der beiden Aspekte in den Vordergrund stellen wollte. In manchen neueren feministischen Texten finden sich Elemente einer neuen *Eingrenzung*, Tendenzen des Rückzugs in einen umhegten, geschützten Bereich des Sicherheits- und Sittlichkeitsdenkens. Zu selten wird nach dem Wert, der Bedeutung von selbstbestimmten Entgrenzungen gefragt. Wir sind deshalb zu oft auf Texte von Männern angewiesen, in denen »Frauen der Nacht« beschrieben werden, Texte, in denen, wenn es gelingt, sie gegen den Strich zu lesen, Spuren selbstgeführten Lebens auftauchen, etwa in Philippe Soupaults ›Die letzten Nächte von Paris‹ (1928):

»Sie liebte nur die Nacht, die sie sich jeden Abend zu eigen machte, und ihre Art und Weise wurde erst wirklich, wenn sie sich aus dem Licht entfernte, um in die Finsternis einzutreten. Wenn man sie aufmerksam betrachtete, konnte man sich nicht vorstellen, daß sie tagsüber lebte. Sie war die personifizierte Nacht, und ihre Schönheit war nächtlich. So wie man völlig unbewußt sagt: hell wie der Tag, so konnte man Georgette nicht anders bezeichnen als: schön wie die Nacht.«[30]

Die Mythen sind hartnäckig und langlebig. Vielleicht hilft der genauere Blick in die Geschichte der »Huren« und der »Engel«, sie besser zu verstehen.

2. Prostitution

Auf den Straßen der nächtlichen Stadt begegnen sich Männer und Frauen; beiden wird in der Nacht ihre Zugehörigkeit zum eigenen Geschlecht stärker bewußt, und bewußt gemacht, als am Tage. Ihre Begegnung trägt einen ungleichen Charakter: Alle Männer, alle Frauen, egal was sie in die Stadtnacht treibt, bewegen sich darin unter den Bedingungen allgemeiner »Verhältnisse«, die sie nicht selbst geschaffen haben, die aber ihr Verhalten und ihre Haltungen prägen.

Prostitution ist ein extremer Ausdruck ungleicher Verhältnisse zwischen den Geschlechtern. Sie steht, historisch wie gegenwärtig, als Sinnbild für unterschiedliche Beweg-Gründe, unterschiedliche An-Sichten, unterschiedliche Vorstellungen vom Gang in die nächtliche Stadt. Auch wenn einzelne, Frauen oder Männer, für sich andere Motive, andere Ansprüche mitbringen, beim Gang in die Nacht begleitet sie der Vorwurf, der Verdacht. Die Prostitution belastet das Bild von der Stadtnacht, das alle, die »ausgehen«, in sich tragen.

Sie prägt – besser vielleicht: sie prägte – aber auch die nächtliche Topographie der Stadt, ihre Anwesenheit formt das Straßenbild. Ihr Personal: Prostituierte und ihre Kunden, Sittenpolizisten, Voyeure und Missionsschwestern, bevölkert die nächtliche Stadt in der Realität und, wohl noch mehr, in der Imagination. Die Prostitution betrifft nicht nur verschiedene Bereiche der *gesellschaftlichen* Organisation und der gesellschaftlichen »Verhältnisse«, die Kontrolle und Regulierung der »öffentlichen Unsittlichkeit« wird auch als Aufgabe *staatlicher* Organisation angesehen. Die Existenz der Prostitution stellt eine umfassende Herausforderung an die obrigkeitliche Kompetenz zur Beherrschung der nächtlichen Stadt und an ihre Definitionskompetenz dar: Die Frage, was »sittlich« und was »unsittlich« sei, was erlaubt werden kann und was verboten werden muß, wieviel Freiheit (und für wen) möglich, wieviel Einschränkung nötig sei, wird immer wieder am Beispiel der (Straßen-)Prostitution diskutiert.

Kontakt mit der Straße

Berichte über die Erscheinungsform der Prostitution im Mittelalter und in der frühen Neuzeit beschreiben sie als *Phänomen der geschlossenen Räume*; freilich trat auch in dieser Zeit die Obrigkeit immer dann in Aktion, wenn sich die »Unzucht« öffentlich bemerkbar machte, wenn sich in der Umgebung von »Frauenhäusern« oder ähnlichen Einrichtungen »schamlose« Szenen abspielten. Aber, so Regina Schulte, »man fügte die Prostitution in das soziale Beziehungsnetz der Stadt ein und unterwarf sie deren Verkehrsformen«[31]. Teil dieser Politik war aber die Verfolgung der geheimen »Winkelprostitution«, die weniger leicht zu kontrollieren war. Die Rede von der Gefährlichkeit der »prostitution clandestine« zieht sich wie ein roter Faden durch die Debatten; sie wird, mehr als die

Bordellprostitution, zum Signum der Unsittlichkeit, sie braucht in besonderem Maße den Schutz der Nacht, sie flieht die Kontrolle, sie »lauert« an unerwarteten Stellen, sie hat eine große Nähe zum Phänomen der Obdachlosigkeit und verbündet sich »erfahrungsgemäß«[32] mit der Verbrecherwelt, sie bedroht die Stadt mit der Geschlechtskrankheit.

Vom 2. Februar 1792 stammt die Berliner »Verordnung wider die Verführung junger Mädgen zu Bordels und zur Verhütung der Ausbreitung venerischer Uebel«, mit diesem Dokument beginnen die »Acta des Magistrats der Residenzstadt Berlin, betreffend die hiesigen Bordelle und die Prostitution«, deren erster Band die Jahre von 1792 bis 1849 umfaßt.[33] Im Vordergrund stehen Probleme, die mit den Bordellen zusammenhängen. Topographisches Zentrum der Bordellprostitution war, etwa ab 1810, die Gasse *An der Königsmauer*. Vor allem durch Reisebeschreibungen wird das angeblich abgelegene Viertel bekannt und berüchtigt: »Keinem, der nicht allenfalls Lust hat, gleiches Loos mit Orpheus zu teilen, rathen wir, bei des Tages Licht, durch jene Gasse zu gehen«, schreibt 1822 Adolf von Schaden.[34]

Was bei Tageslicht schon galt, traf erst recht in der Dunkelheit zu; »während des größten Teils des Abends und der Nacht stand eine Dirne vor der Tür des Bordells Wache, um als Lockspeise zu dienen«, schreibt Hans Ostwald, und:

> »Mit dem Eintritt der Mitternacht wurden die Bordelle zwar dem äußeren Anschein nach geschlossen, indem man die Haustüren verriegelte und die Fensterläden heranzog, im Innern währte das Treiben aber noch bis gegen 3 und 4 Uhr morgens fort. Um die *Kommunikation nach außen* bis zu dieser Zeit noch fortdauern lassen zu können, waren in den Fensterläden kleine Klappen angebracht, an denen ein Mädchen als Wache aufgestellt war. Näherte sich ein Nachtschwärmer, so wurde er von ihr angerufen und zum Eintritt eingeladen.«[35]

Die Straßen und Gassen in der Umgebung der Bordelle wurden, in den Augen der obrigkeitlichen Sittenwächter, mehr und mehr zum gefährlichen Gelände. Was innerhalb der Häuser geschah, war den Blicken der Öffentlichkeit entzogen, jetzt trat die Unzucht aber in »Kommunikation« mit der äußeren Welt. Anwohner, Kirchenvertreter, besorgte Eltern, deren Kinder den Weg an den Bordellen vorbei nehmen mußten, forderten immer lauter deren Abschaffung. Auch innerhalb der preußischen Regierung vollzog sich ein Prozeß des Umdenkens. Der Minister des Innern schreibt am 25. Juni 1839 in einem Cirkular-Reskript an die Regierungen der Rheinprovinzen: »Ich habe die wiederholten Anträge der Königlichen Regierung auf Konzessionierung von Bordellen nicht genehmigen können, weil nach meiner Ueberzeugung der Vortheil, den man sich von solchen Einrichtungen verspricht, illusorisch ist (...). Die Polizei darf die Verfolgung des Lasters niemals aufgeben.«[36] Dieser Widerspruch zwischen der Strategie, das »Laster« durch Kontrolle zu vermindern, und der Forderung, es grundsätzlich zu verfolgen, nicht zu »tolerieren«, wird die Diskussion der nächsten Jahrzehnte in Preußen und im Deutschen Reich bestimmen. Auch in Frankreich begann in den späten 1830er Jahren eine Debatte über die Prostitution, unter etwas anderen Vorzeichen.

Geschlossene Milieus

Auslöser dieser Debatte war das 1836 erschienene Buch ›De la prostitution dans la ville de Paris‹ von Alexandre Parent-Duchâtelet.[37] Er bemühte sich als erster Forscher um eine vollständige Erfassung des Phänomens und begnügte sich dabei nicht mit einer Durchsicht der Polizei- und Verwaltungsberichte; er war »vor allem ein Erforscher des Geländes, ein Ethnologe der Kloaken:

›ich bin durch alle die Orte gegangen, die ich beschrieben habe. (...) Ich konnte zu allen Tages- und Nachtzeiten die Häuser, von denen hier die Rede ist, besuchen und dort eine genügende Anzahl wichtiger Beobachtungen machen, die Ärzte haben mich tagsüber begleitet, ein Polizeioffizier vom Büro [der Sittenpolizei] hat mich während der Nacht geführt.‹«[38]

Diese exakten Beobachtungen an den Orten, und das hieß auch in Paris: in den Häusern der Prostitution zeigten ihm eine »contresocieté souterraine«, eine unterirdische Gegengesellschaft, die zugleich moralische, soziale, sanitäre und politische Gefahren in sich trage. Die Konsequenzen, die er daraus zog, machten ihn zum Vorkämpfer einer staatlichen Reglementierung der Prostitution, als Teil der gesamten Stadtorganisation:

»1. Es ist notwendig, ein *geschlossenes Milieu* einzurichten, unsichtbar für Kinder, für junge Mädchen und für anständige Frauen; die Abschließung erlaubt es, die außerehelichen sexuellen Aktivitäten ganz an den Rand zu schieben; sie stellt einen Graben dar, der jedes Überborden verhindert.

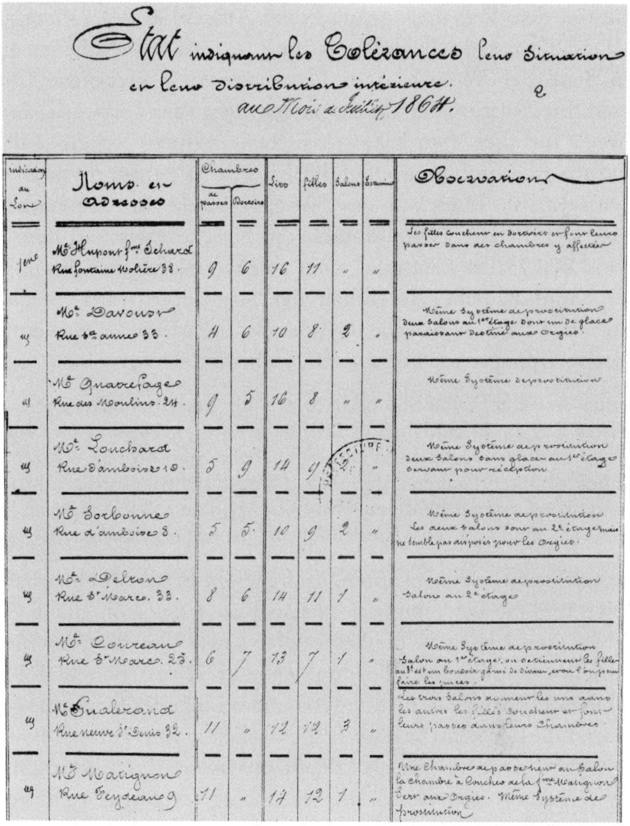

État indiquant les Tolérances leur situation et leur distribution intérieure. 2
au Mois de Juillet 1864.

Indication du Lieu	Noms et adresses	Chambres de passes	Chambres Dortoirs	Lits	filles	Salons	Examin.	Observations
1ere	Me Hupont fme Schard, Rue Fontaine Molière 38.	9	6	16	11	"	"	Les filles couchent en dortoirs et font leurs passes dans des chambres y affectées
id	Me Davoust, Rue Ste Anne 33.	4	6	10	8	2	.	Même système de prostitution deux salons au 1er étage dont un de glace paraissant destiné aux orgies.
id	Me Quatrefages, Rue des Moulins 24.	9	5	16	8	"	"	Même système de prostitution
id	Me Louchard, Rue d'Amboise 10.	5	9	14	9	2	"	Même système de prostitution deux salons sans glaces au 1er étage servant pour réception
id	Me Sorbonne, Rue d'Amboise 8.	5	5	10	9	2	"	Même système de prostitution Les deux salons sont au 2e étage mais ne semblent pas disposés pour les orgies.
id	Me Delron, Rue St Marc 33.	8	6	14	11	1	"	Même système de prostitution salon au 2e étage
id	Me Courreau, Rue St Marc 23.	6	7	13	7	1	"	Même système de prostitution Salon au 1er étage, où se tiennent les filles au 1er est un boudoir garni de divan, et où l'on peut faire les [illegible].
id	Me Gualerand, Rue neuve St Denis 32.	11	"	12	12	3	"	Les trois salons donnent les uns dans les autres les filles couchent et font leurs passes dans leurs chambres
id	Me Matignon, Rue Feydeau 9	11	"	14	12	1	"	Une chambre de passe tient au salon la chambre à coucher de la fme Matignon sert aux orgies. Même système de prostitution

Das Unaussprechliche wird statistisch erfaßt: Die Aufstellung der geduldeten Bordelle durch die Pariser Polizei vom Juli 1864 geht ins Detail selbst der Einrichtung (»Säle, für Orgien bestimmt«). Die Toleranz der Polizei gegenüber den Bordellen ruft die Sittlichkeitsbewegung auf den Plan (Polizeipräfektur Paris 1864).

2. Dieses geschlossene Milieu muß unter der ständigen Aufsicht der Verwaltung bleiben. Unsichtbar für den Rest der Gesellschaft, ist es so für die, die es kontrollieren, absolut durchsichtig.«[39]

Die »Toleranz« für die Häuser schließt ihre ständige Kontrolle ein; ist dies einmal geregelt, muß der Kampf der »Police des Mœurs« der geheimen

Prostitution, dem Zuhältertum und dem Ausschluß der Öffentlichkeit gelten. Deshalb entspricht der Schaffung bestimmter »Milieus« auf der anderen Seite der Versuch, »des lieux interdits«, verbotene Orte zu definieren. Im Zentrum der Überlegungen steht »das Verbot der öffentlichen Wege für die öffentlichen Mädchen« (»Interdiction de la voie publique aux filles publiques«), und dabei geht es zunächst vor allem um den Palais Royal. Hier war der Ausgangspunkt für die nächtlichen Streifzüge der Pariser Noctambules, die Strecke zwischen dem Palais Royal und den Halles Centrales, dem zweiten nächtlichen Brennpunkt, war der hauptsächliche Aufenthalt der Straßenprostitution, Überwachungsgelände für eine Brigade des »Service des Mœurs«; sie verordnete den Prostituierten genaue Verhaltensvorschriften:

»Sie dürfen erst eine halbe Stunde nach der für das Anzünden der Laternen festgesetzten Zeit am öffentlichen Verkehr teilnehmen, keinesfalls aber vor 7 Uhr abends, und sie dürfen nicht länger als 11 Uhr abends dort bleiben.
[Es ist ihnen verboten,] auf den öffentlichen Wegen stehenzubleiben, dort Gruppen zu bilden, in Gruppen herumzugehen, sich in einem zu kleinen Raum hin und her zu bewegen, und sich von Männern folgen oder begleiten zu lassen.«[40]

Zu den verbotenen Orten gehören, nach diesem Erlaß vom Februar 1841, die Gärten und die Umgebung des Palais Royal, der Königliche Garten, die überdachten Passagen, die Seine-Ufer sowie »les rues, les places et lieux obscurs et déserts«, alle dunklen und verlassenen Straßen und Plätze: Die nächtliche Erscheinung soll in das Licht der Kontrolle gerückt werden und darf es nicht verlassen. Zusätzlich zum regulären Polizeigewahrsam werden 16 Posten als »dépôt provisoire des filles publiques« eingerichtet, Auffangstationen, die regelmäßig vor Mitternacht von den »Sergents de Ville« visitiert werden. Diese Stationen, über die ganze Stadt verteilt, bezeugen die Unwirksamkeit der Einrichtung von geschlossenen Milieus.

1840 erschien, in Brüssel, das Werk ›Des classes dangereuses de la population dans les grandes villes‹ von H. A. Frégier. Seine Darstellung des unentwirrbaren Konglomerats von Verbrechern, Prostituierten und anderen Angehörigen der »gefährlichen Klassen« hat die Arbeit der Polizeiorgane entscheidender geprägt als die kenntnisreichere, verständnisvollere Arbeit des Alexandre Parent-Duchâtelet. Die polizeiliche Verfolgung der Prostitution traf so auch viele andere Frauen aus den Unterschichten: »Diese nächtlichen Expeditionen fanden zwischen Mitternacht und ein Uhr auf den Boulevards statt, die Durchfahrt wurde versperrt, und durch ein weites Auswerfen der Netze wurden alle die unglücklichen Frauen, die sich innerhalb der Absperrung befanden, in die Arme der Agenten getrieben.«[41] Die Agenten der Sittenpolizei sehen überall Prostituierte, in ihren Augen macht sich schon grundsätzlich verdächtig, wer nachts auf den Straßen unterwegs ist, und Frauen traf der Verdacht, und die Konsequenz, besonders hart. Dieses Vorgehen hat eine andere, von der Polizei ungeahnte Folge: Immer mehr Menschen werden, da sich die Straßen in diesen Jahren einem breiteren Publikum öffnen, zu Zeugen und Zeuginnen der »öffentlichen Sittenlosigkeit«, und sie sehen auch die Unfähigkeit der Polizei, sie vollständig zu kontrollieren.

Die Aufhebung der Bordelle in Berlin

Die Polizei selbst hatte sich, wie Hans Ostwald schreibt, »überzeugen lassen müssen, daß in einer Großstadt vom Wachstum und dem Range Berlins nicht alles reglementiert werden konnte«. Am 15. 11. 1843 forderte das Ministerium des Innern die Aufhebung der Bordelle, und Ende 1844 erschien die entsprechende Königliche Kabinettsordre. Im Jahresbericht der Berliner Sittenpolizei von 1853 heißt es lakonisch, diese Aufhebung »geschah [immerhin erst 1846!] ohne erhebliche Störung«, aber das ist doch nicht ganz zutreffend. Es gab immerhin eine öffentliche Auseinandersetzung:

»Von zwei Uebelständen den kleinsten.
Wer hat nicht mit Empfindungen der Freude in dieser Zeitung gelesen, daß am 1. Januar 1846 sämmtliche Schlupfwinkel der Prostitution in der Hauptstadt eingehen sollen? Wie menschlich, wie christlich, wie edel ist diese Anordnung! Wird aber durch dieselbe der beabsichtigte Endzweck erreicht werden? Wird man bei der Vernichtung und Zudämmung dieser Höllenpfuhle verhindern können, daß dieselben über ihre Ufer treten, gesundes Land überfluten und unsägliches Verderben bereiten? – Sollte es in volkreichen Städten, in denen rohe Wüstlinge wohl selten fehlen, nicht rathsamer sein, diese Cloaken bestehen zu lassen und streng zu beaufsichtigen?«[42]

Dagegen setzt der Polizeirat Wilhelm J. Stieber[43], der die Aufhebung der Bordelle rechtfertigt, ein interessantes Argument: Es sei notwendig, »einzudringen in die tiefsten und geheimnißvollsten Falten unserer socialen Verhältnisse«, und man müsse diese Verhältnisse »nach den Principien der Wissenschaft und der Humanität durchdringen und an das Tageslicht ziehen«. Oberflächlich betrachtet, entspricht diese Haltung wohl der demokratischen Stimmung im Berlin des Vormärz. Aber Stieber benutzt die Formeln als Instrumente im Kampf gegen die »gefährlichen Klassen« der Stadt: »Drei furchtbare Feinde sind es, mit denen unser Zeitalter fast an allen Orten zu kämpfen hat (...), nämlich *das Proletariat, das Verbrechen und die Prostitution.*«[44] Das forschende Eindringen hat ausschließlich die Funktion der Kontrolle, der Sicherung, der Vorbereitung zum »reinigenden« Durchgreifen. Zwar zeige das anständige Publikum in Berlin wenig Neigung zum öffentlichen geselligen Leben, aber gerade dadurch seien die Orte des Vergnügens vor allem in den Abend- und Nachtstunden »den Gewalthabern der Prostitution überlassen«. Der Feind hat die Tendenz, sich überall auszubreiten: Behrenstraße, Schützenstraße, Münzstraße, Jägerstraße, Schloßplatz, Alexanderplatz, Kastanienwäldchen, Platz bei der katholischen Kirche, Rosenthaler Platz, Lustgarten, Louisenstraße – verseuchtes Gelände,

»namentlich aber wimmeln die Königstraße in ihrer ganzen Ausdehnung, der zwischen der Leipziger- und der Dorotheenstraße gelegene Theil der Friedrichstraße, die zwischen der Mauerstraße und dem Dönhoffplatz gelegene Strecke der Leipziger Straße, die beiden Seiten der Linden und die Landsberger Straße an jedem Abend von diesen Straßendirnen«[45].

Der Widerspruch ist offensichtlich: Die Ausbreitung der Straßenprostitution ist ja ein Ergebnis des Kampfes gegen die Bordelle, und sie steigert sich nach deren »Aufhebung« noch beträchtlich, »aus dem sehr natürlichen Grunde«, wie Carl Röhrmann kommentiert, »weil der Verdienst der Bordelle auf die Straßendirnen übergegangen ist«[46]. Röhrmann liegt politisch, und das heißt: mit seiner Anklage gegen die sozialen Zustände, die Frauen zur Prostitution zwingen, auf einer Linie mit den bereits zitierten Vormärz-Journalisten Friedrich Saß und Ernst Dronke, die beide in ihren Berlin-Darstellungen dem Thema Prostitution, mit dem Schwerpunkt allerdings auf dem »Treiben« in Kaffeehäusern, Tanzlokalen und Ballsälen, viel Raum geben. Aber auch sie verfallen bei diesem Thema in den unsachlichen Tonfall der Großstadtfeinde: »Laster«, »Verworfenheit«, »Leichtsinn«, »Genußsucht« und »Müßiggang« sind für Saß die Prädikate der »ganzen Skala der berlinischen Lebenszustände«, der

»Durst nach Pikanterie«, ja die »durchgreifende Frivolität der Hauptstadt« gelten ihm als Zeichen der Scheinwelt einer äußerlich prosperierenden und innerlich bereits verfaulenden, werdenden Großstadt, auch »die unteren Klassen Berlins weisen alle jene Sünden und Fehler auf, welche aus dem Charakter unserer großen Städte hervorgehen«[47].

»Kein Fremder aber, der Berlin auf einige Zeit besucht, wird es hoffentlich versäumen, das Kroll'sche Etablissement an einem seiner Glanzabende oder einer seiner Glanznächte zu besuchen. Es sind hier tiefe Einblicke in den Zustand der berlinischen Welt zu tun, es kann hier mancher Schleier gelüftet werden. Aber dem Fremden entgeht gewöhnlich das meiste, und er kann zufrieden sein, wenn er nicht eine schlimme Erfahrung macht. Er muß vor allen Dingen nicht glauben, daß er hier das ›anständige‹ Berlin vor sich hat. Es umwirbelt und umgaukelt ihn das frivole Berlin, sei es auf der Basis des Reichtums, der Verschwendung, der Lüsternheit, der Langeweile, oder sei es auf der Basis der Not, des Erwerbes, des jugendlichen Leichtsinns, der Schwindelei, der Prostitution.«[48]

Nur die ersten drei Bälle »bei Kroll«, so Saß weiter, seien von einem »anständigen Publikum« besucht worden, danach sei die Prostitution, seien auch Taschendiebe und Spieler »mit ihrem dunklen Anhang« gekommen, und »bei dem elften und zwölften [Ball] überwog schon der prostituirte Teil der Damengesellschaft«. Wollte Herr Kroll diesen aus seinem Lokal verbannen, so drohte ihm der Ruin, denn die Prostitution sei »nun einmal in Berlin die Trägerin des gesamten öffentlichen und heiteren Lebens geworden«. Hier findet die Rede von der Verbrecherwelt, von der zunehmenden *Gefahr für die Sicherheit der Stadt* ihre Entsprechung in der Rede von der Prostitution, von der *Gefahr für die Sittlichkeit der Stadt.*

Gelegenheitsmacherin Nacht

Nach 1846 beginnt bei der Berliner Polizei und den anderen mit der Prostitution befaßten Instanzen eine Phase intensiver Überlegungen. »Ein hiesiger namhafter Polizeibeamter ist gegenwärtig auf Reisen geschickt«, berichtet am 15. Januar 1850 die ›Vossische Zeitung‹, »um im Auslande von den Einrichtungen der öffentlichen Häuser Kenntnis zu nehmen.« Unverzüglich solle mit der Wiedereinrichtung von Bordellen begonnen werden. Ihre Überwachung wurde einer neugeschaffenen

Kommission übertragen, der u.a. der Direktor der Sittenpolizei, Hofrichter, und der Arzt Fr. J. Behrend, Autor der Denkschrift »Die Prostitution in Berlin und die gegen sie und die Syphilis zu nehmenden Maßregeln«[49], angehörten. Vor allem Behrend machte sich für eine Wiedereinrichtung der Bordelle stark:

»Diejenigen, welche dem Laster und dem Verbrechen sich ergeben haben, finden sich niemals heimisch bei den auf ordentlichem Wege Wandelnden, sondern suchen ihre Zuflucht bei den Lasterhaften. Ihr Instinkt treibt sie immer wieder zu dem Aufenthalte des Lasters, der Unzucht und der Schande, und hier in Berlin war es vorzüglich die Königsmauer, wohin das verbrecherische Gesindel sich am meisten hingezogen fühlte. (...) [Heute ist es der Schaden,] den die Aufhebung der Bordelle dadurch gebracht hat, daß sie zur Bildung vieler geheimer und ziemlich sicherer Schlupfwinkel (...) Anlaß gegeben und daß sie der Polizei ein äußerst wirksames und meist erfolgreiches Mittel geraubt hat, diesem Gesindel nachzuspüren und es aufzutreiben.«[50]

Wenn es schon nicht gelingen kann, einen »Sumpf« auszutrocknen oder ganz fortzuschaffen, dann muß ihn die Obrigkeit unter Aufsicht stellen, umschränken, »und wird Abzugsgräben und Kanäle anlegen, wohin die pesthauchenden Agentien abgeleitet werden. Ist nicht die Prostitution ein solcher Sumpf?« Die Ordnungskräfte werden gezwungen, neue Methoden zu erproben, die nächtliche Stadt wird zum Experimentierfeld moderner Strategien der Herrschaftssicherung. »Es ist eine sonderbare Zeit hinsichtlich sozialer Experimente, in der wir jetzt leben«, schreibt Julius Beer in seinem 1856 publizierten Vortrag »Die Schließung der öffentlichen Häuser und ihre sittlichen Folgen für die Stadt Berlin«. Eine ähnliche Auffassung vertritt auch Theodor Bade. In seiner Schrift »Ueber den Verfall der Sitten in den großen Städten mit besonderer Berücksichtigung der Zustände in Berlin und der betreffenden Polizeiversuche während der letzten zehn Jahre«[51], die 1857, nach der endgültigen Schließung der Bordelle, erschien, konstatiert er eine *prostitutive Durchdringung der Gesellschaft* und weist der Polizei dafür die Hauptverantwortung zu. Die alten Bordelle, so Bade, seien so abschreckend gewesen, daß mancher nach einem Besuch »verschämt nach Hause« schlich und nicht mehr wiederkehrte; danach aber seien die versteckten Häuser nicht nur über der ganzen Stadt verteilt worden, sondern dazu so verführerisch gestaltet, daß sie eine große Attraktion darstellten, einen »plausiblen Vorwand, das so mysteriös verschleierte Geheimnis doch auch einmal in der Nähe zu betrachten. Immer hatten Bekannte, die sich hier trafen, die herrlichsten Entschuldigungen: ›mal aus Neugierde‹, ›der Localkenntniß wegen‹, ›der Curiosität halber‹.« Die Tatsache, daß die neuen Bordelle, die diesen Namen nicht mehr trugen, »horribile dictu, *bis 2 Uhr am Morgen!*« statt bis um Mitternacht geöffnet waren, wird besonders kritisiert:

»Mag es immerhin sein, daß die Stunden um und nach Mitternacht eine reichere Beute abwerfen, ebenso gewiß ist, daß es sich nicht schickte, darauf Rücksicht zu nehmen. Es ist bekannt genug, daß die Bordelle dadurch zu nächtlichen Sammelpunkten gemacht wurden ...«[52]

Bades Schrift sorgte im Polizeipräsidium für gehörigen Aufruhr und führte zur Anlage einer Akte »betreffend die hiesigen sittlichen Zustände«.[53] Der preußische Innenminister forderte vom Polizeipräsidenten eine Stellungnahme und verlangte, wie Bade, den »öffentlichen Dirnen« den Besuch in Vergnügungslokalen zu verbieten. Polizeidirektor Hofrichter sah darin eine »zu große Strenge gegen das eine (weibliche) Geschlecht«, denn, so heißt es in einem weiteren Bericht, es wäre für andere junge Frauen »eine große Strafe, dieses Vergnügen nicht mehr zu haben«. Offenbar mißtraute die Polizei ihrer eigenen Fähigkeit, zwischen den »gefährlichen Sirenen« und anderen Frauen zu unterscheiden. Als Alternative schlägt Hofrichter vor, daß keine öffentliche Veranstaltung länger als bis Mitternacht dauern sollte, und dabei entwirft er ein eindrückliches Bild der Nacht aus der Sicht der Polizei:

»Eine derartige Maßregel würde Sittlichkeit, die Ordnung und auch Ökonomie, besonders in den arbeitenden Klassen, fördern. Bis 12 Uhr abends höchstens halten sich in den öffentlichen Lokalen verständige Familienväter, Mütter und ältere Personen auf; die frivolen und minder anständigen, namentlich jüngeren Personen zähmen sich erfahrungsmäßig, legen sich einigen Zwang auf und suchen äußerlich einen gewissen Anstand zu wahren. *Nach 12 Uhr dagegen*, wo auch der Genuß geistiger Getränke sein Recht geltend macht, *lassen sie sich los*, wie sie es nennen, und Ungebundenheit und Frivolität tritt an die Stelle der bis dahin mit Zwang gewahrten Zurückhaltung. Nach Mitternacht wird mehr Geld vergeudet und mehr Unfug getrieben als vor Mitternacht. *Einer durchschwärmten Nacht folgt ein verlorener Tag.*«[54]

Die Aufhebung der Bordelle hatte nicht nur eine Zunahme der Straßenprostitution zur Folge, sie trug auch zur weiteren Ausdifferenzierung des nächtlichen Lebens insgesamt bei. Es entstanden, zwangsläufig, neue Einrichtungen (oder neue Formen bestehender Etablissements), die –

zumindest in den Augen der Sittlichkeitswächter – »versteckt« der Prostitution dienten. »Die *Tingel-Tangel* haben sich«, so heißt es im Verwaltungsbericht des Berliner Polizeipräsidiums, »in den 40er bis 60er Jahren aus den Harfenisten-Capellen herausgebildet, welche früher vornehmlich in Weißbierlokalen (teils ständig, teils umherziehend) sich hören ließen (...). Zum Theil waren diese ›Tingel-Tangel‹ ihrer Bestimmung nach Freudenhäuser unter anderem Aushängeschilde.«[55] Die Animierkneipen »mit Damenbedienung« mußten um elf Uhr nachts zwar schließen, und »Punkt 11 Uhr wird die Haustür geschlossen und werden die Fenster mit dicken Vorhängen verhüllt. Aber dahinter geht das Vergnügen erst an und dauert bis gegen 3, auch 4 Uhr morgens, und allzu sittsam geht es um diese Zeit dort nicht her.«[56] Verschiedene Lokale richteten auch in Berlin, nach Pariser Vorbild, »Séparées« ein oder ließen auf den Bühnen, die am Abend für »solide« Vorträge zur Verfügung standen, vor allem in den Nachtstunden, wenn die Eingänge offiziell verschlossen waren, »Schleiertänze« vorführen. Auch andere Lokale, die nicht zu den heimlichen Bordellen gerechnet werden konnten, galten den Kritikern als mögliche Treffpunkte und Rendez-vous-Plätze, um so eher, je weiter sie ihren Betrieb in die Zeit nach Mitternacht verlegten.

Die Nacht erscheint als die eigentliche »Gelegenheitsmacherin«[57], und wenn die Lokale dann endlich schließen, geht das Treiben auf den Straßen weiter, bis die »Abscheulichkeit sich nur erst vor dem Licht der Morgensonne zurückzieht«. Wenn sich auch die Regelungen der Prostitution von Stadt zu Stadt unterscheiden, diese Rhetorik ist fast überall gleich. In den Akten der Pariser Sittenpolizei finden sich in diesen Jahren zahlreiche Beschwerden von Bürgern über die Störung der Nachtruhe[58], und aus London berichtet William Acton: »Wenn die Nacht voranrückt, nimmt die Zahl der auf den Straßen befindlichen unordentlichen Charaktere zu, und das ist besonders in den Gegenden rund um Vergnügungszentren der Fall, an Orten, wo sich Prostituierte und ihre Kumpane aufhalten. (...) Obwohl ich einräume, daß man Frauen nicht, nur weil sie Prostituierte sind, die Freiheit zur Benutzung der Straßen verweigern sollte, wäre es doch keine unzumutbare Einschränkung der Freiheitsrechte des Individuums, wenn man von solchen Personen verlangte, sich eine halbe Stunde nach der Schließung der ›Argyll Rooms‹ und ähnlicher Orte von der Straße zurückzuziehen.«[59] Die Diskussion in London unterscheidet sich allerdings von der in Paris und Berlin. Hier sorgte der 1861 erschienene vierte Band von Henry Mayhews ›London Labour and the London Poor‹ für großes Aufsehen, weil Mayhew und sein Assistent Bracebridge Hemyng die Protokolle ihrer Gespräche mit den armen Prostituierten in den Londoner Parks und Gärten einigermaßen ungeschminkt publiziert hatten; sehr früh standen hier soziale Ursachen und Motive im Vordergrund. Der »Metropolitan Police Act« von 1839 untersagte Prostituierten (»nightwalkers«) den Aufenthalt an öffentlichen Orten, eine Behinderung des Verkehrs sollte von den allgegenwärtigen Polizisten sofort unterbunden werden.

Es ist interessant zu sehen, wie in allen Städten, sowohl von den Autoritäten wie von ihren Kritikern, der internationale Vergleich mit den anderen Kapitalen benutzt wird. »Der Stadtverordnete Schäffer führte aus«, so berichtete die ›Vossische Zeitung‹ am 22. März 1861, »dass das Unwesen der prostituierten Dirnen auf beinahe allen Straßen der Stadt einen noch nie dagewesenen Grad erreicht habe und Berlin darin bei Weitem andere große Städte, als Paris, London etc. übersteige«, während William Acton wiederum Paris lobt, wo die Polizei nach seiner Beurteilung »die Straßen zu allen Stunden des Abends für respektable Frauen passierbar macht« – eine Einschätzung, die die Pariser Zeitungen keineswegs teilen. Der internationale Vergleich erlaubt wenig Einsicht in die Realität der anderen Stadt, aber er berichtet doch anschaulich von den jeweiligen Defiziten und Wünschen, die die Nacht der eigenen Stadt betreffen.

Freiheit der Straße

Seit den 1850er Jahren erschien, vor allem in London, eine neue Art von Nacht-Literatur, »Hints to Men about Town«[60], Führer zu den bekannten und den versteckten Bordellen, »accommodation houses« und Klubs, oft mit genauer Nennung der Namen und »Spezialitäten« von einzelnen Prostituierten: Unter der Oberfläche viktorianischer Prüderie existierte eine »geheime Kultur«, das *»Nachtleben der Sexualität«*[61], als dessen bekanntester Protagonist der Autor des Bekenntnisbuches ›My secret life‹ gelten kann. Seine Erinnerungen an die Welt der Prostitution in Parks, Gärten und dunklen Hinterhöfen, an die Matrosenkneipen in der Nähe der London Docks, an die Vorliebe von Männern aus der Oberschicht für den »Umgang mit armen Mädchen, billigen Huren und Dienstmädchen« und für die, wie es immer wieder heißt, speziell britische Leidenschaft des Flagellantismus geben »authentische Aufklärung über das nächtliche London aus der Sicht des Pornographen« für den Zeitraum von 1840 bis 1880, sein unmittelbares Interesse an den Ereignissen der Nacht macht ihn zum Experten, seine Phantasien selbst sind Zeugnis einer subjektiven Authentizität – aber auch Zeugnis einer *männlichen* Authentizität: Die nächtliche Stadt erscheint ausschließlich als Jagdgrund für die sexuellen Begierden des Mannes, Frauen haben sich darin »zur Verfügung« zu halten, und wie der Sittenpolizist sieht auch der Pornograph in Frauen, die bei Nacht, in schlecht beleuchteten Straßen oder in der Hafengegend unterwegs sind, Prostituierte.

Die Frage, »wie tief die Männerwelt in die große, auf unserem Volk lastende Schuld (...) verflochten«[62] ist, wird Ende der 1860er Jahre in Berlin wie in London zum Thema der öffentlichen Diskussionen. Der Centralausschuß der Inneren Mission veröffentlichte 1868 eine Denkschrift zur Frage der Sittenlosigkeit und überreichte sie allen Abgeordneten im Preußischen Landtag. In der darauffolgenden Debatte spielen Themen der Straße eine wesentliche Rolle: Es gehe darum, so der Abgeordnete von Brauchitsch, »einen gewissen Verkehr auf den Straßen« zu unterbinden. Damit rückte die Sittenpolizei in den Mittelpunkt der Auseinandersetzung; sie muß »immer hinter den Personen, die ihr einmal in die Hände geraten sind, hinterher sein«, bemerkt der Abgeordnete Dr. Löwe, und damit schneidet sie denen, die »in der Unerfahrenheit der Jugend [und] bei dem leichten Blut, das durch ihre leicht beweglichen Herzen wallt, durch Unkenntniß der Verhältnisse auf einen üblen Weg gerathen sind«, die Rückkehr zu einem Leben außerhalb der Prostitution ab. »Sittlichkeit«, dieses Fazit zog schließlich der Abgeordnete Künzer, »läßt sich durch die Polizei niemals in die Herzen eines Volkes bringen.«[63] Die Diskussion nimmt grundsätzliche Dimensionen an: Läßt sich Sittlichkeit herstellen? Wie weit darf der Staat mit seinen Ordnungsorganen in das Leben der Menschen eingreifen? Die große Stadt ist der Ort, an dem die Debatte um Chancen und Risiken des Lebens unter modernen Umständen ausgetragen wird, sie ist die Projektionsfläche sowohl für das Streben nach Freiheit wie für die Sehnsucht nach Sicherheit, und: Erst-

Auch ihre Toilette vollzieht die Stadt bei Nacht. Ein Bild von der ganzen Stadt gewinnt nur, »wer darauf ausgeht, Studien zu machen und die nächtlichen Arbeiter bei ihrer Beschäftigung aufzusuchen«. (U. Müller 1911)

mals wird in diesem Zusammenhang die Frage nach der *Freiheit und Sicherheit von Frauen* angesprochen.

1869 wurde in England der »Contagious Diseases Act«, der seit 1864 bestand, modifiziert und verschärft. Das Gesetz gestattete der Polizei, jede Frau, die ihr »verdächtig« erschien, festzuhalten und zu einer medizinischen Zwangsuntersuchung vorzuführen. Im Herbst 1869 formierten sich zwei Gruppen zum Protest gegen dieses Gesetz, die »National Association for Repeal of Contagious Diseases Acts«, und die »Ladies National Association«, die das gleiche Ziel vertrat. Die Stimme der Frauen, vor allem die ihrer Sprecherin Josephine Butler, fand durchaus öffentliches Echo. Ihre Kritik an der doppelten Moral, die sich in dem Gesetz manifestierte – Prostitution »unter Polizeiaufsicht« war erlaubt, das freie Betreten der Straßen dagegen für jede Frau erschwert –, wurde von anderen Gruppen der entstehenden Frauenbewegung, von den Arbeiterorganisationen, aber auch von kirchlichen Gruppen, Medizinern und Juristen unterstützt. Ein Hauptargument war, daß dieses Gesetz »die persönliche Freiheit der Frau gefährdet«, daß damit »ihre Freiheit, ihr Ruf, ihre Person, gänzlich der Willkür der Polizei ausgeliefert«[64] war. Der Kampf gegen das Gesetz war auch ein *Kampf der Frauen für ihr Recht, sich auf den Straßen der Stadt frei zu bewegen*. Diesem Recht stand nicht nur die Willkür der Polizei, sondern ebenso das Negativbild entgegen, das viele Männer von alleingehenden Frauen hatten: »Selbst der anständige Theil der Männerwelt versagt ihnen seinen Schutz. Die jungen Männer, die da in den Straßen herumflaniren, kennen es nicht anders, als daß ein gut beleumundetes Weib sich Abends nicht blicken läßt.«[65]

Auch aus Berlin wird berichtet, daß »anständige Frauen und Mädchen Abends von Beamten der Sittenpolizei attaquiert und der scham- und ehrverletzenden Behandlung ausgesetzt gewesen seien«[66]; die Polizei rechtfertigt sich, und in ihrer Rechtfertigung bestätigt sie den Vorwurf:

»Die unausgesetzte Beaufsichtigung der Prostituirten auf den Straßen geschieht durch Patrouillen, welche in der Stärke von zwei oder drei Mann zu jeder Tages- und Nachtzeit die Straßen ihres Bezirks begehen. Am Tage genügt oft schon deren Sichtbarwerden, um die Prostituirten zu verscheuchen; des Abends dagegen und während der Nachtzeit treten dieselben in frecherer, dem Publikum oft lästig fallender Weise hervor, und die Beamten sind dann genöthigt, gegen dieselben einzuschreiten.

Frauenspersonen, die den Beamten *noch nicht* als Prostituirte bekannt sind, sich aber durch sehr auffälliges Benehmen Männern bemerkbar zu machen suchen, werden zunächst von den Beamten zur Wahrung des öffentlichen Anstands ermahnt.«[67]

Der Paragraph 361,6 Strafgesetzbuch, der die »gewerbsmäßige Unzucht« ohne Kontrolle unter Strafe stellte und mit Haft bedrohte, zog verschärfte »Controlvorschriften« nach sich, die vor allem das Verhalten auf den Straßen betrafen: »Auf den Straßen und Plätzen muß ihr [der Prostituierten] Benehmen derartig sein, daß sie in keiner Weise die Aufmerksamkeit anderer auf sich lenkt«; es war vor allem nicht gestattet, »auf der Straße zu stehen, auf einer kleinen Stelle hin und her zu gehen, überhaupt umherzuschweifen«. Das Betreten bestimmter Straßen und Plätze in Berlin war völlig verboten: Tiergarten, Königsplatz, Friedrichs- und Humboldthain, Unter den Linden, Behrenstraße, Mauerstraße, Rosmarienstraße, Wilhelm- bzw. Neue Wilhelmstraße, Friedrich- und Charlottenstraße, Kleine Kirchgasse, Universitätsstraße bis zur Dorotheenstraße, Kaisergallerie, Opernplatz, Pariser Platz, Zeughaus und Kastanienwäldchen. Gerade hier, etwa in der Friedrichstraße, lagen auch die Zentren der Straßenprostitution, und Frauen, die hier alleine gingen, standen grundsätzlich unter polizeilicher Beobachtung. Das war in Paris nicht anders, auch dort hatte, wie F. Carlier schreibt, die »prostitution clandestine« alle Heimlichkeit verloren[68]; und für Berlin schreibt der anonyme »Dr. X.«: »So liegt der gesammte Schwerpunkt der Prostitution von heute auf der Straße. Jedermann sieht sie, jedermann gewöhnt sich an sie, überall entstehen Berührungspunkte mit allen Classen der Bevölkerung.« Die Prostitution sei aber »keine Lichtpflanze, *ihr Wesen ist die Dunkelheit*«[69]. Diese Vorstellung stimmt schon zur Zeit, da sie formuliert wird, mit der Realität nicht mehr überein; um so wichtiger erschien es der Polizei, die Sittenlosigkeit aus dem Licht der Öffentlichkeit zu drängen; »die stete Position der Metropolitan Police war es während des gesamten 19. Jahrhunderts«, so schreibt Robert D. Storch für London, »die Straßen des inneren London zu einem illegalen Markt für den Verkauf sexueller Dienstleistungen zu machen.«[70] Von 1883 bis 1887 führte die Londoner Polizei einen regelrechten Kreuzzug gegen die Straßenprostitution, aber bereits 1886 mußte der »Contagious Diseases Act« zurückgezogen werden, und die Polizei sah sich schweren Vorwürfen – der »falschen« Verhaftungen, der Korruption und der Erpressung –

»Auf den Bürgersteigen der Rue Notre-Dame-de-Lorette eilten zwei Reihen Frauen, die Läden streifend, die Unterröcke hochgeschürzt, die Nase zur Erde geneigt, mit geschäftiger Miene und ohne einen Blick auf die Auslagen den Boulevards zu. Das war das ausgehungerte Hinuntersteigen aus dem Quartier Bréda bei den ersten Gasflammen.« (Emile Zola, aus: Nana)

ausgesetzt. Der Versuch, in London eine Sittenpolizei nach Pariser oder Berliner Vorbild einzuführen, scheiterte, aber auch in diesen beiden Städten geriet die Institution mehr und mehr unter Druck. Friedrich C. B. Avé-Lallement spricht von dem »entsetzlich euphemistischen Namen« und fragt den Polizisten, der doch die Realität der Straße kennen sollte, »warum läßt er in flagranti diesen Verführer laufen, während er das flehende Opfer der Verführung wie ein Stück Thier fesselt, ins Gefängniß wirft und vor aller Welt als Metze proclamirt?«[71]

Frauen und Mädchen, die in die großen Städte ziehen, haben es schwer, Wohnung und Arbeit zu finden; Arbeitslosigkeit und Verlust der Wohnung drohen ständig und unmittelbar. Große Teile der Sittlichkeitsbewegung stellen diese Tatsachen nicht in Rechnung, sie wollen nicht, wie es in einer 1885 erschienenen ›Naturgeschichte der Berlinerin‹ heißt, darüber nachdenken, »wie ihr durch Hebung und Verbesserung der Erwerbsverhältnisse der Frauen den Schandfleck der Berliner Gesellschaft allmählich beseitigen könnt«[72]. Wer die »Vergnügungssucht« der jungen Proletarierinnen denunziert und ihnen als Alternative zu Tanzlokal, Kneipe oder Straße entweder das traute Familienglück oder eine biedere, langweilige Unterhaltung »im geselligen Kreise« anbietet, wird den Lebensansprüchen und den (auch sexuellen) Bedürfnissen dieser Frauen nicht gerecht. Der Kriminalkommissar von Baumer wandte sich in seiner Schrift »Die Gefallenen Mädchen und die Sittenpolizei vom Standpunkte des praktischen Lebens« direkt an die Sittlichkeitsvereine:

»Die Sittlichkeits-Vereine rufen der Polizei fortwährend zu, sie gehöre nur auf die Straße, habe dort nur aufzupassen, ob Gesetzwidriges geschieht; ja selbst dies ist ihnen schon zuviel, denn in einem Artikel der Nr. 1, Jahrgang 1881 des ›Korrespondent‹ ruft eine Frau entrüstet aus:
›Wollen Sie die Schmach dulden, die Jeder persönlich und direkt angethan wird durch die Polizeibeobachtung, der Alle ausgesetzt sind?‹
Also schon das Bewußtsein, beobachtet zu werden, ist jener Frau zuviel, und doch ist die Polizei dazu da, das Publikum ohne Ausnahme zu beobachten, denn wer kein Verbrecher ist, kann ein solcher noch werden. Ist es ein Wunder, wenn in Folge solcher Entrüstungsrufe Jemand zu uns sagte: ›Mir macht das Ganze den Eindruck, als fürchteten die Damen unter Sittencontrole zu kommen.‹«[73]

Nach der inneren Logik der Polizeiaufgaben – die ganze Stadt zu jeder Zeit, und ganz besonders in der Nacht, unter Kontrolle zu halten – ist diese Argumentation schlüssig: Die Polizei lebt (noch) in der Vorstellung, daß die nächtliche Stadt grundsätzlich »terrain interdit« ist, wer sich dennoch darin aufhalten will, ist ihr grundsätzlich suspekt. Mit dem Zitat seines anonymen Gewährsmannes bestätigt der Kommissar die Vorwürfe der Feministinnen: Er erklärt sie, die den ungehinderten Zugang auf die Straße fordern, zu potentiellen Prostituierten, die die Kontrolle scheuen; wer die Arbeit der Polizei behindere – die doch dem Schutz der Gesellschaft, etwa vor Geschlechtskrankheiten, dienen soll –, mache sich zum Gehilfen der öffentlichen Unzucht. Dabei erscheinen der Polizei einzig die Prostituierten als mögliche Trägerinnen der Geschlechtskrankheiten; effektiv wirkt die Politik der Reglementierung und der Kontrolle tatsächlich wie eine »schützende Hand der Staatsverwaltung, die ihn [den Mann] bis in die Stätten der Lust begleitet«, wie Josephine Butler es formulierte.

Aber auch die Sittlichkeitsbewegung, und selbst ihr feministischer Flügel, unterschätzte die Anziehungskraft der nächtlichen Stadt als Schauplatz, an dem Männer *und* – wenn auch in stark eingeschränktem Maß – Frauen sich und ihre Möglichkeiten ausprobieren konnten. Keine der beiden Kontrahentinnen, die sich der Herstellung von Sittlichkeit verschrieben hatten, wollte die Lebensbedingungen auf den nächtlichen Straßen so verbessern, daß Zugänglichkeit, Bewegungsfreiheit und Sicherheit auch für Frauen gewährleistet würden. Beide zeichnen in ihren Publikationen die nächtliche Stadt als Sumpf, in dem, wer sich hineinwage, unrettbar verloren sei, beider gemeinsamer Angriffspunkt ist die große Stadt selbst.

Die Schuld der Stadt

In Preußen versuchte der Centralausschuß der Inneren Mission im Jahr 1870, also nach den seiner Ansicht nach enttäuschend verlaufenen Debatten im Abgeordnetenhaus, eine Gesellschaft ins Leben zu rufen mit der Aufgabe, »eine Anlaufstelle für die Gesamtheit aller derjenigen Interessen zu bilden, welche für den Schutz und die Hebung der öffentlichen Sittlichkeit innerhalb der Bevölkerung Berlins von Belang sind«.[74] Das entsprechende »Promemoria« zeichnet ein Bild der überall in Berlin lauernden und die ganze Stadt, auch ihre »besseren« Teile, bedrohenden Sittenlosigkeit: Straßen, Trottoirs, Schaufenster, Anschlagsäulen, Zeitungskioske sind *Medien der Unzucht* ebenso wie die Anzeigen in den

Zeitungen, die Familien sind zerrüttet und geben keinen Halt, die Arbeitswelt bietet, besonders für Frauen, keinen Schutz, sondern verstärkt noch die »ungesunden Reize«. Die Metaphorik solcher Texte ist international; über Städte in Großbritannien, London, Edinburgh oder Glasgow, schreibt das ›Edinburgh Medical Journal‹, jedem, der durch diese Orte gehe, »werden seine Augen und Ohren sagen, welche vielfältige Amazonenarmee der Teufel in ständigem Feldeinsatz stehen hat. Die Steine selbst scheinen vor Lust lebendig, und die Atmosphäre ist davon angesteckt«[75], und am 5. November 1871 schreibt die Berliner ›National-Zeitung‹ in einem vielbeachteten und vieldiskutierten Artikel:

»Wenn ein Fremder nach Berlin kommt, ein Spanier oder ein Russe, um die ›preußische Zucht‹ kennen zu lernen, von der so viel in unseren frommen Zeitungen zu lesen ist, so macht er zunächst die Bekanntschaft der Berliner Unzucht. – Es ist nicht nöthig, den ersten Mai abzuwarten und die Gegend von Schirke und Elend im Harz zu besuchen: in der Berliner Friedrichstraße und anderen ist Tag für Tag Walpurgisnacht. In den betretensten Straßen der deutschen Hauptstadt welch ein Hexen-Uebermuth vom Blocksberge! Hier tummelt sich der ganze Hexenhaufe, wie es ihm gefällt; hier schwärmt er jauchzend in wilder Ausgelassenheit und Siegesfreude; durch Wort und Ruf, Blick und Geberde, durch Flüstern und Geschrei, durch Gang und Sprung, durch Handlung und Verrichtung giebt er zu wissen, *daß dieser Schauplatz ihm gehört*. Er hat das große Paris sich schon lange unterthänig gemacht, die Nachahmung in Kopenhagen befriedigt nicht seinen Stolz; von Berlin Besitz zu nehmen und nicht im Schlupfwinkel zu hocken, sondern öffentlich und im Herzen dieser Stadt zu herrschen und zu gebieten, ihr den Hexenstempel aufzudrücken und sie durch ihre Dienstbarkeit berühmt zu machen, das ist ein lohnenderes Ziel.«

Auch der Statistiker S. E. Huppé, der prinzipiell eher soziale Ursachen für die Prostitution ausmacht, konstatiert eine »Gelegenheit zur Entsittlichung«[76] und ganz allgemein eine zunehmende *Atmosphäre der Sexualisierung in der Stadt*; gefordert sind also *Strategien zur Versittlichung der Stadt und des städtischen Lebens*. In einer Reaktion auf den Hexen-Artikel fordert etwa der noch immer amtierende Polizeidirektor Hofrichter strengere Gesetze gegen die Kuppelei und bessere Einschreitemöglichkeiten gegen Gastwirte, die die Prostitution fördern. Auch die Boten der Inneren Mission lassen sich nicht beirren und versenden Ende 1871 eine neue Denkschrift, »Die öffentliche Sittenlosigkeit mit besonderer Beziehung auf Berlin«, die Anfang 1872 in der Stadtverordneten-Versammlung besprochen wird. In dieser Diskussion wird jedoch ganz offensichtlich, daß die Abgeordneten nicht bereit sind, Maßnahmen hinzunehmen, die den (neuerworbenen) »Weltstadtcharakter« Berlins einschränken könnten. Diese Haltung, geprägt vom neuen großstädtischen Bewußtsein, stößt erwartungsgemäß auf heftige Kritik. In seiner Schrift »Berlins sittliche und sociale Zustände« faßt Johannes Janssen die verschiedenen Presseartikel der Jahre 1870 und 1871 zusammen, sie verdichten sich zu dem Vorwurf, die Behörden ließen die Stadt, samt den ihr innewohnenden und aus ihr herausbrechenden »dunklen« Seiten sich einfach, ohne Steuerung entwickeln:

»Geheimnißvoll schießen in dieser Centrale die Chancen des Verdienens aus dem Boden, locken mit den verführerischsten Stimmen; *aber der Genuß schleicht überall lauernd dahinter her* und zieht Jedem wie ein Hausdieb sacht und unmerklich den ganzen theuren Verdienst wieder aus der Tasche! ... Das Leben der Großstadt ist Schein – Schein – Schein! Glanz von außen, Hohlheit von innen und Armseligkeit ohne Ende.«[77]

In dieser Situation der allgemeinen Auflösung, der Bindungslosigkeit, der zügellosen Beliebigkeit hat die Unsittlichkeit leichtes Spiel. Sie bietet sich an, als Auffangstation für die Orientierungslosen, als Ausgleich für die tägliche Belastung, als Versprechen der Freude, des Vergnügens, der Erholung. Die Kritik richtet sich gegen die Stadt, die das zuläßt:

»Berlin ist groß, Berlin ist Weltstadt, aber ist Berlin auch glücklich? Seht doch einmal genauer hin, ihr Fremden, die ihr wähnt, wenn ihr unter den Linden promenirt, das Glück sei hier zu Hause (...)
Berlin wird Weltstadt, hört man täglich schreien von Leuten, die sich in ihrem selbstgefälligen Größenwahnsinn aufblähen. Berlin wird Weltstadt, sagen auch wir, aber, leider setzen wir hinzu, *Weltstadt in Hinsicht auf die Not und Weltstadt in Hinsicht auf den Schwindel.*«[78]

Die Aufgabe, Sittlichkeit unter diesen Bedingungen neu zu definieren und wiederherzustellen, ist, wie F. Oldenburg in den ›Fliegenden Blättern‹ schreibt, am wichtigsten und schwierigsten zugleich »für die großen Städte«; sie sind die Zentren des Lebens, saugen auf, was von draußen kommt und wirken wieder in die Provinz hinaus, ihr soziales Leben ist das »complicirteste und [birgt] unter seiner kaum übersehbaren Oberfläche verborgene Welten, die nur schwer und fragmentarisch sich entdekken lassen«[79]. Dieses Gefühl wird nicht nur in Berlin formuliert. In Paris soll der Ausbreitung der Straßenprostitution durch eine verstärkte Einrichtung von »maisons de tolérance« und deren Ansiedlung in bestimmten, überwachbaren Bezirken begegnet werden, aber dagegen erhebt sich Widerspruch. F. Carlier schreibt, »ein solches Viertel wäre für die anständige Bevölkerung unbewohnbar, denn es wäre sehr schwierig, dort die öffentliche Ordnung aufrechtzuerhalten«. Außerdem funktionierte die polizeiliche Taktik der überwachten Toleranz nicht mehr: »Die Geschmäcker hatten sich verändert, Kunden bevorzugten nun eher die scheinbar zufälligen Begegnungen auf der Straße.« [80] Sehen, Nachblicken und Ansprechen auf der nächtlichen Straße gehörten zu den neuerworbenen Verhaltensweisen, die die Straße attraktiv machten – zunächst nur für Männer. Die »Schuld« der Stadt bestand für die Vertreter der Sittlichkeitsbewegung darin, daß sie ihre Verführungskraft nicht zügeln konnte. Jetzt wird die Bandbreite der Texte, die sich mit der Prostitution beschäftigen, größer; wo die »Gelegenheiten« vielfältiger werden, wächst die Zahl derer, die sich von den Warnungen nicht beeindrucken lassen, gleichzeitig wird der Ton der Gegner schärfer.

Neugier und Sprachlosigkeit

»Lieber Leser, bist du vielleicht einmal so um Mitternacht herum durch die Friedrichstrasse und ihre Nebenstrassen gegangen? Dann hast Du vielleicht auch schon vor einer oder der anderen Hausthüre einen jungen Menschen stehen gesehen, ganz harmlos, er raucht eine Cigarre und guckt nach den Sternen. Wenn Du nun wieder einmal solch einen Cigarrenrauchenden Sterngucker siehst, gehe an ihn heran und wirf ihm so einen gewissen Blick zu. Er wird dann vorsichtig nach links und rechts spähen, ob kein Nachtwächter oder dergleichen in der Nähe ist, und dann wirst Du in ihm einen äußerst zuvorkommenden Herrn kennen lernen. Er schliesst Dir die Hausthür auf . . .« [81]

Nächtliches Leben entzieht sich der Kontrolle; wird es an einem Ende eingeschränkt, findet es woanders einen Ausweg. J. Werner kommentiert die bemühten und ergebnislosen Bestrebungen der Sittlichkeitsbewegung ironisch mit der Vermutung, »zum Theil liegt es an dem Teufel selbst, der sich eben nicht so leicht vertreiben läßt«. Damit schlägt er einen neuen Ton an: Großstädtisches Selbstbewußtsein konstatiert das Vorhandensein der Prostitution, weigert sich aber, Entsetzensschreie auszustoßen.

Das Kino konserviert die vergangenen Bilder der Nacht: »Unheimliche Geschichten« (Kurfürstendamm 1932).

Neugier ist das Kennzeichen der kleinen Gruppe von Sexualforschern, sie sind den Phänomenen gegenüber ohne Scheu und berichten einigermaßen unbekümmert aus dem reichhaltigen folkloristischen Schatz der menschlichen »Nachtseiten«, vom erotischen Wortschatz der Städter, von der Veränderung der Schönheitsideale, von Kleidungs- und Entkleidungssitten, von pornographischen Witzen, Schnurren, Bänkelliedern und Gedichten, von der Aufnahme neuer Techniken wie der Photographie oder der Zeitungsannonce in das Geschäft mit der Sexualität, und sie versuchen nicht, diesen Bereich von Erfahrung aus der »Normalität«, was immer das sein mag, auszugrenzen. Hugo E. Lüdecke beispielsweise berichtete verhältnismäßig offen über »Deutsche Bordellgassen« und konstatiert stolz, es sei »eben nicht jedermanns Sache, in Stätten geradezu heimisch zu werden, die dem hochkultivierten Liebetrieb von heute seine *animalische* Seite in so oft ekelerregender Weise vor Augen führen«[82].

Animalisch vielleicht, ekelerregend womöglich – aber doch von dieser Welt, kein Werk des Teufels. Lüdecke beschreibt den »Schlamm«, die Bordellgasse in Halle, und berichtet, »ein patrouillierender Polizist bzw. zwei stationierte Beamte genügen vollauf, Überblick zu behalten und die Ordnung selbst aufrecht zu erhalten«. Polizisten halten die »Ordnung« der Ordnungslosigkeit aufrecht, schützen den »Schlamm« – das ist fürwahr ein provokantes Bild, und ein Argument für die Gegner und Gegnerinnen der Lokalisierung kontrollierter Prostitution. Zugleich liegt die Kritik, von Lüdecke mit Beispielen untermauert, auf der Hand, daß die Polizei die Prostituierten dazu verurteile, im »Schlamm« zu bleiben.

Die Einsicht, es sollte doch notwendig sein, »von gewissen Dingen« zu reden, auch und gerade als Frau, bewegte 1895 die Sozialdemokratin Johanna Loewenherz zu einem »Besuch im Nachtkaffee«; sie war, wie Vera Konieczka etwas zurückhaltend interpretiert, »nicht frei von einem moralischen Zurückschrecken«. Das liest sich so:

»Ich hatte einen Besuch in einem der berühmtesten Berliner Nachtkaffees gemacht. Zum ersten Male im Leben betrat ich einen solchen Ort, und es war mir, als überstiegen seine Schrecken alle Schilderungen davon. Wenigstens: was mir in der Vorstellung zu ertragen möglich gewesen war – im Augenblick, da ich es als Wirklichkeit vor mir sah, unterlag ich dem Eindruck. Ich litt. Meine Empfindungen und Gedanken wogten wirr und quälend durcheinander. Wie Betäubung legte es sich mir auf's Hirn, und ich dankte ihr, denn sie war wohlthätig. Da erblickte ich wenigstens nur wie durch einen Nebelschleier alle diese häßlichen Dinge, und manchmal war es mir, als seien sie, als *könnten* sie nicht *wirklich* sein – als spiele sich da ein Mummenschanz vor mir ab, den tollgewordene, dem Orkus entstiegene Geister – Satyre, Faune und ihre Damen da vor mir aufführten. – – – Unwirklich! Unlebendig! ein Wahn, eine wilde Ausgeburt der Fieberphantasie. – –«[83]

Solche Veröffentlichungen erregten ebenso Aufsehen wie die gerade in den Jahren der Jahrhundertwende weitverbreitete pseudodokumentarische pornographische Literatur, die »aus dem Leben« von Prostituierten oder vom »Treiben« in Bordellen, Massagesalons, Badeanstalten oder Hinterzimmern von Nachtlokalen erzählte, wie etwa, um nur ein Beispiel zu nennen, Hans v. B... r, der in seinem ›Roman aus Berlin W.‹ reale Orte der Stadt beschreibt:

»Im Zoo, der Brutstätte für exotische Viecher und für unmoralische Verhältnisse von Berliner Rangen trieb ich mich umher. (...) Diese in Grund und Boden Verderbten feierten wahre Orgien an Schamlosigkeit. (...) Aus den Tanzsälen in Halensee und Südende, in denen sich die Ladenmädchen, Konfektioneusen und Damen ähnlichen Standes amüsierten, pflegte ich mir vier, fünf Mädels auf einmal mit nach Hause zu schleppen. Hier machte ich sie betrunken und ließ sie nackt vor mir Matchiche tanzen.«[84]

Beide Formen der »Berichterstattung« tragen, wider Willen, zum Bild der Polizei von »liederlichen Frauenzimmern« und damit zum Ziel ihrer Maßnahmen bei: »Zweck der Sittenpolizei ist«, so schreibt 1902 Alfred Blaschko, »vor allem die *Unsichtbarmachung der Prostitution*, ihre Beschränkung entweder auf Bordelle oder auf dunkle und entlegene Straßen, Hinterhäuser, auf *Abend- und Nachtstunden*, ihre Entfernung von öffentlichen Straßen und ihre scharfe Trennung von der guten Gesellschaft.«[85] Von dieser Aufgabe will die Polizei trotz der zunehmenden Kritik auch nicht ablassen. 1907 führte die – durch öffentlichen Druck zustandegekommene, in sich aber nicht wenig fragwürdige – Einsicht, »daß es für eine anständige weibliche Person nichts Schimpflicheres geben kann, als in den Verdacht zu geraten, der gewerbsmäßigen Prostitution nachzugehen«, zu neuen Dienstanweisungen für die Sittenpolizei: Uniformierte Beamte sollten nur dann einschreiten, wenn sie sich ihrer »Sache« absolut sicher waren, in der Regel aber sollten Beamte in Zivilkleidern ihren Dienst verrichten, behutsam vorgehen, Aufsehen vermeiden.[86] Ähnlich heißt es auch in Paris, die in Zivil (»en bourgeois«)

gekleideten Beamten seien leicht mit Passanten und Spaziergängern zu verwechseln und könnten so problemlos die Frauen, deren Verhalten ihnen suspekt erscheint, beobachten[87].

Zu Anfang des 20. Jahrhunderts mehren sich die Texte, in denen auch Frauen offener, und offensiver, von der Prostitution reden. Aus der Kritik am Vorgehen der Polizei erwuchsen Überlegungen für eine neue Organisation der nächtlichen Stadt; die Ausübung polizeilicher Befugnisse sollte nicht nur eingeschränkt, sondern unter die Verantwortlichkeit *städtischer* Behörden gestellt und (auch) Frauen übertragen werden. Einen ersten Schritt in diese Richtung unternahm nicht Berlin, sondern Stuttgart mit der 1903 erfolgten Anstellung von Henriette Arendt als Polizeiassistentin. Friedrich Naumann bemühte sich zwar im Vorwort zu ihrem Erfahrungsbericht, den unerhörten Vorgang mit viel Lob herunterzuspielen, und setzte ihre Arbeit gleich mit der Tätigkeit christlicher Vereine; viel wichtiger ist aber die Tatsache, daß erstmals eine Frau sich in offizieller Funktion mit der Prostitution befassen kann. Henriette Arendt fordert die Umgestaltung der Arbeitshäuser zu Erziehungsanstalten, sie weist nach, daß das Aufsichtssystem der Polizei »in der überwiegenden Zahl der Fälle nur einen nie wieder gut zu machenden Schaden verursacht«[88]. Entscheidend für sie ist, daß es nur *eine* Moral geben kann, die für Männer und Frauen gleichermaßen bindend ist. Damit setzt sie sich durchaus in Widerspruch zur Hauptströmung der »Deutschen Gesellschaft zur Bekämpfung der Geschlechtskrankheiten«, bei deren Kongreß im März 1903 noch die These vertreten wurde, Frauen kennten keine sexuellen Bedürfnisse, »nur die Sehnsucht nach dem Kinde«. Schweigen, obwohl man doch sehen konnte, war auch in dieser Gesellschaft üblich. Gegen das Schweigen, für eine realistische Aufklärung setzten sich vor allem Anna Pappritz und Katharina Scheven ein; Anna Pappritz beschäftigt sich in ihrem Buch ›Die Welt, von der man nicht spricht‹ ausdrücklich mit den Redeweisen über die Prostitution:

»Der Schleier aber, mit dem die wohlanständige bürgerliche Gesellschaft die Welt, von der man nicht spricht, zu verdecken sucht, ist nicht dicht genug, um sie zu verhüllen, sondern so durchsichtig, um die Phantasie anzustacheln, die Neugier zu reizen; der Schleier verdeckt die häßlichsten Abgründe und läßt nur das verlockende, die Sinne kitzelnde durchschimmern.«[89]

In den zeitgenössischen Debatten, etwa auf den Kongressen der Gesellschaften zur Bekämpfung der Geschlechtskrankheiten, erscheint die Prostitution einerseits als Ausdruck des allgemeinen gesellschaftlichen Zustandes – Zeichen der Dekadenz und des Verfalls –, andererseits als vormodernes Überbleibsel, als eines der letzten Hindernisse auf dem Weg zur modernen Organisation der Stadt. Der Widerspruch läßt sich kaum auflösen, es sei denn durch einen Verzicht auf klare Scheidung zwischen der »alten« und der »modernen« Stadt: Die große Stadt der Jahrhundertwende und der ersten Jahre des 20. Jahrhunderts trägt, was ihre »Nachtseiten« sichtbar machen, die Erbschaft ihrer Vergangenheit mit sich, und sie ist sich über die angemessene Form des Umgangs mit diesem Erbe noch unschlüssig. Die Sittenpolizei trägt diesen Widerspruch ebenso aus wie die Sittlichkeitsbewegung; beide spüren wohl, daß die Strategien der Vergangenheit – Verschweigen, Verstecken, Kontrollieren, Sanktionieren – nicht mehr greifen, sie sind aber auch beide nicht in der Lage, neue Strategien zu finden. Die Polizei hält an ihrer Vorgehensweise fest, obwohl – wie Abraham Flexner beim Vergleich zwischen London, Paris und Berlin bemerkt – die Existenz einer eigenen »Sittenbrigade«, wie in Paris und Berlin, oder ihre Abwesenheit, wie in London, keine Auswirkung »in respect to public order and morality«[90] hat. Die Vertreter der Sittlichkeitsbewegung bleiben bei ihren Vorwürfen gegen »leichtsinnige Frauenzimmer« oder gegen den »außerehelichen Geschlechtsverkehr [als eine Form] nicht gewerbsmäßiger Prostitution«[91]. Einigkeit auf beiden Seiten besteht nach wie vor in der Kritik der Stadt: »Der eigentliche Verführer ist nicht der einzelne Mann, sondern die Großstadt«, und »in erster Linie ist es die Straße, der Bummel«. Die Verführungskraft der nächtlichen Großstadt ziehe junge Frauen und Männer in ihren Bann, sie wecke bei den einen sexuelles Begehren, bei den anderen Sehnsüchte nach leichterem Wohlleben.

Anschauliches Material für diese Haltung – und ihre seltsamen Konsequenzen – bietet Else Spiller in ihrem 1911 erschienenen Buch ›Slums. Erlebnisse in den Schlammvierteln moderner Großstädte‹. Eine junge Dame, so heißt es im Vorwort, macht Reisen in die großen Städte und besucht dort, unter Führung der »Slumpioniere« der Heilsarmee, die nächtlichen Regionen: Immer wieder konfrontiert sie »Hell« – »lichterfüllte Straßen, geputzte Menschen, Genuß und Lebensfreude« – und »Dunkel« – »wieviel Elend die grauen Mauern einer Stadt umfassen«[92] –

in ihren Straßenbildern aus Holland, Frankreich, England oder Deutschland – und immer wieder ist es die Nacht, in der das krasse Elend der Obdachlosen, der Armen, der Prostituierten sichtbar wird. Sie war, wie sie schreibt, »gezwungen, durch diese lebendige Hölle zu gehen«, sie beschreibt die »hellen Lichtreflexe« der Vergnügungsinseln, sieht die »offenen Türen« der Bars und Ballsalons, die dem Kundigen »die Erschließung fragwürdiger Lebensfreuden« versprechen, und erstaunt stellt sie fest: »Als ich wieder auf die Straße hinaustrat, sah ich, dass das Nachtleben noch einen grösseren Umfang angenommen hatte, und doch zeigte die Uhr schon weit über Mitternacht.«

Beobachtung und Beurteilung stehen in allen Beispielen in einem merkwürdigen Verhältnis; der Ton der Entrüstung scheint in manchen Fällen aufgesetzte Pflichtaufgabe, Faszination schimmert immer wieder durch. Deshalb ist die Empörung doch nicht unecht – aber sie hat mit einem Gefühl, hingerissen zu sein, schwer zu kämpfen. Neugier und schiere Lust sind nicht zu übersehen, aber das kann die Autorin sich – und uns – nicht eingestehen, sie deckt die heimliche Freude mit einem Wortschwall zu.

Nacht und Apokalypse

Seit den 1840er Jahren haben sich die Argumente der Sittlichkeitsbewegung wenig verändert; auf jede neue Entwicklung im nächtlichen Leben (die ja immer eine Entwicklung der *ganzen* Stadt reflektierte) haben sie regelmäßig mit den gleichen Beschwörungsformeln vom drohenden Untergang, vom Ende aller Sittlichkeit reagiert – als die Bordelle aufgehoben wurden und als man sie für kurze Zeit wieder öffnete, als die Tanzlokale entstanden, als weibliche Bedienungen zugelassen wurden und als man ihnen diese Beschäftigungsmöglichkeit wieder nahm, als die Polizeistunde verlängert wurde und als man sie wieder verkürzte. Nun war aber die Welt nicht untergegangen, so wenig wie die Stadt, die »Hure Babylon« – im Gegenteil, in den Augen mancher Beobachter hatte die Großstadt gerade durch die Art und Weise, wie sie die Herausforderungen der Nacht bewältigte, ihre Überlebensfähigkeit und ihre Existenzberechtigung bewiesen. Die Sittlichkeitsprediger verloren durchaus an Glaubwürdigkeit.

In diesem Zusammenhang erscheint es mir sinnvoll, einmal genauer nachzufragen, ob die Rede vom »Tanz auf dem Vulkan« die Atmosphäre der Zeit zwischen der Jahrhundertwende und dem Weltkrieg wirklich treffend charakterisieren kann. Die Grenzen der Nachtforschung werden damit wohl überschritten, aber immerhin gehört das »Nachtleben« zu jenem Ensemble der Dekadenz, das von vielen nicht nur als Ausdruck der Blindheit gegenüber den drängenden sozialen Problemen der Zeit angesehen wird, als betäubender, abgehobener »Amüsiertrubel«, sondern nach verbreiteter Ansicht sogar ursächlich zum Untergang der alten Welt und zum Herannahen der Zivilisationskatastrophe Krieg beitrug. Vielzitiertes Zeugnis für diese Haltung ist die expressionistische Dichtung und Malerei der »Vorkriegsjahre«, in der, wie Jost Hermand kürzlich zusammenfaßte, »die Welt der großen Städte als eine Welt des ›Abgrunds‹, der ›Fäulnis‹, des ›Gassenkots‹, der ›Geschwüre‹, der ›Verwesung‹ beschworen [wird], in der ein menschenwürdiges Leben geradezu unmöglich sei«.[93] Hermand zitiert denn auch viele der Begriffe und Metaphern, die uns beim Gang durch die Texte zur Stadtnacht schon begegnet sind: Dekadenz, Verfall, Entartung, Krankheit und Tod; Apokalypse, Jüngstes Gericht, Sodom und Gomorrha; Moloch und Baal. Nachtbilder und Nachtvisionen spielen in diesem Ensemble eine entscheidende Rolle, »die ganze aggressive Fülle der Großstadt-Nacht«[94] bildet den Rahmen, innerhalb dessen einzelne Menschen nur noch Erfahrungen der Entfremdung, des Ausgestoßenseins, des Heimatverlusts machen können. Krankheit und Tod lauern in den Straßen, symbolisiert durch die Hure, unter deren sinnlicher Maske die Verwesung schon eingesetzt hat. Über Georg Heym beispielsweise lautet eine gängige Interpretation:

»Den Städten eignet die Nacht; ›Stadtnacht‹ (...) kennzeichnet stichwortartig die immer wiederkehrende typische Situation. Es hat durchaus symbolische Bedeutung, wenn Heym stets Abend und Nacht in den Städten schildert; in der ausweglosen Düsternis entsteht die *beklemmende Vorahnung einer nahen Katastrophe.*«[95]

Hier wird, denke ich, der Interpretationsfehler offensichtlich. Im nachhinein, von heute aus, mit dem Blick auf die 1914 real eingetretene Katastrophe, mögen diese Texte so erscheinen. Tatsächlich geben sie die Zerrissenheit im Großstadterlebnis dieser Jahre wieder, und dazu gehört nicht nur das Gefühl der Überwältigung, sondern auch die Erfahrung, »zugleich auch berauscht von allen Möglichkeiten« zu sein, die die Stadt bietet.[96] Viele Dichter, Schriftsteller, Maler waren Teil dieses städtischen Lebens, wollten, um zu schockieren und zu provozieren, »zumindest (als) Stadtstreicher« gelten, und so wurden ihnen gerade die Orte des nächtlichen Berlin, wie die des nächtlichen Paris, das sie so entsetzlich und furchterregend zeichneten, zur eigentlichen, zur einzigen Heimat: Cafés, Varietés, Tanzlokale, Nachtlokale, Bordelle, die Straßen der Prostitution.

»Berlin lebt in einem ewigen Tanzwirbel«, schreibt Edmund Edel 1914. »Am tollsten gurgelt dieser Wirbel des Sonnabends. In der Nacht zum Sonntag sind die Tanzlokale so überfüllt, daß man kaum noch atmen kann (...). Vornehme Lebewelt und viele Künstler verkehren dort [im Lunaparkballhaus], die den Tanz vor allem als Sport kultivieren. Das Damenpublikum ist nicht ausschließlich aus den Kreisen der Kokotten zusammengesetzt, sondern Künstlerinnen der Bühne und der bildenden Kunst, Ehefrauen mit ihren Männern, und Freundinnen mit ihren Freunden bilden eine pikante Mischung.«[97] Freilich, Berlin tanzte, »Berlin« besuchte Musikcafés – »überall wird gegeigt und gegogt, überall herrscht eitel Lust und Freude, wenn vom Podium der elegante Kapellmeister die fröhlichen Liedlein direkt in die Kaffeetasse mit dem Taktstock hineinschleudert« –, Nachtrestaurants – »Das richtige Nachtrestaurant öffnet seine Pforten erst um zwei Uhr nachts. Wenn die großen Ballokale geschlossen sind, bilden die Nachtrestaurants die Fortsetzung der Sektorgien. Eine wohlweisliche Polizei hat die Tanzerlaubnis um zwei Uhr nachts abgebrochen. Welche Gründe für diese Zeiteinteilung vorliegen, weiß kein Mensch (...). Nachdem nämlich zwei Stunden lang gezecht und getanzt worden ist, kann der Bummelfritze unmöglich sofort nach Hause gehen« – und Bars; auch hier berichtet Edmund Edel von »jenen fröhlichen Nächten«, wo man bei Tagesanbruch »noch in einer Kaschemme untertauchte, in der man die Ehre, mit zweifelhaften Elementen zusammenzusitzen, wohl zu schätzen wußte«.[98] Aber alle diese Beschreibungen lesen sich doch vergleichsweise zahm, verglichen mit dem, was die Kritik des Nachtlebens daraus machte.

Noch im ersten Kriegsjahr erschien in der ›Zeitschrift für Bekämpfung der Geschlechtskrankheiten‹ ein Aufsatz von J. Flemming, »Das Nachtleben in deutschen Großstädten«, ein Schlüsseltext für das Verständnis der Nachtfeindschaft dieser Zeit:

»Die hohe nationale Begeisterung und die riesenhafte Kraftentfaltung, welche der gegenwärtige Krieg im deutschen Volke gezeitigt hat, hat jedes deutsche Herz mit stolzer Freude erfüllt, und hat uns gezeigt, daß noch immer ein gewaltiges Maß gesunder Volkskraft in uns vorhanden ist. Trotzdem dürfen wir uns der Einsicht nicht verschließen, daß in den letzten Jahrzehnten vor Ausbruch des Krieges in unserem Volksorganismus Kräfte wirksam waren, die die Gesundheit und die Leistungsfähigkeit der Nation anfingen zu untergraben. (...)
Wenn wir durch einen Friedensschluß gezwungen sein sollten, nach einer Reihe von Jahren wieder zum Schwert zu greifen, um das jetzt begonnene Werk der völligen Sicherung unserer Weltstellung zu vollenden, so wird es von ausschlaggebender Wichtigkeit sein, zu diesem erneuten Kampf die Volkskraft auf möglichst großer Höhe zu erhalten; sollte uns aber schon der jetzige Krieg den vollen Lohn unserer Arbeit eintragen, so wird es eine um so heiligere Pflicht für uns, unser Volk vor Entartung und Entkräftung zu schützen, wie sie der Genuß eines gesicherten und ehrenvollen Friedens leider nur zu leicht für die Sieger mit sich bringt.
Der hauptsächliche Schaden, der sich auf diesem Gebiet zeigte, ist die große *Zügellosigkeit im Lebensgenuß*, die sich vor allem unserer Jugend unverkennbar bemächtigt hatte. (...) In keinem Lande war auch in so vielen Städten so ausgiebig für Gelegenheit zum ›Amüsieren‹, d. h. zum Sumpfen, gesorgt. Berlin hat den traurigen Ruhm, auf diesem Gebiet an der Spitze zu marschieren. In Berlin blüht allnächtlich in ungezählten Weiberkneipen, Bars, Nachtkaffees, Tanzlokalen für die Halbwelt und selbst auf den Straßen ein Nachtleben, das in keiner Großstadt seinesgleichen findet. (...) [Hier] *wird jede Nacht ein Stück Volksgesundheit zu Grabe getragen*. (...)
Der ganze Vorgang bedarf einer gewissen Zeit, denn die Mehrzahl der Besucher kommt nicht von vornherein mit der ausgesprochenen Absicht, die Nacht liederlich zu sein; die Besucher müssen vielmehr großenteils erst allmählich durch das sie umgebende Milieu in Stimmung gebracht werden; das Lokal muß also lange geöffnet sein, denn der Betrieb beginnt in der Regel erst gegen Mitternacht, da die früheren Abendstunden in der Regel beim Deutschen anderweitig, und zwar besser untergebracht sind. (...)
Es läßt sich darüber streiten, ob die außerordentlich große Fürsorge für Sieche und Schwache, die bei uns betrieben wird, in dem angewendeten Maßstabe wirklich im Interesse der Volksgesundheit liegt, ob nicht dem gegenüber vielleicht das System der alten Spartaner, nach dem Minderwertige ausgestoßen wurden und verkamen, zweckentsprechender ist. (...) Wenn der Staat weiter ruhig zusieht, *wie durch ein wüstes Nachtleben unsere junge Männerwelt sittlich und körperlich verderbt wird*, so ist es in wenigen Generationen um unsere Volkskraft geschehen!«[99]

Flemming fordert den Entzug der Nachtkonzession für Lokale und die gesetzliche Festlegung der Polizeistunde für »nicht später als Mitternacht«. Interessanter freilich als diese konkreten Forderungen ist der

Geist, der sie entstehen läßt: Der direkte Zusammenhang zwischen der Herstellung von Kriegsbereitschaft und dem Kampf gegen das »Sumpfen«, zwischen der Verachtung »Minderwertiger« und der Verachtung des nächtlichen Lebens wurde selten so kraß formuliert:

»In die verbotenen Sumpfhöhlen würden hauptsächlich haltlose Wüstlinge, *um die es ohnehin nicht schade ist*, ihre Zuflucht nehmen, und der regelmäßige, ausschließliche Verkehr in Privatklubs würde der Mehrzahl unserer jungen Herren auf die Dauer zu teuer und wohl auch zu einseitig sein. Übrigens würde das Klubleben ohnehin für die körperliche und seelische Gesundheit junger Leute weniger Gefahren bieten als der freie Bummel. (...)

Ich bestreite, daß erhebliche Teile des deutschen Volkes, wenn sie aus den Jahren des ›Tobens‹ heraus sind, ihre Alltagsvergnügungen (...) bis lange nach Mitternacht ausdehnen. Mitternacht ist für die weitaus größte Mehrheit der Wirtshausbesucher die Aufbruchszeit. (...) Dem biertrinkenden Spießbürger oder dem harmlosen Jüngling, der abends sein Mädchen ausführt, ist sicher ihr Vergnügen zu gönnen. Man sollte aber denken, daß auch für sie bis Mitternacht des Vergnügens genug ist.«

Eine Kasernierung und Kontrolle der »Unzucht« hätte den Vorteil, daß diese, wäre sie erst einmal aus der Öffentlichkeit entfernt, den Reiz, die »Politur« verlieren würde, die die nächtliche Straße ihr verleiht. Dieses Argument findet keine Unterstützung bei der Mehrheit der Gesellschaft zur Bekämpfung der Geschlechtskrankheiten, etwa bei Alfred Blaschko, der Flemming in der Beurteilung grundsätzlich zustimmt – überzeugend sei die Darstellung der *Entbehrlichkeit dieses Nachtlebens für den Großstädter sowie für das Wesen der Großstadt* –, der sich aber noch heftiger gegen die Wiedereinführung von Bordellen, der »Schule der Perversion«, wendet.

Die zwanziger Jahre: Ein neues Straßenbild

Diese Debatten aus der Vorkriegszeit und aus den Kriegsjahren setzen sich fort in den Jahren nach 1918; aber sie treffen auf eine veränderte Öffentlichkeit, in allen drei Städten. Es erscheint mir sinnvoll, sie vor allem in Berlin, wo sie am schärfsten geführt wurden, weiterzuverfolgen. Ivan Blochs Buch ›Das Sexualleben unserer Zeit‹, 1907 erstmals publiziert, erschien 1919 in der 12. Auflage und im 70. Tausend. Seine Texte und die der zahlreichen Zitate vom Anfang des Jahrhunderts haben den

Krieg und die kriegerische Stimmung überdauert, aber auch sie trafen auf eine andere Rezeption, auf ein vom Kriegserlebnis geprägtes Publikum. Damit erhalten manche Formulierungen einen neuen Sinn: »Der Frondienst«, so heißt es etwa bei Ivan Bloch selbst, »den der heftige Kampf ums Dasein der großen Mehrzahl der Menschen auferlegt, läßt keine Zeit mehr zu einem reinen, ungetrübten Genießen des Daseins, zu einem innigen tiefen Erleben der Wirklichkeit und der stillen Freude daran. Nein, *unser heutiges Genußleben trägt den Stachel des Schmerzes in sich, weil der Lebenswille (...) heute zu einer krampfhaften Sucht nach möglichst heftigen Sensationen entartet ist.*«[100] Diese Feststellung erhält angesichts der Not der ersten Jahre nach 1918 und unter den veränderten, nämlich demokratischen Umständen eine neue Dimension.

Es ist, wiederum, die Gelegenheitsmacherin Nacht, die das Angebot der sinnlichen Genüsse zur Verfügung stellt. Willy Hellpach schreibt:

»Das städtische Leben trägt in sich die Mittel zu einer viel ausgiebigeren Reizung der Sinne, als es die ländliche Daseinsform vermag, und der sinnenkitzelnde, sinnenbetäubende Charakter der Stadt hat in der Großstadt unserer Tage einen unerhört hohen Grad erreicht. Die Stadt ist die typische Trägerin jenes Sinnen- und Nervenzustandes der Reizsamkeit, der unsere Generation historisch charakterisiert, der Städter der typische Repräsentant der Nervosität in ihrer modernen Gestalt. Sinn weist aber schon im Wort auf Sinnlichkeit hin; (...) *Wo die Sinne stärker in Anspruch genommen werden, dort wächst die erotische Begierde*, verliert sie ihren periodischen Verlauf zugunsten eines beständigen Wachseins oder doch eines durch leisen Anstoß zu weckenden Scheinschlummers. (...)
Und Stadtleben ist Nachtleben! Desto mehr, je städtischer es wird, und am allereinseitigsten in der Großstadt – zum Extrem getrieben in der Weltstadt. Die Folgen bleiben für die Gestaltung des Genießens nicht aus. Erst das Nachtleben bringt eine Summe von Reizen zustande, einen unaufhörlichen Wechsel des Nervenkitzels, der zu wachsender Sinnlichkeit führt; und ist das Genußleben erst gewohnheitsmäßig nokturn geworden, so wirkt dies nun wieder in die Richtung, daß es alles Genießen unvermeidlich an die Stadt fesselt.«[101]

Mehr und mehr hat sich die Nacht den Status einer Gegenwelt angeeignet, einer Welt, die nicht nur über eigene Gesetze verfügt, sondern auch die geltenden Regeln des Tages umstoßen will, »die künstliche Sonne unserer nächtlichen Großstadtbeleuchtung« ist der Wollust nicht feindlich. Die Maßstäbe der alten Ordnung, und der alten Sittlichkeit, werden in der Nacht mißachtet. Aber mit dem verlorenen Krieg – und, das läßt sich für Paris zweifellos nachweisen, auch mit dem gewonnenen Krieg – ist die alte

Ordnung zusammengebrochen. Für die Feinde der Großstadt sieht es so aus, als habe die Gegenwelt durch die Installierung des demokratischen Systems, mit seinem Zentrum in der großen Stadt, einen Sieg errungen. Der publizistische Kampf gegen die Nacht gehört, seit dem Beginn der zwanziger Jahre, zu den Spurenelementen der vergangenen, aber nicht überwundenen Gesellschaftsordnung, die der jungen Demokratie das Leben schwer machen. Die unterschiedlichsten Autoren benutzen das überlieferte Bild der Nacht – Vergnügungssucht, Rausch und Sinnentaumel – dafür, ihren Zukunftsängsten und ihrer Gegenwartskritik Ausdruck zu verleihen. Viele zeichnen, wieder einmal, die Stadtnacht als Symbol des drohenden Niedergangs, als Ankündigung nahenden Verfalls, als Zeichen der Instabilität der neuen, ungeliebten »Ordnung«. Die Kritik der Nacht wird jetzt, stärker noch als zuvor, zum Propagandainstrument, eben weil Un-Ordnung und Un-Sittlichkeit dem neuen demokratischen »System« zugeschrieben werden können.

Es gibt wenige Gegenstimmen. Katharina Scheven geht 1919 in ihrem Beitrag »Die sozialen und wirtschaftlichen Grundlagen der Prostitution« der Frage nach, ob dieses neue System nicht sogar eher in der Lage sein sollte, den Mißständen abzuhelfen, und sie richtet ihre Aufmerksamkeit auf die – unter demokratischen Umständen größere – Möglichkeit, eine Veränderung im Verhältnis der Geschlechter herbeizuführen, ihr Thema ist die »Prostitution als Männerproblem«.[102] Die großen sozialen Aufgaben bedürfen, so ihr Fazit, »überall der Mitwirkung der Frau«. Die Probleme sind konkret: Es geht um eine Wohnungsreform, es geht um den gesicherten Zugang von Frauen in das Berufsleben, um bessere Ausbildungsmöglichkeiten für junge Arbeiterinnen, aber auch um eine verstärkte sexuelle Aufklärung der Jugendlichen, um eine Reform des gesamten Schulwesens, es geht ganz allgemein darum, die Grundlagen dafür zu schaffen, daß sich Frauen in der Öffentlichkeit ebenso artikulieren, versammeln, bewegen können wie Männer. Erst die soziale Gleichberechtigung kann die Voraussetzung dafür schaffen, daß Männer Frauen nicht mehr als (käufliche) Objekte ihrer Begierden, als Ware ansehen; nur erweiterte Freiheiten und Rechte für Frauen in allen gesellschaftlichen Belangen – und dazu gehört: eine Enttabuisierung der Sexualität – können dem Skandal ein Ende bereiten, daß das Freiheitsversprechen der Stadt und der Nacht nur für Männer gilt.

Aber diesen Weg, den schon Katharina Scheven nur zögerlich andeutet, kann die Sittlichkeitsbewegung in ihrer Gesamtheit nicht gehen. Die Mehrzahl ihrer Vertreter kämpft weiterhin lautstark gegen alle Formen sexueller Freizügigkeit, bleibt der kultur- und modernitätskritischen, stadtfernen Haltung ihrer Gründer verhaftet, während nur eine kleine Minderheit, vor allem von Frauen, sich praktischen Versuchen zuwendet, die Fürsorge für Prostituierte zeitgemäß zu gestalten und Frauen, die unerfahren in die Stadt kommen, »während der für sie so gefahrvollen Nacht«[103] vor der Prostitution zu bewahren. Die Tätigkeit von Frauen ist neben der Kommunalisierung der Prostituiertenfürsorge[104], also der Einrichtung von städtischen Betreuungs- und Beratungsstellen, der zweite Bestandteil einer Strategie, mit der der Sittenpolizei die Entscheidungsgewalt über das Schicksal von Frauen entzogen werden soll. In den Veröffentlichungen zu diesem Thema wird vor allem auf die Bedeutung der Vorsorge hingewiesen, eine Aufgabe, die die Polizei nicht interessiert; aber »mehr als einmal ist es vorgekommen, daß eine einzige obdachlose Nacht in Berlin genügt hat, den Mädchen an Leib und Seele schweren unheilbaren Schaden zuzufügen«[105].

Einige der Initiativen haben Erfolg. Am 1. Oktober 1927 tritt das »Reichsgesetz zur Bekämpfung der Geschlechtskrankheiten« in Kraft, die Reglementierung der Prostitution wird aufgehoben, die Sittenpolizei »als solche« beseitigt. Allerdings kann die Polizei jetzt gegen »Mann oder Frau« einschreiten, die, oder der, »öffentlich in einer Sitte oder Anstand verletzenden oder andere belästigenden Weise zur Unzucht auffordert oder sich dazu anbietet«. Dieses Gesetz hat weitreichende Folgen. Es beseitigt zwar einen lange beklagten Übelstand, die »Komplizenschaft« des Staates mit der öffentlichen »Unzucht«, aber es läßt der Polizei weiten Ermessensspielraum bei der Frage, was »sittenwidriges Benehmen« sei. Um so größer wird, so Anna Pappritz, die Notwendigkeit einer *weiblichen Polizei.*

An der Existenz der Prostitution ändert das Gesetz allerdings nichts. Darauf wird in verschiedenen Veröffentlichungen hingewiesen, sehr sachlich und ohne Häme etwa in den »Mitteilungen des Statistischen Amts der Stadt Berlin«, das im August 1929 die Ergebnisse der Volkszählung von 1925 bekanntgibt, auf die neue rechtliche Entwicklung aber ausführlich eingeht. Die Zahl der eingeschriebenen Prostituierten betrug demnach in Berlin »am Stichtage unserer Erhebung 6191«. Die Autoren berichten auch über die »örtliche Verteilung der Prostitution und Prostituierten«, sie liefern gleichsam eine amtliche Topographie der Berliner Nacht, aus der deutlich wird, daß das öffentliche Auftreten der Prostitution »mit den für sie erlassenen Straßenverboten durchaus nicht im Einklang stand, ja daß eine gewisse Anzahl verbotener Straßen usw., zum mindesten zu gewissen Tages- und Nachtzeiten, von den Prostituierten besonders aufgesucht wurde«[106].

In seinen »Reportagen aus den Tiefen der Berliner Unterwelt« schreibt WEKA (Willy Pröger), daß sich allerdings die soziale Situation der Prostituierten durch die neuen gesetzlichen Regelungen eher verschlechtert habe: »Geschlechtsverkehr unter Brückenbögen, in Hausfluren und dunklen Höfen, in verpesteten Kellern und unratbesäten Hausböden, hinter Bretterverschlägen und in offenen Kabinen wie beim Friseur (...). Tagsüber auf der Straße, in den Kneipen, nachts der Beruf.«[107]

In den Akten des Referats Gefährdetenfürsorge beim Central-Ausschuß der Inneren Mission finden sich zahlreiche Berichte aus verschiedenen Städten, in denen nahezu gleichlautende Mitteilungen vom *»Straßenbild«* nach Inkrafttreten des neuen Gesetzes stehen: »Man war dort [in Stuttgart und Nürnberg] allgemein der Meinung, daß sich die Prostitution viel stärker als vorher auf den Straßen bemerkbar mache.«[108] Auf »nächtlichen Streifzügen« verschafften sich die Vertreter der Sittlichkeitsbewegung ein Bild vom Ausmaß der Schrecken, und auf ihren »Sittlichkeits-Kundgebungen« forderten sie eine erneute Verschärfung des Gesetzes: »Und es ist – schauderhaft!! – wahr, daß sich dort [in Frankfurt] Gruppen von Mädchen auf den Trottoirs zeigen, wie man sie früher dort nicht sah. Allerdings erst *in den für ihr Geschäft geeigneten späten Stunden*, in denen man eigentlich Jugendliche, die von ihnen verdorben werden könnten, nicht mehr sehen sollte.«[109]

»Straßenbild« ist ein vieldeutiger Begriff. Er bezeichnet das reale Aussehen, aber auch das metaphorische Ansehen der Straße. Während die Vertreter der Sittlichkeitsbewegung sich um das Erscheinungsbild der Straßen sorgen, publiziert Willy Pröger eine neue Reportagensammlung, eine Wanderung durch die »Stätten der Berliner Prostitution«; was aber hier, in der Collage, fast wie ein Dialog aussieht, ein abwechselnd-gemeinsames Ringen um die angemessene Darstellung der Problematik, ist in Wirklichkeit wohl eher ein Verweis auf die zunehmend auseinanderbrechenden Wahrnehmungsformen am Ende der zwanziger Jahre. In der alle Lebensbereiche umfassenden und bedrohenden Krisensituation ab 1929 gerät das »Nachtleben« wieder zwischen die ideologischen Mühlsteine. WEKA sieht die Sittlichkeitsprediger mit ihrer »Darüber-spricht-man-nicht«-Haltung als »Schädlinge am Allgemein-Wohl«, während andererseits seine offene Darstellung der Situation als zu deutlich (und womöglich verlockend) kritisiert wird. Es wird ja auch allenthalben sehr viel »beim Namen« genannt, aber es scheint nicht gelungen zu sein, eine angemessene Sprache zu finden: Elemente der Empörung, des Abscheus, auch der Verachtung – Elemente einer Strategie der *Distanzierung* – prägen die Beschreibung der nächtlichen Welt, auf beiden Seiten. WEKA schreibt:

»Wir beginnen unsere *wahrhaft nicht leichte Wanderung* durch die Stätten der Berliner Prostitution am Schlesischen Bahnhof. Eines der häßlichsten – wenn nicht das häßlichste – Viertel Groß-Berlins. Uralte Mietskasernen, grau in grau, verfallen, verwohnt. Die starkbelebten Straßen sehen wenig frohe Menschen. Sie alle haben ihr Päckchen zu tragen. Arbeitslosigkeit, Hunger, Elend. Nur die überaus zahlreichen Kneipen machen gute Geschäfte. Alkohol, der große ›Tröster‹. Ja, Arbeitslosigkeit und Hunger sind es, die hier den Frauen und Mädchen nur den einen Weg offenlassen: Prostitution. (...)
Morgens 3 Uhr ist es. Eine wundervolle, klare Vorfrühlings-Nacht. Polizeistunde. Hunderte von Kneipen geben fast zur gleichen Zeit ihre nicht immer ganz nüchternen Gäste an die Straße ab. Leben kommt in das Dunkel. Das große Heer der Prostituierten nimmt die letzte Gelegenheit wahr, noch einen ›Freier‹ zu bekommen; zwei, drei Mark zu verdienen. Mit einer nervösen Hast schwirren einige Dutzend Frauen von einer Straßenecke zur anderen. (...)
Abends, kurz vor Geschäftsschluß. Riesenverkehr in allen Straßen rund um den Schlesischen Bahnhof. Lichtreklamen und Transparente: Hotel, Hotel, Hotel. Parterre, erste Etage, zweite Etage. Alles ist ›Hotel‹. Ein sehr großer Teil von ihnen lebt fast ausschließlich von der Prostitution. (...)
Krautstraße. Berlins proletarisches Chinesen-Viertel. Dunkel. Unheimlich. Die Häuser, Keller und Höfe verfallen, verkommen. Keine Fensterscheiben. Die Fensterhöhlen mit Brettern vernagelt oder mit Pappe verdeckt. Entsprechend dem Milieu ist die Prostitution. Alt, verhärmt, zerlumpt, verseucht.«[110]

WEKAs Wanderung durch ganz Berlin gibt einerseits einen Eindruck von der nächtlichen Topographie, viel stärker aber vermittelt sie das Bild einer durch und durch kranken, todgeweihten Stadt. Das wird noch deutlicher bei den Schilderungen aus den Innenräumen, den Absteigen, Hinterzimmern und Kellerlöchern: »Betritt man, über halsbrecherische, ausgetretene Stufen, den Keller, legt sich einem ein wahrer Teufelsbrodem auf Geruchsorgan und Augen, Zigarettenqualm, Alkoholdünste, Ausdünstungen heißer, unsauberer Körper und nasser, zum Trocknen aufgehängter Kleidungsstücke vereinigen sich zu einem Gemisch, das plötzlich Brechreiz aufkommen läßt. (...) Bei einer traurigen Gasfunzel warten einige Pärchen, bis sie nach ›hinten‹ gehen können.«[111] Die Stadt ist im Innern krank, verfault, die Metapher vom »Krebsgeschwür« wird denn auch oft genug verwendet; die Stadt hat das Geschwür aus sich selbst hervorgebracht, sie hat es nicht rechtzeitig – oder mit den falschen Methoden – bekämpft, jetzt wird sie davon zerfressen.

Am 15. April 1931 fand in Berlin, unter dem Vorsitz von Anna Pappritz, im Ministerium für Volkswohlfahrt, eine Sachverständigen-Konferenz zum Thema »Das Straßenbild nach Inkrafttreten des RGBG« statt. Eingeladen hatte der Bund für Frauenschutz, und die Fragestellung lautete: »Hat sich seit In-Kraft-Treten des RGBG das Straßenbild verschlechtert, und wenn dies der Fall sein sollte, worin ist die Ursache zu suchen, und welche Maßnahmen können wir vorschlagen, um dem Übel zu steuern?« Die Stellungnahmen sind zwangsläufig uneinheitlich; Wolfgang Mittermaier zieht in seinem Tagungsbericht im ›Abolitionist‹ das Fazit:

»Es hängt offenbar ganz von der Einstellung des Beobachters ab, ob er das Verhalten der Prostitution auf der Straße für schlimmer als früher hält oder nicht.«[112]

Diese Einsicht bestätigt sich bei der Lektüre der Konferenzprotokolle. Die Pragmatiker, Polizisten, Mediziner etwa, vertreten meist die Ansicht, daß sich keine konkrete »Verschlechterung« im Straßenbild feststellen lasse, Sprecher des Städtetages behaupten das Gegenteil. Zu einer eher pragmatischen Einschätzung kommt auch Frieda Rothig vom Pflegeamt Hannover: »Wenn wir uns darüber klar sind, daß wir die Prostitution nicht auszurotten vermögen, so sind wir auch überzeugt davon, daß sie irgendwie im Großstadtbild erscheinen muß.« Was aber aussieht wie eine Niederlage, eine Kapitulation vor der Feindin Unzucht, könnte der Beginn viel tiefergreifender Maßnahmen sein; die

Einsicht, daß »eine freiere Lebensauffassung sich Bahn brechen will«, könnte zu einer differenzierteren Sichtweise führen. Viele Redner und Rednerinnen weisen darauf hin, daß die Zeit der Wirtschaftskrise ungeeignet für eine pauschale Beurteilung des Problems sei, daß sich bei einer Erholung der ökonomischen Situation manches schnell »zum Besseren« wenden könnte. Der ehemalige Leiter der Berliner Kriminalpolizei, Hagemann, formuliert die heftigste Kritik an den Vertretern der Sittlichkeitsbewegung, und er liefert zugleich eine Interpretation der geheimen Motive der Nachtkritik:

»Die Gerichte übersehen auch keineswegs, daß auf der Straße vorwiegend diejenigen angesprochen werden, die durch dem aufmerksamen und erfahrenen Kenner des Großstadtlebens untrügliche Anzeichen – ihnen selbst oft unbewußt – zu erkennen geben, daß sie das erwarten. Wenn diese Personen sich dann sittlich entrüsten, so geschieht das in einem *psychologischen Widerspruch*, der zu einer höchst vorsichtigen Bewertung ihrer Angaben zwingt, ganz ähnlich wie bei jenen hoffentlich der Vergangenheit angehörenden *Zaungästen des Unsittlichen*, die vorschriftsmäßig sittlichen Anstoß nahmen, nachdem es ihnen geglückt war, mit dem Fernglas etwas Anstößiges zu erspähen.«[113]

Das heißt doch, von einer Belästigung kann eigentlich keine Rede sein – sie liegt einzig im Auge des Betrachters; wer suchenden Blickes durch eine nächtliche Großstadtstraße geht (und glaubt, dies nur im Dienst der hehren Sache zu tun), wird eben angesprochen. Diese pragmatische Sichtweise hätte die Möglichkeit bieten können, eine Lösung zu finden – oder besser: sich entwickeln zu lassen –, die aus der Stadt selbst kommt, eine Lösung, die die Risiken des städtischen Lebens in Rechnung stellt, aber auch seine Chancen wahrzunehmen bereit wäre; eine Lösung, an deren Zustandekommen sich alle beteiligen könnten, die ein Interesse an der Stadt haben: Kommunalpolitiker, liberale Polizeikräfte, Gesundheitsämter, Fürsorgestellen. Im Grund wäre erst nach der Überwindung der wirtschaftlichen Krise der rechte Moment, noch einmal nach den Auswirkungen des neuen Gesetzes zu fragen und eventuelle Mißstände zu beseitigen. Diese Haltung blieb ohne Chance.

Die Folklore der strahlenden Stadtnacht, die noch weitgehend unser Bild von der Zeit der Jahrhundertwende wie von den zwanziger Jahren bestimmt, bedarf, wie ich glaube, der Ergänzung. Dabei sollte es nicht darum gehen, die idyllisierenden Darstellungen der Prostitution –

»Jede Nacht im Séparée
mit feschen Herren ein Souper
Da schleck' ich, bis das Mieder kracht –
Was glaub'n Sie, wie das glücklich macht!

Ich fahr zum Rennen viere lang
und hab mein Konto auf der Bank!
Flog ins Licht als graue Motte
doch jetzt bin ich die Grande Cocotte!«[114] –

als Fälschung zu entlarven; es wäre sinnvoller, die einzelnen Facetten des Wahrnehmungsspektrums stärker als bisher aufeinander zu beziehen. Was nicht nur am Berliner Beispiel besonders auffällt, sondern auch in Paris, wo der Prostitutions-Folklorismus noch seltsamere Blüten trieb[115], ist die scheinbare Unvereinbarkeit zwischen den verschiedenen Haltungen gegenüber dem Thema Prostitution. Während die Schwärmer des »Nachtlebens«, die in der Stadt ausschließlich nach Vergnügen suchten, das soziale Elend und die Ausbeutung der Frauen nicht sahen, nicht sehen wollten, tendierten seine Kritiker zum anderen Extrem: Nach den Erfordernissen des Tages, nach seinem »erzenen Gleichschritt«, »schreit das Leben nach Erfüllung«. Das nächtliche Leben lockt, gerade weil es unkontrollierbare, außergesetzliche Räume und Zeiten eröffnet, mit dem Versprechen, die Wünsche nach Freiheit zu erfüllen. Die Sittlichkeitsbewegung hat die Dringlichkeit dieser Bedürfnisse nicht erkannt – oder verworfen. Ihre Einsicht, daß die Prostitution einen gesellschaftlichen »Übelstand« kennzeichnet, hat ihr den Blick darauf verstellt, daß sich neben der Prostitution – und zum Teil bereits gegen sie – ein vielschichtiges und lebendiges Beziehungsnetz nächtlicher Aktivitäten, nächtlicher Begegnungen in den Städten entwickelt hatte; sie hat ihren Kampf gegen die Prostitution als einen Kampf gegen dieses nächtliche Leben, gegen Theateraufführungen und Kabarettprogramme, gegen die verlängerte Polizeistunde, gegen das unbeschwerte – zum Besitzstand der Großstädter gewordene – Nachtleben und vor allem gegen die Frauen geführt, die um ihren ungehinderten Zugang zum Leben der Straße kämpften. Wer die Prostitution »abschaffen« oder »verbieten« wollte *und* gleichzeitig den »Schrei des Lebens nach Erfüllung« nicht wahrzunehmen bereit war, mußte sehr tief in dieses nächtliche Beziehungsnetz eingreifen und mehr zerstören als die öffentliche »Unzucht« allein.

3. Mitternachtsmission

»Nachtgang, auf den ein Heimatlicht fällt!
Wege durch Schlamm und Schande der Welt
Und drüber ein Himmelsbrücklein erbaut:
O Freude, wenn eins sich dem Stege vertraut
Und findet zurück und findet heraus!
Auch nachts löschen Gottes Sterne nicht aus.«

50 Jahre Berliner Stadtmission (1927)[116]

Der Kampf gegen das Nachtleben und seine Sünden wurde nicht nur auf einer publizistischen Ebene geführt. »Tätige Nächstenliebe«, Mission im Sinne religiöser Erneuerung und als *Sozialarbeit im eigenen Volk* erfordert eine genaue Kenntnis der Lebensumstände von »Gefährdeten«. Zunächst in England wurden, etwa seit den 1830er Jahren, mehr und mehr die großen Städte zum Tätigkeitsfeld, wurden die sich herausbildenden städtischen Unterschichten zur Klientel der Fürsorge. Berichte aus der Arbeit der Mission sind Berichte aus dem »Inneren« der Städte[117], Berichte über ihre »Nachtseiten«, allerdings gebrochen durch den speziellen Blickwinkel der Missionare.

Aus dem gezielten *Armenbesuch* entwickelte sich früh ein geplanter und systematischer Einblick in die Armenviertel der Städte; neben der Erkundung stand die »Rettung« der Gefährdeten im Vordergrund. Die »Heillosigkeit« der Armen ließ sich an bestimmten Phänomenen festmachen: Alkoholkonsum, sexuelle Promiskuität, Prostitution – Elemente des Nächtlichen, Symptome drohenden Verfalls. Nach dem Londoner Vorbild – dort bestand seit 1835 die »London City Mission« – regte Johann Heinrich Wichern Ende der 1840er Jahre auch in Deutschland die Gründung von *Stadtmissionen* an; auch hier wurden Phänomene wie Obdachlosigkeit oder Prostitution als Themen der nächtlichen Straße wahrgenommen, neue Wege der Missionsarbeit wurden erforderlich: Wege in die Nacht.

Private Rettungsgänge

Der liberale britische Politiker William Gladstone hatte 1840 geheiratet und war mit seiner Frau nach Carlton House Terrace gezogen, nicht weit entfernt von Piccadilly. Nachdem Pläne für die Gründung einer »Laien-

Bruderschaft« gescheitert waren, nahm er sein Anliegen, die Rettung »gefallener« Frauen und Mädchen, in die eigene Hand: »Seine Methode bestand darin, nachts alleine durch die Straßen zu gehen, wenigstens einmal in der Woche, zu seinem Schutz in den dunklen Regionen bewaffnet mit einem schweren Stock. Anfangs wartete er, bis Prostituierte ihn ansprachen, und er antwortete ihnen höflich und freundlich. Aber oft sprach er selbst Frauen an, bot ihnen an, mit ihm nach Hause zu gehen, wo er ihnen, gemeinsam mit seiner Frau, Essen und Unterkunft zur Verfügung stellte.«[118] Weder das Mißtrauen der Öffentlichkeit noch verschiedene Erpressungsversuche konnten ihn davon abhalten, bis ins hohe Alter dieser Rettungsarbeit nachzugehen. Radikalere Maßnahmen entwickelte, im London der 1880er Jahre, der Reverend Frederick Charrington: »Bei Nacht ging Charrington, zumeist von einem Freund begleitet, durch die gefährlichsten Straßen, auf der Jagd nach den scheußlichsten Winkeln der Unzucht; seine Waffe war das berühmte ›schwarze Buch‹, in das er die Namen und Beschreibungen aller Personen eintrug, die er beim Betreten eines Bordells beobachten konnte.«[119] Die missionarischen Detektive der Sittlichkeit wissen, daß die Gefahr auf der Straße liegt, hier war ihr Arbeitsfeld. Manche überschritten dabei ihre eigenen Grenzen, wie der »Prostitutes' Padre« Reverend Davidson, »he would be constantly found walking in Piccadilly«, auch er sprach junge Mädchen an, nahm sie mit zu sich nach Hause – bis er eines Tages, nach wiederholten Vorwürfen, wegen »unmoralischen Verhaltens« aus dem Amt entfernt wurde.[120] Nicht nur aus diesem Grund blieb die private Rettungsarbeit eine Ausnahme; immerhin bereiteten »Retter« wie Gladstone anderen Projekten den Weg.

Fluchtburgen

Als junger Pfarrer kam Friedrich von Bodelschwingh nach Paris, eigentlich zur Vorbereitung einer Missionstätigkeit im Ausland. Unter den Deutschen, die er in Paris traf, arbeiteten viele als »chiffonniers«, als Lumpensammler. Sie hielten sich zwangsläufig bei Nacht in der Stadt auf und waren dort, aus der Perspektive des Missionars, zahlreichen Gefährdungen und Versuchungen ausgesetzt. Bodelschwingh gründete eine Schule für die Kinder der Lumpensammler und arbeitete in Spitälern und

Asylen. Seine Idee war es, die »öffentlichen Häuser des Elends und der Schmerzen« zu Zufluchtsorten für die Opfer der nächtlichen Stadt auszubauen. Es zeigte sich aber, nicht nur in Paris, daß diese Einrichtungen oft gemieden wurden, daß sie zu weit entfernt von den Zentren des nächtlichen Lebens standen, ihre Aufgabe also nur ungenügend wahrnehmen konnten.

Da war der nächste Schritt auf diesem Weg in die Nacht zwingend: Die Organisatoren der *»Midnight Meetings«* in London mieteten Räume mitten in den innerstädtischen Vergnügungszentren und luden, mit Handzetteln oder durch Mundpropaganda, Prostituierte und »Nachtschwärmer« zur Teilnahme, zum Anhören flammender Predigten und zur öffentlichen Buße ein:

»Eine weitere bemerkenswerte Bewegung in unserer Stadt entstand 1859 in den Midnight Meetings, zu welcher späten Stunde die ›Gefallenen‹ zu einem gemeinsamen Mahl und zu anschließendem Gebet eingeladen werden. (...) Mehr als 100 Frauen, darunter einige von höherem Stand, konnten auf diese Weise von einem Leben in Sünde errettet werden ...« [121]

Die Missionare wußten, daß sie mit solchen Meetings »only a few« erreichen konnten, deshalb war der zweite Effekt dieser Arbeit fast noch wichtiger: Präsenz in der nächtlichen Öffentlichkeit zu zeigen, in die »Jagdgründe« des Lasters einzudringen und sich von dort nicht mehr vertreiben zu lassen.

Die Gemeinsamkeit all dieser Unternehmungen ist ihr Blick auf die Stadt; »die Schuld Berlins« wird ebenso wortreich beschworen wie die Londons: »Die großen Städte der Welt sind zu entsetzlichen Zentren der Unzucht und der Sittenlosigkeit geworden – der Rauch ihrer Sünden steigt zum Himmel auf wie der des bestraften Sodom, und er verschmutzt die Körper und die Seelen der gesamten Bevölkerung.« [122] Die Missionare erschufen sich eine Stadt nach ihrem Bild, und sie erfüllten die Rolle der kleinen Götter, die – stellvertretend – das Strafgericht in die großen Städte tragen.

Feldzüge

Einer dieser kleinen Götter konnte sein Initialerlebnis in der Großstadtnacht zum Ausgangspunkt eines gigantischen Imperiums, der »Salvation Army« (Heilsarmee), machen:

»Eines schönen Abends im Juni 1865 streifte ein großgewachsener Mann mit entschlossenen Gesichtszügen, gekleidet in der Tracht eines Pfarrers, durch den nördlichen Teil der Whitechapel Road in East London. Obwohl er in dieser Gegend fremd war und kein besonderes Ziel hatte, ging er doch nicht ohne Absicht. (...) Er hatte Augen nur für die Menschen. Er sah, wie sie sich vor Bierkneipen und Gin-Palästen versammelten, in großen Massen; er sah sie, verkommen, verarmt, hungernd. Tiefes Mitleid und ernste Sorge ergriffen ihn. Konnte er nicht etwas für diese verlorenen Schafe tun?«[123]

William Booth, »for the passing stranger was none other«, schloß sich den Missionaren an, »die das Evangelium zu den Heiden im Dschungel der Hinterhöfe von East London trugen«, er predigte auf den Midnight Meetings, und er selbst bezeichnete die mitternächtlichen Treffen in den »tents«, den Zelten nahe der Mile End Road, als die Geburtsstunde der Heilsarmee. Bekannte sich schon die »London City Mission« zur Aggressivität ihrer Bemühungen, so ging Booth noch einen Schritt weiter: Die von ihm angeführten Feldzüge in die Nacht waren kriegerisch geplant und organisiert. Catherine Booth übernahm die Rolle des »rettenden Engels«, während ihr Mann, der General, sich als »rächenden Boten«, als das »Schwert Gottes« sah.

Es ist nicht allzu schwierig, die Sprache und die Vorgehensweise der Heilsarmee und der anderen Missionen als unmodern, verkrampft, weltfremd und lächerlich abzutun. Aber Beispiele aus ihrer konkreten Arbeit, wie die Tätigkeit der »Slum Sisters« etwa, zeigen, daß man es sich damit auch nicht zu leicht machen sollte. Überall da, wo staatliche Maßnahmen gegen Armut und Elend nicht oder nur ungenügend griffen, setzten die Missionen mit ihrer Arbeit an; die »moralischen Straßenkehrer« (Booth) übernahmen tatsächlich viele Aufgaben, die von staatlichen Stellen vernachlässigt wurden. Ich halte es deshalb für verfehlt, die Heilsarmee als verlängerten Arm der Obrigkeit zu denunzieren: Die Mißstände, derer sie sich annahm, waren ja ebenso real wie die Opfer, um die sie sich kümmerte. Der Heilsarmist, der Missionar im Inneren der Städte, ist als »Agent der Herrschenden« nur unzureichend charakterisiert. Denn die Wanderer im Nächtlichen der Städte »entdecken das in der Heimat Verborgene, das Unheimliche, das öffentlich Verdrängte«[124], sie berichten davon, leben zuweilen darin. Ihre Texte bieten *eine* Antwort auf die umfassenden Herausforderungen des städtischen Lebens, *eine* Möglichkeit der Auseinandersetzung mit der – aus ihrer Sicht umfassenden –

»Moralische Straßenkehrer«: Essen und Unterkunft bietet die Heilsarmee, die in den 1860er Jahren hier, im Londoner East End, von William Booth gegründet wurde und von hier aus ihre Feldzüge in die Stadtnacht führte (Whitechapel Road 1890).

Entzauberung der Nacht. Sie sind – bewußt – einseitige Dokumente der Verunsicherung und der Suche nach einem Halt, einer festen Orientierung. Sie legen Zeugnis ab für die Widersprüchlichkeit der »inneren« Urbanisierung, in deren Verlauf Kräfte freigesetzt werden, die Angst erregen, und sie setzen einem bedrohlichen Dunkel *ihre* Version von einem helleren Leben entgegen.

Auch bei der 1877 gegründeten »Berliner Stadtmission« begann die Arbeit mit Hausbesuchen und differenzierte sich im Lauf der Jahre immer weiter aus, auch hier setzte die praktische Rettungsarbeit den ideologischen Tiraden der Wortführer ein Gegengewicht. Bei verschiedenen Gelegenheiten arbeiteten die Missionare wohl mit der Polizei zusammen, aber grundsätzlich war die Haltung der Sittenpolizei gegenüber eher skeptisch. Das Schwergewicht missionarischer Arbeit lag, anders als bei der Polizei, im Bereich der Prävention, ein gutes Beispiel dafür ist die frühe Einrichtung von Bahnhofsmissionen als Auffangstationen vor allem für Mädchen, die vom Land in die Städte kamen[125].

Die »Kenntnis sozialer Mißverhältnisse, an denen manche sogenannte vornehme Natur ablehnend vorbeischreitet«[126], führte zweifellos zu seltsamen Aktionen. So war es das Ziel des Berliner »Männerbundes«, »gegenüber der großen Zahl lokaler sittengefährlicher Ausschreitungen (...) mit Hülfe unserer Mitglieder *eine die ganze Stadt umspannende Ueberwachung* zu organisieren«, unsittliche Schaustellungen, Zudringlichkeit von Prostituierten oder Ausschreitungen in Lokalen zu beobachten und der Polizei weiterzumelden. Schwieriger zu interpretieren – und damit ungleich interessanter – ist die Arbeit der »Mitternachtsmission«, die sich ab etwa 1906 der Stadtnacht mit einer neuen Strategie zuwandte.

Halt! Wohin?

Die bislang unveröffentlichten Dokumente der Mitternachtsmission, die wir im folgenden ausführlicher zitieren, bedienen sich einer Redeweise über die Nacht, die sich nicht einfach als moralische Propaganda abtun läßt:

»Wer des Nachts durch die glänzenden Straßen unserer Hauptstadt geht, erkennt deutlich, daß des Herrn Ehre hier auf das empörendste geschändet wird. Die öffentliche Sittlichkeit ist auf einem erschreckenden Tiefpunkt angelangt. Unter öffentlicher Sittlichkeit möchte ich die sittlichen Anschauungen der Männerwelt von heute verstehen, nicht zuerst diejenigen von Frauen, obwohl die letzteren den jeweiligen Schatz von Sittlichkeit in einem Volke zu bewahren haben. Aber der Mann macht die Frau. Und die Stellung der Frau in einem Volke ist der Gradmesser für die Sittlichkeit der Männer eines Volkes.«[127]

Die Arbeiterinnen der Nachtmission gingen den »verlorenen Töchtern« nach, die männlichen Missionsarbeiter sollten nun damit beginnen, »an den gefallenen Männern zu arbeiten«. Pastor Gensichen berichtet aus den Anfangszeiten der Bewegung:

»Die Nachtmission arbeitet nun seit fast einem Jahre durch Blätterverteilen, durch mündliche und gedruckte Warnungen. Ein Beispiel, das im Anfang sehr zur Ermunterung diente, möge dies erläutern. Einer von uns stand in einer Oktobernacht an einer Haltestelle der Straßenbahn und sah einen jungen Mann in Gefahr, zu fallen. ›Ich warne Sie in Jesu Namen‹, sprach er ihn an, ›gehen Sie nach Hause‹. ›Ich bin Jude‹, erwiderte der Angeredete. ›So warne ich Sie in Gottes Namen‹, war die Antwort. Der junge Mensch bedankte sich höflich und ging nach Hause. (...) So ermutigt, trieben wir – es meldeten sich jeden Freitag zirka acht Freiwillige unter den Stadtmissionaren – freudig, trotz aller Beschimpfungen auf der Straße, die Arbeit weiter. (...) Auf Anregung von Pastor Le Seur besuchten wir auch die Animierkneipen mit weiblicher Bedienung, in denen so viele unserer jungen Männer Ehre und Geld vergeuden. Auch die Kneipen, in denen die unglücklichen Homosexuellen verkehren, wurden aufgesucht. Zur Wahrung des eigenen guten Rufes waren wir genötigt, uns eine bescheidene Brüderuniform zuzulegen, die uns nachts als Mitarbeiter der Stadtmission erkenntlich macht. So ziehen fast jede Nacht je zwei unserer Brüder und Inspektoren aus, besuchen die schlechten Kneipen ihres Viertels bis elf Uhr (Polizeistunde) und gehen dann an den Kreuzungspunkt der Friedrichstraße und der Straße Unter den Linden. Dort verteilen sie nur an die jungen Männer von uns verfaßte Nachtmissionsblätter, die ganz kurz warnen vor den Gefahren der Unzucht, auf den Retter Jesus hinweisen und einladen zu den Sprechstunden der beiden Stadtmissions-Inspektoren. Dabei ergeben sich von selbst ernste seelsorgerliche Gespräche, so daß wir oft auf jener Mittelpromenade der ›Linden‹ heiße Kämpfe mit armen Verlorenen haben kämpfen dürfen.« [128]

Die Arbeit mußte bald professionalisiert werden. 1911 wurde in Hamburg der Verein »Deutsche Mitternachtsmission e. V.« gegründet, die Satzung hält den Zweck fest, »Mission zu treiben unter sittlich gefährdeten und gefallenen Männern und Frauen, unter unserem Volke die Sittlichkeit durch die Kraft des Evangeliums zu fördern, dagegen die Unsittlichkeit mit allen gebotenen Mitteln energisch zu bekämpfen«. Die Arbeit sah verschiedene Schwerpunkte vor, Publikationen, Vorträge, Überwachung der Presse, Schaffung von Wohlfahrtseinrichtungen, tätige Fürsorge, aber im Vordergrund stand doch »eine planmässige Nachtmission in den öffentlichen Straßen (...), eine regelmässige Evangelisationsarbeit in der Nähe der öffentlichen Straßen und Vergnügungsplätze und die Sammlung der Erweckten in dort befindlichen Gemeinschaften« [129].

Diese letzte Idee war sichtlich vom Londoner »Midnight Meeting Movement« übernommen, fand aber nie stärkere Anwendung; gegenüber dieser Bewegung machte die Mitternachtsmission in den deutschen Städten den entscheidenden Schritt hinaus auf die Straßen. Die Straße mit ihren Verlockungen und Gefahren steht denn auch im Mittelpunkt aller Darstellungen, wie in diesem Bericht aus Dresden:

»Ehe wir mit unseren Helfern in später Abendstunde in die Gassen und Straßen der Stadt hinausziehen, um unsern Nachtmissionsdienst zu treiben, sammeln wir uns miteinander um Gottes Wort und im Gebet. Wir erbitten uns an jedem Abend von Gott das reine Herz inmitten des Schmutzes, den wir sehen und hören müssen, erbitten uns die Sanftmut unseres sanftmütigen Heilandes inmitten von Spott und Hohn. (...)
Zuerst in den Bordellgassen: Betreten wir bei einbrechender Dunkelheit solch eine meist nur spärlich erleuchtete Gasse. Die Fenster sind schwer verhängt, die Häuser geschlossen. Aber die Türen sind lebendig. Gehen wir vorbei, so öffnet sich der Flügel, und durch einen Spalt ruft ungeachtet des polizeilichen Verbots die Schließerin uns leise Lockrufe zu. (...)
Da das Treiben in den Gassen ein offenes, den jungen Leuten nur allzu interessantes Geheimnis ist, ziehen ganze Scharen Neugieriger in den Abendstunden durch die Gassen. Sie stehen hier ein wenig und da ein wenig. ›Wir sehen's uns nur an.‹ So entzündet sich ihre Phantasie. Das nächste Mal sind sie schon dreister, trinken sich noch einmal Mut und – – –«[130]

Der Beschreibung folgt die Anklage. Aus falscher Scham und falscher Anständigkeit zu schweigen, ist nun nicht mehr gestattet: *»Den Scheinwerfer auf diese dunklen Winkel!* Und dann herbei, um zu warnen und zu helfen und zu retten!«

»Der Uneingeweihte erkennt in dem nach der neuesten Mode gekleideten Dämchen nicht sofort die Halbwelt. Dem geschulten Auge fällt's nicht schwer. Ihm stellt sich gar bald *die nächtliche Straße in anderem Lichte* dar. (...) Denn dieses Straßentreiben ist in weiten Kreisen der jungen Mädchen ein offenes Geheimnis. Junge, unerfahrene, neugierige Dinger ahmen das Treiben der Dirnen nach, nur um einmal ein Abenteuer zu erleben. (...)
Unsere sichtbare Waffe sind unsere Flugblätter. (...) Das eine in den Gäßchen zu verteilende will einen Stachel ins Gewissen treiben: ›Denk an deine Mutter‹, ›Denk an deine Schwester‹, ›Denk an deinen Gott‹, steht in fetten Buchstaben auf dem roten Papier. (...) Ein gelbes Blatt, bestimmt für solche, deren Ziel ungewiß scheint, enthält eine kurze Warnung unter der Frage: ›Wohin gehst du heute abend?‹ (...) So ausgerüstet ziehen wir hinaus. In den Gäßchen arbeiten wir immer zu zweien, stehen an den Ecken und stellen uns den einbiegenden jungen Leuten in den Weg, patrouillieren auch hin und her. (...)
Auf den Straßen ist die Arbeit etwas anders. Hier gilt's mit scharfem Blick die Dirnen ins Auge zu fassen. Wir folgen ihnen zunächst unbemerkt: achten aber auf die Männer, die ihnen näher treten. Und wer immer mit Blick oder Wort oder Gebärde sich der Dirne nähert, dem treten wir entgegen mit dem warnenden Blatt und warnenden Wort. (...)
Und wenn einer dem Helfer zuruft: ›Sie haben mir durch das Blatt den ganzen Abend verdorben!‹, ist das nicht auch ein Erfolg?«

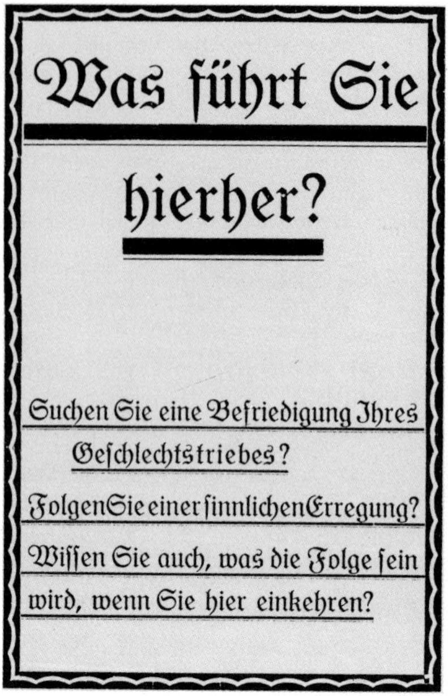

Die Sprache der Mitternachtsmission: »Abends gehen Tausende von Nachtfaltern an den Bogenlampen unserer Straße zugrunde. So tut es uns in der Seele weh, wenn auch Du dem trügenden Trieb nach flackernden Nachtfreuden folgst.« – »Taghell erleuchten die Lichter unserer Großstadt die Nächte. Du weißt aber doch, die Nacht ist finster, und aller Glanz nur trügender Schein.« (Flugblätter um 1910)

Gegen diese moralische Offensive ist Widerspruch nicht einfach. In den Berichten der Missionare ist zwar häufig von Männern die Rede, die sich von ihrem Vorhaben keineswegs abbringen lassen, die gar die Blattverteiler mit »Hohn und Spott« übergießen, aber öffentliche Kritik ist selten. Die ›Berliner Morgenpost‹ berichtete immerhin von einem interessanten Fall: Ein Mann, der um elf Uhr abends vom Friedrichstädtischen Theater nach Hause gegangen war, allein, bekam einen Zettel zugesteckt, auf dem ihm schwere Vorwürfe gemacht wurden:

»An die jungen Männer!
Warum sind Sie heute nacht auf der Straße? Bitte geben Sie sich eine aufrichtige Antwort!
Sie werden erkennen, daß Sie Ihrer Sünde willenlos gehorchen müssen. Sie laden

Schuld über Schuld auf sich. Dafür werden Sie in Ihrem Leben und in der Ewigkeit die Strafe tragen müssen. Sie gehen ewig verloren, Sie armer lieber Freund! Was würde Ihre Mutter sagen, wenn sie Sie am Arm der Dirne sähe, geschändet, gefallen?«

Die Zeitung kommentierte: »Es ist ein starkes Stück, jemanden, der in Berlin um elf Uhr abends durch die Friedrichstraße geht, als eine Art moralisch verkommenes Subjekt anzusprechen. Dabei hat Herr Fritz W. noch das Glück gehabt, *allein* durch die Straße zu gehen. Wäre er z. B. mit seiner Schwester oder seiner Frau, oder, schauderbar zu sagen, mit seiner Braut im Theater gewesen (...), dann hätte es der Menschenkenntnis des Zettelverteilers ebenso gut gefallen können, ihm den Wisch einzuhändigen, und damit die Dame an seinem Arm als ›Dirne‹ zu beschimpfen.« [131]
Aber die Kritik ficht die Streiter der Säuberung nicht an. Pastor H. Flemming führt die missionarische Sicht der Nacht mit einem (handschriftlich erhaltenen) Text von 1913 vor: »Was ist Nachtmission?«

»Was wollen die uniformierten Männer und Frauen mit dem weißen Kreuze auf den Kragenaufschlägen hier zur Nachtzeit auf den Straßen Berlins? Warnen, retten, helfen wollen sie!
Aber wen? Wir sehen keine Ertrinkende, keine Überfahrene, keine Überfallene. Wir sehen bloß fröhliche Menschen, denen die Lebenslust aus den Augen lacht.
Sie mögen lachende Gesichter sehen. *Wir* sehen unter dieser lauten Ausgelassenheit traurige, zerrissene, friedlose Herzen. Wir sehen gerade das, was Sie nicht sehen können: *Überfahrene, Ertrinkende, Verlorene*! Wie wir das verstehen? Sehen Sie jenen Mann mit dem stieren Auge, der dort aus der Kneipe herauskommt? Das ist ein Ertrinkender. Hat der nicht Halt, nicht Rettung nötig?
Und dort ein Überfall, ein Raub!
Wo? Ich sehe nichts! Da sind ja nur zwei Menschen, die miteinander scherzen. Lachende Lippen, sprühende Jugend! Freuden der Liebe! Freuden der Liebe? *Knechtung durch Sinnlichkeit! Leidenschaftliche Gier nach verbotenen Früchten!* Das arme Mädchen! Die Ehre hat man ihr geraubt!« [132]

Die Größe der Aufgabe bestimmt den Ton, die Wortwahl, und die Vorgehensweise der Mission. Es ist Jesus selbst, der den Auftrag gibt, er »schickt sie zur nächtlichen Stunde in das Großstadtgetriebe«. Weil alle anderen Stellen versagen, muß die Mission eingreifen. Flemming betont, die Organisation sei, nachdem anfangs auch Kneipenbesuche auf dem Programm standen, »ganz zur Straßenmission« geworden. Bewußt will sie »das sprühende Leben, das sich hier auf den Straßen unter den Strahlen des elektrischen Lichts auslebt«, will »Scherz und Freude stören«, will fragen: »Wohin gehen Sie heute abend? Sorgt sich vielleicht ihr armes Weib um Sie, während Sie hier *draußen* die nächtlichen Freuden der Großstadt suchen?« Die Sprache der Mission, ein immerwährender Appell an das schlechte Gewissen, kann durchaus brutal werden: Die die Nacht zum Tag machen, gelten schnell als »Drohnen und Parasiten der Gesellschaft«. Gedanken zur Nacht muß sich wohl machen, wer sich ununterbrochen mit ihren unerlaubten Freuden konfrontiert. E. Heine schreibt in seinen »Skizzen aus dem sittlichen und sozialen Elend der Großstadt«:

»Aber wenn der Mensch sich niemals von der Nacht etwas ins lauschende Ohr raunen läßt, wenn er sich nie mit den Nachtseiten des Lebens beschäftigt, läuft er Gefahr, einseitig zu werden – das Herz bleibt stumpf gegen das Leid der Welt. Licht und Schatten gehören auch im Leben zusammen.
Im Folgenden möchte ich skizzenhaft ein Sittenbild der Straße einer Großstadt zu entwerfen versuchen. Wenn leider das Licht nicht vorherrscht in diesem Bilde (...), so sollen dann die Lichter auf dem dunklen Hintergrunde um so wirkungsvoller erstrahlen.
Huschende, zitternde Lichter und Schatten schweben über dem Pflaster der Straßen, wenn nachts der gähnende Schlund der Großstadt sich öffnet und alles Gewürm ausspeit, was – das Tageslicht scheuend – sich in dem Gemäuer verborgen oder den Tag nach durchlebter Nacht verschlafen hat.
Dunkle geputzte Existenzen kommen in das Zwielicht der Straßen, huschen an den Männern vorüber, langsam und vorsichtig wie Polypen die Fangarme nach ihnen ausstreckend, sie lockend, berührend, verführend – geschminkte Wangen, betäubender Parfümgeruch, Lachen, Girren und Gemeinheiten. (...)
Was wird die NACHT diesen Biedermännern vom Land in ihrer Einfalt bringen? (...)
Ja, auf dieses Stadtviertel kann man auch das weltberühmte Dante'sche Bild anwenden: ›Hier schweigt das Licht!‹ und trotzdem ist es als ob auch hier das Licht begönne, mit der Finsternis zu ringen.«[133]

Ein wichtiges Ziel der Arbeit ist es, Kinder, Jugendliche und Frauen vor den »wüsten Nachtbildern von der Straße« zu schützen. In den Fallbeispielen, die Heine zusammengetragen hat, halten sich Geschichten von Geretteten und solche von Verlorenen etwa die Waage. Als aggressiv und feindlich werden Zuhälter, Kupplerinnen und »wohlsituierte« Kunden geschildert; die »Mädchen« dagegen erscheinen zumeist als »zertretene Blüten«, die, wieder aufgerichtet, auch neu blühen können. Ihr christliches Menschenbild bringt die Missionare durchaus in Konflikte; sie möchten auch die Prostituierten verurteilen, schuldig sprechen, tun sich aber schwer damit. Pastor Gensichen bezeichnet sie einerseits als »die Beklagenswertesten unter den Verlorenen«, behauptet aber auch, »die staatlich konzessionierten Prostituierten fühlen sich als die Herrinnen auf den nächtlichen Straßen Berlins«. Da wird die rhetorische Frage »Was würde Jesus sagen, wenn er eine Nacht durch die Friedrichstraße ginge?« zur schweren Prüfung: Der Gang durch die nächtlichen Straßen zwingt den Pastor dazu, über die Ursachen der Unzucht »in der Heimat« und sogar über das »Heimliche« in sich selbst nachzudenken.

Der Weltkrieg macht dem Gewissenskonflikt ein Ende. Jetzt sind »Soldaten aller Art stark an dem Nachtleben Berlins beteiligt«; ihr schlimmster Feind ist der Alkohol: »Bis gegen Mitternacht sind sie zumeist ihrer Uniform eingedenk und halten sich, solange noch nüchtern, von den Dirnen fern, [aber] nach Mitternacht sind über die ganze Stadt die widerlichsten Auftritte betrunkener Soldaten festgestellt.« Im Innern der Stadt liegt eine zweite Front, im Krieg erhält die Nachtmission endlich die zuvor oft versagte öffentliche Wertschätzung, jetzt leistet sie im Kampf gegen die Geschlechtskrankheiten kriegswichtige Aufgaben:

»Ein Mann aus der Provinz will sich seiner Freiheit im nächtlichen Berlin bewußt werden. Da wird ihm von einem Nachtmissionar ein Blatt gereicht mit der Aufschrift: Laß dich warnen! ›Damit tun Sie recht‹, sagt er zustimmend, ›das ist hier am Platze.‹ Aber wie erstaunt der Nachtmissionar, als er denselben Herrn in der nächsten Straße mit einer Dirne eine Droschke besteigen sieht. Entschlossen springt er an den Wagen, reißt die Tür auf und ruft: ›Herr, um ihrer Frau und Kinder willen, steigen Sie aus.‹ Nach kurzem Kampf in ihm, siegt die Vernunft, siegt das Gute. Er reicht dem Bruder die Hand und steigt aus, während die Dirne sich unter Fluchen und Schimpfen entfernt.«[134]

Als der Krieg zu Ende ging, war bald ein neuer Feind gefunden: Über »sexuellen Bolschewismus und seine Abwehr« schrieb Pastor Ludwig Hoppe, Geschäftsführer der »Volksgemeinschaft zur Wahrung von Anstand und guter Sitte«[135], und auch ein Protagonist der Heilsarmee sieht diese im Kampf um die Seelen der Arbeiter:

»Auf der Straße sind sie, und das ist vorderhand der einzige Weg, wo du sie treffen kannst. (...)
Dazu drängt die Zeit gerade jetzt in besonderer Weise. In Deutschland stehen wir augenblicklich an einem großen Wendepunkt in den Geschicken des Proletariats. In der Tat, die Großstadt ist ein furchtbarer Sumpf. Tausende und Tausende

mühen sich ab, aus dem Sumpf herauszukommen, um ihr Ich wiederzugewinnen, um ihr leibliches, seelisches, ewiges Leben zu retten. Aber bei jeder Anstrengung, sich herauszuarbeiten, scheint nur tieferes Einsinken zu drohen. Der Sumpf ist zu schlammig, zu zäh, zu tief: er will seine Opfer nicht loslassen.« [136]

Die Herrschaft über die Straße ist ein wesentlicher Faktor in der politischen Auseinandersetzung. Die Angst »vor der Straße«, vor dem Überhandnehmen derer, die auf der Straße leben und agitieren, kann nur überwunden werden, wenn die Kräfte der Ordnung und der Sittlichkeit selbst nach draußen gehen und – wenn es sein muß: singend – Präsenz zeigen. In der Verfassunggebenden Preußischen Landesversammlung wird am 23. September 1920 über »Nacktvorstellungen und unsittliches Schrifttum« debattiert; der DNVP-Abgeordnete Mentzel (Stettin) zitiert einen »Volksfreund«, der sagte, »in den Straßen der Großstädte stänke es nach Erotik«. Dagegen argumentieren Vertreter der SPD und der USPD, daß Berlin sich nach wie vor als Stadt friedlicher Arbeitsamkeit darstelle. Der USPD-Abgeordnete Kilian bittet die Kollegen, ihm zu berichten, »wo solche Dinge zu sehen sind. (...) Wir möchten auch gern einmal dorthin gehen, nicht um uns an diesen Darbietungen zu erbauen, sondern um uns über solche Einrichtungen sittlich zu entrüsten«.[137]

Der nüchterne, unbefangene Blick auf die Stadt aber hat es nicht leicht gegenüber den wortgewaltigen Predigten der Missionare. Carl Sonnenschein zitiert in seinen »Weltstadtbetrachtungen« seine eigene Karsamstagspredigt vom Abend des 16. April 1927, im Berliner Funkhaus. Er warnt darin vor der Illusion von Freiheit, die so viele Menschen in die Städte zieht. Die krude Mischung aus post-expressionistischer Metaphorik, aus apokalyptischen Nacht-Visionen und aus heilsversprechenden, antistädtischen Zukunftsbildern macht Endzeit-Stimmung, beschwört die »Deutsche Mitternacht« [138]:

»So wandern sie zur Weltstadt. Wandern! Fahren! Hasten! Stolpern! Fallen! Bluten! Bis sie diesen Asphalt umfaßt und die, ach so harte, Mutter Erde in der Grauheit dieser Straßen geküßt haben. (...)
Weg in die Riesenstadt, deren Dunkel uns umnachtet! Hier stört uns keine Hemmung. Hier kennt uns keines Menschen Antlitz. (...)
O entschleierte Stadt! Tausend juchzende Blüten hast du im Reif der Frühlingsnacht erdrosselt. Tausend leise erhobene Hände hast du gesenkt. (...) Nichts mehr ist uns geblieben vom Spiel unserer Jugend und vom Gesang unserer Mütter. Grau sind wir geworden! Kalt im Anblick! Vor dem Verstande unserer Kritik! So

liegst du vor mir, entschleierte Stadt! Ein versunkenes, schlafendes Feld zerstörter Seelen.
Du bist wie ein Feuerofen, o Stadt! Sie kippen tausend kleine Wagen in deine Schlünde. Sie schüren hundert Feuer an deinen Brüsten. Sie zwingen tausend Stürme in diese Glut. Du frißt sie alle! Du saugst sie alle! Du zerstörst sie alle!«[139]

Propaganda und Praxis der Missionen scheinen gelegentlich aus zwei verschiedenen Welten zu stammen. Dieser Fanfare gegenüber lesen sich Beschreibungen der konkreten Arbeit, wie sie etwa Hans Hyan in seinem Bericht »Menschen-Mühle Berlin« versucht, sachlich, voller Lob. Hyan schildert, wie, um zwölf Uhr nachts, ein Zug von Osten her in die Halle des Schlesischen Bahnhofs einläuft, wie zwei Mädchen, wohl aus Oberschlesien, von einem »gutgekleideten Menschen mit brutalem Gesicht« angesprochen werden. Er verspricht ihnen billige Unterkunft, bietet sich als Führer an und legt der einen schon den Arm um die Schulter, als die Missionsschwester kommt und dem Mann mit der Polizei droht; er verschwindet rasch, »die Finsternis der Halle verschluckt ihn, der um seine Opfer betrogen«.[140]

Auf der großen Berliner Polizei-Ausstellung 1927 wurde die Arbeit der Gefährdetenfürsorge in allen ihren Bereichen vorgestellt; »Rettungsarbeit« will denen einen Halt geben, »die in der Großstadt umher irren, ihr plan- und zielloser Lebensstil, ihr Rennen zu den Vergnügungsstätten, ihr überlautes Lachen, ihre wilden Bewegungen sind alles nur äußere *Symptome für die tiefe Innennot*«. Diese Diagnose kann ganz falsch nicht sein. Die gewollte Konfrontation mit dem Un-Heimlichen, die Suche nach den nächtlichen Welten auf der Straße korrespondiert mit einer inneren Sehnsucht, die schwer in Worte zu fassen ist. Walter Benjamin hat in seiner ›Berliner Kindheit um Neunzehnhundert‹ eine Interpretation der suchenden Gänge versucht: »Wieviel ich dieser träumerischen Resistenz bei den gemeinschaftlichen Gängen [mit der Mutter] durch die Stadt zu danken hatte, fand sich später, *als ihr Labyrinth sich dem Geschlechtstrieb öffnete*.« Benjamin erzählt von dem »beispiellosen Anreiz«, eine Hure anzusprechen, von den vielen vergeblichen Anläufen, bis es endlich dazu kam, von den endlosen Gängen, auf denen er sich »in die asphaltenen Bänder der Straße hoffnungslos verstrickt« hatte.[141] Die Straße war Testgelände für das Unaussprechliche, Unentwickelte, Unerfahrene – und an den Pforten standen die Hüter, die den Eintritt in diese Welt versperren wollten. Nur wenige der zeitgenössischen Reportagen dringen in solche Dimensionen vor. Der rechtsextreme Autor Heinrich Berl, dem Kampf gegen das »rote Berlin« verschrieben, polemisiert gegen die sensationellen Reportagen, weil sie »nur die Wirklichkeit« wiedergeben, nicht nach »Wahrheit« suchen, diese Welt aber der Städte sei »un-wahr, ver-wahr-lost«[142]. Die Missionare sehen und entlarven die städtische Welt als Schein, aber sie erkennen nicht die Bedeutung, die der Jagd nach dem Schein innewohnt:

»Züge kommen und gehen. Menschen kommen, gehen. Tag für Tag, Abend für Abend, Nacht für Nacht. Unglück und Not kennen ja keine Grenzen, haben keinen bestimmten Aufenthalt. Junge Menschen, halbe Kinder noch, rücken aus dem Elternhause; die Großstadt schwebt ihnen als die Erretterin vor. Retterin, Ideal ihrer brausenden, ungestümen Jugend. Erleben schreit in ihnen, Abenteuer, Sehnsucht haben, das ist Parole. (...)
Berlin, Kino, andere Arbeit, Freiheit, davon träumen die jungen Augen und Herzen. Dann liefern sie sich der Wirklichkeit aus, dann steigen sie in den Zug, der sie ins Unglück fährt, willenlose Sklaven dieser wilden, betörenden Großstadtmaschine. Sie meiden das Wort Bahnhofsmission, als fürchteten sie, unbewußt vielleicht, sie könnte ihnen die Illusion rauben und sie etwas aufklären. Dann kommen sie eines Tages von selbst, welk, durch diese Tür ›Bahnhofsmission‹, klopfen an in ihrer Not, dann greift man sie auf von den Pflastern der Großstadt.«[143]

Einige – wenige – Theoretiker der Mitternachtsmission sehen den Widerspruch und fordern dazu auf, ihn auszuhalten; auf der sexualethischen Schulungswoche der Organisation in Hamburg, im April 1928, konstatiert der Referent, Dr. Harmsen-Berlin, sehr nüchtern eine Auflösung der familialen Bindungen, einen früheren Beginn des Erwerbslebens als Ursachen dafür, daß es für viele Jugendliche keine »ungestörte Reifezeit« zwischen Jugend und Erwachsensein mehr gebe, und er zieht daraus die überraschende Konsequenz: »Das Großstadtleben ist zu bejahen«: als Testgelände für eine neue Lebensweise, als ein Leben innerhalb der Widersprüche, die nun einmal existieren. Das wäre allerdings Programm, mit Inhalt noch zu füllen, öffentlich zu diskutieren, in Praxis umzusetzen. Aber die demokratische Öffentlichkeit ist nicht vorhanden, die in der Lage wäre, fremde Sehnsüchte (und die eigenen, uneingestandenen) ernst zu nehmen. In der Praxis bleiben die Missionare auf Etappenziele verwiesen; wo Not sichtbar wird, greifen sie ein – »und ein Mensch ist der Straße, der Großstadt mit ihrem Schmerz und ihrer Dunkelheit für eine Nacht entrissen«[144].

V. Nachtwanderungen

Seit den Jahren um 1840 stand die *Straße* im Zentrum der Auseinandersetzungen um die nächtliche Stadt. Bei allen bisher behandelten Themen – Nachtwacht, Polizeistunde, Verbrecherwelten, Obdachlosigkeit, Prostitution und Mission – war die Straße der *Schauplatz*, an dem die Konflikte zwischen Ordnung und Unordnung, zwischen Sicherheit und Unsicherheit, Sittlichkeit und Unsittlichkeit ausgetragen wurden. Sie war in all diesen Debatten auch der metaphorische Ort, auf den sich die Bilder und Vorstellungen von Freiheit und Kontrolle, Auflösung und Eingrenzung in der Großstadtnacht bezogen. Die Frage der *Zugänglichkeit* hat sich als entscheidend für die Darstellung und für die Interpretation des nächtlichen Geschehens herausgestellt: Wem gehört die Straße bei Nacht, wer hat die Möglichkeit, sie – und ihr vielfältiges Angebot – zu nutzen? Wer ist nachts unterwegs, auf den Straßen der großen Stadt? Wie haben sich *Gehformen* und *Gangarten* in den Jahren von 1840 bis 1930 verändert? Mit solchen Fragen soll sich dieses Kapitel beschäftigen.[1]

1. Einblicke im Gehen

Die Idee, die den folgenden Überlegungen zugrunde liegt, hat der Begründer der wissenschaftlichen Volkskunde, Wilhelm Heinrich Riehl (wenn auch zugegebenermaßen keineswegs im Hinblick auf die nächtliche Stadt), so formuliert: »Der Erforscher des Volkslebens muß vor allen Dingen auf Reisen gehen. Das versteht sich von selbst. Ich meine aber *gehen* im Wortsinne, und das verstehen viele nicht von selbst (...) Wer forschen und lernen will auf der Wanderschaft, der gehe *allein*.«[2] Dahinter steht der Gedanke, daß man eine Landschaft nicht (nur) vom Schreibtisch aus begreifen kann, daß sie sich in ihrem ganzen Wesen erst denjenigen eröffnet, die sie, zu Fuß, durchwandern, die einen sinnlichen Eindruck von ihrer Vielgestaltigkeit erhalten.

Läßt sich diese Idee ohne weiteres auf die Stadt, auf diesen komplizierten Mechanismus übertragen? Die Antwort ist nicht einfach. Ein klares »Ja« wäre offensichtlich naiv – die Struktur der Stadt läßt sich im Gehen, im Vorbeigehen gar, keinesfalls erfassen, die Funktionsweise ihrer einzelnen Bestandteile erfordert gründliche, systematische Untersuchung. Aber es könnte sein, daß andere Aspekte städtischen Lebens sich dem durchdringenden Blick der exakten Forschung entziehen, während sie sich dem zufällig Vorbeikommenden für einen Augenblick öffnen, gerade in der Nacht. Die Idee der »Einblicke im Gehen« läßt sich unter bestimmten Voraussetzungen auf die (nächtliche) Stadt übertragen – wenn der Passant selbst aufnahmebereit ist, in der Lage, »mit eigenen Augen zu sehen, mit eigenen Ohren zu hören«[3]. So gesehen ist das Vorbeikommen auch gar nicht »zufällig«, es geschieht im sicheren Wissen, daß der Zufall sich ereignen wird, irgendwann, irgendwo, immer wieder. Das Wanderstudium in der Stadt erfordert Einsicht in die Möglichkeit des Irregehens, und es erfordert vor allem Geduld. Das gilt, eingeschränkt, auch für die folgende Darstellung: Der Versuch, eine Systematik einzurichten, wäre verfehlt, weil er dem Ungewissen, das die Nacht anbietet, nicht gerecht würde. Die Quellen, auf die ich mich hier beziehe, stammen von geduldigen, suchenden, irregehenden »Wanderstudenten«, sie berichten von den vielen unterschiedlichen Möglichkeiten, bei Nacht durch eine Stadt zu gehen. Damit sollen sie unsere bisherigen Kenntnisse von der Stadtnacht ergänzen, womöglich in dem einen oder anderen Punkt relativieren, sie sollen diese Kenntnisse aber vor allem *in Bewegung* versetzen.

2. Nächtliches Gelände

Straßen ändern ihren Charakter »suivant les heures de la journée«, wie es die Zeitschrift ›Le Monde moderne‹ 1895 formulierte; unterschiedliche Tageszeiten verleihen ihnen unterschiedliches Aussehen – und »Ansehen«. Mit der Funktion verändert sich auch das Bild der Straßen. In den letzten Jahren haben Forschungen zum Thema Straße, Straßenleben, Straßenkultur unser Wissen über die Funktionsweise von Städten erheblich bereichert; zwei Themen sind dabei für den nächtlichen Aspekt von besonderem Interesse.

»Oft schloß er in der zweiten oder dritten Stunde nach Mitternacht die Tür seiner Wohnung hinter sich zu und tappte die schwarzen Treppen hinunter zur Straße. Die Stadt, die er tagsüber oder in den Abendstunden kreuz und quer durchstreift hatte, erhielt eine ungekannte und scheue Macht über ihn.«
(Paul Leppin: Severins Gang in die Finsternis [1914]. Ravensburg 1988, S. 39)

Im Zuge der Beschäftigung mit den sozialen Milieus und Lebenswelten der Unterschichten im 18. und 19. Jahrhundert mußte sich die Aufmerksamkeit zwangsläufig der Straße als Lebens- und Arbeitsraum, als »Wohnung des Kollektivs« (Walter Benjamin[4]) zuwenden. Städtische Volkskultur ist in dieser Zeit zum großen Teil Straßenkultur, viele Formen der Arbeit, des Handels, des Austauschs von Waren oder Nachrichten, der Beziehungen zwischen Nachbarn, Kollegen, Streit- und Liebespartnern spielten sich nicht nur auf den Straßen ab, sondern erhielten durch diese auch einen besonderen Charakter. Das Straßenleben in den Wohnbezirken der Unterschichten stand im Blickpunkt obrigkeitlicher Aufmerksamkeit nicht nur, weil sich hier potentiell »gefährliche Zusammenrottungen« ankündigten, sondern auch, weil das Leben in und mit der Straße eigene Fähigkeiten und »Tugenden« (oder Untugenden) produzierte, die denen fremd waren, die anders lebten.[5]

Auch wer die Stadt »von oben«, aus der Perspektive der Herrschaft und der Organisation betrachtet, kann auf eine Beschäftigung mit dem Thema Straße nicht verzichten. In diesem Zusammenhang sind Straßen wichtig als Strukturelemente, die das Bild der Stadt formen, als Verkehrswege, als Verbindungsstrecken zwischen einzelnen Zentren herrschaftlicher Präsenz, nicht zuletzt als Aufmarschgelände, mit dem der Zugang in die Wohnviertel der Unterschichten im Krisenfall erzwungen werden soll.[6]

Aus diesen beiden Perspektiven ergibt sich zwangsläufig eine dritte: Straßen bilden das Feld, auf dem Konflikte zwischen »der Obrigkeit« und »den Untertanen« ausgetragen werden. Strategien zur Verteidigung eigener Lebensbereiche und Strategien zur Eroberung fremder Territorien müssen, ausgehend von den jeweiligen Interessen, die Bedingungen der Straßen zu ihren Gunsten erhalten oder verändern. Auch wenn die Konflikte nicht gewaltsam ausgetragen werden, besteht zwischen den verschiedenen Bevölkerungsgruppen der Stadt, zwischen »unten« und »oben«, eine *anhaltende Spannung*, die sich im Anspruch auf den ungehinderten Zugang zur Straße manifestiert. Die Straßen in den großen europäischen Städten des 17. und 18. Jahrhunderts, also vor der Formierung einer regulären Stadtpolizei, waren in besonderer Weise von dieser Gegensätzlichkeit geprägt: Die »upper classes« bauten ihre Straßen zur Bühne aus, auf der sie ihre Macht und ihren Reichtum zur Schau stellen konnten; die »lower classes« waren bemüht, ihren eingeschränkten Lebensbereich auszuweiten.[7] Für die mittleren Klassen waren die Straßen wenig mehr als Wege zur Arbeit und zurück, im Grund terra incognita; Gloria Levitas hat gezeigt, daß Klassenunterschiede sich nicht nur an den Haltungen gegenüber »der Straße«, sondern auch am unterschiedlichen Gebrauch von Straßen erkennen ließen. Und: Bei Nacht blieben die Straßen den »upper and lower classes« vorbehalten.

In der Folgezeit öffneten sich die nächtlichen Straßen einem größeren Publikum, aber die Erinnerung an diese extreme Zweiteilung blieb lange erhalten: Reichtum und Armut, Glanz und Elend, Licht und Dunkel stehen metaphorisch auch für die beiden An-Sichten der Straße in der Nacht. Gerade diese Tatsache, denke ich, macht die Hoffnung, Straßen könnten den direkten, sichtbaren Ausdruck der Beziehungsstrukturen innerhalb einer städtischen Kultur liefern, schon wieder zunichte. Vom Erscheinungsbild der Straßen können nur indirekte Rückschlüsse auf die Sozialstruktur der Gesellschaft gezogen werden, und diese Schlüsse werden immer fragwürdiger, je komplexer die gesellschaftliche Organisation wird.

Die Straße ist Außenraum und Innenraum zugleich; von der Wohnung aus gesehen, ist sie Teil der äußeren Welt, im Zuge der Privatisierung bestimmter Bedürfnisse und Verrichtungen werden ihr verschiedene Funktionen nach und nach entzogen. Im Blick auf die Stadt als Ganzes aber erscheint die Straße als Teil einer »inneren« Struktur, im Prozeß der Herausbildung einer modernen städtischen Lebensweise werden ihr neue Funktionen zugewiesen: »Die Pariser machen die Straße zum Interieur.«[8] Auch dieser Prozeß hat durchaus widersprüchliche, ungleichzeitige Aspekte. Der Funktionswandel der Straßen vollzieht sich nicht von einem Tag auf den anderen, nicht in allen Teilen der Stadt zur gleichen Zeit. Öffnungsprozesse erreichen zunächst – wie das Licht, wenn auch nicht nur durch das Licht – die Straßen der oberen Schichten, die zum Anziehungspunkt auch für Angehörige anderer sozialer Gruppen werden. Aber lange Zeit galt für alle: Mit dem Einbruch der Dunkelheit war der Rückzug in die privaten Räume, wenigstens in die engere Umgebung, unvermeidlich.

3. Nächtliche Öffentlichkeit

Während die Straßen der Städte am Tage bereits gegen Ende des 18. Jahrhunderts zum Begegnungsraum unterschiedlicher sozialer Gruppen wurden, blieb ihr *öffentlicher*, allgemein zugänglicher Charakter für die Nachtstunden länger eingeschränkt. Das könnte heißen, daß auch die Prozesse der darauffolgenden »Zerstörung« von Öffentlichkeit, die Richard Sennett in seinem Buch ›Verfall und Ende des öffentlichen Lebens‹ beschreibt, die nächtlichen Straßen zeitversetzt erreichten.[9] Lange vor dem Eintritt des Gaslichts in die Geschichte der Straße war sie beladen mit einer eigenen Geschichte bedrohlicher Dunkelheit, und sie wirft diese Geschichte (wie die Geschichten, die sich darum ranken) nicht einfach ab, wenn sie künstlich erleuchtet wird. Vielmehr mischen sich das alte Dunkel und die neue Helligkeit zu einer eigenen, eigenartigen Atmosphäre, in der es dem Licht nicht gelingt, zu triumphieren. Wie aggressiv der »glow of light« sich auch gebärdet, seine Wirkung erhält er einzig durch die Dunkelheit, die er bekämpft, aber nie besiegt.

Verschiedene Autoren berichten von einem neuen Verhältnis der städtischen Bevölkerung zu ihrer eigenen Öffentlichkeit – die sie selbst herstellen, in der sie leben –, etwa um die Mitte des 19. Jahrhunderts. Richard Sennett formuliert, »das öffentliche Leben wurde zu einer Sache des Beobachtens, der passiven Anteilnahme, zu einer Art von Voyeurismus«[10], und er zitiert Balzacs Formel von der *Gastronomie des Auges*. Nicht mehr die Möglichkeit einer Begegnung stand im Vordergrund, sondern ein selbstgenügsames Betrachten der Szenerie aus der Distanz dessen, der die wieder enger werdenden Verhaltensvorschriften kennt und einhält. Ähnlich beschreibt François Gasnault die in dieser Zeit entstehende »hermetische Grenze zwischen der Welt der Straße und der des Hauses«[11], als Schlagwort der Zeit nennt er »vices privés, vertus publiques«: Laster und Abweichungen werden zu Hause, privat gelebt, auf der Straße trägt man seine Tugenden, seine Schauseiten, sichtbar für andere, spazieren.

Ich weiß nicht, ob diese Behauptungen grundsätzlich aufrechterhalten werden können. Das Argument, die Bürger des späten 19. Jahrhunderts seien weniger offen und zeigten mehr bloße Fassade als ihre Vorfahren im idealisierten 18. Jahrhundert, ist zu moralisch. Die Ausbildung einer

Fähigkeit, Anonymität auszuhalten und sogar positiv zu funktionalisieren, wird angesichts der Bevölkerungszunahme, der wachsenden Komplexität der Stadt, auch angesichts des Verkehrs in den Straßen, zur Notwendigkeit. Auch die Entwicklung einer höheren Mobilität, die Fähigkeit, sich verschiedenen Anforderungen an verschiedenen Orten gewachsen zu zeigen, ist als mentale Reaktion auf die materiellen Prozesse der Urbanisierung von großer Bedeutung – wer um 1840 oder 1850 die Straßen noch auf die gleiche Weise nutzen wollte wie sein Vorfahr im 18. Jahrhundert, wäre bald »zurückgeblieben«.

Die Diagnose für das öffentliche Leben in der *nächtlichen* Stadt müßte sogar genau umgekehrt lauten: Eben in den Jahren um die Jahrhundertmitte beginnt das nächtliche Leben, in London wie in Paris, und in Ansätzen auch bereits in Berlin, auf die Straßen »hinaus« zu drängen. Und gerade die öffentliche Präsentation der Laster, der »vices«, wird zum beherrschenden Thema der Debatten über die Stadt. Während die Haussmann'schen Umgestaltungen der traditionellen Stadtszene von Paris vielleicht wirklich ein »Ende« bereiten, wie Sennett behauptet, entsteht zugleich auf den nächtlichen Straßen ein *alt-neuer Erfahrungsraum*, der den traditionellen – und nun der Zerstörung ausgesetzten – Altstadtgassen an Attraktivität zumindest gleichkommt, der ihnen sogar (denn viele bleiben ja bestehen) neue Attraktivität verleiht. Es könnte sein, daß sich der Drang nach Öffentlichkeit hier, in der Nacht, einen Ausweg verschafft, der ihm bei Tag mehr und mehr versperrt wird.

4. Straßen als Bühnen

Erst die Straße macht die Stadt begehbar, stellt sie den Bewohnern, und den Besuchern, zur Verfügung. Viele Autoren beschreiben die Straßen der Stadt als »Bühne«, als »Schaubühne« gar, »auf welcher in ununterbrochener Folge und ewigem Wechsel Gestalten erscheinen und verschwinden, Ereignisse sich vorbereiten und vollziehen, die in ihrer Gesamtheit ein kleines Weltgetriebe für sich bilden«[12]. Dieses Bild wird nicht (nur) genutzt, um die Künstlichkeit, die Fassadenhaftigkeit großstädtischen Lebens zu karikieren oder zu denunzieren, sondern vielmehr, um dem Erstaunen über die Vielfalt des Gleichzeitigen Ausdruck zu verleihen. Dieser Eindruck gilt noch verstärkt für die nächtliche Stadt:

»Wer zum erstenmal eine fremde Großstadt betritt, den bestürmt eine Fülle von Eindrücken, deren man sich nicht einzeln bewußt wird, deren Gesamtheit aber das *Maß der Freudigkeit* bestimmt, mit welcher man fortan das neue Leben betrachtet. (...)
Und wenn der Abend kommt, wenn die lange Doppelreihe der blinkenden Lichter, an denen die Wagenlaternen, Leuchtkäfern gleich, eilig vorüberhuschen, die Länge der Straßenzüge scheinbar vervielfacht, dann befestigt sich die Vorliebe erst recht, die der Tagesanblick wachgerufen hat. Paris lebt auf der Straße. *Ein Gang durch die Boulevards oder ein Blick auf den Menschenstrom*, welcher sich an den unzähligen Cafes vorüberzieht, mit denen dieser gewaltige Straßenring reich versorgt ist, *bringt ins Bewußtsein, daß man in einer Großstadt ist*, in einer Großstadt, die sich zu schmücken versteht, und das Straßenleben zu erleichtern und zu verschönern weiß wie keine andere.«[13]

Zur großstädtischen Öffentlichkeit gehört die Beobachtung wie die Selbstdarstellung; was aussehen mag wie Authentizitätsverlust, ist viel eher die Möglichkeit, den eigenen Horizont zu erweitern, Grenzen zu überschreiten. Einzig die Straße kann das Gefühl, die *ganze Stadt* stehe »zu meiner Verfügung« (so der Spaziergänger Julius Rodenberg), hervorrufen; das aber macht sie erst recht zur Bedürfnisweckerin. Sie bietet ein Netzwerk von Beziehungen, Kontakten, Begegnungen, und die Fähigkeit, sich in diesem Netzwerk zurechtzufinden, gehört zu den wesentlichen Errungenschaften der »inneren« Urbanisierung.

Komplementär dazu ist die Straße aber auch ein Element der *Verunsicherung*, der Erschütterung festgefügter Vorstellungen, gerade in der Nacht; sie fordert zum Betreten auf, verspricht wohl Angst und Gefahr, aber Erkenntnis als Belohnung: So läßt Peter Sloterdijk seinen jungen Wiener Arzt van Leyden, zu Besuch im Paris des späten 18. Jahrhunderts, sagen, »so bemerke ich an mir eine Neigung zu Expeditionen in die zwielichtigen Quartiere und die dunkelsten Zonen der Stadt. *Ich bilde mir ein, daß man nur von dort aus das Funktionieren des Ganzen verstehen wird.*«[14] Dieser Text hat in Sloterdijks Darstellung der Anfänge einer modernen Psychologie eine wichtige Funktion; liest man ihn aber ohne diesen Zusammenhang, wirkt er überraschend zeitlos. Er könnte ebensogut aus der Mitte des 19. oder aus den Anfängen unseres Jahrhunderts stammen (oder vielmehr, dorthin verlegt werden). Es scheint – unabhängig bis zu einem gewissen Grad von den realen, materiellen Veränderungen der Gesellschaften, der Städte und der Straßen – eine untergründige

Form der Großstadtwahrnehmung zu geben, die sich dem chronologischen Zugriff entzieht.

Bisherige Arbeiten, die sich mit dem Thema Straße und dem Gehen in der Stadt beschäftigen, enttäuschen da, wo sie die »Erfahrungen des spazierenden Ichs mit der Großstadt« *zu* nah an den zeithistorischen sozioökonomischen Hintergrund anbinden wollen. In diesen Arbeiten wird immer die assoziative, metaphorische Kraft der Straße beschworen, aber nicht eigentlich realisiert: Wenn die Straße aber gezähmt und in ein vorgeformtes Konzept eingepaßt werden soll, verliert sie diese Kraft, wird zu einem von vielen Versatzstücken, mit deren Hilfe ein theoretisches Unternehmen zusammengehalten wird. Es gibt viele Möglichkeiten, sich mit »Straße« zu beschäftigen: »Aus jeder Perspektive ließe sich eine Geschichte der Straße erzählen, und doch ergäben sie für sich nicht den Mythos, der immer mehr ist als die Summe seiner Aspekte«[15], schreibt Karl Schlögel über den Leningrader Newskij-Prospekt, aber das gilt wohl für die Straße schlechthin. Erst wenn diese mythische Qualität des Straßenbildes – und gar bei Nacht – eingestanden und vorausgesetzt ist, können Unterschiede, soziale, ökonomische, politische Bedingungen, die das Erscheinungsbild der Straße prägen und das Verhalten derer, die sie benutzen, sinnvoll berücksichtigt werden.

5. Nächtliche Gangarten

Zwei Vorgaben sind gemacht: Die Nacht gibt Auskunft darüber, wie die Stadt wirklich ist, wie »das Ganze« funktioniert – und sie, nur sie, repräsentiert die Anwesenheit des Vergangenen, den Mythos in der gegenwärtigen Stadt. Beide Eigenschaften drohen verlorenzugehen, wenn die Bestrebungen, aus der Nacht einen zweiten Tag zu machen, gelingen sollten. Wenn wir den Spuren vergangener Nachtwanderer folgen, finden wir dieses Motiv immer wieder: festhalten, was womöglich nicht mehr wiederkehrt.

Bernd Jürgen Warneken hat darauf hingewiesen, daß das bürgerliche »Sich-Ergehen« nicht nur Müßiggang war, sondern auch »Übungsfeld der Körperkultur ebenso wie der *Sinneswahrnehmung* und des ›Bemerkungsgeistes‹«[16]. Die Wahrnehmung der nächtlichen Stadt stellt eine noch größere Herausforderung dar: »Der Mann, der entweder aus Hochmut oder aus Furcht in keinen dunklen Gang geht, mag ein vortrefflicher Mensch und für hunderterlei Dinge begabt sein, aber er wird keinen guten empfindsamen Reisenden abgeben«, schreibt 1768 Laurence Sterne[17], und: »Ich mache mir sehr wenig aus den vielen Dingen, die ich am hellen Tage auf breiten öffentlichen Straßen vorgehen sehe.«

Was schreckt, kann zugleich lockend und reizvoll sein; wer die Anziehungskräfte des Dunklen nicht wahrhaben will, »reagiert so heftig gegen sie, weil in ihm selber Schichten sind, die es dorthin lockt«.[18] Der Gang in die nächtliche Stadt erlaubt es, diese Dimension des Lebens – in begehbaren Grenzen, wohlverstanden – immer wieder neu zu begreifen. Die von Georges Bataille konstatierte *Affinität von Widerwillen und Verlangen* wird selten so deutlich wie hier: »Das wahre Paris ist natürlich eine schwarze, lärmende, übelriechende Stadt, die sich in ihren engen Gassen versteckt«[19]; »das nächtliche Paris ist abscheulich. Dann nämlich kommt die im Untergrund lebende Bevölkerung zum Vorschein. Überall herrscht Dunkelheit.«[20]

Zweifellos ist die *Wahrnehmung* der schmutzigen, verfallenden, übelriechenden Stadt, die bereits im 18. Jahrhundert auch eine Wahrnehmung ihrer sozialen Topographie mit sich bringt, auch eine Voraussetzung für die *Strategien zu ihrer Reinigung*;[21] aber das erklärt noch nicht die große Zahl der Reisen ins »Souterrain«. Wichtiger ist: Das Bild der Welt wird dabei umfassender. Der Blick »von unten«, der ein Eindringen in die Welt der Nacht und die erfolgreiche Überwindung ihrer Gefahren voraussetzt, soll dazu dienen, das Ganze zu verstehen. Bewohner und Besucher der Städte erschrecken bei der Erkenntnis, daß sie bisher in einer unvollständigen (Vorstellungs-)Welt gelebt haben. Das Entsetzen über die Existenz der nächtlichen Seiten einer Stadt – der Stadt, die man doch so gut zu kennen glaubte – verlagert sich in das Innere der Beobachter; das wird besonders deutlich bei denen, die diese Entdeckung nicht wahrhaben wollen und schleunigst wieder rationalisieren. A. Ragotzky, Prediger an der Stadtvogtei zu Berlin, schreibt 1872 in der ›Gartenlaube‹:

»Über das Verbrechertum in Berlin zu schreiben ist eine schwierige Aufgabe. Es rollt sich ein Bild auf, welches die große, im Glanz und Schimmer der neu erlangten Kaiserherrlichkeit aufprangende Stadt von einer ihrer dunkelsten Nachtseiten darstellt. (...)

Sind solche Zustände [wie in Paris] bei uns auch weniger denkbar, weil wir ein festes obrigkeitliches Regiment haben, das durch eine jahrhundertelange glänzende Geschichte mit unserem Volke aufs innigste verwachsen ist, und weil der Charakter unseres deutschen Volkes ein anderer ist als der der Franzosen, so werden wir uns damit doch nicht beruhigen dürfen, sondern es wird uns heilsam sein, wenn wir aus jenen furchtbaren Gottesgerichten [der Pariser Kommune] die warnende Stimme hören ...«[22]

Alle Abwehr hilft nichts, die Nachtseiten der Stadt müssen als existent zur Kenntnis genommen werden. Die Frage ist, welche Wahrnehmungsform dafür die besten Voraussetzungen bietet.

Flanerie

Wenn vom Gehen in der Stadt die Rede ist, stellt sich eine Assoziation, ein Begriff wie von selbst ein: der »Flaneur«. Flanerie, heute meist verstanden als die schöne Kunst, genußvoll und kenntnisreich, langsam und aufmerksam durch eine Stadt zu gehen, ist zum selbstverständlichen Kennwort der Liebhaber großer Städte geworden. Im Zusammenhang mit der »Verstädterung« der Stadt, mit der Ausgestaltung eines städtischen Zentrums rückt eine Gestalt, eine Figur in den Mittelpunkt des Geschehens auf der Straße (und in die Reflexion dieses Geschehens in der Literatur) – der Spaziergänger, der Zeit und Muße hat, der überall dort Fuß faßt, wo *das Städtische sich voll entfaltet* »und die Natur sich rar macht«[23].

Dort, das heißt: auf den Boulevards und in den glasüberdachten Passagen, die zu Anfang des Jahrhunderts entstanden und in ihrer Verbindung aus der (in Schaufenstern ausgestellten) Warenwelt und dem Gelände für den Spaziergang das Symbol großstädtischen Lebens in den 1820er und 1830er Jahren darstellten; dort war der Spaziergänger mit den vielen Namen – flâneur, badaud, promeneur solitaire – zu Hause, ein bewußter Städter.

Verschiedene Autoren haben, in der Nachfolge von Walter Benjamin, versucht, die »sozialgeschichtlichen Konturen«[24] dieser Figur, ihre Verhaltensweisen und ihre »Beweg-Gründe« zu fassen, an einen bestimmten historischen Hintergrund anzubinden, und die Veränderungen des »Typus« in den folgenden Epochen zu verfolgen. Ich halte die Ergebnisse dieser Studien nicht immer für überzeugend und denke, daß eine der Ursachen dafür die zu große Bandbreite des Begriffs ist: Allzuviel soll in den Flaneur hineingelesen, ihm untergeschoben werden. Lesen wir Benjamin:

»Ein Rausch kommt über den, der lange ohne Ziel durch Straßen marschierte. Das Gehn gewinnt mit jedem Schritte wachsende Gewalt; immer geringer werden die Verführungen der Läden, der bistros, der lächelnden Frauen, immer unwiderstehlicher der Magnetismus der nächsten Straßenecke, einer fernen Masse Laubes, eines Straßennamens. Dann kommt der Hunger. Er will nichts von den hundert Möglichkeiten, ihn zu stillen, wissen. Wie ein asketisches Tier streicht er durch unbekannte Viertel, bis er in tiefster Erschöpfung auf seinem Zimmer, das ihn befremdet, kalt zu sich einläßt, zusammensinkt.«[25]

Dieser Abschnitt aus den Aufzeichnungen und Materialien des ›Passagen-Werks‹ ist tatsächlich zentral für jede Beschäftigung mit dem Gehen in der Stadt. Aber ist darin vom »Flaneur«, wie er in unserem Sprachgebrauch fortlebt, die Rede? In einem anderen Text, »Über einige Motive bei Baudelaire«, schreibt Benjamin über den hier bereits zitierten »Mann der Menge«: »Baudelaire hat es gefallen, den Mann der Menge, auf dessen Spuren der Poe'sche Berichterstatter das nächtliche London die Kreuz und die Quer durchstreift, mit dem Typus des Flaneurs gleichzusetzen. Man wird ihm darin nicht folgen können. Der Mann der Menge ist kein Flaneur. In ihm hat der gelassene Habitus einem manischen Platz gemacht.«[26]

Das ist, für sich genommen, einleuchtend; aber ist derjenige, der »wie ein asketisches Tier« durch unbekannte Viertel streicht, mit einem »gelassenen Habitus« ausgestattet? Alle Versuche, in die Gangarten der Großstadt *eine* strukturelle oder chronologische Ordnung einzuführen, sind meines Erachtens zum Scheitern verurteilt, sie widersprechen sich selbst. Die Problematik der meisten Darstellungen liegt wohl darin, daß sich »reale« Bilder mit »imaginären«, literarischen Bildern vermischen. Poes »Mann der Menge« ist eine eindeutig literarische Figur, aber auch Benjamins »Flaneur« ist ein Konstrukt, zusammengesetzt aus Beobachtung und Literatur. Die Vorstellung, daß, in der Chronologie, auf den Typus des »gelassenen« Spaziergängers der des »manischen« folgt, ist nicht aufrechtzuerhalten; es scheint mir eher so, daß sich der eine zum anderen gesellt, und daß beide manchmal in einer Person zu finden sind. Alle Quellen lassen darauf schließen, daß es – neben dem »reinen«, von Benjamin beschriebenen Typus – eine Vielzahl anderer Typen von städtischen Spaziergängern gegeben hat: Je vielfältiger Stadt und Straße sich präsentierten, um so mehr verschiedene »Geher« (und, mit den Jahren, auch »Geherinnen«) brachten sie hervor. Es macht keinen Sinn, alle Formen unter dem Begriff des »Flanierens« unterbringen zu wollen, es lohnt sich, genauer nachzufragen: Wer geht, wann, wohin, warum, wie? Die *Funktionen* des Gehens in der Stadt sind so vielfältig wie seine Formen. Eine Eigenschaft ist für uns besonders wichtig: Manche – durchaus nicht alle – Spaziergänger zeichneten sich als *gute Beobachter der städtischen Szenerie* aus, das macht ihre Texte interessant, nicht der Name, den wir ihnen geben. Was Victor Fournel als »die Kunst der Flanerie« bezeichnet, könnte auch anders heißen:

»Dieses Leben ist für den, der es verstehen und praktizieren kann, das aktivste und fruchtbarste: Ein intelligenter und bewußter Spaziergänger [badaud], der seine Pflichten peinlich genau erfüllt, das heißt, *der alles beobachtet und sich an alles erinnert*, kann die wichtigsten Rollen in der Republik der Kunst einnehmen. Dieser Mann ist eine wandelnde Daguerrotypie, mit Leidenschaft bewahrt er die kleinsten Spuren auf, und in ihm reproduzieren sich der Gang der Dinge und die Bewegung der Stadt.«[27]

Flanerie und Beobachtung gehören hier zusammen: »Wer Geist und Beobachtungsgabe besitzt und sich auf's Flaniren versteht, wird aus dem Pariser Straßenleben mehr lernen als aus vielen dickleibigen Büchern«, schreibt Ludwig Kalisch 1872.[28] Das ist das Programm: aus dem Straßenleben lernen. Es bedeutet, zu lernen, wie »man« sich in bestimmten Situationen auf der Straße verhalten muß, um unbeschadet seinen Weg fortsetzen zu können. Es bedeutet auch, aus den vielen verschiedenen Ansichten und Vorkommnissen ein möglichst einheitliches, stimmiges Gesamtbild formen zu lernen; diese Aufgabe ist schwierig, eben weil die Stadt sich fortlaufend verändert. So sind die Spaziergänger gezwungen, immer wieder »hinaus« zu gehen, sich ihrer Umgebung immer wieder neu zu versichern. Daraus entstehen die »topographischen Ausschweifungen«[29], daraus der »Straßenrausch«[30], den Benjamin beschreibt.

In der Nacht ist das Unterfangen einfacher und schwieriger zugleich. Die Hektik des täglichen Verkehrs läßt nach, die Atmosphäre der Stadt beruhigt sich, die Straßen werden wieder leichter begehbar. Aber neue Einschränkungen begrenzen die Wahrnehmungsfähigkeit; im Wechselspiel von Licht und Schatten werden manche Konturen wohl klarer, andere jedoch verschwimmen, Extreme treten hervor, Zwischentöne verschwinden. Die Lust am Verbotenen prägt die Wahrnehmung ebenso wie die Angst davor; und das ziellose Umherschweifen ist in den Augen der Obrigkeit, zumal bei Nacht, nach wie vor verdächtig:

»Wir kennen die Kunst des Spazierens nicht, die Kunst des Flanierens. (...) Aber diese junge Dame da drüben, die scheint doch wirklich in aller Gemütlichkeit spazierenzugehen. Sie ist sehr hübsch, allzu hübsch, geht ganz allein, und langsam, und schlendert mit dem Handtäschchen. Aha, aha! Argwöhnisch sieht sich der Schutzmann nach ihr um. *In der emsigen Stadt Berlin sind Spaziergehen und Laster ungefähr dasselbe.*«[31]

Die nächtliche Flanerie ist, wenn es auch Vor-Läufer gibt, doch ein Kind der neuen Beleuchtung. Aber die Spaziergänger, die sich im Schein der Gaslaternen »hinaus« auf die Boulevards begaben, die »Noctambules« der 1830er, 1840er Jahre, haben einige Denkmuster und Verhaltensweisen aus der Zeit größerer Dunkelheit übernommen: In verschiedenen Texten, etwa ›Paris la nuit. Silhouettes‹, von Edouard Gourdon (1842) oder ›Paris la nuit‹, von Eugène de Mirecourt (1855), wird die literarische Figur des Nachtteufels Asmodée benutzt, der den Helden die Stadt als ein Reich *seiner*, also einer geheimnisvollen Herrschaft zeigt, aber zugleich wird der Versuch unternommen, den – oft imaginierten – Streifzug durch die Stadtnacht als Ausdruck einer regelrechten Neu-Erschaffung dieser nächtlichen Welt darzustellen. In manchen dieser Schilderungen gelingt ein Einblick in die *neue* Schönheit der nächtlichen Stadt. Julius Rodenbergs Übersicht auf das nächtliche Paris wurde bereits zitiert; die Lichterketten bedeuten ihm aber mehr als ein bloßes Spektakel, sie erschaffen das Bild der Stadt:

»Ein Flammennetz mit zahllosen feinen Spiralen entwickelt sich in unserem Gesichtskreis: *die Karte von Paris*, in schimmernden Strichen gezeichnet; die Boulevards, mächtige Lichtstränge, wo sie sich treffen; die großen und die kleinen Straßen, Lichtfäden; die freien Plätze, starke Flammencentren, die nach allen Seiten ihre strahlenden Radien schießen – und ringsum, wie ein röthlicher Flammengürtel, die Vorstädte.

So sieht Paris aus, wenn seine 40000 Gasflammen brennen – Paris bei Lampenlicht, wenn ihre schimmernde Flut seine Schönheit und jede seiner Verführungen verführerischer erscheinen läßt.«[32]

Nachtschwärmer

»...heißen Leute, welche des Nachts auf denen Straßen und Gassen herum vagiren und allerhand unnöthigen Lermen anrichten.«[33]

So hieß es kategorisch noch Ende des 18. Jahrhunderts in einem deutschen Lexikon. In den folgenden Jahrzehnten hat der Begriff des »Nachtschwärmers« eine Veränderung erfahren: Er wurde – und wird bis heute – vor allem auf Leute angewandt, die Orte, Einrichtungen des nächtlichen Vergnügens besuchen, Bars, Kneipen, Kabaretts, Revuen, zur eigenen Unterhaltung und längst nicht mehr, um die Nachtruhe zu stören. Trotz dieser Wandlung vom »Lermen« zur Geselligkeit haftet, in den Augen der Nachtkritiker, dem Wort weiterhin ein negativer Unterton an. Thomas Burke singt ein Loblied der Vergnügungsgänge:

»NIGHT-LIFE... Night-club... Night-bird. Das Wort ›Nacht‹ hat etwas, das manchem Engländer einen Schauer des Entsetzens über den Rücken jagt, einem anderen Wellen der Freude. Letzterer hat nie die Erregung des Spät-Aufbleibens (»Sitting Up Late«) vergessen. Die anderen betrachten jedes Ereignis, das nach Mitternacht stattfindet, als etwas, das ans Sündhafte grenzt; als ob der Teufel nie bei Tageslicht unterwegs wäre. Aber trotz aller Einschränkungen wurde der Geist der alten Hymne des Nachtlebens, der ›Won't-Go-Home-Till-Morning-Spirit‹, nie ganz ausgelöscht. Es ist ein Lied gegen alle Eltern, Aufpasser, und Stadträte.«[34]

Das ist – endlich – »Nachtleben«, wie es sich für die meisten wohl darstellt: Lange aufbleiben, nicht nach Hause gehen, die Angebote des Vergnügungslebens auskosten. Die nächtlichen Spaziergänger, »aimant la nuit pour elle-même«, die die Nacht *um ihrer selbst willen* lieben, betreten die Orte des Vergnügens nur kurz, um sich für ihren weiteren Weg zu erfrischen, ihr Ziel ist die Straße, der direkte, ungehinderte Zugang zur Nacht. Freilich gehören die *Orte*, Cafés, Restaurants, Café-Concerts, Tingel-Tangel, Varietés und Bars zur Ausstattung der nächtlichen Straße, ohne die sie viel von ihrer Anziehungskraft einbüßen müßte. Ein großer Teil des Publikums ist unterwegs zu einem dieser Orte, wechselt von einem zum anderen, oder kehrt von dort ohne längeres Verweilen nach Hause zurück; nur eine Minderheit findet im einsamen Spaziergang ein größeres Vergnügen. Aber auch für sie besteht ein Teil des »plaisir« der Nacht im Wissen um die Existenz dieser Orte, im Wissen um ihre Zugänglichkeit – und um die Möglichkeit, ihnen wieder zu entkommen.

Mit der zunehmenden Lebendigkeit der abendlichen und nächtlichen Straßen verändern die Orte des Vergnügens ihren Charakter; sie öffnen sich zur Straße hin, sie bieten die Möglichkeit, für eine kurze Zeit einzutreten und den Ort nach Belieben wieder zu verlassen; sie unterbreiten ihr Angebot schon auf der Straße, sichtbar und attraktiv für die

Vorbeigehenden; sie öffnen, oder beginnen ihr Programm, zu einer bestimmten Zeit, dabei sorgen sie manchmal für Stauungen auf den Spazierwegen; sie müssen Schließzeiten einhalten und entlassen ihre Gäste auf die Straße. Die Charaktere der Straßen und der »établissements« bedingen sich gegenseitig, gemeinsam machen sie den »guten« oder »schlechten« Ruf eines Viertels aus. Dennoch hat sich die Vorstellung durchgesetzt, daß man die nächtliche Attraktivität einer Stadt an der Zahl, der Vielfalt und der Qualität ihrer Vergnügungseinrichtungen ablesen kann. Theodor Fontane hat eine hübsche Szene aus London überliefert, die das unterstreicht:

»Kennen Sie London?«
»Ja, was heißt kennen? Ich könnte vielleicht sagen ›ja‹, denn ich flaniere viel. Aber es ist doch wohl richtiger, wenn ich sage ›nein‹.«
»Nun, präzisieren wir die Frage. Kennen Sie die Matrosenkneipen in Wapping?«
»Nein.«
»Oder die Werbekneipen in Westminster?«
»Nein.«
»Oder Punch and Judy?«
»Nein.«
»Nun, dann weiß ich, wie's steht und daß Sie sich noch im Stande der Unschuld befinden.«[35]

In allen großen Städten beschreiben Reisende um die Mitte des 19. Jahrhunderts neu entstehende Vergnügungsorte; diese Établissements gelten häufig, wie im Londoner Beispiel, als »typisch« für die Städte, in denen sie sich befinden, auch wenn sie, im Städtevergleich, viele Gemeinsamkeiten aufweisen. Damit stellen sie ein zweifach wichtiges Scharnier dar, zwischen alten und neuen Formen des Vergnügungslebens, zwischen den besonderen Eigenheiten der einzelnen Städte und dem modellhaften Bild der Großstadt.

Es gibt zahlreiche Untersuchungen über einzelne Einrichtungen, über die Entwicklung des Vergnügungslebens in einzelnen Stadtteilen[36], aber eine Zusammenschau der Formen und Funktionen, eine umfassende Geschichte des Vergnügens bleibt noch Desiderat. Eine solche Geschichte müßte genaueren Einblick geben in das, was sich hinter den Türen abspielt, und könnte diese Darstellung, die sich auf die Straßen konzentriert, wesentlich ergänzen. Auf diese Weise könnten auch die Verbindungen – und die Unterschiede – zwischen dem »inneren« und dem »äußeren« Nachtleben, könnte die gegenseitige Beeinflussung von »lieux publics« und »voie publique« sichtbar werden.

Die Aufmerksamkeit der Obrigkeit galt beiden Bereichen gleichermaßen, denn die befürchtete Unsicherheit der Nacht bestand in ihren Augen nicht zuletzt darin, daß »Verbrecher«, die in den Straßen unterwegs waren, »Schlupfwinkel« und unkontrollierbare Rückzugsgebiete finden könnten. Auch die Unsittlichkeit fand in den geschlossenen Räumen ein originäres Betätigungsfeld: Tanzlokale, Ballsäle, Animierkneipen »mit Damenbedienung« waren stets Objekte (sitten-)polizeilicher Kontrolle. Das galt noch mehr für die großen Music-Halls und Varietétheater.

Ernst Günther hat in einer ›Geschichte des Varietés‹ die Stationen seiner Entwicklung nachgezeichnet: Entstanden im England des späten 18. Jahrhunderts, boten die »Pub- und Saloon-Theatres« einem in der Regel (klein-)bürgerlichen Publikum Theater, Tanz, Zirkus, Burleske, unverbunden nebeneinander, »in Verbindung mit gastronomischer Konsumtion (und maskierter Prostitution)«. Gegenüber der vornehmeren Music-Hall war ihr Programm, so Günther, »vulgär«. In Frankreich entstanden aus den ›Café-Chantants‹, in denen Lieder des Alltags, der Straße und der Stadt vorgetragen wurden, in den 1840er Jahren die ›Café-Concerts‹, Wirtshaustheater »mit einem ausgeprägten Hang zu derber oder lasziver Erotik«, als deren Glanzzeit das Zweite Kaiserreich angesehen wird (1852–1870). Aus all diesen Wurzeln entwickelte sich das große Varieté: 1869 bereits wurden in Paris die ›Folies Bergères‹ eröffnet, 1889 das ›Moulin Rouge‹. Schon 1876 annoncierten die Folies den Auftritt der »nacktesten Frauen der Welt« (in fleischfarbenen Kostümen), aber erst im Februar 1892 ereignete sich die erste Entkleidungsszene in einem Music-Hall-Programm: »Mado geht zu Bett« wurde von der Sittenpolizei ebenso verboten wie die noch etwas gewagtere Szene »Yvette geht zu Bett« aus dem Jahr 1894, aber schon ein Jahr später »gehörten Entkleidungsszenen zur Tagesordnung«[37]; allerdings blieben die Varietés, nunmehr wesentliche Bestandteile der Stadtnacht, unter steter Polizeiaufsicht.

In den geschlossenen Räumen kann das nächtliche Leben wohl leichter kontrolliert, domestiziert, zivilisiert, auf ein erträgliches Maß – auch hier: im Sinne obrigkeitlicher Definitionskompetenz – reduziert werden. Dieser Prozeß ist widersprüchlich: In den Augen der Obrigkeit stellt die

Die kleine Welt der Pariser »Bals Musettes« im Bastille-Viertel – Nacht-Kitzel auf geführten Rundgängen durch »Paris by night« (1926).

Straße grundsätzlich das gefährlichere Gelände dar, man versucht deshalb, sie zu »säubern«, die Elemente der Unordnung und der Unsittlichkeit zu vertreiben: Als die Pariser Boulevards mit Kaffeehäusern, Panoramen und Theatern, mit Ladenpassagen und Schaufenstern immer perfekter ausgestattet wurden, brachte ihre wachsende Zugänglichkeit für größere Gruppen, für ein »anständiges« Publikum auch eine »Reinigung« mit sich: Weniger anständige Établissements mußten sich andere Aufenthalte suchen, und die Anhänger eines »ausschweifenden« Nachtlebens mußten ihnen dorthin folgen. Die Einrichtungen, die sich auf diese Weise etablierten, stellten aber in den Augen der nicht zur Polizei gehörenden Sittenwächter weit größere Ungeheuerlichkeiten dar, wohl vor allem, weil sie sich den Blicken der Öffentlichkeit teilweise entzogen und versuchten, die geheimnisreiche Atmosphäre der Straße zu imitieren. Die verschlossenen Räume regten die Phantasie derer an, die in den Straßen unterwegs waren. Die Moralisten vermuteten hinter den Vorhängen »Exzesse aller Art«, »unbeschreibliche Szenen«, »Anforderungen, die zu beschreiben einfach die menschliche Scham sich weigert«.

Im zeitlichen Ablauf übernehmen die Einrichtungen dabei Funktionen der Straße, die sie zugleich abmildern, sozusagen institutionalisieren. Zugleich äußert sich die Empörung über sie fast noch wortgewaltiger. Das wird deutlich an zwei Schilderungen aus Paris: Die erste stammt von Siegfried Kracauer, er beschreibt das *Straßen*vergnügen des jungen Jacques Offenbach in den Jahren um 1850, das zweite, von Maurice Talmeyr, gilt den Café-Concerts und Music-Halls der Jahre um 1900:

»Die Pariser Straße bot zu jener Zeit Schauspiele, die wie geschaffen waren für einen jungen Menschen, der in Wirtsgärten konzertiert hatte und sich in Mengen heimisch fühlte. Auf dem Boulevard du Temple (...) herrschte ein ewiges Jahrmarktsfest (...). Der Wirbel der Monströsitäten, Grausamkeiten und Geschicklichkeitsakte erzeugte in Verbindung mit dem immerwährenden Radau des Rummelplatzes eine Fröhlichkeit, die bunt wie die Zuckerstangen war und vom wollüstigen Gruseln bis zum Kinderstaunen alle ursprünglichen Regungen des Gemüts in sich begriff. (...) Die ganze Straße war dem Vergnügen geweiht. (...)«[38]

»Man raucht, trinkt, man kommt und geht, wie es einem beliebt, und hat währenddessen vor seinen Augen und Ohren die größten Anzüglichkeiten und die unglaublichsten Zweideutigkeiten zu gewärtigen. Der Café-Concert ist das Paradies der Libertinage und der hartnäckigsten Uneinsichtigkeit. Dazu kommen noch die niedrigen Preise und die Aufreizung aller Sinne, die es fast umsonst gibt.«[39]

Wie man letztlich auch gewichtet: Lokale und Straßen stellen gemeinsam das »Nachtleben« her; das verbindende Element bilden die »Bummler«, die »Nachtschwärmer«, die zu ihrem Vergnügen, und nach ihrer Laune, die Orte wechseln. Auch in den Établissements gab es, wie Johannes Willms bemerkt, ein »Erlebnis der Freiheit«, das darin bestand, daß das Programm »diskontinuierlich wahrgenommen werden konnte«[40], Besucher konnten also jederzeit eintreten und die Räume auch wieder verlassen. Sie konnten auch die Orte wechseln und sich auf diese Weise ihr eigenes Nacht-Programm zusammenstellen – mit der allerdings wesentlichen Einschränkung, daß die Kommerzialisierung der Betriebe, und mit ihr eine zunehmende Uniformität des Gebotenen, zu einer wachsenden Ent-Eignung der Unterhaltung beitrug. Die Kommerzialisierung drückt sich vor allem in der Banalität des Angebots aus: Die Veranstaltungen spielen, ebenso wie die immer zahlreicher erscheinenden »Führer« und »guides« zu den Orten des Vergnügens, mit der Lust der Bummler am Verbotenen, sie bewegen sich im Grenzbereich des Zulässigen (und leben gerade davon), sie haben den *Geschmack des Anrüchigen, des Zwielichtigen, des (ein bißchen) Gefährlichen*. Wenn Fremde nach Paris kommen, möchten sie das vielgerühmte Treiben kennenlernen, professionelle »Chaperones« führen sie gegen ein Entgelt zu den ausgewählten Stätten der Nacht. Häufig genug werden sie dort als Provinztölpel vorgeführt; aber auch wenn die Besucher sich an die »Guides de la vie nocturne« halten, landen sie oft genau dort, wo der Chaperone sie auch hingeführt hätte. Wirkliche Gefahr darf nicht drohen. In den »Guides« und in der Nachtliteratur der Jahre nach 1880, in der »Belle Epoque«, entsteht ein anderes Bild der Nacht: Sie wird nicht mehr, wie zuvor, in ihren Gegensätzen geschildert, die Nächte des Vergnügens werden aus dem Zusammenhang der Vielfalt und Widersprüchlichkeit der ganzen Nacht herausgenommen und stellen sich als eine eigene Welt dar, die – scheinbar – mit der des Elends und der Armut gar nichts zu tun hat. Wo diese elende Nacht doch einmal erwähnt wird, empfiehlt der Guide schnelles Vorübergehen: »You forget these problems at Maxim's and the Café Américain.«[41] Aus dieser Ironie wird bald Methode: Der Gang in die Vergnügungsstätten erscheint immer häufiger als Möglichkeit, die Berührung mit

Berlin tanzt. Nach dem verlorenen Krieg stürzt sich die Hauptstadt, von der Provinz mißtrauisch beobachtet und – für die »Peitschen erotischen Vergnügens« – heftig kritisiert, in den kurzen Nachttaumel der zwanziger Jahre (Im Sauseschritt: Tanzlinie um 1924).

den traurigen Anteilen der Nacht, den Kontakt mit der dunklen Straße zu vermeiden. So entsteht der Eindruck, den Hans Ostwald formuliert: »Alle diese dunklen Flecken im Bilde Berlins haben Formen angenommen, die durchaus im Kreise unserer Zivilisation bleiben.«[42] Das könnte noch verschiedenes bedeuten, etwa, daß die »Zivilisation« die Existenz ihrer eigenen Schattenseiten zu akzeptieren gelernt hätte. Aber ein Blick auf die Texte der zeitgenössischen Nachtreporter ernüchtert schnell: »Berlin erwacht nun gewissermaßen zum zweitenmal: am Morgen zur Arbeit, am Abend zum Vergnügen!«; »eine Nachtzeit zum Schlafen gibt es nicht mehr!«; »das Bild der unglaublichen Bewegung in Menschen, Lichtern und Wagen, das sich jetzt dem Auge darbietet, das ist Berlin!«;

»denn die Berliner Nächte sind so bunt, so stark pulsierend, so heiß und so sehr von einer steten Jagd nach Vergnügen und Unterhaltung erfüllt«; »das Ventil für den lauten Tag ist dem Berliner die turbulente Nacht«; »in der Friedrichstraße hört das Leben überhaupt nicht auf, rauschen noch am frühen Morgen die Akkorde einer gewaltigen Sinfonie fast bacchantischer Lebenslust.«[43]

Die Beschreibungen des real existierenden Nachtlebens können, was nicht verwundert, mit diesem Getöse nicht mithalten. In den Führern, ›Berlin für Kenner. Ein Bärenführer bei Tag und Nacht durch die deutsche Reichshauptstadt‹ (1912), oder ›Berlin bei Nacht. Ein gründlicher Wegweiser durch das nächtliche Berlin vom frühen Morgen bis zum späten Abend‹ (um 1900) ist viel von *der Nacht* die Rede, »sie birgt in ihren Schleiern oft größere Poesie als der Tag«, »in ihren Armen schöpft der kälteste Tagesmensch (...) nachhaltigere Empfindungen«, die Stunden der Nacht haben »süßere, beseligendere Bedeutung als die des Tages« und sie atmen »poetischen Duft, eine Poesie der Leidenschaften, der Liebe und der Freiheit«, und immer so weiter in diesem süßlichen, ganz und gar nachtfernen Ton. Aber wenn es dann an die Schilderung dessen geht, was passiert, finden sich in den Führern: moralisches Raisonnement, Empörung über das Laster der Straße, schwache Bilder, in einer blassen Sprache verfaßt. Die Bummler sehnen sich nach dem Taumel, dem Vergnügen und dem Reiz der Nacht, aber sie fürchten sich vor ihren bedrohlichen Seiten, deren Existenz sie doch ahnen: Reines Vergnügen ist schal. Der Berliner ›UHU‹ amüsierte sich im März 1930 über das, »was unsere Väter liebten«:

»Während sich die Akrobaten in riesig hohen Doppelstehkragen herumquälten, daß sie fast platzten, die Komiker in Frack und Zylinder paradierten wie zu einer Beerdigung, blieb die weibliche Muse leichtgeschürzt. Die Tänzerinnen ließen Dessous rascheln, die Soubretten hielten ebensoviel auf Bein wie auf Stimme, ihr Kostüm war entweder oben oder unten ein bißchen zu kurz (...). Im Saal konnte man bequem seinen Schoppen Bier trinken und seine Zigarre rauchen, während man den Vorführungen auf der Bühne Auge und Ohr lieh; auf der Terrasse beim Wein und Sekt zu soupieren und zugleich eine schöne Varieté-Vorstellung zu bewundern, das galt als der Gipfelpunkt des Genusses, als mondän, als ultraschick.«[44]

Gelegentlich wird, mitten im Vergnügen, Melancholie spürbar. Joseph Kessel beschreibt, in den ›Nächten von Montmartre‹, wie der Besuch der

Das nächtliche Vergnügen modernisiert sich, der einsame Gang in die Nacht wird mehr und mehr verstellt (London um 1935).

Bars und Lokale, »d'abord par plaisir, puis par besoin, enfin par habitude«[45], an Reiz verliert. Aus der Wiederholung wächst Trauer, aber, immerhin, auch Hoffnung: Irgendwann müssen die Träume doch in Erfüllung gehen, und wenn, dann wird es in der Nacht sein.

Die Lust am Verbotenen

Was den Nachtschwärmern nicht gelingen will, geschieht anderen Spaziergängern der Nacht fast wider Willen: Sie erleben auf ihren Wegen, die eigentlich der *Versicherung* dienen, die Faszination der Nacht. Bereits in John Gays ›Trivia: Or, the Art of Walking the Streets of London‹ aus dem 17. Jahrhundert[46] finden sich Passagen, deren nach außen vorgetragene Anständigkeit – »O! may thy Virtue guard thee through the Roads« – eine versteckte *Lust am Verbotenen* nicht verhehlen kann. Ganz offensichtlich gibt es Nachtgänger, die eine Begegnung mit den Sünden der Nacht, etwa mit der Prostitution, suchen – aber nicht (oder doch nicht nur), um sich ihrer zu bedienen, sondern *auch*, um sich in der *Welt der Tugendgefährdung* umzutun, um möglicherweise riskante Erlebnisse zu finden. Die Nacht bietet Gelegenheiten, Risiken zu bestehen, Gefahren zu überwinden, und: Der Gang in die Nacht bietet Einsamkeit und Geselligkeit zugleich. Die *Möglichkeit*, daß es gelingen kann, die Mischung zu finden, überwindet die Angst. Die Lust am Verbotenen ist auch eine Lust, die eigene Angst wahrzunehmen und sich mit ihr, im Gehen, auseinanderzusetzen. Auch hier kann sich aus der Gelegenheit Manie entwickeln: »J'ai besoin de tout voir, de tout étudier, de tout connaître«, heißt es bei Eugène de Mirecourt[47], ich muß alles sehen, alles untersuchen, alles kennenlernen.

Es gibt einige Belege dafür, wie solche Leidenschaften entstanden. ›The Night-Walker: Or, Evening Rambles in search of Lewd Women, with the Conferences held with them & c.‹, so nannte John Dunton 1696 seine höchst merkwürdige Publikation, in der er ausführlich beschreibt, wie er Nacht für Nacht unterwegs war, hinter »alleingehenden« Frauen herging, wie er sie ansprach, einlud, um ihnen strenge Moralpredigten zu halten, sobald er sie in einem geschlossenen Raum vor sich hatte. Auf der Straße verhielt er sich wie ein potentieller Kunde. Ähnliche Unternehmungen wurden im Kapitel über die »Mitternachtsmission« bereits vorgestellt.

Der »Gehirnkitzel geiler Neugierde« trifft auch die Sittlichkeitskommission: »Ihre Produktionen scheinen vom Standpunkt der Sittlichkeit sehr verwerflich. Bitte wollen Sie dieselben wiederholen.« (Zeichnung: F. v. Reznicek 1899)

Viele moralische Nachtgänger haben der »*Sinnlichkeitsherausforderung*«, der »*Sinnesreizung*« und der »*Sinnesalarmierung durch die Stadt*« [48] nicht widerstehen können.

Es kann durchaus sein, daß die Missionare, und weitere Beispiele wären hier leicht zu finden, bei ihrer Tätigkeit ein – verdrängtes, verleugnetes, abgewehrtes – erotisches Vergnügen empfanden. Auch sie »dringen ein« in die nächtliche Stadt, auch sie suchen das außergewöhnliche Erlebnis, auch sie beteiligen sich am Kreislauf der zufälligen Begegnungen, auch sie versuchen (sich), wie weit sie dabei gehen können. Wo das Außergewöhnliche geschehen kann, wo Angst sich mit Lust verbindet, wo die Sinne angesprochen werden, da ist – keiner weiß es besser als die Jäger der Unmoral – Erotik im Spiel:

»Die Herren Generalsynodalen pilgern jezuweilen auch auf der Friedrichstraße, da, wo sie am belebtesten und interessantesten ist. Sie können sich da so manches ansehen in seiner abschreckenden Widrigkeit, vor der sie nachher im Lande warnen können. Ach ja, Babel macht ihnen viel Sorge (...), das Babel an der Spree, darinnen am sonnenhellen Tag und bei elektrischheller Nacht die Sünde wandelt, die der Leute Verderben ist.«[49]

Wahrscheinlich trifft der »Gehirnkitzel geiler Neugierde«, wie Leopold von Sacher-Masoch es formulierte, wen er will; aber es ist wohl nicht vermessen zu vermuten, daß die Gehirne derer, die sich unaufhörlich mit der lockenden Sünde befassen, dafür besonders empfänglich sind. In der gierigen Suche nach dem Laster, die auch die Verfasser der beliebten »Sittengeschichten« auszeichnet, verbirgt sich mehr als bloße Abenteuerlust, mehr als nur der Stolz, diese Herausforderungen bestehen zu können. Tatsächlich berichten die Verfasser, Eduard Fuchs beispielsweise, der in der »Verführung, die auf den Mann lauert, ihm lockend den Weg vertritt«, den Tod symbolisiert sieht[50], oder Hans Erasmus Fischer, der in seiner »Sittengeschichte des Hafens« eine entsetzliche Schilderung »grausiger Geschehnisse« an die andere reiht, von etwas anderem: Sie legen Zeugnis ab von einer angstbesetzten *erotischen Beziehung zur Stadt*, von einer Beziehung, die alle ihre Sinne erfaßt. Bei jedem Besuch in der nächtlichen Stadt schwanken sie zwischen Annäherung, Werbung, Eroberungslust und Unterwerfungssehnsucht. Sie möchten in die Stadtnacht »eintauchen«, von ihr als Eingeweihte anerkannt werden, die Regeln beherrschen, die darin gelten. Als Liebende erschrecken sie immer wieder, aber weniger über die Zumutungen der Stadt als darüber, daß sie in der Lage sind, sie zu erfüllen. Aus diesem Schrecken – der die Rückseite einer großen Faszination ist – entwickeln sie die haßerfüllte Sprache, mit der sie die Stadt dafür bestrafen, daß sie ihre Schwäche offenbart.

Das Stadium der Verliebtheit, der Schwebezustand der Erwartung, läßt sich, auch unterhalb dieser extremen Ebene, nicht lange halten. Der wichtigste Störfaktor dabei ist, auch hier, die Ungleichheit im Verhältnis der Geschlechter: Frauen und Männer gehen nicht gleichberechtigt in die nächtliche Stadt. Auch wenn ihre Sehnsüchte sich gleichen, es stehen ihnen nicht die gleichen Möglichkeiten zur Verfügung, sie mit Leben zu erfüllen. »Erotische Streifzüge« bleiben, in der Regel, Männern vorbehalten. Als Ersatz bietet sich auch hier die Vergnügungsindustrie an; sie schafft die Illusion der Erfüllung, und sie domestiziert die Gefühle. Die ›Weltbühne‹ zitiert am 15.9.1928 die unübertreffliche Anzeige eines neuen Vergnügungslokals:

»Neu eröffnet
ist die schönste und größte Vergnügungsstätte der Welt. Varieté von 9 bis 3 Uhr.
Die Presse schreibt:
...Ein Betrieb wie ihn Berlin noch nicht kannte, der Revue, Varieté, Theater, Kabarett, Tanzsaal und Restaurant in sich vereinigt (...).
Das Tohuwabohu, das um einen herumtobt, löst ein bürgerliches Gefühl der Gemütlichkeit aus.«

Es gibt einige aufschlußreiche Untersuchungen über die Entstehung der Soziologie aus dem »Geist«, aus der Tradition der Reportage.[51] Der Besuch in den Armenvierteln, in den Slums der großen Städte, das »Eindringen« in die Elendsbezirke hat eine lange Tradition, in der sich Motive der Sozialforschung mit denen der Sozialarbeit, der karitativen Tätigkeit, überschneiden. Auch bei Nachtgängen, die der *Sicherheit* gelten, ist im zeitlichen Ablauf ein Prozeß zu beobachten, in dem aus der anfänglichen *Schockerfahrung der Grenzüberschreitung* Banalität wird, aus der ziellosen Wanderung ein zielgerichteter, gut vorbereiteter und bewußt gewählter Erkundungsgang. Damit kommen normative Filter, ideologische Momente ins Spiel, und in der Regel engt das Korsett der mitgebrachten Vorstellungen – wie die Stadt sein soll – das Spektrum der Stadtbilder ein. Forschungsergebnisse, die aus solchen sozialen Erkundungsgängen resultieren, werden benutzbar für Strategien der Herstellung von Ordnung und Sicherheit; das hängt auch damit zusammen, daß den Besuchten, den Beobachteten Motiv und Methode der Erkundungen undurchsichtig sind. In den Texten, die von solchen *sozialen Erkundungsgängen* berichten, finden sich deutlich weniger Motive einer Lust am Verbotenen: Die erotische Komponente der Nacht scheint mehr zu berühren, auch mehr zu fordern, als die kriminalistische oder die soziale. Aber auch diese Reporter tragen ihre moralischen Maßstäbe spazieren; sie sind, das sei betont, *keine Flaneure*. Wenn ein Stadtgänger zum Forscher wird, weil er seiner Zeitung oder seiner Universität berichten will, was er sieht, hat er das Ideal der Flanerie – also: seine Unbekümmertheit, seine Verantwortungslosigkeit – längst hinter sich gelassen. Er kann nicht mehr ziellos gehen.

Ziellos gehen

Auf den bisherigen Streifzügen wurden viele verschiedene »noctambules« mit ihren Eigenschaften und Leidenschaften vorgestellt; jetzt, da wir uns dem Ende der Reise nähern und schon »plus d'habitude« im Gehen auf den nächtlichen Straßen haben, begegnet uns ein Nachtgänger, der schon mehrfach erwähnt wurde. Verschiedene Ingredienzen des Nachtgangs vereinen sich in dieser Figur, in Spuren, abgeschwächt, neu zusammengesetzt, einem anderen Ziel untergeordnet: *»La marche nocturne comme quête de soi dans la ville«*, der nächtliche Gang als Selbstsuche. Hier finden sich die Motive des forschenden Gehens, wie es Wilhelm Heinrich Riehl beschrieben hat, aber ohne jede Tümelei, ohne Großstadtfolklorismus, hier findet sich eine Liebe zur Stadt und eine tiefe Sehnsucht, die die Grenzen der Suche nach sexueller Erfüllung überschreitet. Es versteht sich von selbst, daß diese Nachtgänger weniger geschwätzig sind als ihre vergnügungssuchenden Kollegen, und daß die Spuren ihrer einsamen Gänge sich auch nicht in Polizeiarchiven finden; in der Regel sind sie mit Wohnung und Arbeit versorgt, so daß auch die Besucherlisten der Obdachlosenasyle kaum Auskunft erteilen können. Es ist also nicht einfach, Informationen über sie zu erhalten. Wenn alles nicht hilft, helfen Geschichten:

Es war einmal ein Leipziger Hofrat, dessen Gesicht durch einen Krebs (seine ehemaligen Freunde dachten: von der Syphilis) ganz verstümmelt wurde. Nach dem Tod seiner Frau verließ er die Heimatstadt, in der er bis dahin ein angesehener Bürger gewesen war, und ging nach Dresden. Dort lebte er in einem Hotel, war aber unglücklich, weil er sich mit seinem zerstörten Gesicht nicht auf die Straße wagte. Aber eines Tages empfahl ihm sein Arzt: »Sie müssen zum Nachtmenschen werden!« Und der Hofrat folgte der Empfehlung und ging von da an nur noch nachts auf die Straße. Bald kannte er die Nacht und die nächtliche Stadt gut, und er liebte sie, denn sie war ihm nicht feindlich wie der Tag. Hin und wieder traf er bei seinen Spaziergängen Menschen an, »die irgendein Schicksal in die Nacht hinausspülte«, späte Trinker, Verliebte, »schlechte Frauenzimmer«, Nachtwächter, Polizeibeamte, »wohl auch einen dahineilenden Arzt oder Männer, die auf Diebeswegen gingen«. Da wußte er, daß doch noch eine Aufgabe auf ihn wartete: Er führte Gruppen von Blinden bei Nacht durch die Stadt und brachte ihnen bei, sich in den Straßen zu orientieren.

Die Geschichte vom »Nachtwächter Gottes«[52] ist sehr komisch und sehr ernst, und vielleicht ist sie nicht einmal erfunden. Sie trifft die einsamen

Nachtgänger an ihrer empfindlichen Stelle. In den Augen ihrer ordentlichen Umgebung verhalten sich diejenigen, die stundenlang, ohne ersichtlichen Grund, durch die Nacht spazieren, merkwürdig, nicht »normal«. In der Regel verhält es sich doch so, daß man tagsüber arbeitet, sich seinen Geschäften widmet, unterwegs ist, die Nacht ist eine Zeit der Ruhe, der Erholung. Die Regel erlaubt es – wie wir gesehen haben, im Lauf der Zeit immer großzügiger –, die Nachtstunden dem »Vergnügen« zu widmen, aber auch hier gelten bestimmte Verhaltensvorschriften. Es ist zulässig, einen Schaufensterbummel zu machen, Restaurants, Bars, Theater oder Kinos zu besuchen, es ist sogar möglich, daß Männer ein Bordell aufsuchen, wenn sie es in der gebotenen Stille tun. Alle diese abendlichen Unternehmungen sind *zielgerichtet*, sie folgen ungeschriebenen, aber wirksamen Gesetzen, die keineswegs die Nacht aufgestellt hat, sondern, wie bei genauem Hinsehen leicht erkennbar ist, der Tag.

Wenn jemand sich dem – täglichen – Effektivitätsdenken verweigert und *einfach geht, ohne sagen zu können, wohin*, mutmaßt die Umgebung, daß mit ihm oder ihr etwas »nicht in Ordnung« sei – vielleicht nicht einmal zu Unrecht; immer wieder finden sich in den Biographien einsamer Nachtgänger Momente der Erschütterung, Motive eines Bruchs mit dem Gewöhnlichen. Das zerstörte Gesicht des Leipziger Hofrats ist eine gelungene Metapher für die Erfahrung, plötzlich aus irgendeinem Grund außerhalb der Gesellschaft, außerhalb der Alltäglichkeit zu stehen. Ist der Anschluß an das reguläre Leben der Mehrheit aber erst einmal verpaßt, läßt er sich nur schwer wieder herstellen, nicht nur deshalb, weil die Gesellschaft den zum Außenseiter Gewordenen mit Mißtrauen beobachtet, sondern auch, weil dieser den Wirbel, aus dem er herausgeworfen wurde, von seiner neuen Warte aus fremd und fast komisch findet.

Eine schöne Illustration dafür liefern die Erinnerungen des Hochstaplers Harry Domela; er kannte von Berufs wegen die Künstlichkeit der Normalität recht gut. Ausgestoßen, auf der Straße, entwickelt er ein neues Verhältnis zu der Welt, in der er sich für kurze Zeit aufgehalten hatte; »mit der Distanz eines erwachenden Geistes« betrachtete er die einst vertraute und plötzlich »ganz unbekannte Welt: Eine Riesenstadt wie Berlin birgt für den, der offenen Auges durch sie geht, eine unendliche Fülle von Möglichkeiten, seinen Gesichtskreis zu weiten. (...) *Ein Ziel haben wir nicht, und dennoch ist plötzlich alle Müdigkeit verflogen.*«[53]

»Das ist die Stunde der Nachtschwärmer und der Lumpensammler. (...) Glaube man ja nicht, daß hier nur die Noth, die Ungewißheit, der Mangel eines Hauses oder eines Hausschlüssels zum Nachtwandeln treibt: o nein, es gibt auch Leute, die es aus Passion üben, aus eingeborenem Widerwillen gegen das Zubettegehen, ehrenhafte Leute übrigens.« (Julius Rodenberg, Paris 1867, Zeichnung von Ch. Girod)

Am Anfang steht Verzweiflung, der Neid auf die, die »dazugehören«, die Sehnsucht nach »dem Leben«, Scham über das Ausgestoßensein. Domela meidet die Straßen der Reichen, weil er sich seines Aussehens geniert. Doch nach und nach entwickelt er Neugier, mit dem Grad der Kennerschaft wächst eine Zuneigung zur Nacht, am Ende geht er absichtlich und ohne Scheu in die reichen Viertel, eine laufende Provokation. Daraus läßt sich freilich kein Muster entwickeln. Der »falsche Prinz« war obdachlos, er mußte sich auf der Straße aufhalten, und er romantisiert diese Erfahrung auch nicht. Aber er führt doch einen Weg vor, den – unter weniger extremen Bedingungen – auch andere gingen: Die Nacht bietet eine allerdings ungemütliche Zuflucht, und die (nicht weniger ungemütliche) Möglichkeit, etwas über sich selbst zu erfahren.

Erst wenn es keine gesellschaftlich akzeptable Rechtfertigung mehr für den Aufenthalt auf der Straße gibt, kann der Dialog der einsamen Nachtgänger mit der Stadt beginnen. Dann werden sie selbst offen, »disponible«, für die Lebenszeichen der Stadt, sie haben Vertrauen zu ihr.[54] Der nächtliche Gang durch die Stadt kann an die *Erinnerung* appellieren, er kann verlorengeglaubte Gefühle wiederbeleben, die tagsüber keinen Ausdruck finden; er kann eine neuartige *Empfindung von Schönheit* wecken; der Nachtwanderer entdeckt im Augenblick des Eintauchens die ganze *»Fauna der Phantasie«*, die, wie Louis Aragon sagt, fortlebt »in den schlecht beleuchteten Bereichen menschlicher Tätigkeit«[55]; er entdeckt die in ihm wohnenden Anteile von *Angst und Mut*, und er findet in sich selbst versteckte *Möglichkeiten*, die er nicht einmal verwirklichen muß: »Es schien, als wüßte ich nichts von der Nacht«, schreibt Philippe Soupault, »und plötzlich erinnerte ich mich an lange Spaziergänge, in deren Verlauf ich die unerlaubtesten Taten hätte begehen können, ohne bemerkt zu werden.«[56] Offenbar erreicht die Nacht tatsächlich – zumindest bei denen, die auf irgendeine Weise verletzt wurden, verstoßen, an den Rand gedrängt – bestimmte Sensoren im Bewußtsein, die dem Tag unzugänglich sind. Die einsamen Nachtgänger leiden unter dem Licht, das ihnen überallhin folgt, wider Willen werden sie zu Pfadfindern für das »Nachtleben«, dem sie mißtrauen. Mit ihrer Suche nach der Dunkelheit erhalten sie die Spuren des Vergangenen in den heutigen Nächten lebendig.

VI. Ein Ende: Großstadtnächte um 1930

»Eine erst kürzlich eingetretene Veränderung ist anzuzeigen, die vielleicht sogar denen entgangen ist, die Zeugen des Vorgangs waren. (...) Sie betrifft die Gestaltung des Pariser Lebens oder, genauer gesagt, die Erscheinungsform des nächtlichen Lebens in Paris.«

L'Illustration, März 1933 [1]

Zu den eindrucksvollsten Büchern über die Nacht der großen Städte gehört ›Paris de nuit‹, eine Sammlung von Photographien des gebürtigen Ungarn Brassaï, mit einem Text des französischen Publizisten Paul Morand. Die Bilder zeigen das *ganze* nächtliche Paris, von oben, vom Turm der Kirche Notre-Dame, wie »von unten«, aus der Welt der kleinen Gassen und der billigen Vergnügungen. In einem zweiten Buch, ›Paris secret‹, erzählte Brassaï, wie es zur Veröffentlichung der Nachtbilder kam:

»Während meiner ersten Jahre in Paris, ab 1924, führte ich das Leben eines Nachtvogels, ging bei Sonnenaufgang schlafen, stand bei Sonnenuntergang wieder auf und durchquerte die Stadt vom Montmartre bis zum Montparnasse. Ich wurde Photograph, um alles, was mich an diesem nächtlichen Paris faszinierte, ja verzauberte in Bildern festzuhalten, obwohl ich bis dahin die Photographie nicht sonderlich beachtet, ihr sogar mißtraut hatte. So entstand das 1933 erschienene Buch *Paris de Nuit*.« [2]

Das Erlebnis der Nacht hat Brassaï zum Photographen gemacht; das Bedürfnis, festzuhalten, was dem Blick, und der Erinnerung, so schnell entschwindet, zeichnet viele Nachtwandler aus, es wird in verschiedenen Texten immer wieder formuliert. Brassaï nutzte als einer der ersten die neuen technischen Möglichkeiten der Nachtphotographie; wichtiger ist aber, daß er mit der Publikation einem Gefühl der Zeit Ausdruck verleihen wollte: In dieser Epoche ging etwas zu Ende, eine lange Geschichte der Pariser Nacht, deren Formen sich gerade entscheidend zu verändern begannen, deren letzte Zeugnisse gerade noch sichtbar waren.

Der Gedanke, daß in diesen Jahren um 1930 das »Ende der Nacht«, in ihrer vertrauten Form, gekommen war, wird auch in Berliner Texten geäußert. Er ließe sich leicht als Berlin-zentriert zurückweisen, wenn es nur die Rückschau auf die folgende Machtergreifung des Nationalsozialismus wäre, die den Gedanken nahelegt. Es sind aber sogar eher Pariser Autoren, die in *ihrer* Stadt eine »transformation du décor de la vie nocturne« feststellen: »Das äußere Bild des Paris von 1930«, schreibt wieder Brassaï, »war indessen keineswegs mehr mit dem von 1928 identisch. (...) In diesen zwei Jahren hatte sich die Atmosphäre von Paris verändert.«[3] Er bezieht sich bei dieser Darstellung auf die Weltwirtschaftskrise, deren Auswirkungen auch Frankreich erreichten und der Zeit »des Überflusses, der Sorglosigkeit« ein Ende machten. Verändert hatte sich aber nicht nur das äußere Erscheinungsbild, sondern auch die Imagerie der Pariser Nacht. H. v. Wedderkop schreibt im ›Querschnitt‹, ebenfalls 1930, daß die Begeisterung des Berliner Kinopublikums für René Clairs Film ›Sous les toits de Paris‹ rührend wäre, wenn sie nicht zugleich *»so viel Trauriges, weil vermutlich schwer Abänderliches«* zutage förderte: Der Film hat etwas Gespenstisches, weil er »eine Welt heraufbeschwört, die es überhaupt nicht mehr gibt«[4].

Schwer abänderlich ist weniger die Tatsache, daß es keine »Apaches« mehr gibt, daß die Romantik der Unterwelt sich überlebt hat, sondern: die Einsicht in den Verlust. Paris ist nur noch ein Bilderbuch aus der Vergangenheit, und es scheint so, als wären die Bilder alle gemacht, als wäre die Möglichkeit, noch Neues, Aufregendes, Abenteuerliches in der nächtlichen Stadt zu entdecken – und damit die Notwendigkeit, selbst »hinaus« zu gehen – nicht mehr gegeben. Wer sich noch für die Nacht interessiert, mag (und muß) sich mit Surrogaten begnügen, mit bereits Gelebtem. Klaus Mann formulierte in seinem Lebensbericht, wenn auch in anderer Absicht, das vernichtende Urteil: »Das Pariser Nachtleben ist *ein natürlicher und integraler Bestandteil des Pariser Lebens.*«[5] Die Bühne ist eingerichtet, die Rollen sind verteilt, die Nacht läßt sich betreten, nicht anders als der Tag. Auf diese Weise bekommt die Wendung, in der Stadt könne man »die Nacht zum Tage machen«, einen ganz anderen Sinn: Nachts kann man nicht nur »auch« leben, vielmehr läßt sich nun die Nacht den Gesetzen des Tages unterwerfen, ihre bedrohlichen Anteile sind gebannt.

Berliner Belege lassen sich mühelos finden: Jean Giraudoux beschreibt 1930 die vielgerühmte Nachtschwärmerei in Berlin als ein »Tagesgewächs wie Bordell oder Tingeltangel«[6]; Ivan Goll schildert französischen Lesern das Berliner Nachtleben als billige Paris-Imitation, als »Pseudo-Montparnasse«[7], und die ›Weltbühne‹ mokiert sich 1929 über »die paar Provinzler, die sich in dieser Gegend [am Bahnhof Friedrichstraße] noch vom Nachtleben Berlins enttäuschen lassen«[8]. Bei einem Prozeßbericht mokiert sich die ›Vossische Zeitung‹ 1930 über den Begriff »Lebewelt«; so antwortete der angeklagte Kellner auf die Frage des Gerichts, welche Art von Gästen denn in seinem Lokal verkehre. Die Zeitung drückt ihre Hoffnung aus, nun endlich zu erfahren, was »Lebewelt« sei: »Es werden die Stätten ihrer Lebenslust oder ihres lustigen Lebens beim Namen genannt, gewisse Hauptstädte gewisser Länder (...). Aber wenn wir uns dorthin begeben, in der Hoffnung, die berühmte Lebewelt mit Augen zu sehen, ihre Reden zu hören und ihr Treiben durch alle fünf Sinne einzusaugen (...) – so finden wir immer und überall, was wir schon lange gekannt haben, nämlich unsern lieben, alten, guten und harmlosen Philister, der seiner Arbeit nachgeht, nach der Arbeit sich eine Erholung gönnt, der niemandem etwas zuleide tut und froh ist, wenn ihm nichts zuleide getan wird.«[9] In dieser Zeit erscheint Curt Morecks ›Führer durch das lasterhafte Berlin‹, ein Versuch, an die Nacht-Führer der Jahrhundertwende anzuknüpfen. Die angestrebte Leichtigkeit mißlingt, Trauer schiebt sich zwischen die Zeilen:

»Alles ist um ein paar Grade gesunken, alles ist ein wenig unzeitgemäß, *alles ist etwas Vergangenheit geworden.* (...) Über alle Dinge hat sich etwas Staub gelegt, hat sich etwas die *Melancholie der Vergänglichkeit* ausgebreitet. (...) Man macht ihr [der Friedrichstraße] stets noch einen Anstandsbesuch. Man erwartet zwar nicht mehr viel von ihr, man macht sich keine großen Illusionen über sie, aber man bringt ihr noch eine kleine Neugierde entgegen.«[10]

Vor allem das alte Zentrum der Berliner Nacht hat nur noch musealen Reiz; die neue Nacht ist im Westen der Stadt angesiedelt, um Kurfürstendamm und Tauentzien, und: Die neue und »neuzeitliche« Nachtschwärmerei ist durch die Sehnsucht nach dem Licht bestimmt, nicht mehr durch die Liebe zur Nacht. Nicht alle spüren, oder bedauern, den Verlust. Curt Moreck singt (1931) die Lobeshymne der Helligkeit, während Siegfried Kracauer ihre Scheinhaftigkeit entlarvt:

»Der echte Großstadtmensch spürt es in seinen Adern und Nerven, wenn der elektrische Strom in die Millionen Glühlampen schießt und sie aufflammen läßt, daß die großen Straßen wie in ein plötzliches Feuerwerk gehüllt sind. Dann duldet es ihn nicht mehr an seinem Schreibtisch. Dann verlangt ihn nach dem Lichtbad, und etwas von der elektrischen Kraft strahlt über in seine Glieder. Schon ein Bummel unter Lichtreklamen ist wie eine belebende Dusche, gibt Spannkraft, Lebensfreude, gibt Erwartung und Hoffnung auf Erlebnis und Abenteuer. Zumindest auf Sensation.«[11]

»In den Hauptquartieren des Nachtlebens ist die Illumination so grell, daß man sich die Ohren zuhalten muß. Die Lichter indessen sind zu ihrem eigenen Gefallen versammelt, statt den Menschen zu scheinen. *Ihre Glühzeichen möchten die Nacht erhellen und vertreiben sie nur.* Ihre Reklamen prägen sich ein, ohne sich entziffern zu lassen. Der rötliche Schimmer, der ihnen nachwallt, legt sich als Hülle über das Denken.«[12]

Tatsächlich weist Morecks Text deutliche Elemente der *Reklame* auf: »Spannkraft« und »Lebensfreude« sind die domestizierten, die veralltäglichten Formen der vergangenen Versprechungen der Nacht. In dieser lichtbestimmten Umgebung ist der einsame Spaziergänger, der die Dunkelheit sucht, verloren und, wie Franz Hessel konstatierte, verdächtig. Denn er verschließt sich auch einem zweiten Trend, der für die Jahre um 1930, in London und Paris wie in Berlin, charakteristisch ist: Die Nachtschwärmer suchen nicht mehr das Vergnügen der Straße, sondern – wieder – das »Amüsement« der geschlossenen Räume. Joseph Roth interpretierte die Funktion des »industrialisierten Frohsinns«: »Es ist, als schüfe diese *vergröberte und vereinheitlichte Erheiterungsindustrie* auch in allen großen Städten der Welt den *einheitlichen Typ des Nachtbummlers*, mit den streng typisierten, höchst einfachen Bedürfnissen, die nach höchst einfachen Regeln zu befriedigen sind.«[13] Die Nacht der Städte scheint sich neu zu verschließen.

Mit dem Rückzug von der Straße verliert der Nachtgang eine seiner wesentlichen Funktionen: Die Möglichkeit der Selbstbegegnung – »Selbstsuchen, Selbstfinden, Selbstverfehlen«, hieß das beim Volkskundler Wilhelm Heinrich Riehl – ist im vorgeformten, normierten Amüsement nicht mehr gegeben. Damit verschwindet auch das verbindende Element zwischen den Extremen der Nacht: »Glanz« und »Elend« stehen – wieder – unverbunden nebeneinander, als hätten sie nichts gemeinsam. Geschildert wird entweder die Stadt des Lichts, die Stadt im Licht, *oder* die Stadt der Dunkelheit. Eine Zusammenschau, in der die Gegensätze aufeinander bezogen werden, scheint nicht mehr möglich.

1. Nationalsozialistische Nächte

An dieser Stelle bietet sich, verführerisch, die Gelegenheit zur politischen Interpretation der Nacht. Ihre Metaphorik ist grundsätzlich offen für den Versuch, bestimmte ideologische Positionen mit dem nächtlichen Vokabular zu kennzeichnen; die Gegensätzlichkeit von »Tag« und »Nacht«, von »Licht« und »Schatten« wurde, und wird, häufig benutzt, um Gutes, Eigenes, und Böses, Fremdes gegeneinanderzuhalten. In der Regel werden dabei positive Zuschreibungen mit Begriffen des Tages versehen, die Nacht muß oft herhalten, um Negatives, Bedrohliches zu charakterisieren. Die Versuchung ist groß, eine bestimmte Form der Wahrnehmung des Nächtlichen – Angst würde dazugehören, Unsicherheit, Gefahr, aber auch Sehnsucht und Liebe – als Bestandteil einer »zeitunabhängigen anthropologischen Struktur des Imaginären«[14] zu interpretieren, so wie das Alain Corbin für die Landschaftswahrnehmung getan hat. So würde das Verhältnis zur Nacht ein Gradmesser, an dem sich das Verhalten der Menschen und der Zustand von Gesellschaften ablesen lassen könnte.

Ich denke, in seiner Gesamtheit spricht das Material gegen diese Ansicht. Es gibt einzelne Motive, die in dem untersuchten Zeitraum, in allen Städten, immer wieder auftauchen, Formen *und* Inhalte eines gesellschaftlichen Diskurses über *das Nächtliche*; aber der Versuch, daraus eine anthropologische Theorie zu konstruieren, mit »der Nacht« als einziger Konstante, müßte ebenso mißlingen wie die Absicht, eine bestimmte politische Entwicklung »durch die Nacht« zu erklären. Das wird offensichtlich, wenn man – wie hier – in der chronologischen Reihung der Kapitel am Ende der zwanziger Jahre ankommt: Bis dahin läßt sich, für jedes Beispiel, eine stete, wenn auch gelegentlich gebrochene, Modernisierung des nächtlichen Lebens in den großen Städten konstatieren, von der Perfektionierung der Beleuchtungstechnik, der Anpassung des nächtlichen Wachdienstes an die Anforderungen des industrialisierten Lebens, über die Demokratisierung des Fürsorgewesens bis hin zur Kommerzialisierung des Amüsementbetriebs. Aber was folgt, ab 1930 und 1933, darauf? Die »Nacht« des Nationalsozialismus? Das wäre zu einfach; hier führt uns die Metaphorik des Nächtlichen auf abschüssiges Gelände. Die verführerische Formel würde der Realität des Nazismus nicht gerecht, und sie würde auch den Blick auf die zwanziger Jahre verstellen, die in dieser Sicht nur noch als »Jahre davor« erscheinen.

Es wäre außerordentlich interessant, die Zeit der nationalsozialistischen Herrschaft einer Prüfung im Hinblick auf ihre Einstellung zur Nacht zu unterziehen. Das sollte einer speziellen Untersuchung vorbehalten bleiben, aber einige Fragen in diese Richtung seien gestellt. Es könnte sein, daß das oben konstatierte, unverbundene *Nebeneinander der Extreme* in der Berliner Nacht der späten zwanziger Jahre zum Erfolg der NS-Propaganda nicht unwesentlich beigetragen hat. Denn dadurch wurde die Stadt wieder leichter angreifbar, modernitätskritische, großstadtfeindliche Haltungen fanden Ansatzpunkte hier und dort, im grellen Licht der »Stadt des Vergnügens« wie im Dunkel der Armenviertel.

Die nationalsozialistische Propaganda gegenüber Berlin war notgedrungen zwiespältig. Einerseits mußte sie sich, dem stadtkritischen Wählerpotential der Provinz zuliebe, den Kampagnen »gegen Berlins lasterhaftes Nachtleben«[15] anschließen; andererseits durfte sie sich in Berlin selbst nicht als antistädtisch und provinziell darstellen. »Berlin braucht seine Sensation«, schrieb Joseph Goebbels, »wie der Fisch das Wasser. Diese Stadt lebt davon, und jede politische Propaganda wird ihr Ziel verfehlen, die das nicht erkannt hat.«[16] Die nächtliche Stadt galt den nazistischen Kämpfern als ein Ort der Gefahr, »es verging kein Abend, ohne daß unsere heimkehrenden Parteigenossen vom roten Straßenmob angefallen wurden«, als fremder, unverständlicher Ort zudem:

»Ich erinnere mich heute noch mit tiefer, innerer Bewegung eines Abends, da ich, vollkommen unerkannt, mit einigen Kameraden aus der ersten Kampfzeit, auf dem Verdeck eines Autobus' sitzend, quer durch Berlin zu einer Versammlung fuhr. Auf den Straßen und Plätzen das ameisenhafte Gewimmel der Großstadt. Tausend und tausend Menschen in Bewegung, scheinbar ohne Ziel und Zweck. Über allem der flackernde Lichterschein dieses Stadtungeheuers gelagert. Damals fragte einer mit bekümmerter Sorge, ob es wohl jemals möglich sein würde, den Namen der Partei und unsere eigenen Namen dieser Stadt, ob sie es wollte oder nicht, aufzuzwingen und einzuhämmern.«[17]

Diese Strategie erforderte eine *Eroberung der Nacht*. Die Frage, ob dies vollständig gelingen konnte oder ob die Nacht, das nächtliche Leben, dem

Nationalsozialistische Nächte: Das Licht läßt sich in den Dienst der Macht stellen, seine Helligkeit blendet (Berlin, Unter den Linden 1936).

Druck der Macht ein Potential der Widerständigkeit entgegensetzen konnte, ist außerordentlich interessant und nicht im Vorbeigehen zu beantworten. Es gibt Hinweise und Belege für beide Tendenzen.

1. Im Umgang mit Feuer und Licht zeigten die Nationalsozialisten eine beeindruckende Wendigkeit und Vielfalt.[18] In der Politik der Illumination erweist sich auch die Formbarkeit der Beleuchtung, die sich selbst für eine »Vermehrung der Dunkelheit« (Siegfried Kracauer) im politisch-moralischen Sinn verfügbar machen läßt. Das Berlin der Jahre bis 1939 war keine dunkle Stadt. Welche Funktion hatte das öffentliche Licht im Herrschaftsgebäude der Diktatur? Wie weitgehend ließ es sich in den Dienst der Macht stellen? Diese Fragen führen in das weite Feld nationalsozialistischer Repräsentationskultur und Gestaltungspolitik, hier gibt es auch bereits Untersuchungen[19], die aber zweifellos noch der Ergänzung bedürfen.

2. Die Herstellung nächtlicher Sicherheit gehörte zum Programm der Herrschaft, die versprach, die Straßen vom Verbrechen zu befreien, und die selbst neue nächtliche Schrecken erfand. Das scheint einfach zu interpretieren, ist aber – stellt man die positiven Erinnerungen vieler Zeitgenossen in Rechnung, in denen die Jahre zwischen 1933 und 1939 als eine Zeit dargestellt werden, in der »man noch nachts auf die Straße gehen konnte« – vermutlich komplizierter. Welche Bilder von der »Verbrecherwelt« benutzten die Nationalsozialisten, welche neuen Bilder entwarfen sie? Wie nützten sie das vorhandene Instrumentarium, wie funktionierten sie es für ihre Zwecke um? Waren die Nächte der großen Städte, in Berlin, aber auch in den besetzten Städten wie Paris oder Amsterdam, Räume und Zeiten von Widerständigkeit? Hervé le Boterf nannte sein Buch über ›La vie parisienne sous l'occupation allemande‹ im Untertitel, deutsch, »Paris bei nacht«. Darin steckt der Hinweis auf den allgemeinen Terror, etwa auf die gezielte Politik der Sperrstunde, aber auch der Hinweis auf die Möglichkeit, dem Terror – in der Dunkelheit und dank ihrer – zu entkommen.

3. Auch die Bekämpfung der Obdachlosigkeit spielte in der Propaganda der Anfangsjahre eine wesentliche Rolle. Am 12. Mai 1934 besuchte der stellvertretende Gauleiter Berlins, Görlitzer, das Asyl in der Fröbelstraße, im Oktober des gleichen Jahres war es Goebbels selbst: Er hat, »was kein Minister je tat, das Obdachlosenasyl besichtigt, also bei

den Ärmsten der Armen Einkehr gehalten, und fand selbst da, wie überall, Vertrauen, Liebe, Begeisterung und grenzenlose Hingabe an das Regime des Nationalsozialismus«, berichtete der ›Völkische Beobachter‹[20]. Die Zahl der Asylinsassen ging zurück, für »Asoziale«, »Arbeitsscheue« und »Landstreicher« hielt das Regime Gefängnisse und Konzentrationslager bereit. In welcher Form nutzten die Herrschenden Strategien und Programme, die bereits aus den Jahren der gescheiterten Demokratie vorlagen? Was bedeutete es, in diesen Jahren obdachlos zu werden?

4. Propagandatexte gegen die »Amüsierlokale des Kurfürstendamms«, in denen »Negerkapellen zum Tanz aufspielen«, entsprechen der Vorstellung, die man sich über das Verhältnis der Nationalsozialisten zur Stadtnacht macht, und zweifellos repräsentieren sie *eine* Seite ihrer Politik. Aber das Ziel dieser Politik war, wie einige jüngere Untersuchungen deutlich gemacht haben, zwar die *Beherrschung der Nacht*, keinesfalls jedoch die Abschaffung des Nachtlebens. Der »urbane Großbetrieb der Vergnügungsstätten«, blieb, wie Marko Paysan feststellt, »der offiziellen Parteimentalität suspekt«, aber »die Duldung einer politikfreien Sphäre im Nachtleben diente durchaus der Machtsicherung«[21]. Die Berliner NSDAP-Führung mußte, zum Entsetzen mancher kirchlicher Sittlichkeitsvertreter, den nächtlichen Betrieb der Stadt weiterlaufen lassen, um die Stimmung der städtischen Bevölkerung und des Auslands nicht gegen sich zu provozieren. Die Funktion des »Nachtlebens« unter den Bedingungen der Diktatur ist ganz offenbar ambivalent. Einerseits bietet es den Städtern wohl eine »Verbindung zur Weltzivilisation«: Diese Formulierung stammt aus dem Brief eines französischen Verlegers, den die NS-Zeitung ›Der Angriff‹ im November 1934 zitierte; »Monsieur Dupont« wollte wissen, »welche Einwirkungen der neue Staat auf das Leben der eleganten Welt rund um die Gedächtniskirche« gehabt hat:

»Aber nun sah ich in einem illustrierten Blatt ein Bild vom Westen Berlins, das im höchsten Grade meine Verwunderung und, ich darf zugestehen, auch meine Bewunderung erregte. Dieses Bild zeigt das leuchtende Leben eines großen Boulevards mit dem allerdings noch hohenzollernschen Namen ›Kurfürstendamm‹. Hier erkenne ich den ›Elan vital‹, der auch die Nächte unserer Pariser Boulevards erfüllt, und hier glaube ich, die Lösung für das Rätsel gefunden zu haben, daß trotz der geschilderten schrecklichen Zustände in Ihrem Land eine letzte Lebenskraft vorhanden sein muß, die hier in diesem Berliner Westen leuchtend – avec illumination – erscheint...«[22]

Als Reaktion auf diesen Brief veröffentlichte der ›Angriff‹ über einige Wochen seitenlange Artikel über die durchaus noch vorhandene Attraktivität des Berliner Lebens – auch die NS-Propaganda wollte in ihren Bemühungen um internationales Renommé nicht auf den Vergleich mit Paris verzichten. Solche Artikel hatten aber auch Wirkung nach innen, und selbst die Illusion, sich in einem Freiraum zu bewegen, konnte den Wunsch nach weiterer Freiheit befördern. Andererseits ist die Tatsache, daß kontrollierbare »Freiräume« zur Verfügung gestellt werden, durchaus Teil einer Strategie der Beruhigung und der Ablenkung. Diese Strategie wird gerade dadurch verstärkt, daß das nächtliche Leben noch viel mehr als zuvor in geschlossene Einrichtungen abgedrängt wird, weg von der Straße. Die Bars und Clubs werden für diejenigen zum doppelt geschützten Zufluchtsort, die sich nicht ganz eingliedern lassen wollten (und die, auch wenn ihre Haltung nicht leichtfertig mit »Widerstand« gleichzusetzen ist, doch gelegentlich, wie Teile der »Swing-Jugend«, zu Formen der Widerständigkeit fanden). Aber hier stellen sie keine Störung der öffentlichen Ordnung (mehr) dar, sie halten sich an den für sie vorgesehenen Orten auf.

Hier versagt wohl letztendlich die Metaphorik der Tageszeiten; ist der Nationalsozialismus eine Ausgeburt »der Nacht«, mit seinen gezielten Wiederverzauberungs-Angeboten, die zweifellos gegenaufklärerisch waren, und die ebenso zweifellos auf eine mehrheitlich bereite Bevölkerung trafen? Oder ist er ein Produkt »des Tages«, Ergebnis der Modernisierung des alltäglichen wie des allnächtlichen Lebens in den Städten, das der kreativen Phantasie, aber auch der Melancholie der Einsamkeit, keinen Platz mehr ließ? Die Frage ist nicht zu beantworten, aber sie faßt die Widersprüchlichkeit der Nachtgeschichte noch einmal zusammen: Gelegenheit zur weiteren Forschung.

2. Morgens in der großen Stadt

> »Sie möchten wissen, wie man eine Berliner Nacht am besten beschließt?«
>
> *Curt Moreck* [23]

Mit dem Anbrechen der Dämmerung geht die Nacht zu Ende, mit dem ersten Licht des Morgens beginnt der neue Tag. Dazwischen liegt eine kurze Frist der Unentschiedenheit: Zwielicht. Das unklare Verhältnis zwischen Nacht und Tag in diesen frühen Morgenstunden schafft eine eigenartige Atmosphäre, die schon viele Autoren beschäftigt hat. Die Erinnerung an die Ereignisse der Nacht ist noch lebendig, aber die Forderungen des Tages melden sich an.

In den Texten über die Stadtnacht wird kaum ein Bild so häufig gebraucht wie das der *Begegnung im Morgengrauen*: Die »Nachtbummler« gehen nach Hause, schleichen verschämt durch die Straßen, oft

Die zwei Gesichter der Nacht bieten einen beliebten Ansatzpunkt für die Kritik an der Großstadt; im jungen, unschuldigen Morgen entlarven sich die »Nachtschwärmer«. (Zeichnung von George Grosz: »Früh um fünf Uhr!« 1921)

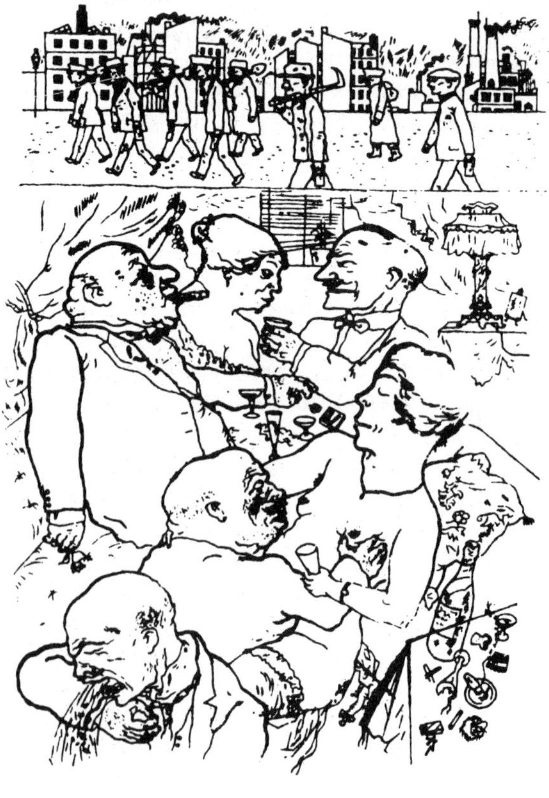

abgerissen, gezeichnet von den Anstrengungen ihres nächtlichen Daseins, vom Spiel erschöpft, vom Alkohol benebelt – und sie treffen auf die Putzkolonnen und Reinigungsfahrzeuge, die die Stadt vom Schmutz der Nacht säubern und auf den Tag vorbereiten, sie begegnen Arbeitern auf dem Weg in die Fabrik, Bauern, die vom Land in die Stadt kommen und sie mit frischen Lebensmitteln, mit leuchtendem Obst versorgen. Das künstliche Leben begegnet dem wirklichen, dem starken, gesunden, munteren Leben des Tages.

Die Lobredner des frühen Morgens erklären ihn, und sich, für unschuldig, der Schmutz, die Schuld werden der Nacht zugeordnet, als würde das Leben täglich neu beginnen, als gäbe es nicht den Kreislauf, in dem Tag und Nacht einander folgen. Pierre Sansot hat nächtliche und morgendliche Spaziergänge miteinander verglichen und kam zu dem Befund: »Im Morgengrauen muß die Stadt neu zu leben beginnen (...). In der Stadt muß man sich reinigen, von der Nacht, von ihren Träumen, von ihren unausgesprochenen Begierden. Der Mann, der früh aufsteht, muß sich diese schlechte Nacht vom Gesicht waschen, will er einer unbestimmten, unerklärlichen Angst entkommen.«[24]

Der Morgenspaziergang, so Sansot, steht unter dem Zeichen der »guten Laune« – eine Formel aus dem Wortschatz der Frühaufsteher, die sich auf die einsame Nachtwanderung, die »déambulation nocturne«, wohl kaum anwenden läßt. Wenn aber das Bild vom Kreislauf zutrifft, dann sind die Interdependenzen zwischen Tag und Nacht größer, als die Kritiker der Nacht uns glauben machen wollen, dann reichen die Themen der Nacht bis weit in den Tag hinein und prägen ihn mit, so wie die Strukturen und Rhythmen des Tages auf die Nacht einwirken und sie verändern. Denn es gibt ja auch die andere Seite der Begegnung im Morgengrauen: Nicht verschämt, sondern stolz – und traurig, weil sie ihren Zufluchtsort wieder verlassen müssen – kehren die Nachtgänger heim; wäre der Tag so großartig, würden sie ihn nicht ständig fliehen.

Diese zweite Entwicklung, die »Vertäglichung« der Nacht, könnte unter allen vorangegangenen Kapiteln als Ergebnis der historischen Veränderung stehen. Was aber bei einer Gegenüberstellung von »Nacht« und »Tag« so eindeutig wirkt, stellt sich im Morgen-Grauen anders dar, verwischter: Ohne die Anerkennung der Existenz und der Wirksamkeit *nächtlicher Anteile im Leben auch der täglichen Stadt* bleibt der Tag selbst unverständlich. Auch der Tag ist mitbestimmt durch eine stete Auseinandersetzung mit der Nacht, häufig in der Form einer Ablehnung, einer Negation: Was »abgeschüttelt« und »gereinigt« werden muß, ist jedenfalls mächtig. Die Zwiespältigkeit im Verhältnis zur Nacht macht sich gerade bei denen bemerkbar, die sich von ihr zu distanzieren suchen:

»Wenn die Zeit des künstlichen Lichtes gekommen ist, *so erscheint eine neue Welt*: das Reich der Täuschungen und der schnelleren Vergänglichkeit. In dieses Reich gehören leider auch die Freuden unseres großstädtischen Lebens. Während der Ernst der Arbeit sich mit dem freien Licht des Tages gattet, gesellt sich unsere Erholung zu dem trügerischen Schein der Lampen und Kerzenflammen, zu dem ungewissen Licht mit tiefem Schatten, das die *Täuschung*, den *Rausch*, die *Schminke* und die *Lüge* begünstigt. (...) Unser Lampenanzünder ist ein unruhiger, gelenkiger und schneller Mann: ein *Merkur der Illusionen*.«

Robert Springer bleibt, in seinem Text ›Berlin wird Weltstadt‹ aus dem Jahr 1868, bei dieser kulturkritischen Position aber nicht stehen. Im direkten Anschluß formuliert er die Erkenntnis, welche gewichtige Rolle die Entwicklung der Nacht in diesem Prozeß der Formierung Berlins zur »Weltstadt« einnimmt:

»Das Gaslicht ist ein wichtiges Element in unserem Kulturleben, und wir Großstädter erinnern uns der früheren Oellaternen nur ebenso dunkel, wie jene brannten (...)
Unser Leben hat durch die Erfindung des Leuchtgases an Schnelligkeit gewonnen, wie durch jene der Dampfkraft. Seit der Erfindung des Gaslichtes hat unser Abendleben eine *unbeschreibliche Steigerung* erfahren, *unser Pulsschlag ist beschleunigt, unser Nervenreiz erhöht worden; wir haben unsere Miene, Haltung und Sitten ändern müssen*, weil sie für ein anderes Licht berechnet werden mußten.«[25]

Die Veränderung der Nacht beeinflußt in besonderem Maße, wie Springer eindrücklich illustriert, die Prozesse der »inneren« Urbanisierung, im Bereich der Mentalitäten, der Kommunikation, der Wahrnehmung und des Verhaltens der Städter. Die Nacht selbst ist damit nicht nur Erlebniswelt, sondern *Lernort* in einem ganz umfassenden Sinn. Die Heuchelei der Großstadtkritik liegt nicht zuletzt darin, daß sie der Nacht verweigern will, was sie dem Tag zugesteht. Auch Willy Hellpach, der den »Neuerwerb«, den die städtischen Sensationen bieten, anerkannte, spricht geringschätzig über das »Nachtleben unserer Metropolen (...) als die Gesamtheit dieser Sorten sogenannter Erholung«[26]. Aber während die

»Losung der Atemlosigkeit« – »nur weiter, nur weiter!« – im Tagesleben als produktiv, spannungserzeugend und notwendig erscheint, gilt sie für das Leben in der Nacht als schädlich.

Freilich, verschiedene Autoren haben zu Recht darauf hingewiesen, leisteten die Erfahrungen des Straßenlebens in den großen Städten und die Verhaltensformen, die daraus entwickelt wurden, einen gewichtigen Beitrag auch zur Disziplinierung der Großstädter, zu ihrer »Zurichtung und Anpassung«[27] im Prozeß der Industrialisierung. Der Neuerwerb – etwa die Tugend, Momente der Verunsicherung zu überstehen und daraus Sicherheit zu gewinnen – kann im Produktionsprozeß nutzbar gemacht werden. Mit diesen Eigenschaften wird die moderne Stadt errichtet, und diese Entwicklung hatte ihre Schattenseiten, Reibungsverluste, die sich in unterschiedlichster Form äußerten; sie waren teilweise im Stadtbild abzulesen – wie etwa im Berliner Scheunenviertel, im Londoner East End oder im Pariser Hallenviertel. In diesem Fall macht die Existenz der »Nachtseiten« auf Defizite der Modernisierung aufmerksam: Nox revelatrix auch hier, die Nacht ist die Enthüllerin – und die Anklägerin – des Tages. Was bei Nacht passiert, ist auch Produkt des Tages. Die Großstadtkritik hat es über lange Jahre vermocht, die umgekehrte Argumentation als gültig darzustellen und die Nacht für die Sünden und Leiden der Stadt verantwortlich zu machen; sie wollte nicht wahrhaben, daß in der »Gier und Leidenschaft« der Städte, die zu verurteilen so einfach ist[28], auch lebensnotwendige Bedürfnisse erkennbar werden. Manche Autoren forderten eine Abschaffung der Nacht. Magnus Hirschfeld, der Mediziner: »Der Berliner ist vielfach stolz auf sein *Nachtleben*; weltstädtisch ist es gewiß, aber man bedenke doch auch, daß, wer sich dem Nacht*leben* ergibt, der notwendigen Nacht*ruhe* nicht teilhaftig werden kann.«[29] Auch die »Gesellschaft für soziale Reform« spricht, im Blick auf die Nachtarbeit, vom »Vergehen gegen die Naturgesetze«, wenn Arbeiter gegen ihren Willen und »durch den Zwang der Not *in die Nachtarbeit, das Nachtleben hineingerissen* werden«[30].

Die Nacht soll wieder, so fordern es Autoren unterschiedlichster Herkunft, zum Refugium des Naturzustandes werden. Der Sittenhistoriker Alexander von Gleichen-Rußwurm will »zurück zum Schlaf«, er leidet mit der »menschlichen Maschine«, die ständig neu aufgezogen wird, ohne innezuhalten; dabei ist das, was geboten wird, »Sensationen,

Negertänze, Kino und Radio«, des Munterbleibens doch nicht wert: »Wenn die Nacht keinen Schlaf bringt, hat der Morgen kein Erwachen.«[31] Da ist wieder die Hoffnung auf den unschuldigen, vom nächtlichen Leben bedrohten Tag; sie wird, 1910, von dem sozialistischen Theoretiker Karl Kautsky noch prägnanter – und im politischen Sinne – formuliert:

»Und selbst die Stunden des Genießens werden durch den Kapitalismus vergiftet und aus Stunden der Erquickung und Gewinnung frischer Kräfte zu Stunden rascheren Verbrauchs von Kräften. Der Kapitalismus dehnt den Arbeitstag über den ganzen Tag aus, zum Genießen bleibt nur die Nacht; Genußleben heißt Nachtleben, heißt nicht Erfrischung, sondern Zerstörung der Nerven. (...)
Ein sozialistisches Regime verkürzt die Arbeitszeit so sehr, daß die Menschen die Möglichkeit gewinnen, einen erheblichen Teil des Tages künstlerischem oder wissenschaftlichem Genießen, heiterer Geselligkeit, Spiel und Sport zu widmen. Sie *können* aber nicht bloß, sondern sie *müssen* bei Tage dazu Zeit gewinnen, denn in einer sozialistischen Gesellschaft wird man keine Diener des Nachtlebens mehr finden. Nur der Drang der Not kann Menschen zwingen, regelmäßig ihren Schlaf zu opfern, um Nachtarbeit zu leisten. Und ohne Nachtarbeit der einen kein nächtliches Genießen der anderen.«[32]

Unter den herrschenden Bedingungen kann das wirkliche Leben, das Leben außerhalb der Arbeit, keine Erfüllung finden, so lautet die These Kautskys; was die Nacht anbietet, ist schlechter Ersatz, ist Verblendung, ist, wie es in der ›Weltbühne‹ hieß, »Fortsetzung des Tages mit denselben Mitteln«[33]. Mit den Verteidigern der Stadtnacht sind sich ihre Kritiker darin einig, daß die Nacht die verschiedenen Stadien und die verschiedenen Aspekte der Urbanisierungs- und Modernisierungsprozesse reflektiert. Positiv formuliert: In der »mit geistiger Spannkraft geladenen Luft« der Städte *muß* nächtliches Leben entstehen; welche Funktion und welche Wirkung ihm zugesprochen wird, das liegt allein im Auge des Betrachters. Festzuhalten bleibt, daß die Nacht, anders als der frühe Morgen, nicht den Eindruck erwecken will, sie sei unschuldig. »Berlin bei Nacht«, »Paris la nuit«, »London by night« – niemanden lassen diese Worte unberührt; für den Studenten der menschlichen Natur, so hat es H. V. Morton formuliert, wirken sie wie ein Peitschenschlag, der die Imagination trifft, denn sie versprechen eine kurze Periode »of infinite possibility«, eine Zeit der unendlichen Möglichkeit.[34]

Freilich, Enttäuschungen und Verlusterfahrungen sind ständige Begleiter auf den Gängen durch die nächtliche Stadt. Davon berichten die historischen Dokumente, das ist aber auch allnächtliche Erfahrung in unseren heutigen Städten. Die Nachthistorie überliefert Geschichten, die unerledigt scheinen: Auseinandersetzungen über Sicherheit, Sittlichkeit und über die Zugänglichkeit der Städte bestimmen auch heute den gesellschaftlichen Diskurs. Die Lernprozesse, die die Nacht anbietet, sind noch lange nicht abgeschlossen. Die Träume – oder waren es Alpträume? – der Nachtbeschreiber des 19. Jahrhunderts von der strahlenden, nachtlosen Stadt der Zukunft haben sich auf merkwürdige Weise zugleich erfüllt und nicht erfüllt. Noch immer ist die Nacht dunkel und erfüllt ihre Aufgabe, dem Tag eine Grenze zu setzen. Aber der Schwebezustand zwischen Licht und Schatten, zwischen Menge und Einsamkeit, zwischen Angst und Freiheit, der die Stadtnacht seit der Mitte des 19. Jahrhunderts ausgezeichnet hat, ist gefährdet: Manche Straßen sind im kommerzialisierten »Nachtleben« so hell, daß sie vom Tag kaum zu unterscheiden sind, andere dagegen bleiben der Leere – und damit der realen Gefahr – überlassen. Beide Entwicklungen hängen mit der fatalen Tendenz zusammen, vieles von dem, was die nächtliche Straße attraktiv gemacht hatte, wieder in geschlossene Räume zurückzuverlagern. Dabei ging und geht die Vielfalt der Anmutungen verloren, und viele Menschen, vor allem viele Frauen, scheuen aus guten Gründen den Gang durch eine nächtliche Stadt. Vielleicht spüren sie aber, daß sie in den Rückzugsgebieten etwas versäumen, was nur die Straße bieten kann, und vielleicht gelingt es, Spuren des Verlorengegangenen wiederzufinden: die Erlebniswelt Großstadtnacht neu zu öffnen.

ANHANG

ANMERKUNGEN

I. KAPITEL

1 Günter Kunert: Nachtblick. In: Michael Engler, G. Kunert: Berliner Nächte. Laternenbilder. Hamburg 1986, S. 9.
2 Ebd.
3 Paul Nizon: Das Jahr der Liebe. Frankfurt/M. 1984, S. 115 f.
4 Joachim Riedl: Großstadtratte. Manhattan in Hamburg: Peter Patzaks Film ›Der Joker‹. In: Die Zeit, 23.10.1987.
5 Vgl. dazu die Fallstudie von Dieter Keim: Stadtstruktur und alltägliche Gewalt. Fallstudie Wolfsburg-Westhagen. Wolfsburger Beiträge zur Stadtgeschichte und Stadtentwicklung. Frankfurt, New York 1981; Wolf-Dieter Narr: Im Dickicht städtischer Gewalt. In: Großstadt-Politik. Hg. v. Rolf-Richard Grauhan. Gütersloh 1972; sowie aus einer volkskundlichen Perspektive Utz Jeggle: Tödliche Gefahren. Ängste und ihre Bewältigung in der Sage. In: Zeitschrift für Volkskunde, 86. Jg. 1990/I, S. 53–66.
6 Vgl. dazu Katharina Steffen: Übergangsrituale einer auto-mobilen Gesellschaft. Eine kultur-anthropologische Skizze. Frankfurt/M. 1990. Es handelt sich um Protokolle und Interpretationen von Gesprächen mit Nachttaxi-Fahrerinnen; Hartwig Tegeler: »Der Schock, wenn die Sonne aufgeht« – Nachtfeature, gesendet im Hessischen Rundfunk am 29.9.1990. Tegeler benutzt, ganz in der Tradition der Großstadtliteratur, einen »Nacht-Schatten« als Reiseleiter.
7 Brigitte Gensch, Veronika Zimmer: Gewalt gegen Frauen. Stadtplanerische und bauliche Komponenten der nächtlichen Unsicherheit. Gesamthochschule Kassel 1981; vgl. dazu auch Maria Spitthövel: Frauen und Freiraum. Zur Beanspruchung öffentlich städtischen Freiraums durch Frauen. Habilitationsschrift, Universität Oldenburg 1988.
8 In: Anne Cauquelin: La ville la nuit. Paris 1977, S. 95 (meine Übersetzung).
9 Klaus Bergmann: Agrarromantik und Großstadtfeindschaft. Meisenheim am Glan 1970.
10 Gottfried Korff: Mentalität und Kommunikation in der Großstadt. Berliner Notizen zur ›inneren‹ Urbanisierung. In: Großstadt. Aspekte empirischer Kulturforschung. Hg. im Auftrag der Deutschen Gesellschaft für Volkskunde v. Theodor Kohlmann und Hermann Bausinger. Berlin 1985, S. 343–361.
11 Johannes Willms: Paris. Hauptstadt Europas 1789–1914. München 1988, S. 341.
12 Lothar Müller: Die Großstadt als Ort der Moderne. Über Georg Simmel. In: Klaus R. Scherpe (Hg.): Die Unwirklichkeit der Städte. Großstadtdarstellungen zwischen Moderne und Postmoderne. Reinbek 1988, S. 14–33.
13 Ebd., S. 15.
14 Pierre Sansot: Poétique de la ville. Paris 1988, S. 153.
15 Die »Fächertrias« der Kameralistik umfaßt Ökonomie, Finanzwissenschaft und »Polizeiwissenschaft«; sie entstand in Deutschland im ersten Drittel des 18. Jahrhunderts

und stellte den ersten Versuch der Erfassung und Organisation der »ganzen Breite des inneren staatlichen Lebens: von der Religions- und Sittenpolizei bis zu den Kleiderordnungen; von der noch halb ständischen Zunftverfassung bis zu den ersten Ansätzen einer freieren Gestaltung des Wirtschaftslebens; von bloßer Sicherheitspolizei und Gefahrenabwehr bis zur positiven Vorsorge des Staates für ›Peuplierung‹, ›Commerzien‹ und bürgerliche Wohlfahrt der Untertanen« dar. (Hans Maier: Die ältere deutsche Staats- und Verwaltungslehre (Polizeiwissenschaft). Ein Beitrag zur Geschichte der politischen Wissenschaft in Deutschland. Politica, Band 13. Neuwied und Berlin 1966, S. 19 f.)

16 Kai-Detlev Sievers: Volkskunde und moderne Stadtgeschichte. In: Informationen zur modernen Stadtgeschichte, Heft 82/2. Hg. v. Deutschen Institut für Urbanistik. Berlin 1982, S. 3 f.

17 Wilhelm Heinrich Riehl: Land und Leute (1854). Stuttgart 1869, S. 82.

18 Theodor Bade: Über den Verfall der Sitten in den großen Städten. Mit besonderer Berücksichtigung der Zustände in Berlin. Berlin 1857. Nach dem Erscheinen dieses Buchs wurde im Berliner Polizeipräsidium eine eigene Akte, »Acta des Königl. Polizei-Präsidii betr. die hiesigen sittlichen Zustände«, angelegt: Staatsarchiv Potsdam. Rep. 30 Berlin C, Nr. 16927.

19 Vgl. dazu Helge Gerndt: Großstadtvolkskunde – Möglichkeiten und Probleme. In: Großstadt. Aspekte empirischer Kulturforschung. Hg. im Auftrag der Deutschen Gesellschaft für Volkskunde v. Theodor Kohlmann u. Hermann Bausinger. Berlin 1985, S. 11–19. Die vorliegende Arbeit entstand an einem volkskundlichen Institut und setzt sich von daher auch mit dieser spezifischen Fachgeschichte auseinander. Es gibt andere – historische, soziologische, kunsthistorische, literaturwissenschaftliche – Perspektiven auf die Stadt(nacht), aber ich will bewußt die volkskundliche Vorgehensweise: Sammeln, Betrachten, Aneinanderreihen beibehalten und mit dem »modernen» Thema konfrontieren.

20 Heinz Brüggemann: »Aber schickt keinen Poeten nach London«. Großstadt und literarische Wahrnehmung im 18. und 19. Jahrhundert. Texte und Interpretationen. Reinbek 1985, S. 20.

21 Hugo Flemming: Nachtmission. Bilder aus der Stadtmission 14. Berlin 1913, S. 3.

22 Das verleumdete Nachtleben (Bericht über den Besuch Edisons in Berlin). Berliner Tageblatt, 29. 11. 1911.

23 Vgl. dazu Reinhart Koselleck: Moderne Sozialgeschichte und historische Zeiten. In: Theorie der modernen Geschichtsschreibung. Hg. v. Pietro Rossi. Frankfurt/M. 1987, S. 173–190.

24 Gottfried Diener: Die Nacht in der deutschen Dichtung von Herder bis zur Romantik. Bamberg 1931, S. 5.

25 Henri Lefèbvre: Die Revolution der Städte, Frankfurt/M. 1976, S. 118.

26 Gottfried Korff: Berliner Nächte. Zum Selbstbild urbaner Eigenschaften und Leidenschaften. In: Gerhard Brunn, Jürgen Reulecke (Hg.): Berlin. Blicke auf die deutsche Metropole. Essen 1989, S. 71–103; hier S. 75.

27 Gotthold Lehnerdt: Die Prostitution. Beobachtungen eines Kriminalisten. In: Sexualkatastrophen. Bilder aus dem modernen Geschlechts- und Eheleben. Hg. v. Ludwig Levy-Lenz. Leipzig 1926, S. 171–257; hier S. 179.

28 Joachim Fischer, Claudia Wagner: Sprachen der Nacht. In: Nachtcafé 26, 12. Jg., Herbst/Winter 1986/87, S. 22–31.

29 Deutsches Wörterbuch. Von Jacob Grimm und Wilhelm Grimm. Siebenter Band,

bearbeitet von Dr. Matthias v. Lexer. Leipzig 1869, Sp. 145–226; Handwörterbuch des deutschen Aberglaubens. Hg. v. Hanns Bächtold-Stäubli unter Mitwirkung von Eduard Hoffmann-Krayer (1935). Mit einem Vorwort von Christoph Daxelmüller. Band 6: Mauer – Pflugbrot. Berlin, New York 1987, Sp. 768–811. Heinz-Gerd Friese, Hannover, arbeitet z. Zt. an einer »Geschichte der Nacht im Abendland«, in der er diesen traditionellen Konnotationen mehr Raum und Erklärung widmet.

30 Ernst Bloch: Technik und Geistererscheinungen. In: Verfremdungen I. Frankfurt/M. 1962, S. 177–185; hier S. 179.

31 Kölnische Zeitung 1819; zit. nach: Bei Licht besehen. Kleines ABC der Beleuchtung. Hg. vom Landschaftsverband Rheinland. Pulheim 1987. (Hervorhebung von mir.)

32 The night the lights went out. By the staff of the New York Times, ed. by A. M. Rosenthal and Arthur Gelb. New York 1965, S. 15.

33 Wolf Jobst Siedler, Elisabeth Niggemeyer, Gina Andreß: Die gemordete Stadt. Abgesang auf Putte und Straße, Platz und Baum. Berlin, München, Wien 1964, S. 11.

34 Ebd., S. 79.

35 Ich habe 26 bundesdeutsche Großstädte angeschrieben und um Informationen über von der Stadt organisierte nächtliche Aktivitäten gebeten. Die Stadtverwaltung Mainz schrieb: »Mit den nächtlichen Spektakeln haben wir es nicht so, deshalb gab es auch noch nie geführte Rundgänge o. ä. (...) Hin und wieder erweist sich Mainz aber im nächtlichen Leben auch als Großstadt, die Polizei wird ihnen da sicher mehr sagen können« (Brief des Fremdenverkehrsamts vom 26. 8. 1988). »Großstädtisch«, im Gegensatz zu »gemütlich«, ist die Nacht, wenn die Polizei eingreifen muß.

36 Pierre Garot, ein Pariser Nachtschwärmer und -experte. Interview am 14. 4. 1989 in Paris.

37 Walter Benjamin: Paris, Hauptstadt des 19. Jahrhunderts. In: Das Passagen-Werk. Hg. v. Rolf Tiedemann. Frankfurt/M. 1983, S. 45–59.

38 György Konrad: Der verbale Kontinent. Europa – eine Metapher, die Gestalt annimmt. In: Frankfurter Allgemeine Zeitung, 2. 7. 1988.

39 Das Kulturbild des neunzehnten Jahrhunderts. Band 23/24: Die geistige Entwicklung des modernen Europa. Die gesellschaftliche Struktur. Von Alexander v. Gleichen-Rußwurm. Hamburg o. J., S. 431.

40 Victor Champier, Roger Sandoz: Le Palais-Royal d'après des documents inédits. Paris 1900, 2 vols; Le Palais-Royal. Ausstellungskatalog des Musée Carnavalet. Paris 1988.

41 Les Grands Boulevards. Ausstellungskatalog des Musée Carnavalet. Paris 1985; Paul de Ariste: La vie et le monde de boulevard. Paris 1930.

42 Vgl. u. a.: Louis Huart: Physiologie du flâneur. Paris 1841; Victor Fournel: L'Odyssee d'un flâneur ou ce qu'on voit dans les rues de Paris. Paris 1858.

43 Heinz Steinert: Nachtleben oder: Fragmente über die allgemeinste Erniedrigung des Liebeslebens (2). In: Kriminalsoziologische Bibliographie, Nr. 38/39. Wien 1983, S. 81–92; hier S. 84.

44 »Waren wir tatsächlich romantische Spinner, die ihre Unterschriften unter Petitionen setzten, nur weil wir Zwiebelsuppe im Morgengrauen für würziger hielten als Fast-Food oder Steaks mit Pommes Frites? (...) Mit den Hallen verband sich ein Stück authentischer Volkskultur: der Markt. Daß die Hallen sinnvoll hätten genutzt werden können, belegt auch der fulminante Abgesang.« Anna Mohal: Herz von Paris oder Schrittmacher? Die Sanierung des Hallenviertels. In: Süddeutsche Zeitung, 29./30. 12. 1984.

45 Eine ausgewogene Darstellung der Absichten und Ergebnisse der »Haussmannisie-

rung« von Paris gibt Johannes Willms: Paris (wie Anm. 11) S. 362–371. Die militarstrategische Komponente wird ansonsten häufig überbetont, zu kurz kommt, was Willms so beschreibt: »Haussmanns Transformation de Paris schuf die Voraussetzungen für den großen Mythos, in dem sich die Moderne schlechthin erfüllt, den Mythos der Weltstadt.« (S. 371).

46 Der Paris-Historiker Louis Chevalier hat die ›Histoires de la nuit parisienne‹ (Paris 1982) als ein Ergebnis jahrelangen Sammelns und Zuhörens veröffentlicht. Die meisten Geschichten stammen aus den 1950er Jahren und sind im Hallenviertel angesiedelt; seine eigene Kritik an der Entwicklung von Paris hat Chevalier 1977 in ›L'assassinat de Paris‹ zusammengefaßt.

47 In: Ronald Pearsall: The Worm in the Bud. The World of Victorian Sexuality. Harmondsworth 1972. S. 10f.

48 Peter Nonnenmacher: Ein wunderlicher, steinerner Traum. Wenn es Nacht wird im West End: Streifzug durch Londons Lichter- und Schattenseite. In: Frankfurter Rundschau, 30.12.1989.

49 Robert Machray: The night side of London. London 1902, S. 9f.

50 Henry Mayhew: London Labour and the London Poor. Four Volumes. London 1861ff. Mayhew arbeitete als »Metropolitan Correspondent« für den ›Morning Chronicle‹ und begann seine Artikelserie 1849; vgl. dazu: Anne Humpherys: Travels into the Poor Man's Country. The Work of Henry Mayhew. London 1977; dies.: Henry Mayhew. Boston 1984; E. P. Thompson, Eileen Yeo: The unknown Mayhew. Selections from the Morning Chronicle 1849–1850. Harmondsworth 1971; The Morning Chronicle Survey of Labour and the Poor: The Metropolitan Districts. Six Volumes. Ed. and with an introduction by Peter Razzell. London 1980.

51 Life and Labour of the People in London. By Charles Booth. In 17 volumes. London 1902–1904.

52 Beatrice Webb: My apprenticeship. London 1926.

53 Die Friedrichstraße. Geschichte und Geschichten. Text von Peter Mugay. Hg. v. Berlin-Information. Berlin/DDR 1987.

54 Eike Geisel: Im Scheunenviertel. Bilder, Texte und Dokumente. Mit einem Vorwort v. Günter Kunert. Berlin 1981, S. 12.

55 Stätten der Berliner Prostitution. Von den Elends-Absteigequartieren am Schlesischen Bahnhof und Alexanderplatz zur Luxus-Prostitution der Friedrichstraße und des Kurfürstendamms. Eine Reportage von WEKA. Berlin 1930, S. 7.

II. KAPITEL

1 Arlette Farge: Vivre dans la rue à Paris au XVIII siecle. Paris 1979, S. 21.

2 Henri Lefèbvre: Die Revolution der Städte. Frankfurt/M. 1976, S. 25.

3 »Die Straße beschützt die Delinquenten, und das städtische Straßenmuster ist so vielfältig, daß der Wächter gegen sie machtlos ist. Und die bewegliche und ständig wechselnde Menge entkommt im wesentlichen seiner Kontrolle.« Arlette Farge: Vivre dans la rue (wie Anm. 1), S. 194.

4 James Morier über Stadtentwicklung im alten Persien, Zit. nach R. Murray Schafer: Klang und Krach. Eine Kulturgeschichte des Hörens. Frankfurt/M. 1988, S. 84.

5 R. Murray Schafer: Klang und Krach (wie Anm. 4), ebd.

6 »Wenn die Nacht kam, erkannten die Bürger selbst die Notwendigkeit, sich in die

Sicherheit ihrer Häuser zurückzuziehen.« Yi-Fu Tuan: Landscapes of Fear. Oxford 1980, S. 160.

7 Archives de la Préfecture de Police, Paris (= APP), Série DB 1, carton 30: Circulation la nuit des Inspecteurs et des Sergents de Ville.

8 Julius von Soden. Zit. nach Friedrich Christian Ben. Avé-Lallement: Physiologie der deutschen Polizei. Leipzig 1882, S. 182.

9 London und Paris, Jg. 1810, S. 64. Zit. bei Karl Riha: Die Beschreibung der ›Großen Stadt‹. Zur Entstehung des Großstadtmotivs in der deutschen Literatur. Bad Homburg, Berlin, Zürich 1970, S. 64.

10 Vgl. dazu Yi-Fu Tuan, Landscapes of Fear (wie Anm. 6), sowie zur Metaphorik des Marktes Peter Langer: Sociology. Four Images of Organized Diversity: Bazaar, Jungle, Organism and Machine. In: Cities of the Mind. Images and Themes of the City in the Social Sciences. Ed. by Lloyd Rodwin and Robert M. Hollister. New York and London 1984, S. 97–117.

11 Werner Sombart: Luxus und Kapitalismus (1922); neu: Liebe, Luxus und Kapitalismus. Über die Entstehung der modernen Welt aus dem Geist der Verschwendung. Berlin 1983, S. 41–60.

12 Listen der Schenken und ihrer Öffnungszeiten, mit jeweiliger Begründung für die erteilte Genehmigung in: APP Série DB 194: Débits de Boisson.

13 François-Auguste Fauveau Baron de Frénilly: Souvenirs (1768–1828). Paris 1908, S. 24.

14 Karl Riha: Die Beschreibung der ›Großen Stadt‹ (wie Anm. 9), S. 32.

15 Joachim Christoph Nemeitz: Séjour de Paris, Kapitel 14, Zit. bei Karl Riha, (ebd.), S. 43.

16 Vgl. dazu Wolfgang Schivelbusch: Lichtblicke. Zur Geschichte der künstlichen Helligkeit im 19. Jahrhundert. München, Wien 1983. Auf die Stufen der Dunkelheit weisen auch hin: Anne Henri de Dampmartin: Un provincial à Paris pendant une partie de l'année 1789. Strasbourg o. J. (1789); Ernst Moritz Arndt: Pariser Sommer 1799. Neu hg. v. Wolfgang Gerlach. München 1982, S. 173 f.

16a Werner Sombart: Luxus und Kapitalismus (wie Anm. 11), S. 130

17 Ernst Günther: Geschichte des Varietés. Berlin/DDR 1978, S. 43 f.

18 Johannes Willms: Paris. Hauptstadt Europas 1789–1914. München 1988, S. 217 (Hervorhebung von mir).

19 APP, Série DB 1, carton 194: Chiffonniers.

20 Vgl. dazu Louis Chevalier: Classes laborieuses et classes dangereuses à Paris, pendant la premiere moitié du XIXe siècle.

21 Denkwürdigkeiten und Tagesgeschichte aus der Mark Brandenburg und den Herzogtümern Magdeburg und Pommern, April 1800, S. 455–457; hier S. 456. In: Landesarchiv Berlin (LAB), St B 4097 b: »Schließen der Häuser am Abend«.

22 Alain Corbin: Les Filles de Noce. Misère sexuelle et Prostitution (XIXe siècle). Paris 1982, S. 21.

23 APP Série DB 1. 194: Débits de Boisson, Nr. 269, Circulaire vom 25. Juli 1818.

24 APP Série DB 1. 195: Débits de Boisson, Heures de fermeture, Nr. 46: Préfecture de Police. Ordonnance concernant les Cabarets, Cafés et autres lieux publics situés dans la ville de Paris et dans les Communes rurales du ressort de la Préfecture de Police. Paris, le 3. 4. 1819.

25 Eugene Briffault: La Nuit de Paris. In: Le Livre de Cent-et-Un. Paris 1831, t. III, S. 127–150; hier S. 133.

26 Joseph Alois Mercy: Berlinische Nächte. Leipzig und Züllichau 1803, S. 1 f.

27 C. v. Kertbeny: Berlin wie es ist. Ein Gemälde des Lebens dieser Residenz und ihrer Bewohner, dargestellt in genauer Verbindung mit Geschichte und Topographie. Berlin 1831, S. 321.
28 Ebd., S. 323.
29 Adalbert Stifter: Aussicht und Betrachtungen von der Spitze des St. Stephansturmes. In: Die Mappe meines Urgroßvaters. Schilderungen. Briefe. Mit einem Nachwort von F. Krökel und Anmerkungen von K. Pörnbacher. München 1986, S. 297.
30 Ebd., S. 298.
31 Ernst Heilborn: Zwischen zwei Revolutionen. Der Geist der Schinkelzeit (1789–1848). Berlin 1927, S. 85.
32 Johann Daniel Fr. Rumpf's neuester Fremdenführer in Berlin. Eine Beschreibung nebst einem Wanderungsplan durch Berlin. Berlin 1839, S. 220 f.
33 Adolf Glassbrenner: Straßenbilder. In: Berlin, wie es ist – und trinkt, von Ad. Brennglas. 11. Heft, Leipzig 1842.
34 Max Kretzer: Meister Timpe (1888). Stuttgart 1976, S. 3.
35 Berlin um Mitternacht. Humoristisches Nachtstück von Dr. B. Hesslein. In: Berliner Stadtklatsch. Heitere Lebensbilder aus Berlin's Gegenwart, Nr. 5, Berlin o. J., S. 3.
36 Johann Daniel Rumpf's neuester Fremdenführer (wie Anm. 32).
37 Karl Gutzkow: Eine Woche in Berlin. In: Der Berliner zweifelt immer. Seine Stadt in Feuilletons von damals. Vorgestellt von Heinz Knobloch. Berlin/DDR 1977, S. 88–95; hier S. 88.
38 Ernst Dronke: Berlin (1846). Berlin 1953, S. 61. (Neu: Darmstadt und Neuwied 1987).
39 Vgl. dazu Wolfgang Jansen: Glanzrevuen der zwanziger Jahre. Berlin 1987.
40 Illustrirte Zeitung (Leipzig), III. Band 1844, S. 188–190.
41 Peter Joseph Lenné: Erläuterungsbericht zum Projekt »Schmuck- und Grenzzüge Berlins«. Lenné-Nachlaß Staatsarchiv Potsdam 159 fal. 1 ff. (Zitiert nach dem Bestandskatalog der Lenné-Pläne in der Plankammer der Staatlichen Schlösser und Gärten Potsdam-Sanssouci. Teil II: Berlin. Potsdam 1989).
42 Richard Sennett: Verfall und Ende des öffentlichen Lebens. Die Tyrannei der Intimität. Frankfurt/M. 1986, S. 35.
43 Asa Briggs: Victorian Cities. Harmondsworth 1968, S. 12.
44 Louis Chevalier: Montmartre du plaisir et du crime. Paris 1980, S. 22.
45 Verwaltungsbericht des Königlichen Polizei-Präsidiums zu Berlin für die Jahre 1871–1880. Berlin 1882, S. 5.
46 Versuch einer medicinischen Topographie und Statistik von Berlin. Von Dr. H. Wollheim. Berlin 1844.
47 Karl Rosenkranz: Die Topographie des heutigen Berlin. Vortrag vor der Kgl. Dt. Gesellschaft zum Preussischen Krönungsfeste am 18. Januar 1850, S. 71.
48 Bettine von Arnim: Dies Buch gehört dem König (1844). Neu hg. v. Ilse Staff. Frankfurt/M. 1982, S. 405.
49 Die Prostituierten in Berlin, deren Helfershelfer als Louis, Kupplerinnen, Lehnefrauen und ihr schädlicher Einfluß auf die Sittenzustände der Gegenwart. Berlin o. J. (um 1850), S. 6.
50 Marie-Louise Plessen: Kommunale Selbstverwaltung und Polizei. In: Berlin, Berlin. Die Ausstellung zur Geschichte der Stadt. Katalog hg. v. Gottfried Korff und Reinhard Rürup. Berlin 1987, S. 171–173; hier S. 172.
51 Das Urteil des Herrn Appert über das hiesige Arbeitshaus in seinem Buche: Voyage en Prusse. Beleuchtet von Andrae, Prediger an dieser Anstalt. Berlin 1845, S. 5 f.

52 Haude- und Spenersche Zeitung, 28.12.1846.
53 Des classes dangereuses dans la population des grandes villes et des moyens de les rendre meilleures. Par H. A. Fregier. Bruxelles 1840.
54 Jean-Louis Bory: Eugène Sue: Dandy mais Socialiste. Paris 1962.
55 Norddeutsche Blätter: Berliner Novellen, Geheimnisse und Romane. In: Beiträge zum Feldzuge der Kritik. Band 1, Berlin 1846, S. 16f.
56 August Brass: Mysterien von Berlin. 5 Bände. Berlin 1844–45, Band 1, S. 1.
57 F. Gustav Kühne: Mein Carneval in Berlin 1843. Berlin 1843, S. 19.
58 Friedrich Saß: Berlin in seiner neuesten Zeit und Entwicklung (1846). Neu hg. u. mit einem Nachwort versehen v. Detlef Heikamp. Berlin 1983, S. 14.
59 Franz Josef Buss, Abgeordneter im Badischen Landtag, bei einer Debatte »betreffend die Fabrikgesetzgebung« im Jahr 1837; zit. bei Jürgen Kuczynski als »erster sozialpolitischer Versuch in einem deutschen Parlament«. In: Die Geschichte der Lage der Arbeiter unter dem Kapitalismus, Band 9: Bürgerliche und halbfeudale Literatur aus den Jahren 1840 bis 1847 zur Lage der Arbeiter. Eine Chrestomathie. Berlin/DDR 1960, S. 243.
60 Auf einen wesentlichen Bereich macht etwa Jacques Rancière in seiner Studie: La Nuit des Proletaires. Archives du rève ouvrier. Paris 1981, aufmerksam: Die Arbeiter, deren Texte – Gedichte, Traumprotokolle, Chroniken der täglichen »servitude« im Dienste anderer – Ranciere analysiert, erleben die Nacht in der Stadt nur als kurze Zeit des »sommeil reparateur entre les jours de salaire«; aber sie selbst durchbrechen den monotonen Kreislauf, da sie sich heimlich, in der Nacht treffen und sich ihre Zeit wieder aneignen, indem sie sie opfern.
61 Louis Chevalier: Histoires de la nuit parisienne. Paris 1982, S. 17f.
62 Eduard Devrient: Briefe aus Paris. Berlin 1840, S. 51.
63 Julien Lemer: Paris au gaz. Paris 1861, S. 74.
64 Ludwig Robert: Promenade eines Berliners in seiner Heimat. Zit. nach Hans Ostwald: Kultur- und Sittengeschichte Berlins. Leipzig o. J. [1925], S. 526.
65 »Was beschwört das Bild der Stadt am stärksten herauf? Das Lichtergewimmel, das man vom Flugzeug aus wahrnimmt – die blendende Helligkeit, die Neonlichter, die Leuchtreklamen und die Aufforderungen aller Art...« (Henri Lefèbvre: Die Revolution der Städte. Frankfurt/M. 1976, S. 128). Die Gegenbilder, Land und Dorf, werden dort angesiedelt, »wo die Nacht noch dunkel ist« (Karl Schlögel: Ein Sommer auf dem Lande. In: Frankfurter Allgemeine Zeitung, 27.8.1988).
66 Wolfgang Schivelbusch: Lichtblicke. Zur Geschichte der künstlichen Helligkeit im 19. Jahrhundert. München, Wien 1983, S. 84.
67 »Les rues boués et mal pavées appartenaient à partir de ce moment aux detrousseurs et aux gens sans aveu qui guettaient dans l'ombre le bourgeois assez audacieux pour oser s'attarder.« Pierre Léon: Du Monopole de l'Eclairage et de Chauffage par le gaz à Paris (Diss.). Paris 1901, S. 1.
68 »Fear of darkness and strangers, often cited as reasons for lights that ›control‹ nocturnal disorder, were once reasons to avoid the night altogether.« Mark J. Bouman: Luxury and Control. The Urbanity of Street Lighting in Nineteenth-Century Cities. In: Journal of Urban History, Vol. 14, No. 1, November 1987, S. 7–37; hier S. 8.
69 »Ce n'était plus seulement aux noctambules et aux débauchés qui couraient la nuit les rues de la ville, qu'il importait que ces rues fussent éclairées, c'était également à ceux que les fatigues du jour empèchent de profiter des commodités de la nuit, à la population laborieuse et probe, qui voyait dans le lueur répandu par les lanternes sa sauvegarde

contre un péril qui lui apparaissàit d'autant plus rédoutable qu'il restait imaginaire.« (Colonel Herlaut: L'éclairage de Paris à l'époque révolutionnaire. Paris 1932, S. 8).

70 Ein Jahrhundert Berliner Gaslaternen: In: Berliner Morgenpost, 19.4.1925.

71 Vossische Zeitung, 21.9.1826.

72 Staatsarchiv Potsdam, Rep. 30 Berlin C, Nr. 18969: Straßenerleuchtungs-Sachen; Die Auflösung der Straßenerleuchtungskommission bei Einführung der Gasbeleuchtung.

73 StA Potsdam, Rep. 30 Berlin C, Nr. 18998–19000: Die Verlängerung der Brenndauer der Straßenbeleuchtung nach 1 Uhr und die Anfertigung von Plänen für die Straßenbeleuchtung während der ganzen Nacht; Archives de la Préfecture de Police, Paris; Série DA 1, 121: Eclairage des Rues à Paris: Tableau de l'Eclairage de la Ville de Paris pour l'année 1840.

74 Wolfgang Schivelbusch: Lichtblicke (wie Anm. 66), S. 138.

75 Julius Rodenberg: Paris. Bei Sonnenschein und Lampenlicht. Ein Skizzenbuch zur Weltausstellung. Leipzig 1867, S. 40.

76 Gottfried Semper: Wissenschaft, Industrie und Kunst. Vorschläge zur Anregung nationalen Kunstgefühls. Bei dem Schlusse der Londoner Industrieausstellung. Braunschweig 1852, S. 12. Dolf Sternberger kommentiert, »die Nacht der Städte wird vermöge der allgemeinen Illumination zu einer Art von dauernd erregtem Feste«. (Panorama oder Ansichten vom 19. Jahrhundert. Frankfurt/M. 1974, S. 188).

77 Das Kulturbild des 19. Jahrhunderts. Band 23/24: Die geistige Entwicklung des modernen Europa. Die gesellschaftliche Entwicklung. Von Alexander von Gleichen-Rußwurm. Hamburg o. J., S. 197f.

78 »Paris, dans l'avenir, n'aura plus de nuits.« Eugène de Mirecourt: Paris la nuit. In: Ders.: Paris. Historique, Pittoresque et Anecdotique. Paris 1855, S. 78; Vgl. zum Lichtturm Jules Bourdais: Colonne-Soleil. Projet de phare électrique pour la ville de Paris. Paris 1885.

79 Nachtseiten von London. Sociale Skizze von J. H. Teil 1. In: Gartenlaube 1869, Nr. 13, S. 200–203; hier S. 200.

80 Administration de la Ville de Paris et du Départment de la Seine, par M. Henri de Pontich. Paris 1884, Chapitre XXVIII: L'Eclairage public et privé.

81 Der Strike der Londoner Gasarbeiter. In: Deutsches Handelsblatt, Nr. 5, 29.1.1873, S. 40 (Dank für den Hinweis an Thomas Krischer).

82 »Mehr Licht! ruft gewiß ein jeder aus, der einmal in später Abendstunde genöthigt ist, das Ruinenfeld an der ehemaligen Kleinen Burgstraße und dem Theil der künftigen Kaiser-Wilhelm-Straße zwischen der neuen Friedrichstraße und der Stadtbahn zu passiren. Hier wie dort wird die Kommunikation mit einigen Petroleumlampen beleuchtet, die nur auf wenige Schritte im Umkreis ein trübes Licht verbreiten, die weitere Umgebung aber im Dunkeln lassen. Dabei ist die Passage dort keineswegs ungefährlich.« (Deutsches Tageblatt, 5.10.1885).

83 Das Kulturbild (wie Anm. 77), S. 199.

84 Beate Binder: ›Alles elektrisch!‹, Zur Metaphorik des Fortschritts: Der gesellschaftliche Diskurs um die Elektrizität im Deutschen Kaiserreich Ende des 19. Jahrhunderts. Magisterarbeit Universität Tübingen 1988. Über Hamburg, Wien und Göttingen wird z. Zt. ebenfalls gearbeitet.

85 Illustrirte Zeitung, Nr. 300/Band 78, 1882.

86 Bruno H. Bürgel: Berliner Sensationen 1882. In: Berliner Morgenpost, 6.7.1930.

87 Comtesse des Sesmaisons: Ce qui se dit à Paris. In: La Nouvelle Revue, 21e année, t. 115, nov./déc. 1898, S. 715.

88 Gaston Ladoux (Chef de service de la Préfecture de la Seine): L'Eclairage à Paris, à Londres et à Berlin. In: Revue des deux mondes, 15 mars 1904.
89 Jacques Lardy: Paris sans lumière. In: Les Annales politiques et littéraires. No. 1238, 17 mars 1907.
90 Ebd.
91 Hans Ostwald: Die Berlinerin. Kultur- und Sittengeschichte Berlins. Berlin o. J., S. 8.
92 City of Melbourne: City Electrical Engineers' Notes on Tour Abroad. Melbourne 1912; zit. nach Thomas P. Hughes: Networks of Power. Electrification in Western Society 1880–1930. Baltimore und London 1983, S. 182.
93 Stadtarchiv Berlin-Ost, Rep. 01 HV, Nr. 2302: Acta des Magistrats zu Berlin betr. die Polizeiverordnung betr. die Festlegung der Polizeistunde.
94 Legrand-Chabrier: Paris éclairé. In: L'opinion, 23 octobre 1923.
95 Gottfried Korff: ›Die Stadt aber ist der Mensch ...‹ In: Berlin, Berlin. Die Ausstellung zur Geschichte der Stadt. Katalog hg. v. G. K. und Reinhard Rürup. Berlin 1987, S. 643–663; hier S. 658.
96 Berlin im Licht. Festprogramm mit einem Lichtführer durch Berlin und Geleitwort von Oberbürgermeister Böß. Berlin 1928; AEG-Mitteilungen, Heft 10, Oktober 1928: Berlin im Licht; Berliner Illustrirte Zeitung, 28. 10. 1928.
97 Berlin im Licht. Festprogramm (wie Anm. 96), S. 21; Berliner Tageblatt – Monatsausgabe für Ausland und Übersee. September 1928, S. 24.
98 Die Welt am Abend, 26. April 1928. Zit. nach Bärbel Schrader, Jürgen Schebera: Kunstmetropole Berlin 1918–1933. Die Kunststadt in der Novemberrevolution. Die ›Goldenen‹ Zwanziger. Die Kunststadt in der Krise. Berlin/DDR und Weimar 1987, S. 140.
99 Max Epstein: Berlin im Licht. In: Weltbrille 7, 1928. Eine Interpretation der »Form um 1930« liefert Gert Selle: »Zum erstenmal wird die *dunkle Seite* industrieller Gestaltungsfähigkeit gerade im strahlenden Glanz der Dinge, in der perfekten ästhetischen Überhöhung sichtbar. (...) In ihrem Glanz wird die Unterwerfung unter den Mythos der Technik ästhetisch zelebriert, eine Technik, die der Nationalsozialismus umstandslos in seinem Sinne als Herrschaftsmittel benutzen und nach außen hin zu *blendender Schönheit* stilisieren kann.« Gert Selle: Design-Geschichte in Deutschland. Produktkultur als Entwurf und Erfahrung. Köln 1987, S. 217.

III. KAPITEL

1 Anne Cauquelin: La Ville la Nuit. Paris 1977, S. 5. Vgl. zum Begriffsumfeld auch Werner Conze: Sicherheit, Schutz. In: Geschichtliche Grundbegriffe. Historisches Lexikon zur politisch-sozialen Sprache in Deutschland. Band 5: Pro-Soz. Hg. v. Otto Brunner, Werner Conze, Reinhart Koselleck. Stuttgart 1984, S. 831–862.
2 Memoiren eines Berliner Nachtwächters. Von Dr. Morvell, Danzig 1845, S. iv.
3 M. Rapsilber: Das Ende des Laternenanzünders. In: Der Roland von Berlin, VIII. Jg. 1910, H. 40, S. 1304–1308; hier S. 1304.
4 George Fourny: Les Veilleurs de Nuit Parisiens. In: La Nouvelle Revue, 3ème serie, t. 15, mai-juin 1910. Paris 1910, S. 448–458; hier S. 448.
5 Lewis Mumford: Die Stadt. Geschichte und Ausblick (The City in History, 1961). Köln, Berlin 1963, S. 320.
6 M. Rapsilber (wie Anm. 3), S. 1305.

7 Stadtarchiv Berlin-Ost, Rep. 01 HV, Nr. 2160; Aufbringung der Nachtwachtgelder. Vol. I: 1813–1825; Erhebung einer Nachtwacht-Cassen-Gebühr.

8 Ebd., Nr. 2163: Aufbringung der Nachtwachtgelder, Vol. IV: 1837–1845, undatiertes Protokoll.

9 Archives de la Préfecture de Police, Paris. Série DB 1, carton 40: Gardes du Nuit.

10 Ebd.: Recueil de Projets sur la Police Municipale, 1812. S. 695–698; hier S. 695.

11 Ebd., S. 697.

12 APP, Série DB 1, carton 40: Préfecture de Police, 2ème Division, lère Bureau: Organisation du nouveau service de nuit.

13 Les Francais peints par eux-mêmes. Paris, article signé: A. Durnatin. In: Bericht der Gardiens de la Paix für die Jahre 1830–1848, S. 112–114.

14 Stadtarchiv Berlin-Ost, Rep. 01 HV, Nr. 2163: Brief des Polizei-Präsidenten vom 15. 3. 1840.

15 Stadtarchiv Berlin-Ost Rep. 01 HV, Nr. 2163: Anweisung für die Nachtwachtmeister und Nachtwächter in Berlin.

16 Staatsarchiv Potsdam, Rep. 30 Berlin C, Nr. 7402: Polizei-Sicherheits-Sachen: Dienstinstruktion für die Nachtwächter und Nachtwachtmeister der Residenz Berlin. Berlin, den 10ten Februar 1853. Der Polizei-Präsident (v. Hinckeldey).

17 Staatsarchiv Potsdam, Rep. 30 Berlin C, Nr. 7347: Nachtwacht-Sachen 1854–1895.

18 Staatsarchiv Potsdam, Rep. 30 Berlin C, Nr. 7426: Acta des Kgl. Polizei-Präsidii betr. den Sicherheitszustand Berlins und Umgegend. Bericht des Polizei-Hauptmanns Ahne vom 12. Januar 1862.

19 Ebd.: Brief des Magistrats vom 14. Februar 1862 an das Polizeipräsidium.

20 Vgl. dazu Marie-Louise Plessen: Kommunale Selbstverwaltung und Polizei. In: Berlin, Berlin. Die Ausstellung zur Geschichte der Stadt. Katalog, hg. v. Gottfried Korff u. Reinhard Rürup. Berlin 1987. S. 171–173.

21 Vgl. dazu Hans-Christian Täubrich: Industriestandort Berlin. Ebd., S. 157–161.

22 Stadtarchiv Berlin-Ost, Rep. 01 HV, Nr. 2164: Brief des Fabrikanten Heinrich vom 7. Juli 1861 an die Deputation für polizeiliche Angelegenheiten beim Magistrat der Haupt- und Residenzstadt Berlin.

23 Stadtarchiv Berlin-Ost, Rep. 01 HV, Nr. 2165: Aufbringung der Nachtwachtgelder, Vol. VI: 1860 ff. Brief des Magistrats an das Ministerium des Innern v. Dezember 1875.

24 Preußischer Landtag, Haus der Abgeordneten, 38. Sitzung vom 7. 4. 1875; Abg. Dr. Weber (Erfurt).

25 Verwaltungsbericht des Königlichen Polizei-Präsidiums zu Berlin für die Jahre 1871–1889. Berlin 1882. S. 15.

26 Berliner Prostitution und Zuhältertum. Von Dr. X. Leipzig o. J., S. 30.

27 Philipp John Stead: The new Police. In: Police and Society. Ed. by David H. Bayley. Beverly Hills, London 1977, S. 73–84; hier S. 74.
In der gebundenen Ausgabe dieses Buches war irrtümlich Henry Fielding als Polizeirichter genannt worden. Ich danke Günter Kunert für seine Richtigstellung; er fügte noch folgende Information hinzu: »John Fielding gründete nicht nur die erste Polizeitruppe, er erfand auch den Steckbrief. Es wird ihm nachgesagt, daß er, als Blinder, Hunderte von verschiedenen Stimmen unterscheiden konnte. Er war im Grunde der erste Kriminalist, dessen Methoden zur Wissenschaftlichkeit tendierten.«

28 Verwaltungsbericht (wie Anm. 25), S. 14.

29 Stadtarchiv Berlin-Ost, Rep. 00–02/1, Nr. 1060: Stadtverordneten-Versammlung. Be-

richt der Deputation in bezug auf das Nachtwachtwesen. Vorlage 185 für die Sitzung vom 12.2.1874.

30 Archives de la Préfecture de Police, Paris. Série DB 1, Carton 40: Préfecture de Police. Secrétariat Général. Service de Rondes de Nuit. Paris, le 28 juin 1880.

31 Archives de la Préfecture de Police. Série DB 1, carton 38: Kiosques Avertisseurs. Rapport a. M. le Préfet de Police sur les Moyens d'augmenter la Sureté dans Paris, 31 décembre 1881.

32 Max Ring: Berliner Leben. Kulturstudien und Sittenbilder. Leipzig, Berlin 1882, S. 237–247; hier S. 237.

33 Berliner Börsen-Zeitung, 1. September 1883.

34 Rixdorfer Zeitung, No. 249/1883.

35 Berliner Volksblatt, 23. September 1885.

36 Staatsbürger-Zeitung, 9. Mai 1884.

37 Archives de la Préfecture de Police, Paris. Série BA 1, carton 567: Conseil Municipal de Paris, Jg. 1891. Proposition de M. Georges Berry tendant à la création d'un service des gardiens de nuit.

38 Ebd.: Statistiques de Crimes et Délits 1891–1903.

39 Luc Gersal: Spree-Athen. Berliner Notizen von einem Böotier. Leipzig 1892, S. 194f.

40 Staatsarchiv Potsdam, Rep. 30 Berlin C, Nr. 7403: Polizei-Sicherheits-Sachen. Nachtwachtdienste der Grundbesitzervereine 1900–1909. Brief der »Wirtschaftsgemeinschaft Berliner Grundbesitzer« vom 22.9.1890.

41 Staatsarchiv Potsdam, Rep. 30 Berlin C, Nr. 7404: Wach- und Schließgesellschaften.

42 Brief des Vorstehers und des stellvertretenden Vorstehers des 200. Stadtbezirks an »das Verehrliche 16. Polizei-Revier« vom März 1907. Staatsarchiv Potsdam, Rep. 30 Berlin C, Nr. 7403.

43 Archives de la Préfecture de Police, Paris. Série DB 1, carton 242: Malfaiteurs divers; Apaches. La Presse, 27 août 1907.

44 Ernest Laroche: Parisiens, dormez! In: L'Eclair, 23 juin 1906.

45 Paul Lindenberg: Die 24 Stunden von Berlin. In: Ders.: Berlin in Wort und Bild. Berlin 1895, S. 105–121; hier S. 105.

46 Wolfgang Nahrstedt hat den Schwerpunkt dieser »modernen« Entwicklung auf die Jahre um 1750 datiert und das Spannungsverhältnis zwischen Arbeitszeit und Freizeit am Hamburger Beispiel dargestellt: W. Nahrstedt: Die Entstehung der Freizeit. Dargestellt am Beispiel Hamburgs. Göttingen 1970.

47 Ulla Merle: Tempo! Tempo! – Die Industrialisierung der Zeit im 19. Jahrhundert. In: Uhrzeiten. Die Geschichte der Uhr und ihres Gebrauchs, Hg. v. Igor A. Jenzen. Historisches Museum Frankfurt/M. 1989, S. 161–217; hier S. 161; Vgl. dazu auch: Proletariat. Kultur und Lebensweise im 19. Jahrhundert. Hg. v. Dietrich Mühlberg. Edition Leipzig 1986; Udo Achten: Denn was uns fehlt, ist Zeit. Geschichte des arbeitsfreien Wochenendes. Köln 1988.

48 Vgl. dazu Utz Jeggle, Joachim Schlör: Stiefkinder des Fortschritts. »Kennt Ihr die deutsche Provinz?« In: August Nitschke, Gerhard A. Ritter, Detlev J. K. Peukert, Rüdiger vom Bruch (Hg.): Jahrhundertwende. Der Aufbruch in die Moderne 1880–1930. Band 1, Reinbek 1990, S. 56–74.

49 Jon. Sternkopf: Kontinuierlicher Fabrikbetrieb. In: Jahrbücher für Nationalökonomie und Statistik. Hg. v. J. Conrad. III. Folge, 34. Band, Erstes Heft. Jena 1907, S. 80–103.

50 Dietrich Henkel u. a.: Zeitstrukturen und Stadtentwicklung. Schriften des Dt. Instituts für Urbanistik, Band 81. Stuttgart, Berlin, Köln 1981, S. 11. Vgl. dazu auch Jürgen

P. Rinderspacher: Der Rhythmus der Stadt. Die Bedeutung der Zeit für die städtische Gesellschaft. Materialien des DIfU 1/88, Berlin 1988.

51 Nachtarbeit in der Großstadt. Eine Skizze von Ulfilas Müller. In: Daheim, 27.11.1901. Dank für den Hinweis an Bernd Jürgen Warneken.

52 Paul Lindenberg (wie Anm. 45), S. 63.

53 Carol Hilarius: Wie das Berliner Pflaster entsteht. In: Berliner Pflaster. Illustrirte Schilderungen aus dem Berliner Leben. Berlin 1894, S. 343.

54 Klaus Neukrantz: Barrikaden am Wedding. Der Roman einer Straße aus den Berliner Maitagen 1929 (1931). Berlin 1970, S. 9.

55 Ehm Welk: Das arbeitende Berlin. In: Erste Beilage zur Vossischen Zeitung. 8.2.1927.

56 Louis Chevalier: Montmartre du Plaisir et du Crime. Paris 1980, S. 151. – Negerball in der Rue Blomet. Von Bob Landsberg. In: Der Querschnitt, H. 3/1929, S. 107–109; hier S. 109.

57 Anfänge der Arbeiterfreizeit. Eine Ausstellung der Deutschen Demokratischen Republik, veranstaltet vom Märkischen Museum, Museum ›Berliner Arbeiterleben um 1900‹ (Berlin/DDR 1987). Katalog Berlin 1989, S. 59.

58 Karl Marx, Friedrich Engels: Die deutsche Ideologie (1846). In: Werke, Band 3, Berlin/DDR 1959, S. 404.

59 Vgl. dazu: Franz Dröge, Thomas Krämer-Badoni: Die Kneipe. Zur Soziologie einer Kulturform oder ›Zwei Halbe auf mich!‹ Frankfurt/M. 1987.

60 Ohne weitere Quellenangabe so zit. in: Anfänge der Arbeiterfreizeit (wie Anm. 57), S. 66.

61 E. Hirschberg: Die soziale Lage der arbeitenden Klassen in Berlin. Berlin 1897, S. 267.

62 Berlin für Kenner. Ein Bärenführer bei Tag und Nacht durch die deutsche Reichshauptstadt. Berlin 1912, S. 157.

63 Zit. nach M. Rapsilber: Das Ende des Laternenanzünders. In: Der Roland von Berlin, VIII. Jg. 1910, Heft 40, S. 1304–1308; hier S. 1305.

64 Das grundlegende Dokument für alle weiteren Überlegungen ist ein »Publicandum« des Königs von Preußen vom 12. Mai 1798, »wonach die Tabagien und ähnliche Locale *zu einer bestimmten Stunde abends geschlossen« werden sollen.* Diese offene Sprachregelung ließ der Polizei – worauf hinzuweisen sie selten versäumte – den Ermessensspielraum, »nach den Umständen des Falles« zu entscheiden.

65 Staatsarchiv Potsdam, Rep. 30 Berlin C, Nr. 19585: Polizeistunde (1816–1880): Auszug aus dem Jahresbericht der Ordnungs- und Sittenpolizei, 11.9.1839.

66 Ebd.: Anonymes Schreiben an das Polizei-Präsidium v. 13.11.1843.

67 Archives de la Préfecture de Police, Paris, Série DB 194: Débits de Boissons, Bl. 89/90. Brief des Préfet de Police v. 24. Mai 1841.

68 APP DB 194: Débits de Boisson. Ordonnance concernant les heures de fermeture, Paris, le 1er novembre 1780. Zitiert in einem Brief des Präfekten vom 6. Mai 1860.

69 Theodor Bade: Über den Verfall der Sitten in den großen Städten, mit besonderer Berücksichtigung der Zustände in Berlin. Berlin 1857, S. 17.

70 Staatsarchiv Potsdam, Rep. 30 Berlin C, Nr. 19585: Polizei-Verordnung vom 9. März 1866.

71 Verwaltungsbericht (wie Anm. 25), S. 424.

72 Ebd., S. 427.

73 Archives de la Préfecture de Police, Paris: Série DB 194: Débits de Boisson. Heures de fermeture. Ordonnance v. 28. Juni 1879.

74 Ebd.: Police Municipale. Etablissements autorisés à ouvrir et à fermer à des heures non réglementaires. Paris, le 11 Avril 1877.

75 Stadtarchiv Berlin-Ost, Rep. 01 HV, Acta des Magistrats betr. die Polizei-Verordnung betr. die anderweitige Festlegung der Polizeistunde. Brief des Polizei-Präsidenten an den Magistrat. Berlin, den 30. Januar 1891.

76 Staatsarchiv Potsdam, Rep. 30 Berlin C, Landtagsfascikel betr. die Durchführung der Polizeiverordnung über die Polizeistunde. Nr. 1600: Bericht über die Polizeistunde der Nachtkafés und Bars. Zum Erlaß vom 27. Juli 1900, Berichterstatter: Polizeirath Rabbel. Berlin, den 30. Januar 1901.

77 Ebd., Berichte der XI., XII. und V. Polizeihauptmannschaft.

78 Bekanntmachungen des Kgl. Polizei-Präsidiums. Polizeiverordnung betr. Festlegung der Polizeistunde. Berlin, den 14. Mai 1901. Der Polizei-Präsident, von Windheim (als Veröffentlichung u. a. in der Norddeutschen Allgemeinen Zeitung vom 18. Mai 1901).

79 Stadtarchiv Berlin-Ost, Rep. 01 HV, Nr. 2302. Amtlicher Stenographischer Bericht über die Sitzung der Stadtverordneten-Versammlung am 23. Mai 1901; ebd.: Eingabe betr. Protest-Versammlung gegen das neue Ortsstatut über den Schluß der Schankwirtschaften etc. früh 4–6 Uhr. Berlin, den 15. Juli 1901.

80 Jules Huret: Berlin (München 1909). Neu: Berlin um 1900. Berlin 1979, S. 61.

81 Berlin für Kenner. Ein Bärenführer für Tag und Nacht durch die deutsche Reichshauptstadt. Großstadtführer für Kenner, Band 1. Berlin 1912, S. 179–185.

82 Das Proletariat. Bilder und Studien von Werner Sombart. Band 1 von: Die Gesellschaft. Sammlung sozialpsychologischer Monographien. Hg. von Martin Buber. Frankfurt/M. 1906, S. 37.

83 Edmund Edel: Bars. In: Berliner Nächte. Mit Beiträgen von Edmund Edel und Hans Ostwald. Berlin 1914, S. 69–75; hier S. 73.

84 Archives de la Préfecture de Police, Paris. Série DB 194. Préfecture de Police. Ordonnance concernant le fermeture des Restaurants. Paris, le 21 novembre 1914.

85 Sittengeschichte des ersten Weltkrieges. Hg. v. Magnus Hirschfeld und Andreas Gaspar (1929). Reprint Hanau o. J.

86 Stadtarchiv Berlin-Ost, Rep. 01 HV, Nr. 2302: Der Minister des Innern. Runderlaß betr. Neuregelung der Polizeistunde in Preußen. Berlin, den 19. August 1921.

87 Wert und Wirksamkeit der Polizeistunde. Vortrag von Oberverwaltungsgerichtsrat Dr. Konrat Weymann, Berlin, gehalten auf dem 16. internationalen Kongreß g. d. A. in Lausanne. Mäßigkeits-Verlag Berlin-Dahlem 1922.

88 Egon Erwin Kisch: Bacchanale gefällig? In: Ders.: Razzia auf der Spree. Berliner Reportagen. Berlin/DDR 1986, S. 43–46; hier S. 43.

89 Egon Jacobssohn: Dunkles Berlin gefällig? Erstveröffentlichung 26. Mai 1923. In: Egon Jameson: Augen auf! Streifzüge durch das Berlin der zwanziger Jahre. Hg. v. Walther v. La Roche. Frankfurt/M., Wien, Berlin 1982; Carl Zuckmayer: Als wär's ein Stück von mir. Horen der Freundschaft. Frankfurt/M. 1966, S. 348–354.

90 Landesarchiv Berlin, Rep. 142, ST, B 1661, Einschränkungen der öffentlichen Tanzlustbarkeiten.

91 Landesarchiv Berlin, Rep. 142 ST, B 1238, Herabsetzung der Polizeistunde. Eingabe des Vereins gegen den Mißbrauch alkoholischer Getränke, v. 9. 8. 1920.

92 Gastwirtsgehilfen-Zeitung, 37. Jg. Nr. 30 v. 29. Juli 1926.

93 Sonderausgabe des Amtsblattes für den Landespolizeibezirk Berlin. Ausgegeben Berlin, den 22. Oktober 1926. Bekanntmachungen des Polizeipräsidenten in Berlin. Verordnung, betr. die Polizeistunde.

94 Archiv des Diakonischen Werkes der Evangelischen Kirche in Deutschland, CA/GF 531/XII 4: Polizeistunde. Umfrage des CA über Einhaltung der Polizeistunde (Frl. Blücher); Ebd.: Christliche Volkswacht Januar 1927. Die Polizeistunde. Auch ein Kapitel ›Wirtschaftsfreiheit‹. Eingabe des deutschen Frauenbundes für alkoholfreie Kultur an das Preußische Ministerium des Innern (18. Oktober 1926) samt einem Kommentar der Vorsitzenden Gustel v. Blücher.

95 Gustav Rasch: Eine Nacht in der Berliner Verbrecherwelt. In: Berlin bei Nacht. Schattenseiten einer Großstadt. Eine Auswahl aus den Schriften von Gustav Rasch. Hg., mit Anmerkungen und einem Nachwort versehen von Paul Thiel. Berlin/DDR 1986, S. 74–105; hier S. 74.

96 Dieses Kapitel widmet sich den *Bildern* vom Verbrechen stärker als der kriminellen Realität in den Städten; vgl. zur historischen Kriminologie Dirk Blasius: Kriminologie und Geschichtswissenschaft. Bilanz und Perspektiven interdisziplinärer Forschung. In: Geschichte und Gesellschaft 14 (1988), S. 136–149.

97 Adolf Heinzlmeier, Jürgen Menningen, Berndt Schulz: Kino der Nacht. Hollywoods Schwarze Serie. Hamburg, Zürich 1985, S. 44.

98 Eugène Sue: Die Geheimnisse von Paris (1843 als Fortsetzungsroman in ›Le Journal des Débats‹). Vollständige Ausgabe. Frankfurt/M. 1988, Erster Band, S. 9, 11.

99 Edgar Allan Poe: The Man of the Crowd. In: Gentleman's Magazine, 1840. Zit. nach: Werke, Band II, Olten 1967, S. 706–720; hier S. 712 (Dort übersetzt als »Der Massenmensch«).

100 Horst Conrad: Die literarische Angst. Düsseldorf 1974, S. 174.

101 Rolf Lindner: Das andere Ufer. Zwei-Kulturen-Metapher und Großstadtforschung. In: Großstadt. Aspekte empirischer Kulturforschung. Hg. v. Theodor Kohlmann und Hermann Bausinger. Berlin 1985, S. 297–304; hier S. 299.

102 Das Arbeitshaus und seine Bewohner oder Die Proletarier und Verbrecher der Residenz. Berlin 1846.

103 Im Prozeß der Spezialisierung der Polizeiarbeit, so Robert D. Storch, entstand »a modern and generally effective technique of order-keeping: the installation of the eyes and ears of the ruling elites at the very center of the working-class daily life.« Robert D. Storch: The Policeman as Domestic Missionary: Urban Discipline and Popular Culture in Northern England, 1850–1880. In: Journal of Social History, vol. 9, Nr. 4, June 1976, S. 481–509; hier S. 481.

104 Dirk Blasius: Kriminalität und Alltag. Zur Konfliktgeschichte des Alltagslebens im 19. Jahrhundert. Göttingen 1978, S. 71–73.

105 Ich fürchte, der Abdruck von Kriminalstatistiken würde an dieser Tatsache nichts ändern, sie nur verwischen.

106 Aus einem Brief von Dickens an Dr. G. D. Garrow, 1867; zit. nach Charles Dickens: A December Vision. His Social Journalism. Ed. by Neil Philip and Victor Neuburg. London 1986, S. 26.

107 Paul Thiel: Nachwort. In: Berlin bei Nacht. Schattenseiten einer Großstadt. Eine Auswahl aus den Schriften von Gustav Rasch. Hg., mit Anmerkungen und einem Nachwort versehen v. Paul Thiel. Berlin/DDR 1986, S. 219–227; hier S. 219.

108 Gustav Rasch (wie Anm. 95), S. 83 f.

109 Victor Tissot: Das Elend und das Verbrechen – Die Berliner Unterwelt. In: Reportagen aus Bismarcks Reich. Berichte eines reisenden Franzosen 1874–1876. Stuttgart, Wien 1989, S. 241–257. Tissot zitiert Rasch zwar einmal (S. 243), schildert dann aber »seinen« Gang durch exakt die gleichen Straßen, »trifft« dort die gleichen Gestalten –

nur die Verhaftung einer Prostituierten, »Dora«, gelingt »ihm«, anders als bei Rasch, komischerweise nicht.

110 W. G.: Bilder aus der Berliner Verbrecherwelt. In: Illustrirte Zeitung (Leipzig), 14.2.1885, S. 161.

111 Berlins berühmte und berüchtigte Häuser aus der Vergangenheit und Gegenwart, in historischer, criminalistischer und socialer Beziehung dargestellt von Dr. Bernhard Hesslein. Zweiter Band. Berlin 1881, S. 443 f.

112 Vgl. dazu Daniel Pick: Faces of Degeneration. A European Disorder. Cambridge 1990, sowie die Rezension von Eugene Weber: Blemishes in the breed? In: Times Literary Supplement, No. 4.539, march 30–april 5, 1990, S. 335 f.

113 The agencies at present in operation within the Metropolis, for the suppression of Vice and Crime. By the Rev. William Tuckniss. B. A. In: London Labour and the London Poor, by Henry Mayhew. Vol. IV (London 1861–62). Reprint New York 1968, S. xi–xl; hier S. xi.

114 Life and Labour of the People in London. By Charles Booth. 17 vols. New York and London 1902–1904. First Series: Poverty. Vol. I., Part I: East London, S. 39.

115 Jack London: The People of the Abyss (London 1903), dt.: Die Stadt der Verdammten. Frankfurt/M. 1981, S. 223 f.

116 Maxime du Camp: Paris, ses organs, ses fonctions et sa vie dans le seconde moitié du XIXe siècle. Paris 1884.

117 Paul Lindenberg: Straßenexistenzen. In: Berliner Pflaster. Illustrirte Schilderungen aus dem Berliner Leben. Berlin 1894, S. 43–63; hier S. 43.

118 Berlins berühmte und berüchtigte Häuser (wie Anm. 111), S. 455.

119 J. H. Mackay: The Anarchists. Boston 1891. Zit. nach William J. Fishman: East End 1888. A year in a London borough among the labouring poor. London 1988, S. 1.

120 Donald Rumbelow: The Complete Jack the Ripper. Revised Edition. Harmondsworth 1988, S. 37.

121 Ebd., S. 52 (aus dem Brief eines »unknown moralist to The Times«).

122 Le Matin, 16. 1. 1910.

123 »Comment on fait des Apaches«. Le Matin, 26. 8. 1908.

124 Sittengeschichte von Paris. Die Großstadt, ihre Sitten und ihre Unsittlichkeit. Hg. v. Leo Schidrowitz. Wien o. J. [1927], S. 260, 264.

125 Zit. nach Welt am Sonntag, 20. 3. 1955.

126 Egon Jameson: »Dunkles Berlin gefällig?« (wie Anm. 89).

127 Siegfried Kracauer: Die Angestellten. Aus dem neusten Deutschland (1929/30). Frankfurt/M. 1971, S. 15.

128 Vgl. dazu auch Helmut Lethen: Chicago und Moskau. Berlins moderne Kultur der 20er Jahre zwischen Inflation und Weltwirtschaftskrise. In: Jochen Boberg, Tilman Fichter, Eckhart Gillen (Hg.): Die Metropole. Industriekultur in Berlin im 20. Jahrhundert. München 1986, S. 190–213.

129 Fritz Giese. Girlkultur: Vergleiche zwischen amerikanischen und europäischem Rhythmus und Lebensgefühl. München 1925, S. 13, 49.

130 Stefan Zweig: Der Rhythmus von New York. In: Begegnungen mit Menschen Büchern Städten. Frankfurt/M. 1955, S. 264–270; hier S. 269.

131 Peter Conrad: The Art of the City. Views and Versions of New York. New York, Oxford 1984, S. 199.

132 Josephine Baker: Ausgerechnet Bananen. München und Zürich 1978, S. 76.

133 Peter Conrad (wie Anm. 131), S. 267–270.

134 Vgl. dazu auch Hélène Strohl: Ein gewisses Deutschland der zwanziger Jahre. In: Ulrich Conrads (Hg.): Panik-Stadt (Ville Panique). Paris, Berlin/Braunschweig 1979, S. 120–126.

135 »Es ist das Einmalige der Dichtung von Baudelaire, daß die Bilder des Weibs und des Todes sich in einem dritten durchdringen, dem vom Paris.« Walter Benjamin: Paris, die Hauptstadt des 19. Jahrhunderts. In: Das Passagen-Werk. Erster Band. Hg. v. Rolf Tiedemann. Frankfurt/M. 1983, S. 45–59; hier S. 55.

136 Gottfried Korff: Berliner Nächte. Zum Selbstbild urbaner Eigenschaften und Leidenschaften. In: Gerhard Brunn, Jürgen Reulecke (Hg.).: Berlin. Blicke auf die deutsche Metropole. Essen 1989, S. 71–103; hier S. 84–92.

137 Dr. (Bernhard) Weiß: Die Berliner Polizei. In: Berlin. Unter Mitwirkung der Zentralstelle für den Fremden-Verkehr Groß-Berlin und anderer Verbände hg. v. Berthold Hirschberg. Berlin 1925, S. 57–61; hier S. 61.

138 In den Spuren des Verbrechertums. Ein Streifzug durch das großstädtische Verbrechertum und seine Schlupfwinkel. Von Ernst Engelbrecht, Kriminalkommissar a. D., früherer Leiter der Streif- und Fahndungsmannschaft beim Polizei-Präsidium Berlin. Berlin-Schöneberg o. J. [1930], S. 98.

139 Fünfzehn Jahre Kriminalkommissar. Ernstes und Heiteres aus meiner kriminalistischen Berufsarbeit. Von Ernst Engelbrecht. Berlin-Schöneberg o. J. [um 1928], S. 66.

140 Berliner Razzien. Von Ernst Engelbrecht u. Leo Heller. Berlin 1924 (Kapitel 1: Berlin W. bei Nacht, S. 1–4), S. 1.

141 Das Berufsverbrechertum in der Großstadt. Von Geh.-Rat Dr. Robert Heindl (Berlin). In: Unser Berlin. Ein Jahrbuch von Berliner Art und Arbeit. Hg. v. Dr. Alfred Weise. Berlin 1928, S. 140–157; hier S. 140 f.

142 A. H. Kober: Die Unterwelt der Großstädte. In: UHU, H. 12, 5. Jg. September 1929, S. 72–79.

143 Nachtelend in London. In: Die Gartenlaube, Heft 14, 1866, S. 218–222; hier S. 218.

144 Gustav Schubert: Das Asyl für Obdachlose. In: Berliner Illustrirte Zeitung, 21. 3. 1885.

145 Vgl. dazu Norbert Preußer: Not macht erfinderisch. Überlebensstrategien der Armenbevölkerung in Deutschland seit 1807. München 1989; Lisgret Militzer-Schwenger: Armenerziehung durch Arbeit. Eine Untersuchung am Beispiel des württembergischen Schwarzwaldkreises 1806–1914. Tübingen 1979.

146 Ernst Willkomm: Weiße Sklaven oder die Leiden des Volkes. 5 Bände. Leipzig 1845, Band 3, S. 40.

147 Vgl. dazu Bronislaw Geremek: Geschichte der Armut. Elend und Barmherzigkeit in Europa. München und Zürich 1988, bes. S. 286–300.

148 Gustav Rasch: Das Haus der Armen und Elenden. In: Berlin bei Nacht. Schattenseiten einer Großstadt. Kriminalreportagen von Gustav Rasch. Hg. v. Paul Thiel. Berlin/DDR 1986, S. 151–158; hier S. 152.

149 Zit. nach C. J. Ribton-Turner: A History of Vagrants and Vagrancy and Beggars and Begging. (Reprint) Montclair, New Jersey 1972, S. 243.

150 Report of Mr. Grenville Pigott to the Poor Law Board, 1848; zit. bei C. J. Ribton-Turner (wie Anm. 149), S. 261.

151 The London City Mission Magazine, December 1, 1855, S. 280.

152 Louis Rivière: L'Hospitalité de Nuit en France. Son Développement, son état actuel, son avenir. In: La revue philanthropique. 2ème année, tome III, mai 1898–octobre 1898, S. 417–428; hier S. 420.

153 Stadtarchiv Berlin-Ost, Rep. 03–732, Vol. 1: 1816–1861.
154 Stadtarchiv Berlin-Ost, Rep. 03–959, 1825–1856.
155 Nachtelend in London (wie Anm. 143), S. 218.
156 Max Ring: Ein Abend im Asyl für Obdachlose. In: Die Gartenlaube, Heft 4, 1870, S. 54–56.
157 Berlin und seine Entwicklung. Städtisches Jahrbuch für Volkswirthschaft und Statistik. Berlin 1871, S. 206.
158 Verwaltungsbericht (wie Anm. 25), S. 202.
159 Ebd.
160 Rapport sur les Travaux de l'Oeuvre de l'Hospitalité de Nuit depuis le 2 juin jusqu'au 31 décembre 1878. Archives de l'Assistance Public, Paris. Asiles de Nuit.
161 Lucius Mummius: Ein Besuch im berliner Asyl für Obdachlose. In: Illustrirte Volkszeitung, Stuttgart 1874, S. 138 f.
162 Rede von Paul Singer bei der Eröffnung des Männerasyls in der Wiesenstraße am 13. Dezember 1896. Zit. in: Wohnsitz nirgendwo. Vom Leben und vom Überleben auf der Straße. Hg. v. Künstlerhaus Bethanien. Berlin 1982, S. 146 f.
163 Peter Schmandt: Armenhaus und Obdachlosenasyl in der englischen Graphik und Malerei (1830–1880). Diss. Universität Tübingen 1986, S. 99.
164 Emil Ernst Ronner: Der Mann mit der Laterne. Das Leben Thomas John Barnardos. Wuppertal 1961, S. 48 f.
165 Karl Marx, Friedrich Engels: Die heilige Familie (1845). In: Werke, Band 2. Berlin/DDR 1978, S. 206.
166 Françoise Coppée: L'Asile de Nuit. Poésie dite par M. Coquelin Ainé à l'occasion du Centenaire de la Société Philanthropique, le 9 mai 1880. Paris 1880.
167 Archives de la Préfecture de Police, Paris. Série DB 1, carton 88, Œuvre de l'Hospitalité de Nuit. Asiles de Nuit. Conférence de M. le Duc de Broglie de l'Académie Française, le 27. 4. 1895.
168 Stadtarchiv Berlin-Ost, Rep. 00–1388: Acta der Stadtverordneten-Versammlung betr. den Neubau eines Asyls für Obdachlose und einer öffentlichen Desinfektionsanstalt an der Prenzlauer Allee. Auszug aus der Debatte vom 31. 1. 1884.
169 Ruth Köppen: Die Armut ist weiblich. Berlin 1985, S. 21.
170 Hans R. Fischer: Ein Weihnachtsabend im Frauenasyl. In: Ders.: Was Berlin verschlingt. Berlin 1890, S. 83–92.
171 E. Dely: Im Frauen-Asyl für Obdachlose in Berlin. In: Die Frau, Jg. 1894/95; zit. bei Ruth Köppen (wie Anm. 169), S. 34–36.
172 Gert und Gundel Mattenklott: Berlin Transit. Eine Stadt als Station. Reinbek 1987, S. 139.
173 Obdachlos. Bilder aus dem sozialen und sittlichen Elend der Arbeitslosen. Von Constantin Liebich. Berlin 1901, S. 107.
174 Ebd., S. 131 f.
175 Paul Grulich: Dämon Berlin. Aufzeichnungen eines Obdachlosen. Berlin 1907, S. 9.
176 Hermann Heijermann: Berliner Skizzenbuch. Berlin 1908, S. 219.
177 Rosa Luxemburg: Im Asyl. In: Leipziger Volkszeitung, 1907; zit. nach Klaus Bergmann (Hg.): Schwarze Reportagen. Aus dem Leben der untersten Schichten vor 1914: Huren, Vagabunden, Lumpen. Reinbek 1984, S. 273–275.
178 Massenvergiftung. Ein Berliner Großstadtbild. Von Dr. R. Burckhardt. In: Basler Nachrichten, 10. Januar 1912.
179 Stadtarchiv Berlin-Ost, Rep. 00–1461. Asyl-Verein. Vertrags-Entwurf.

180 Archiv des Diakonischen Werkes der Evangelischen Kirche in Deutschland, CA 1863 I: Obdachlosigkeit. Undat. Ms. von Margarete Schneller: »Eindrücke im städtischen Asyl für Obdachlose«.

181 Eine Nacht in der ›Palme‹. In: Rote Fahne, 9. Mai 1926.

182 Die Abgebauten des Lebens. Nachtwanderungen durch den berliner Osten. In: Die Welt am Abend, 8. 10. 1926.

183 Das lockende Berlin. In: Germania, 3. März 1929; Dämon Berlin. In: Vorwärts, 16. März 1929. Vgl. dazu außerdem: Von der Straße zur Palme. Das Obdachlosenasyl im neuen Gewande. In: Deutsche Allgemeine Zeitung, 6. 12. 1926; Das Elendsheim in der Fröbelstraße. Besuch im städtischen Obdachlosenasyl. In: Tägliche Rundschau, Berlin, 26. März 1927; Die armen ›Warter‹ von Berlin. Unmögliche Zustände in den Wartesälen der Berliner Bahnhöfe. In: Kleines Journal, Berlin, 14. August 1927; Durchschnitt des Elends. In: Tageblatt, Köln, 12. November 1927; Im Keller der Entwurzelten. Menschen aus der Tiefe. In: Der Abend, Berlin, 18. Februar 1928; Nachts im Wartesaal. In: Der Abend, Berlin, 29. Februar 1928; Eine Nacht in ›Fröbels Festsälen‹. Wie die Obdachlosen leben. ›Palmkuhle‹ und Kasernenhofton. In: Rote Fahne, Berlin, 17. Januar 1929; Max Barthel: Die Palme am Strande der Armut. Besuch bei den Obdachlosen. In: Der Abend, Berlin, 22. Januar 1929; Egon Erwin Kisch: Das Obdach. In: Rote Fahne, 1. Juli 1928; Fürsorgearbeit der Stadt Berlin. In: Vorwärts, Berlin (Stadtbeilage), 26. Mai 1928; Und die Obdachlosen? Berlins Maßnahmen für die Asylisten. In: Berliner Tageblatt, 12. Februar 1929; Bei 20 Grad Kälte im Asyl für Obdachlose. Von Hans Wesemann. In: Welt am Montag, Berlin, 18. Februar 1929.

184 Hermann Drechsler: Aktenstaub. Aus dem Tagebuch eines Wohlfahrtsdezernenten. Berlin 1932, S. 239 f.

IV. KAPITEL

1 Salon-Gespräche. Achtzig anleitende Beispiele (...). Ein Rathgeber für unerfahrene und schüchterne junge Leute beiderlei Geschlechts. Von Leopold von Riesbeck. Weimar 1863. Neuauflage, hg. u. mit einem Vorw. versehen v. Wolfgang Max Faust. München 1970, S. 100.

2 Ebd.

3 Wilhelm Rudeck: Geschichte der öffentlichen Sittlichkeit in Deutschland. Jena 1897, S. 1; Vgl. zum Begriffsumfeld auch Gottfried Korff: Kultur. In: Hermann Bausinger, Utz Jeggle, Gottfried Korff, Martin Scharfe: Grundzüge der Volkskunde. Darmstadt 1978. S. 17–80; hier S. 19–26; Karl-Heinz Ilting: Sitte, Sittlichkeit, Moral. In: Geschichtliche Grundbegriffe. Historisches Lexikon zur politisch-sozialen Sprache in Deutschland. Band 5, Pro-Soz. Hg. v. Otto Brunner, Werner Conze, Reinhart Koselleck. Stuttgart 1984, S. 863–921.

4 Polizei und Sitte. Von Dr. Albert Moll, Geheimer Sanitätsrat (Band 9 der Reihe ›Die Polizei in Einzeldarstellungen‹, hg. vom Staatssekretär im Preußischen Ministerium des Innern, W. Abegg). Berlin 1926, S. 9 f.

5 Ulrike Scholvin: Döblins Metropolen. Über reale und imaginäre Städte und die Travestie der Wünsche. Weinheim und Basel 1985, S. 6 f.

6 Wolfgang Schivelbusch: Lichtblicke. Zur Geschichte der künstlichen Helligkeit im 19. Jahrhundert. München, Wien 1983, S. 83.

7 Klaus Theweleit: Männerphantasien. Band 1: Frauen, Fluten, Körper, Geschichte. Reinbek 1980, S. 236–303.

8 Undine Gruenter: Ein Bild der Unruhe. Roman. München, Wien 1986, S. 45 bzw. S. 129.
9 Vgl. zur historischen Formierung der Straße und zur Ausgrenzung von Frauen am Beispiel von New York Christine Stansell: City of Women. Sex and Class in New York 1789–1860. Urbana and Chicago 1982.
10 Janos Frecot: Vorwort. In: Nelly Rau-Häring: Lichtungen. 66 Photographien der Nacht. Nördlingen 1987. S. 5.
11 Gespräch mit L. Ch. am 14. April 1989 in Paris.
12 Hanne Bergius: Berlin als Hure Babylon. In: Die Metropole. Industriekultur in Berlin, Band 2, Hg. v. Jochen Boberg u. a. München 1986, S. 102–119; hier S. 102 f.
13 »Man sprach von Berlin, solange man's nicht besaß, wie von einer begehrenswerten Frau.« Carl Zuckmayer: Als wär's ein Stück von mir. Horen der Freundschaft. Frankfurt/M. 1967, S. 311.
14 Carola Lipp: Frauen auf der Straße. Strukturen weiblicher Öffentlichkeit im Unterschichtsmilieu. In: Dies. (Hg.): Schimpfende Weiber und patriotische Jungfrauen. Frauen im Vormärz und in der Revolution 1848/49. Bühl-Moos 1986, S. 16–24; hier S. 21.
15 Richard Sennett: Verfall und Ende des öffentlichen Lebens. Die Tyrannei der Intimität. Frankfurt/M. 1986, S. 41.
16 Anne Friedberg verwendet immerhin den Begriff der »Flaneuse«, stellt aber auch fest, daß ihr Bewegungsraum eher das Warenhaus war, nicht die Straße. Anne Friedberg: Les Flaneurs du Mal. Kino und die postmoderne Kondition. Vortrag auf der Tagung »Amerikanische Hauptstädte« der Deutschen Gesellschaft für Amerikaforschung vom 5.–9. 6. 1990 in Bonn (unveröff. Ms.).
17 Hans Ostwald: Kultur- und Sittengeschichte Berlins. Leipzig o. J. (ca. 1925), S. 10.
18 Ute Frevert: Frauen-Geschichte. Zwischen bürgerlicher Verbesserung und neuer Weiblichkeit. Frankfurt/M. 1986, S. 86.
19 Ebd., S. 131.
20 Alfred Delveau: Les Dessous de Paris. Paris 1861, S. 142.
21 Willy Hellpach: Liebe und Liebesleben im 19. Jahrhundert. Zit. nach Ivan Bloch: Das Sexualleben unserer Zeit. Berlin 1907, S. 313 f.
22 Handbuch des guten Tons und der feinen Sitten. Von Konstanze von Franken. Nachdruck der 23., verb. Auflage (Berlin 1900). München 1977, S. 135.
23 Friedrich Naumann: Zum Geleit. In: Schwester Henriette Arendt: Menschen, die den Pfad verloren. Erlebnisse aus meiner fünfjährigen Tätigkeit als Polizei-Assistentin in Stuttgart. Stuttgart o. J. (ca. 1908), S. 6.
24 Ernst von Salomon: Die Geächteten. Berlin 1930, S. 39 f.
25 Franz Hessel: Von der Mode. In: Spazieren in Berlin (1929); neu: Ein Flaneur in Berlin. Berlin 1984, S. 37.
26 Kikis Paris. Künstler und Liebhaber 1900–1930. Hg. v. Billy Schürer und Julie Martin. Köln 1989.
27 Die Frau, die allein geht: In: Vossische Zeitung, 19. Januar 1927; Polizeilicher Damenschutz. Von Regierungsdirektor Dr. Weiß, ebd.; Beiträge von Mady Christians, Dr. Gertrud Haupt und Annemarie Horschitz, ebd.
28 Dr. Lotte Spitz: Die unbegleitete Dame. In: Vossische Zeitung, 29. Januar 1927; Beitrag von Margarete Caemmerer, ebd.
29 Vgl. dazu Carole S. Vance: Pleasure and Danger: Toward a Politics of Sexuality. In: Dies. (Hg.): Pleasure and Danger. Exploring female sexuality. Boston etc. 1984, S. 1–27.

30 Philippe Soupault: Die letzten Nächte von Paris (1928). Heidelberg 1982, S. 49.
31 Regina Schulte: Sperrbezirke. Tugendhaftigkeit und Prostitution in der bürgerlichen Welt. Frankfurt/M. 1984, S. 11.
32 Wilhelm Joh. Stieber: Die Prostitution in Berlin und ihre Opfer. Berlin 1846, S. 4.
33 Stadtarchiv Berlin-Ost, Rep. 03–1059. Vol. I: 1792 bis Novbr. 1849.
34 Berlins Licht- und Schattenseiten. Nach einem mehrjährigen Aufenthalte an Ort und Stelle skizziert v. Ad. von Schaden. Dessau 1822, S. 70.
35 Hans Ostwald: Berliner Bordelle. Leipzig o. J. [1905], S. 15, 28.
36 Cirkular-Reskript an sämmtliche königliche Regierungen der Rheinprovinz, die Unterdrückung von Bordellen und unzüchtigem Treiben betreffend. StA Berlin-Ost, Rep. 03–1059, Vol. I.
37 Docteur Alexandre Parent-Duchâtelet: De la prostitution dans la ville de Paris considerée sous le rapport de l'hygiène publique, de la morale et de l'administration. Paris 1836.
38 Alexandre Parent-Duchâtelet: La prostitution à Paris au XIXème siècle. Présenté et annoté par Alain Corbin. Paris 1981, S. 21 (Kommentar), 66 (Zitat). Vgl. dazu auch Alain Corbin: Les Filles de Noce. Misère sexuelle et prostitution (19e siècle). Paris 1982.
39 Alain Corbin: Les Filles de Noce (wie Anm. 38), S. 24 f. Corbin bezieht sich hier außerdem auf A. Béraud: Les filles publiques et la police qui les régit. Paris 1839.
40 Archives de la Préfecture de Police, Paris: DA 1.121. Préfecture de Police, lère division, 2e bureau. Circulaire No. 12: Manière de procédér à la repression des désordres causés par les filles publiques. Paris, le 10 février 1841.
41 Jill Harsin: Policing Prostitution in 19th Century Paris. Princeton 1985, S. XVI.
42 Haude- und Spenersche Zeitung, 5. Oktober 1844.
43 Zur Person von Stieber vgl. Staatsarchiv Potsdam, Rep. 30 Berlin C, Nr. 8366: Geheime Personalregistratur: Polizeirat Stieber. »Während seiner Tätigkeit als Auskultator im Kriminalgericht kam er vielfach mit Kriminalkommissaren des Polizeipräsidiums in Berührung, welche ihn öfter auf ihren Streifzügen behufs Ermittlung von Verbrechen und Verbrechern mitnahmen.« (L. Auerbach: Denkwürdigkeiten des Geh. Regierungsrathes Dr. Stieber. Berliner Tageblatt, 2. 10. 1882).
44 Wilhelm Joh. Stieber (wie Anm. 32), S. 76.
45 Ebd., S. 164 f.
46 Carl Röhrmann: Der sittliche Zustand von Berlin nach Aufhebung der geduldeten Prostitution des weiblichen Geschlechts. Ein Beitrag zur Geschichte der Gegenwart unterstützt durch die vollständigen und freimüthigen Biographien der bekanntesten prostituierten Frauenzimmer in Berlin. Leipzig 1846.
47 Friedrich Saß: Berlin in seiner neuesten Zeit und Entwicklung 1846. Neu hg. u. mit einem Nachwort versehen von Detlef Heikamp. Berlin 1983, S. 73 f., 79.
48 Ebd., S. 66.
49 Erlangen 1850.
50 Ebd., S. 203 f.
51 Berlin 1857.
52 Ebd., S. 17 f.
53 StA Potsdam, Rep. 30 Berlin C, Nr. 16927: Acta des Kgl. Polizei-Präsidii zu Berlin betr. die hiesigen sittlichen Zustände. Sittenpolizei 1857/1898.
54 Ebd.: Stellungnahme des Polizeidirektors Hofrichter, Sittenpolizei, vom 30. Oktober 1857.

55 Verwaltungsbericht des Kgl. Polizei-Präsidiums von Berlin für die Jahre 1871–1880. Berlin 1882, S. 430.
56 Animir-Kneipen und Nachtcafés oder Polizei und Sittlichkeit von J. Werner. Berlin 1892, S. 10.
57 Theodor Bade: Über Gelegenheitsmacherei und öffentliches Tanzvergnügen (Neuer Beitrag zur Prostitutionsfrage). Berlin 1858.
58 APP DA 1.122: Service des Mœurs. Pratique.
59 William Acton: Prostitution (London 1857). Edited, with an Introduction and Notes, by Peter Fryer. London 1968. S. 169.
60 »Hints to Men about Town oder Water Fordiana«, London 1851. Zit. bei Ronald Pearsall: The Worm in the Bud. The World of Victorian Sexuality. Harmondsworth 1971, S. 319.
61 Steven Marcus: My secret life (1964). Deutsch in: Walter. Viktorianische Ausschweifungen. Nördlingen 1986, S. VII–LXX; hier S. XXXII.
62 Zur öffentlichen Sittenlosigkeit. Die Verhandlungen im Preußischen Abgeordnetenhaus (26. November 1869). In: Fliegende Blätter aus dem Rauhen Hause zu Horn bei Hamburg von Dr. Wichern. Organ des Centralausschusses der Inneren Mission der Deutschen Evangelischen Kirche. Hamburg 1870, S. 11–21; hier S. 13.
63 Auszüge aus der Debatte. Ebd., S. 14, 20.
64 Josephine Butler: Zur Geschichte eines großen Kreuzzuges. Persönliche Erinnerungen. Dresden 1904, S. 7.
65 Berliner Prostitution und Zuhältertum. Von Dr. X. Leipzig o. J., S. 10.
66 Vossische Zeitung, 30. März 1873.
67 Verwaltungsbericht (wie Anm. 55), S. 499.
68 Les Deux Prostitutions. Par F. Carlier, ancien Chef du service actif des mœurs à la préfecture de Police. Paris 1887, S. 19.
69 Berliner Prostitution und Zuhältertum (wie Anm. 65), S. 11 f.
70 Robert D. Storch: Police Control of Street Prostitution in Victorian London. A Study in the Contexts of Police Action. In: Police and Society. Ed. by David H. Baley. Beverly Hills, London 1977, S. 49–72; hier S. 50 f.
71 Physiologie der deutschen Polizei. Von Friedrich Christian Benedict Avé-Lallement. Leipzig 1882, S. 164 f.
72 Naturgeschichte der Berlinerin. Von ***. Berlin o. J. [1885], S. 55.
73 Die Gefallenen Mädchen und die Sittenpolizei vom Standpunkte des praktischen Lebens. Von Kriminalkommissar v. Baumer. Berlin 1886.
74 ADW CA A 20, III: Promemoria zur Gründung einer Gesellschaft für den Schutz und die Hebung der öffentlichen Sittlichkeit, Januar 1870.
75 Edinburgh Medical Journal, May 1859, XLVII, 1.008. Zit. nach Eric Trudgill: Prostitution and Paterfamilias. In: The Victorian City. Images and Realites. Vol. II. Ed. by H. J. Dyos and Michael Wolff. London 1973, S. 693–705; hier S. 693.
76 S. E. Huppé: Das sociale Deficit von Berlin in seinem Hauptbestandtheil. Berlin 1871. S. 19.
77 »Landeszeitung«, »im vergangenen November« [1871]. Zit. nach (Johannes Janssen): Berlins sittliche und sociale Zustände, nach Berliner Berichten dargestellt. Freiburg i. Br. 1872, S. 34 f.
78 F. A. Hald: Enthüllungen über Berliner Schwindel. Zit. nach (Johannes Janssen:) Berlins sittliche und sociale Zustände. Ebd., S. 38 f.
79 Die Quellen der Sittenlosigkeit in Berlin. Von F. Oldenburg. In: Fliegende Blätter aus

dem Rauhen Hause zu Horn bei Hamburg. Hamburg 1883, S. 209–214, 243–248; hier S. 209.

80 Jill Harsin: Policing Prostitution (wie Anm. 41), S. 307.

81 Animir-Kneipen und Nachtcafés (wie Anm. 56), S. 10.

82 Deutsche Bordellgassen. Studien von Hugo E. Lüdecke. In: Friedrich S. Krauss: Das Geschlechtsleben des deutschen Volkes. Neu hg. v. Peter Schalk. München 1977, S. 140–175; hier S. 140.

83 Besuch im Nachtkaffee. In: Prostitution oder Production, Eigentum oder Ehe? Studien zur Frauenbewegung von Johanna Loewenherz. Neuwied o. J. [1895]; vgl. dazu Vera Konieczka: Arten zu sprechen, Arten zu schweigen: Sozialdemokratie und Prostitution im deutschen Kaiserreich. In: Johanna Geyer-Kordesch, Anette Kuhn (Hg.): Frauenkörper – Medizin – Sexualität. Düsseldorf 1986, S. 102–126.

84 Hans v. B...r: Ein Roman aus Berlin W. (Original: James Grunert, 1908). Bibliotheca Erotica et Curiosa, München 1971, S. 216, 270.

85 Alfred Blaschko: Die Prostitution im 19. Jahrhundert. Berlin 1902, S. 38.

86 Dienstanweisung über die Handhabung der Sittenkontrolle (Nach dem M.-Erl. vom 29.3.02 IIa 1077; 22.2.99; 11.12.09 M.-Bl. 1908, S. 14–16). In: Dienstanweisung für den Polizeibeamten. Hg. v. F. Metzlaff. Recklinghausen o. J., S. 67 f.

87 O. Commence: La prostitution clandestine à Paris. Paris 1904, S. 109.

88 Schwester Henriette Arendt: Menschen, die den Pfad verloren (wie Anm. 23), S. 49.

89 »Die Welt, von der man nicht spricht!« (Aus den Papieren einer Polizeibeamtin). Zusammengestellt von Anna Pappritz. Leipzig 1907, S. 5.

90 Abraham Flexner: Prostitution in Europe [1914]. Montclair, New Jersey 1969, S. 309.

91 Die nicht gewerbsmäßige Prostitution, ihre Ursachen, Formen, und deren Bekämpfung. Von Felix Block. In: Zeitschrift für Bekämpfung der Geschlechtskrankheiten, Nr. 3, 1909, S. 69–86; hier S. 72.

92 Slums. Erlebnisse in den Schlammvierteln moderner Großstädte. Von Else Spiller. Aarau, Leipzig, Wien 1911, S. 9.

93 Jost Hermand: Das Bild der ›großen Stadt‹ im Expressionismus. In: Klaus R. Scherpe (Hg.): Die Unwirklichkeit der Städte. Großstadtdarstellungen zwischen Moderne und Postmoderne. Reinbek 1988, S. 61–79; hier S. 62.

94 Dominik Bartmann: Das Großstadtbild Berlins in der Weltsicht der Expressionisten. In: Stadtbilder. Berlin in der Malerei vom 17. Jahrhundert bis zur Gegenwart. Berlin Museum, Berlin 1987, S. 243–259; hier S. 252 f.

95 Heinz Rölleke: Die Stadt bei Stadler, Heym und Trakl. Köln 1965, S. 96.

96 Jost Hermand (wie Anm. 93), S. 67.

97 Edmund Edel: Berlin tanzt! In: Berliner Nächte. Berlin 1914, S. 77–102; hier S. 99.

98 Musikcafés. Ebd., S. 43–62; hier S. 62; Nachtrestaurants. Ebd., S. 63–68; hier S. 64 f., 67; Bars. Ebd., S. 69–76; hier S. 75.

99 J. Flemming: Das Nachtleben in deutschen Großstädten. Videant Consules! In: Zeitschrift für Bekämpfung der Geschlechtskrankheiten, Band 16, Nr. 7, 1915, S. 202–216.

100 Ivan Bloch: Das Sexualleben unserer Zeit in seiner Beziehung zur modernen Kultur (1907). Berlin, 10. bis 12. Aufl. 1919, S. 296.

101 Willy Hellpach: Unser Genußleben und die Geschlechtskrankheiten. In: Mitteilungen der Deutschen Gesellschaft zur Bekämpfung der Geschlechtskrankheiten 1905, Band II. Nr. 5/6, S. 103–105; zit. bei Ivan Bloch: Das Sexualleben unserer Zeit (wie Anm. 100), S. 297–300; hier S. 297.

102 Katharina Scheven: Die sozialen und wirtschaftlichen Grundlagen der Prostitution. In: Anna Pappritz (Hg.): Einführung in das Studium der Prostitutionsfrage. Leipzig 1919, S. 139–175; hier S. 164.

103 Charlotte Stemmler: Die Tätigkeit der Polizeipflegerin. In: Zeitschrift für Bekämpfung der Geschlechtskrankheiten. Band 16, Nr. 2, 1915, S. 31–46; hier S. 37.

104 Vgl. dazu Alfred Korach: Über die Kommunalisierung der Prostituiertenfürsorge in Berlin. Veröffentlichungen aus dem Gebiete der Medizinalverwaltung. XV. Band, 6. Heft. Berlin 1922.

105 Charlotte Stemmler (wie Anm. 103), S. 35.

106 Mitteilungen des Statistischen Amts der Stadt Berlin. Nr. 5, Heft 7, August 1929: Die eingeschriebenen Prostituierten in Berlin 1925, S. 7 f.

107 Prostitution und Verbrechen. Reportagen aus den Tiefen der Berliner Unterwelt. Von WEKA. Leipzig 1930, S. 100 f.

108 ADW CA/GF 1737/4: Prostitution und das Straßenbild 1928–1933. Brief des Referats Gefährdetenfürsorge an Pastor Licentiat Bohn, Plötzensee, 26. Juni 1928.

109 Ebd.: Bericht aus Frankfurt, undatiert.

110 Stätten der Berliner Prostitution. Von den Elends-Absteigequartieren am Schlesischen Bahnhof und Alexanderplatz zur Luxus-Prostitution der Friedrichstraße und des Kurfürstendamms. Eine Reportage von WEKA. Berlin 1930, S. 7 et passim.

111 Ebd., S. 51.

112 Wolfgang Mittermaier: Das Straßenbild nach Inkrafttreten des GBG. In: Der Abolitionist. Organ des Bundes für Frauen- und Jugendschutz. 30. Jg., Nr. 3. Berlin, den 31. Mai 1931; Sachverständigen-Konferenz am Mittwoch, den 15. April 1931 in Berlin: Das Straßenbild nach Inkrafttreten des RGBG. Vorsitz: Frau Anna Pappritz. In: Mitteilungen der Deutschen Gesellschaft zur Bekämpfung von Geschlechtskrankheiten, Band 29, Nr. 5/6, Mai 1931, S. 66–111. Vgl. dazu weitere Stellungnahmen in: ADW CA/GF 1637/4, »Auswirkung des GBG.«, undatiert.

113 Oberverwaltungsgerichtsrat Dr. Hagemann, Berlin. In: Sachverständigen-Konferenz (wie Anm. 112), S. 96.

114 Helga Bemmann zitiert dieses Lied als das »erste deutsche Chanson«, gesungen von Bozena Bradsky (»Adèle, la reine, la blonde«) im ›Überbrettl‹, dem am 18. Januar 1901 in Berlin gegründeten ersten deutschen Kabarett. H. B.: Musenkinder-Memoiren. Eine heitere Chronik von 1900–1930. Berlin/DDR 1987, S. 9.

115 Alain Corbin zitiert dafür verschiedene Belege, etwa aus der Literatur, wie Léon Bloy oder Guillaume Apollinaire, aber auch aus der sozialistischen und der anarchistischen Presse, die über den Kampf gegen die Sittenpolizei zu einer Verherrlichung der Prostituierten als »femme digne d'amour« kam. A. C.: Les Filles de Noce (wie Anm. 38), S. 358.

116 50 Arbeitsjahre im Dienste des Glaubens und der Liebe. Jubiläumsschrift der Berliner Stadtmission. Berlin 1927, S. 14.

117 Als Begründungsdokument dieser Form missionarischer Arbeit gilt in Deutschland Johann Heinrich Wicherns ›Hamburgs wahres und geheimes Volksleben‹, ein Bericht über »Streifzüge durch die Armenviertel Hamburgs«, erschienen 1832. Vgl. dazu sowie allgemein zur Geschichte, Praxis und Ideologie der Mission Christoph Sachße, Florian Tennstedt (Hg.): Bettler, Gauner und Proleten. Armut und Armenfürsorge in der deutschen Geschichte. Ein Bild-Lesebuch. Reinbek 1981; dies. (Hg.): Jahrbuch der Sozialarbeit 4: Geschichte und Geschichten. Reinbek 1981 [darin Thomas Olk, Rolf G. Heinze: Die Bürokratisierung der Nächstenliebe. Am Beispiel von Geschichte und Entwicklung der »Inneren Mission«, S. 233–271; Hartmut Dießenbacher: Altruismus

als Abenteuer. Vier biographische Skizzen zu bürgerlichen Altruisten des 19. Jahrhunderts, S. 272–298]; Florian Tennstedt: Sozialgeschichte der Sozialpolitik in Deutschland. Vom 18. Jahrhundert bis zum Ersten Weltkrieg. Göttingen 1981; Volker Hentschel: Geschichte der deutschen Sozialpolitik 1880–1980. Frankfurt/M. 1983; Soziale Sicherheit und soziale Disziplinierung. Beiträge zu einer historischen Theorie der Sozialpolitik. Hg. v. Christoph Sachße und Florian Tennstedt. Frankfurt/M. 1986.

118 Philip Magnus: Gladstone. A Biography. London 1954, S. 105 f.

119 William J. Fishman: The Streets of East London. London 1979, S. 64 f.

120 Tom Cullen: The Prostitutes' Padre. The story of the famous rector of Stiffkey. London 1975.

121 The London City Mission Magazine. October 1, 1860: The Midnight Meetings and their results.

122 John Ruskin. In: The Writings of J. R. Ed. by E. T. Cook and A. Wedderburn. London 1908, S. 205.

123 The History of the Salvation Army. Volume I: 1865–1878. By Robert Sandall. Foreword by General Osborn. London 1947, S. 1.

124 Hartmut Dießenbacher: Altruismus als Abenteuer (wie Anm. 117), S. 282.

125 Vgl. dazu Cornelia Carstens, Petra Heidebrecht: Der leichtsinnige Zug in die Großstadt. Dienstmädchen und Bahnhofsmission um 1900. In: Die Reise nach Berlin. Hg. v. der Berliner Festspiele GmbH. Berlin 1987, S. 229–236.

126 Ernst Otto Hopp: In der großen Stadt. Berlin 1885.

127 Pastor M. Gensichen: Die Nachtmission. In: Blätter aus der Stadtmission. Jg. XXX, Berlin 1907, Nr. 9, S. 122–125; hier S. 122.

128 Ebd., S. 124 f. Auch diese Kämpfe haben eine »andere« Seite. Egon Erwin Kisch schildert noch im Jahr 1930 »eine amüsante Straßendebatte mit Innenmissionaren«. (Jiddisches Literaturcafé. In: Der rasende Reporter. Berlin 1930, S. 347–351; hier S. 348).

129 Archiv des Diakonischen Werks der Evangelischen Kirche in Deutschland, CA 912 I: Mitternachtsmission. Satzung des Vereins »Deutsche Mitternachtsmission e. V.«

130 Dresdner Nachtmission. Vortrag bei dem Stadtmissionsabend vom 27. Nov. 1911 von P. Adolf Müller, Dresden. In: Zeitschrift des deutsch-evangelischen Vereins zur Förderung der Sittlichkeit (Schriftleitung: P. Lic. Bohn, Plötzensee). 26. Jg. Nr. 7/8, 15. Juli 1912.

131 ADW CA 992 b: Zeitungsartikel, Flugblätter etc. der Mitternachtsmission: Berliner Morgenpost, undatiert.

132 Ebd.: H. Flemming: Die Nachtmission. Handschriftl. Ms., undatiert.

133 Zertretene Blüten. Skizzen aus dem sittlichen und sozialen Elend der Großstadt von E. Heine. Berlin o. J., S. 5, 7.

134 ADW CA 992 b: Erlebnisse aus der Nachtmission. Handschriftliches Ms., undatiert.

135 Evangelisches Zentralarchiv Berlin, 7/XII–3808: Acta, die öffentliche Sittlichkeit betreffend: Brief der »Volksgemeinschaft zur Wahrung von Anstand und guter Sitte« an den Reichsminister der Justiz, 1920.

136 Großstadt-Elend und Rettung der Elendesten. Von Bernhard Duhr S. J. Freiburg i. Br. 1920, S. 21, 29 f.

137 EZA Berlin, 7/XII-3808: Protokoll der Verfassunggebenden Preußischen Landesversammlung, 157. Sitzung am 23. September 1920, S. 12408 (Mentzel), 12420 (Wegscheider, SPD), 12426 (Kilian).

138 Vgl. dazu auch ADW CA/GF 992 a/5: Mitternachtsmission. Zeitungsartikel, Flugblät-

ter etc. 1928–1943: Heinz Cassier, Erlangen: Deutsche Mitternachtsarbeit! Aufruf zum Beitritt zur Deutschen Mitternachtsmission e. V., undatiert.

139 Notizen. Weltstadtbetrachtungen von Dr. Carl Sonnenschein. Heft 7, 17. April 1927.

140 Die Menschen-Mühle Berlin. Eine Schilderung in Schildern von Hans Hyan. In: UHU, 3. Jg. Heft 3, März 1927, S. 82–89; hier S. 86.

141 Walter Benjamin: Berliner Kindheit um Neunzehnhundert: In: Gesammelte Schriften, Band IV.1: Kleine Prosa, Baudelaire-Übertragungen. Werkausgabe. Hg. v. Tillmann Rexroth. Frankfurt/M. 1980, S. 235–304; »Bettler und Huren«, S. 287 f.

142 Heinrich Berl: Der Kampf gegen das rote Berlin. Karlsruhe 1932.

143 Märkische Volkszeitung, 17. Februar 1929: Bahnhofsmission (nachgedruckt im Völkischen Beobachter, 19. 2. 1929).

144 Kölner Lokal-Anzeiger. 5. Juni 1928: Mitternachtsmission.

V. KAPITEL

1 In meiner Dissertation habe ich diesem Kapitel größeren Raum gewidmet, Raum, der hier nicht zur Verfügung steht. Ich werde mich deshalb auf einige wesentliche Aspekte der Thematik »Gehen« konzentrieren. Das Kapitel V. der Dissertation, »Einblicke im Gehen«, wird gesondert in einem Sammelband erscheinen, dessen einzelne Beiträge sämtlich aus den Diskussionen der Arbeitsgruppe »Gehen« am Ludwig-Uhland-Institut für Empirische Kulturwissenschaft der Universität Tübingen entstanden sind.

2 Wilhelm Heinrich Riehl: Die Naturgeschichte des Volkes als Grundlage einer deutschen Sozialpolitik. Vierter Band: Wanderbuch als zweiter Teil zu ›Land und Leute‹ (1853). Stuttgart und Berlin 1925, S. 3, 5.

3 Ebd., S. 3.

4 Walter Benjamin: Das Passagen-Werk. Hg. v. Rolf Tiedemann. Erster Band, Frankfurt/M. 1983, S. 533.

5 Vgl. dazu Arlette Farge: Vivre dans la rue à Paris au XVIIIe siècle. Paris 1979; Manfred Gailus (Hg.): Pöbelexzesse und Volkstumulte in Berlin. Zur Sozialgeschichte der Straße (1830–1880). Berlin 1984; ders.: Straße und Brot. Sozialer Protest in den deutschen Staaten unter bes. Berücksichtigung Preußens 1847–1849. Göttingen 1990.

6 Vgl. Johannes Willms: Paris. Hauptstadt Europas 1789–1914. München 1988, S. 343–370.

7 Gloria Levitas: Anthropology and Sociology of Streets. In: Stanford Anderson (ed.): On Streets. Cambridge/Mass., London 1986, S. 225–239; hier S. 231.

8 Walter Benjamin: Das Passagen-Werk (wie Anm. 4), S. 531.

9 Richard Sennett: Verfall und Ende des öffentlichen Lebens. Die Tyrannei der Intimität (1974). Frankfurt/M. 1986.

10 Ebd., S. 45.

11 François Gasnault: Guinguettes et Lorettes. Bals publics à Paris au XIXe siècle (1830–1870). Paris 1986, S. 309.

12 M. von Reymond: Berliner Pflaster. Vorwort. In: Berliner Pflaster. Illustrirte Schilderungen aus dem Berliner Leben. Berlin 1894, S. 1.

13 Hermann Keller: Das Straßenbauwesen der Großstädte. In: Westermanns illustrierte deutsche Monatshefte, 27. Jg., 53. Band 1883, S. 637–656; hier S. 638. Dank für den Hinweis an Bernd Jürgen Warneken.

14 Peter Sloterdijk: Der Zauberbaum. Die Entstehung der Psychoanalyse im Jahr 1785. Ein epischer Versuch zur Philosophie der Psychologie. Frankfurt/M. 1987, S. 184.
15 Karl Schlögel: Jenseits des großen Oktober. Das Laboratorium der Moderne. Leningrad 1909–1921. Berlin 1988, S. 160.
16 Bernd Jürgen Warneken: Bürgerliche Gehkultur in der Epoche der Französischen Revolution. In: Zeitschrift für Volkskunde, Heft II/1989, S. 177–187; hier S. 187.
17 Laurence Sterne: Eine empfindsame Reise durch Frankreich und Italien (1768). Hg. und übers. von Siegfried Schmitz, München 1979, S. 130.
18 Theodor W. Adorno: Minima moralia. Reflexionen aus dem beschädigten Leben. Frankfurt/M. 1969, S. 26.
19 Paul-Ernest de Rattier: Paris n'existe pas. Paris 1857, S. 12.
20 Jules Janin: Un Hiver à Paris. Paris 1847, S. 201.
21 Vgl. dazu Wolfgang Griep: Die reinliche Stadt. Über fremden und eigenen Schmutz. In: Konrad Wiedemann (Hg.): Rom – Paris – London. Erfahrung und Selbsterfahrung deutscher Schriftsteller und Künstler in den fremden Metropolen. Stuttgart 1988, S. 135–154.
22 Das Verbrecherthum in Berlin. Von A. Ragotzky, Prediger an der Stadtvogtei zu Berlin. In: Gartenlaube, Heft 24/1872, S. 374–377; hier S. 374 (Fortsetzung in Heft 25/1872, S. 390–392).
23 Katharina Oxenius: Vom Promenieren zum Spazieren. Eine ethnographische Studie Pariser Gärten. Diss. Universtät Tübingen 1987, S. 126.
24 Eckhardt Köhn: Straßenrausch. Flanerie und kleine Form. Versuch zur Literaturgeschichte des Flaneurs bis 1933. Berlin 1989, S. 27–34: »Der Flaneur. Sozialgeschichtliche Konturen einer Großstadtgestalt.«
25 Walter Benjamin: Das Passagen-Werk. Hg. von Rolf Tiedemann. Frankfurt/M. 1983. Erster Band. Aufzeichnungen und Materialien. M: der Flaneur, S. 525–569; hier S. 526.
26 Walter Benjamin: Über einige Motive bei Baudelaire. In: Gesammelte Schriften, Band I.2. Hg. v. Rolf Tiedemann und Hermann Schweppenhäuser. Frankfurt/M. 1980, S. 605–653; hier S. 627.
27 Victor Fournel: L'odyssée d'un flâneur ou ce qu'on voit dans les rues de Paris. Paris 1858, S. 2.
28 Ludwig Kalisch: Pariser Bilder und Geschichten. Die kleinen Rentiers. In: Gartenlaube, Heft 21, 1872, S. 346 f.; hier S. 347.
29 Siegfried Kracauer: Ginster (1928). Frankfurt/M. 1963, S. 24.
30 Vgl. dazu Eckhardt Köhn: Straßenrausch (wie Anm. 24).
31 Victor Auburtin: Wie sie spazierengehen. In: Berliner Tageblatt, 1. 5. 1911.
32 Julius Rodenberg: Paris. Bei Sonnenschein und Lampenlicht. Skizzenbuch zur Weltausstellung. Paris 1867, S. 40.
33 Großes vollständiges Universal-Lexikon aller Wissenschaften und Künste. Von J. H. Zedler. Leipzig und Halle 1790, Stichwort »Nachtschwärmer«.
34 Thomas Burke: English Night Life. From Norman Curfew to present Black-out. London 1941, S. V.
35 Theodor Fontane: Wanderungen durch England und Schottland. Hg. v. Hans-Heinrich Reuter. Zweiter Band. Berlin/DDR 1980, S. 525.
36 Besonders hervorzuheben nach wie vor Louis Chevalier: Montmartre du Plaisir et du Crime. Paris 1980; ders.: Les Ruines du Subure. Montmartre de 1939 aux Années 80. Paris 1985; vgl. auch Lothar Uebel: Viel Vergnügen. Die Geschichte der Vergnügungsstätten rund um den Kreuzberg und die Hasenheide. Kreuzberger Hefte VIII. Berlin 1985 (darin weitere Literaturhinweise).

37 Ernst Günther: Geschichte des Varietés. Berlin/DDR 1978. S. 73 f.
38 Siegfried Kracauer: Jacques Offenbach und das Paris seiner Zeit (1937). Hg. v. Karsten Witte. Frankfurt/M. 1976, S. 32.
39 Maurice Talmeyr: Cafés-Concerts et Music-Halls. In: Revue des Deux-Mondes, Heft X/1902, S. 159.
40 Johannes Willms: Paris (wie Anm. 6), S. 454.
41 Edmund B. d'Auvergne: The night side of Paris. London o. J. [nach 1902], S. 161. Dieses Buch entstand nach dem Vorbild von Robert Machray: The night side of London. London 1902.
42 Hans Ostwald: Dunkle Winkel und Menschen. In: Berliner Nächte. Berlin 1914, S. 1–24; hier S. 1.
43 Nach der Reihe: Paul Lindenberg: Die vierundzwanzig Stunden von Berlin. In: Ders.: Berlin in Wort und Bild. Berlin 1895, S. 117; Berliner Nachtleben. Lebeweltnächte – Berliner Clubs – Tanz- und Ballokale – Varietés und Tingeltangel – Kaffeehäuser und Nachtkneipen. Gesammelte Großstadt-Dokumente von Hans Ostwald, Eberhard Buchner, Spektator und Satyr. Berlin und Leipzig o. J., S. 10; Berlin für Kenner. Ein Bärenführer bei Tag und Nacht durch die deutsche Reichshauptstadt. Großstadtführer für Kenner, Band 1. Berlin o. J. [1912], S. 10; Eugen Szatmari: Das Buch von Berlin. Was nicht im »Baedeker« steht, Band 1. München o. J., S. 139; Edmund Edel: Musikcafés. In: Berliner Nächte. Berlin 1914, S. 43–62; hier S. 43; Henry F. Urban: Die Entdeckung Berlins. Berlin 1912, S. 39.
44 A. H. Kober: Was unsere Väter liebten. Abendbummel durch die Vergnügungs-Etablissements um 1900. In: UHU, H. 6, 6. Jg. März 1930, S. 39–46; hier S. 44–46.
45 Joseph Kessel: Nuits de Montmartre. Paris 1971, S. 12.
46 John Gay: Trivia: Or, the Art of Walking the Streets of London. (2. Abschnitt: The Art of Walking the Streets by Night). In: Poetry and Prose. Ed. by Vinton A. Dearing, with the assistance of Charles E. Beckwith. Volume 1. Oxford 1974, S. 134–181.
47 Eugène de Mirecourt: Paris la nuit. In: Ders.: Paris. Historique, Pittoresque et Anecdotique. Paris 1855, S. 17.
48 Ingrid Oesterle: Paris – das moderne Rom? In: Konrad Wiedemann (Hg.): Rom – Paris – London (wie Anm. 21), S. 375–419; hier S. 376.
49 Berliner Zeitung, 31. 10. 1903; Vgl. dazu den schönen Definitionsversuch von Roland Barthes: »Nacht. Jeder Zustand, der beim liebenden Subjekt die Metapher der (affektiven, intellektuellen, existentiellen) Dunkelheit weckt, *gegen die er sich sträubt oder in der er sich beruhigt.*« In: Fragmente einer Sprache der Liebe. Frankfurt/M. 1984, S. 176.
50 Eduard Fuchs: Die Frau in der Karikatur. München 1928, S. 412 f.
51 Vgl. dazu vor allem Rolf Lindner: Die Entdeckung der Stadtkultur. Soziologie aus der Erfahrung der Reportage. Frankfurt/M. 1990.
52 Der Nachtwächter Gottes. Ein seltsames Schicksal, erzählt von Karl Josef Friedrich. Dresden und Leipzig 1939 [meine Zusammenfassung].
53 Harry Domela: Der falsche Prinz. Mein Leben und meine Abenteuer. Berlin 1927, S. 53.
54 Pierre Sansot schreibt, es muß eine geheime Verbindung, »un lieu analogique, secret, entre les chemins de la conscience et les avenues d'une ville« geben; er sagt auch, daß die Nachtwanderer untereinander sich zugleich »fremder« und »näher« seien: Niemand weiß, was der andere vorhat, ob er bedrohlich sein sollte; dennoch erzählt man ihm freiwillig seine ganze Lebensgeschichte, die er sich bei Tag niemals anhören würde.

(Poétique de la Ville. Paris 1988, S. 153). Bei Louis Aragon heißt es allerdings: »Sie gehen aneinander vorbei, die Stammgäste dieser nächtlichen Verbindungsgänge, sie mustern sich, während sie aneinander vorbeigehen, mit dem Argwohn der Wilden in der Wüste. Sie sprechen niemals miteinander. Indes erkennen sie sich wieder, geben sich insgeheim Beinamen und suchen keine Erklärung für diese ständige Präsenz der anderen an Orten, an denen sie allein, jeder für sich, das *Vorrecht einer einzigartigen und bedrohlichen Melancholie* behalten wollen.« (Ein komischer Heiliger. In: Das Wahr-Lügen. Erzählungen. Düsseldorf 1983, S. 96–141; hier S. 97).

55 Louis Aragon: Pariser Landleben (frz. Le Paysan de Paris, 1926). München 1969, S. 18.

56 Philippe Soupault: Die letzten Nächte von Paris (1928), Heidelberg 1982, S. 91.

VI. KAPITEL

1 L'Illustration, 4 mars 1933.

2 Brassaï: Das geheime Paris. Bilder der dreißiger Jahre, Frankfurt/M. 1976, S. 5.

3 Brassaï: Henry Miller in Paris. Frankfurt/M. 1981, S. 11.

4 H. v. Wedderkop: Sous les toits de Paris. In: Der Querschnitt, H. 9/1930, S. 198.

5 Klaus Mann: Der Wendepunkt. Ein Lebensbericht. Berlin/DDR und Weimar 1979, S. 198.

6 Jean Giraudoux, Chas-Laborde: Berlin. Straßen und Gesichter 1930, Hg. v. Friederike Hassauer u. Peter Roos. Nördlingen 1987, S. 12.

7 Ivan Goll: Montparnasse à Berlin. In: Vu, No. 213, 13 avril 1932, S. 534 f.

8 Pieter Lastman: »Nana« unterm Stadtbahnbogen. In: Die Weltbühne, 12. 2. 1929.

9 Lebewelt. Aus den Berliner Gerichten. Erste Beilage zur Vossischen Zeitung, 2. August 1930.

10 Curt Moreck: Führer durch das lasterhafte Berlin (Leipzig 1931), Reprint Berlin 1987, S. 12.

11 Ebd., S. 75 f.

12 Siegfried Kracauer: Analyse eines Stadtplans. In: Straßen in Berlin und anderswo. Frankfurt/M. 1964, S. 16–19; hier S. 18.

13 Joseph Roth: Berliner Vergnügungsindustrie (1930). In: Großstadt-Feuilletons. Werke, Bd. IV. Hg. v. Hermann Kesten. Köln und Amsterdam 1976, S. 864–868; hier S. 864.

14 Alain Corbin: Meereslust. Das Abendland und die Entdeckung der Küste. Berlin 1990, S. 360 (Bemerkungen zur Methode).

15 Hsi-hoey Liang: Die Berliner Polizei in der Weimarer Republik. Berlin 1977, S. 181.

16 Joseph Goebbels: Kampf um Berlin. I. Der Anfang (1926–1927). München 1932, S. 27.

17 Ebd., S. 33.

18 Vgl. dazu Utz Jeggle: Parteigenosse Feuer. In: Nationalsozialismus im Landkreis Tübingen. Eine Heimatkunde. Ludwig-Uhland-Institut für Empirische Kulturwissenschaften der Universität Tübingen. Tübingen 1988, S. 167–171.

19 Vgl. dazu Gottfried Korff: Berliner Nächte. Zum Selbstbild urbaner Eigenschaften und Leidenschaften. In: Gerhard Brunn, Jürgen Reulecke (Hg.): Berlin. Blicke auf die deutsche Metropole. Essen 1989, S. 71–103; hier S. 92–100; Klaus Herding, Hans-Ernst Mittig: Kunst und Alltag im NS-System. Albert Speers Berliner Straßenlaternen. Gießen 1975; Peter Reichel: Der schöne Schein des Dritten Reiches. Faszination und Gewalt des Faschismus. München 1991.

20 Unvermutete Besichtigungen. Gauleiter Dr. Goebbels fährt durch die Reichshauptstadt. In: Völkischer Beobachter, 6. Oktober 1934.
21 Marko Paysan: Zauber der Nacht. In: Bernd Polster (Hg.): »Swing Heil«. Jazz im Nationalsozialismus. Berlin 1989, S. 75–94; hier S. 76.
22 Ein Nazi reist um die Gedächtniskirche. Dupont wird stutzig. In: Der Angriff, 30. 11. 1934.
23 Curt Moreck: Führer durch das lasterhafte Berlin (Leipzig 1931). Reprint Berlin 1987, S. 230.
24 Pierre Sansot: Poétique de la Ville. Paris 1988, S. 146.
25 Robert Springer: Berlin wird Weltstadt. Ernste und heitere Culturbilder. Berlin 1868, S. 61 f.
26 Willy Hellpach: Nervosität und Kultur. Stuttgart 1902, S. 90.
27 Heiner Schultz: Angst – Gewühl – Versicherung. Ein Versuch über Folgen der Industrialisierung für das Bewußtsein. In: Kursbuch, Heft 61, 1980, S. 95–117; hier S. 95.
28 Karl Scheffler: Berlin. Ein Stadtschicksal. Berlin 1910, S. 107.
29 Magnus Hirschfeld: Die Gurgel von Berlin. Großstadt-Dokumente, Band 41. Berlin und Leipzig o. J. (nach 1906), S. 130 f.
30 Bericht der Gesellschaft für soziale Reform an den internationalen Kongreß für gesetzlichen Arbeiterschutz in Paris 1900. Zit. in: Die Nachtarbeit in der Deutschen Metall- und Maschinenindustrie. Stuttgart 1913.
31 Das Kulturbild des 19. Jahrhunderts. Band 23/24: Die geistige Entwicklung des modernen Europa. Die gesellschaftliche Struktur. Von Alexander v. Gleichen-Rußwurm. Hamburg o. J., S. 574 f.
32 Karl Kautsky: Vermehrung und Entwicklung in Natur und Gesellschaft. Stuttgart 1910, S. 244 f.
33 Liliput: Vergnügungen. In: Die Weltbühne, 25. 1. 1923.
34 H. V. Morton: The nights of London. London 1926, S. 5.

LITERATURVERZEICHNIS

ARCHIVALIEN

Aus Platzgründen will ich nicht alle einzelnen Aktenbestände anführen, die ich eingesehen habe. Genaue Quellenangaben finden sich in den Anmerkungen zu den einzelnen Kapiteln. Folgende Archive wurden benutzt:

1. Berlin

Berliner Stelle des Diakonischen Werkes der Evangelischen Kirche in Deutschland, Archiv (ADW): Akten des Centralausschusses für Innere Mission, der Referate Gefährdetenfürsorge und Straffälligenpflege: Prostitution, Probleme der Sittlichkeit, Bahnhofsmission, Mitternachtsmission, Polizeistunde; Akten der Inneren Mission im Königreich Preußen: Prostitution; Akten der Evangelischen Reichsarbeitsgemeinschaft zur Bekämpfung der Alkoholnot: Polizeistunde, Schankstättenwesen; Akten des Centralausschusses/Systematik: Mitternachtsmission, Sittlichkeitsfrage; Zeitungsausschnitt-Sammlung zum Thema Obdachlosigkeit; Bibliothek.

Evangelisches Zentralarchiv beim Konsistorium der EKD: »Acta, die öffentliche Sittlichkeit und die Verschärfung der Strafbestimmungen bei Vergehen gegen dieselbe betreffend« (EZA 7/XII, Nr. 3807–3815).

Zentralinstitut für soziale Fragen: Unterlagen und Publikationen der Gesellschaften zur Bekämpfung der Geschlechtskrankheiten; Prostitution und »Straßenbild«, Fürsorgewesen; Bibliothek.

Landesarchiv Berlin (West): Pr. Br. Rep. 30 (Polizei-Präsidium), Rep. 20 (Der Polizei-Präsident), Rep. 142/1,2 (Städtetag); Sammlung Graeser: Zeitungsausschnitte Prozesse, Polizei, Gesellschaftsleben, Salons, Vergnügungen, Prostitution, Verbrecher; Zeitungsausschnittsammlung: Polizeiwesen, Kabarett, Varieté, Berlinisches Leben, Gaststätten, Cafés, Berliner Nachtleben.

Stadtarchiv Berlin-Ost: Akten des Magistrats (Rep. 01, 02, 03) und der Stadtverordneten-Versammlung (Rep. 00): Beleuchtung, Nachtwacht, Polizeistunde, Obdachlosigkeit.

Staatsarchiv der DDR, Potsdam: Akten des Berliner Polizei-Präsidiums (Rep. 30 Berlin C): Polizei, Nachtwacht, Polizeistunde, Obdachlosigkeit, öffentliche Sittlichkeit, Prostitution und Überwachung, Beleuchtung, Straßenpolizei.

2. Paris

Archives de la Préfecture de Police: Collection des Ordonnances; Rondes de nuit, Gardes de nuit, Veilleurs de nuit; Œuvre de l'hospitalité de nuit, Asiles de nuit; Chiffonniers; Voirie, Sécurité dans la nuit; Bals et Guinguettes; Eclairage public à Paris; Prostitution; Police de mœurs.

Archives Nationales: Berichte der Nachtwache Y 10620–10635 (vor dem 19. Jahrhundert); Série F 9304–9305, Série BB[18]: Prostitution.

Archives de l'Assistance Publique: L'hospitalité de nuit; Asiles de nuit.
Bibliothèque Administrative de la Ville de Paris: Verwaltungsvorschriften und Erlasse zur Polizeistunde; Gerichtsurteile über nächtliche Ruhestörung.
Bibliothèque Historique de la Ville de Paris: Zeitschriftensammlung zu den Stichworten »Paris la nuit«, »Eclairage de rues«, »La vie parisienne«, »Les mœurs parisiennes«; Kartensammlung; Bibliothek.
Bibliothèque Nationale: Collection Le Senne (Paris-Literatur, Reiseführer, Stadtführer); Collection Physiologies.

LITERATUR

Achten, Udo: Denn was uns fehlt, ist Zeit. Geschichte des arbeitsfreien Wochenendes. Köln 1988.
Acton, William: Prostitution. Considered in its Moral, Social and Sanitary Aspects, in London and other Large Cities (London 1857). Edited, with an Introduction and Notes, by Peter Fryer. London 1968.
Administration de la Ville de Paris et du Départment de la Seine, par M. Henri de Pontich. Paris 1884.
Adorno, Theodor W.: Minima Moralia. Reflexionen aus dem beschädigten Leben. Frankfurt/M. 1969.
Allemagne, Henry-René d': Histoire du luminaire depuis l'époque romaine jusqu'au XIXe siècle. Paris 1891.
Allers, Christian W.: Spreeathener. Berliner Bilder. Breslau 1889.
Alphande, Adolphe: Les promenades de Paris. 2 vols. Paris 1868, 1873.
Anders, N. J. (d. i. Nathan Jacob): Orpheum-Ballhaus. Berlins romantische Nächte! Humoristischer Führer durch die Feensäle der Norddeutschen Metropole. Berlin o. J. (um 1878).
Anderson, Stanford (Ed.): On Streets. Cambridge/Mass., London 1986.
Anfänge der Arbeiterfreizeit. Eine Ausstellung der Deutschen Demokratischen Republik, veranstaltet vom Märkischen Museum, Museum ›Berliner Arbeiterleben um 1900‹ (Berlin/DDR 1987). Katalog Berlin 1989.
Animir-Kneipen und Nachtcafés oder Polizei und Sittlichkeit. Von J. Werner. Berlin 1892.
Anselm, Sigrun, Barbara Beck (Hg.): Triumph und Scheitern in der Metropole. Zur Rolle der Weiblichkeit in der Geschichte Berlins. Berlin 1987.
Anthropophyteia. Jahrbuch für folkloristische Erhebungen und Forschungen zur Entwicklungsgeschichte der geschlechtlichen Moral. Bände 1–10, hg. v. Friedrich Krauss. Leipzig 1904–1913.
Aragon, Louis: Das Wahr-Lügen. Erzählungen. Düsseldorf 1973.
– Le Paysan de Paris. Paris 1926 (dt.: Pariser Landleben. München 1969).
Archer, T.: The terrible sights of London, and Labours of Love in the midst of them. London 1870.
Arendt, Schwester Henriette: Menschen, die den Pfad verloren. Erlebnisse aus meiner fünfjährigen Tätigkeit als Polizeiassistentin in Stuttgart. Stuttgart o. J. (1908).
Ariste, Paul de: La vie et le monde du boulevard. Paris 1930.
Arndt, Ernst Moritz: Pariser Sommer 1799. Neu hg. und mit einem Vorw. von Wolfgang Gerlach. München 1982.

Arnim, Bettine von: Dies Buch gehört dem König (1844). Neu hg. von Ilse Staff. Frankfurt/M. 1982.
Asiles de nuit pour femmes et enfants. Inauguration. Paris 1883.
Assessor: Die Berliner Polizei, Großstadt-Dokumente, Band 34. Hg. von Hans Ostwald. Berlin o. J.
Atwood, Jane Evelyn: Nächtlicher Alltag. Meine Begegnung mit Prostituierten in Paris. Eine fotografische Studie. München 1980.
Auvergne, Edmund B. d.': The night side of Paris. London o. J. (nach 1902).
Ave-Lallement, Friedrich Christian Benedict: Die Krisis der deutschen Polizei. Leipzig 1861.
– Physiologie der deutschen Polizei. Leipzig 1882.
– Das deutsche Gaunertum in seiner sozialpolitischen, literarischen und linguistischen Ausbildung zu seinem heutigen Bestande. Neu hg. v. Max Bauer. 2 Bände. München und Berlin 1914.
Aykroyd, Peter: Evil London. The dark side of a great city. London 1973.
B...r, Hans von: Ein Roman aus Berlin W. (Original: James Grunert, 1908). München 1971.
Badauderies Parisiennes. Les rassemblements. Physiologies de la rue observées et notées par Paul Adan. Paris 1896.
Bade, Theodor: Ueber den Verfall der Sitten in den großen Städten. Mit besonderer Berücksichtigung der Zustände in Berlin und der betreffenden Polizei-Versuche während der letzten zehn Jahre. Berlin 1857.
– Über Gelegenheitsmacherei und öffentliches Tanzvergnügen (Neuer Beitrag zur Prostitutionsfrage). Berlin 1858.
Baker, Josephine: Ausgerechnet Bananen. München und Zürich 1978.
Balzac, Honoré de: Théorie de la démarche et autres textes. Textes établis par Jacques Bonnet. Paris 1978.
Barthes, Roland: Fragmente einer Sprache der Liebe. Frankfurt/M. 1984.
Bastian, Ange: Les mauvais lieux de Paris. Paris 1968.
Bausinger, Hermann: Volkskultur in der technischen Welt. Stuttgart 1961 (neu: Frankfurt/M., New York 1986).
– Volkskunde. Von der Altertumsforschung zur Kulturanalyse. Darmstadt 1971 (neu: Tübingen 1979).
Bausinger, Hermann, Utz Jeggle, Gottfried Korff, Martin Scharfe: Grundzüge der Volkskunde. Darmstadt 1978.
Beer, Julius: Die Schließung der öffentlichen Häuser und ihre sittlichen Folgen für die Stadt Berlin. Berlin 1856.
Behrend, Friedrich Jakob: Die Prostitution in Berlin und die gegen sie und die Syphilis zu nehmenden Maßregeln. Erlangen 1850.
Beltran, André: La Fée Electricité, Reine et Servante. In: Vingtième Siècle. Revue d'Histoire. Octobre–Décembre 1987. Paris 1987.
Belyi, Andrej: Im Reich der Schatten. Berlin 1921 bis 1923. Mit einem Essay von Karl Schlögel. Frankfurt/M. 1983.
Bemmann, Helga: Musenkinder-Memoiren. Eine heitere Chronik von 1900 bis 1930. Berlin/DDR 1987.
Benjamin, Walter: Gesammelte Schriften. Unter Mitwirkung von Theodor W. Adorno und Gershom Scholem hg. v. Rolf Tiedemann u. Hermann Schweppenhäuser. Frankfurt/M. 1972.
– Das Passagen-Werk. Hg. v. Rolf Tiedemann. 2 Bände. Frankfurt/M. 1983.

Bennett, Arnold: Paris nights and other impressions of places and people. London 1913.
Bergmann, Klaus: Agrarromantik und Großstadtfeindschaft. Meisenheim am Glan 1970.
– Schwarze Reportagen, Aus dem Leben der untersten Schichten vor 1914: Huren, Vagabunden, Lumpen. Reinbek 1984.
Berl, Heinrich: Der Kampf gegen das rote Berlin. Karlsruhe 1932.
Berlin. Ein Verführer. Quartiermacher für erotisch interessierte Berlin-Besucher. Berlin 1973.
Berlin. Eine entwicklungsgeschichtliche Darstellung v. Friedrich Flierl u. Ulrich v. Uechtritz. Hg. aus Anlaß des 25. Welt-Reklamekongresses. Berlin 1929.
Berlin. Unter Mitwirkung der Zentralstelle für den Fremdenverkehr Groß-Berlins u. a. Verbände hg. v. Berthold Hirschberg. Berlin 1925.
Berlin 1836. Wie Karl Marx es sah. Ausstellung im Märkischen Museum. Berlin/DDR 1953.
Berlin, Berlin. Die Ausstellung zur Geschichte der Stadt. Katalog, hg. von Gottfried Korff und Reinhard Rürup. Berlin 1987.
Berlin 1910–1933. Die visuellen Künste. Hg. v. Eberhard Roters. Berlin und Fribourg 1983.
Berlin als Hauptstadt der Weimarer Republik 1919–1933. Hg. v. der Arbeitsgruppe »Berliner Demokratie« am FB Geschichtswissenschaft der FU Berlin. Berlin 1987.
Berlin als Vergnügungsstadt. Supplement zu ›Sport im Bild‹. Berlin 1911.
Berlin arbeitet! Vortragsreihe des Reichsbundes Deutscher Technik. Ortsgruppe Berlin 1929/30. Sonderdruck aus der Zeitschrift ›Technik voran‹. Berlin 1930.
Berlin bei Nacht. Kaiserstädtische Kneipenstudien von Siegmund Haber. Erfurt 1881.
Berlin bei Nacht in Wort und Bild. Bändchen 1–6. Berlin 1887.
Berlin bei Nacht. Ein gründlicher Wegweiser durch das nächtliche Berlin vom frühen Abend bis zum späten Morgen. Berlin (um 1896).
Berlin bei Nacht. Erste Berliner illustrierte Nachtzeitung. Jg. 1, No. 1–7. Berlin 1907.
Berlin bei Tag. Ein Epos in Knüttelversen. Hamburg 1857.
Berlin bei Tag und Nacht. Ein Führer durch die Theater, Conzert-, Tanz- und Vergnügungslokale, nebst Umgebung. Berlin 1883.
Berlin bei Tag – Berlin bei Nacht. Ein Führer. Berlin 1905.
Berlin für Kenner. Ein Bärenführer bei Tag und Nacht durch die deutsche Reichshauptstadt (Verf.: Ernst Boerschel). Berlin 1912.
Berlin im Keller und im ersten Stock. Berlin (um 1860).
Berlin im Licht. Festprogramm und Organisation der Arbeitsgemeinschaft »Berlin im Licht«. Mit einem Geleitwort v. Oberbürgermeister Böss. Berlin 1928.
Berlin mit und ohne Gasbeleuchtung. Ein lustiger Führer durch das lustige Berlin für lustige Leute. Altona (1869).
Berlin ohne Dach (Berliner Mysterien). Ein Sittengemälde der Neuzeit. Bd. 1–6. Berlin 1854.
Berlin um Mitternacht. Humoristisches Nachtstück von Dr. B. Hesslein. In: Berliner Stadtklatsch. Heitere Lebensbilder aus Berlin's Gegenwart, Nr. 5, Berlin o. J.
Berlin um 1900. Eine Ausstellung der Berlinischen Galerie. Berlin 1984.
Berlin und seine Entwicklung. Städtische Jahrbücher für Volkswirthschaft und Statistik. Hg. vom Statistischen Bureau der Stadt Berlin. Berlin 1867 ff.
Berlin unter dem Scheinwerfer. Hg. v. J. Landau. Berlin 1924.
Berlin, wie es ist. Neuester Wegweiser für Einheimische und Fremde durch Berlin und Potsdam. Berlin 1840.
Berlin, wie es ist. Fortsetzung der Sitten- und Charaktergemälde von London, Madrid und Wien. Von C. v. K. . .y. 2 Bände. Leipzig 1827.
Der *Berliner* zweifelt immer. Seine Stadt in Feuilletons von damals. Vorgestellt von Heinz Knobloch. Berlin/DDR 1977.

Berliner Asyl-Verein für Obdachlose. Jahresberichte 1869 ff.
– Die Einweihung des Neuen Männer-Asyls, Berlin-N., Wiesenstraße Nr. 55 am 13. Dezember 1896. Berlin 1897.
Berliner Bauernfänger, oder: Die Geheimnisse der Residenz. Sittenroman aus Berlins Urzeit von A. Beyssel. Berlin 1869.
Berliner Bilder: Berliner Nächte. Eine illustrierte Sammlung von Einzeldarstellungen aus allen Gebieten des Berliner Lebens. Berlin 1914.
Berliner Bummel. Ein lustiger Bärenführer durch das amüsante Berlin. Bevorwortet von Edmund Edel. hg. v. Felix Schloemp. Berlin 1913.
Berliner Gauner. Aus dem Tagebuche eines Berliner Kriminalbeamten von Oskar A. Klaußmann. Leipzig 1910.
Berliner Mädchen. Erzählung aus dem Leben der Großstadt. Von Renate Lindner. Berlin o. J. (Verlag der Berliner Stadtmission).
Berliner Nachtleben. Lebeweltnächte – Berliner Clubs – Tanz- und Ballokale – Varietés und Tingeltangel – Kaffeehäuser und Nachtkneipen. Gesammelte Großstadt-Dokumente von Hans Ostwald, Eberhard Buchner, Spektator und Satyr. Berlin und Leipzig o. J.
Berliner Nächte (mit Beiträgen von Edmund Edel u. Hans Ostwald). Berlin 1914.
Berliner Pflaster. Illustrirte Schilderungen aus dem Berliner Leben. Berlin 1894.
Berliner Prostitution und Zuhältertum. Von Dr. X. Leipzig o. J.
Berliner Wohlfahrtsblatt. Beilage zum Amtsblatt der Stadt Berlin. Sondernummer: Fürsorge für Obdachlose, 5. Jg., Nr. 8, 14. April 1929.
Berlins Aufstieg zur Weltstadt. Ein Gedenkbuch. Hg. v. Verein Berliner Kaufleute und Industrieller. Berlin 1929.
Berlins berühmte und berüchtigte Häuser aus der Vergangenheit und Gegenwart, in historischer, criminalistischer und socialer Beziehung dargestellt von Dr. Bernhard Hesslein. 2 Bände, Berlin 1881.
Berlins Licht- und Schattenseiten. Nach einem mehrjährigen Aufenthalt an Ort und Stelle skizziert von Ad. von Schaden. Dessau 1822.
Berlins sittliche und soziale Zustände. Nach Berliner Berichten dargestellt (Verf.: Johannes Janssen). Freiburg 1872.
Berlins Spelunken und Verbrecherkneipen. Beiträge zur Sittengeschichte der Residenz aus der Vergangenheit und Gegenwart. Berlin 1857.
Bertaut, Jules: Les belles nuits de Paris. Paris 1927.
Besant, Walter: East London. London 1901.
Binder, Beate: »Alles elektrisch!« Zur Metaphorik des Fortschritts: Der gesellschaftliche Diskurs um die Elektrizität im Deutschen Kaiserreich Ende des 19. Jahrhunderts. Magisterarbeit Tübingen 1988.
Blaschko, Alfred: Die Prostitution im 19. Jahrhundert. Berlin 1902.
Blasius, Dirk: Kriminalität und Alltag. Zur Konfliktgeschichte des Alltagslebens im 19. Jahrhundert. Göttingen 1978.
Bloch, Ernst: Verfremdungen I. Frankfurt/M. 1962.
Bloch, Iwan: Das Sexualleben unserer Zeit. Berlin 1907.
Blumin, Stuart M.: Explaining the New Metropolis. Perception, Depiction and Analysis in Mid-Nineteenth-Century New York City. In: Journal of Urban History 11/1984, 9–38.
Boberg, Jochen, Tilman Fichter, Eckhart Gillen (Hg.): Exerzierfeld der Moderne. Industriekultur in Berlin im 19. Jahrhundert. München 1984.
– Die Metropole. Industriekultur in Berlin im 20. Jahrhundert. München 1986.

Bodenschatz, Harald: Platz frei für das neue Berlin! Geschichte der Stadterneuerung in der »größten Mietskasernenstadt der Welt« seit 1871. Berlin 1987.
Bogdal, Klaus-Michael: Schaurige Bilder. Der Arbeiter im Blick des Bürgers am Beispiel des Naturalismus. Frankfurt/M. 1978.
Booth, William: In Darkest London and the Way out. London 1890.
Born, Paul: Berlins dunkle Existenzen. Ernstes und Heiteres aus dem Leben und Treiben der Hauptstadt. Berlin (1893).
Bory, Jean Louis: Eugène Sue: Dandy mais Socialiste. Paris 1962.
Bouman, Mark J.: Luxury and Control. The Urbanity of Street Lighting in Nineteenth-Century Cities. In: Journal of Urban History, Vol. 14, No. 1, November 1987, S. 7–37.
Bourdais, Jules: Colonne-Soleil. Projet de phare électrique pour la ville de Paris. Paris 1885.
Brace, Charles Loring: The Dangerous Classes of New York and Twenty Years Work among Them. New York 1890.
Brass, August Heinrich: Die Mysterien von Berlin. Band 1–5. Berlin 1844–45.
Brassaï: Paris de Nuit. Texte de Paul Morand. Paris 1933.
– Henry Miller in Paris. Frankfurt/M. 1981.
– Le Paris secret des années '30. Paris 1976. Dt.: Das geheime Paris. Bilder der dreißiger Jahre. Frankfurt/M. 1976.
Briffault, Edgar: La nuit de Paris. In: Le livre de cent-et-un. T. III, Paris 1831, S. 127–150.
Briggs, Asa: Victorian Cities. Harmondsworth 1968.
Bruckner, Pascal, Alain Finkielkraut: Au coin de la rue, l'aventure. Paris 1976. Dt.: Das Abenteuer gleich um die Ecke. Kleines Handbuch der Alltagsüberlebenskunst. München, Wien 1981.
Brüggemann, Heinz: »Aber schickt keinen Poeten nach London«. Großstadt und literarische Wahrnehmung im 18. und 19. Jahrhundert. Texte und Interpretationen. Reinbek 1985.
– Das andere Fenster: Einblicke in Häuser und Menschen. Zur Literaturgeschichte einer urbanen Wahrnehmungsform. Frankfurt/M. 1989.
Bruant, Aristide: Am Montmartre. Chansons und Monologe. H. v. Walter Rösler. Berlin/DDR 1986.
Buck-Morss, Susan: Le Flâneur, l'Homme-sandwich et la Prostituée: Politique de la Flânerie. In: Heinz Wissmann (Hg.): Walter Benjamin et Paris. Paris 1984, S. 361–402.
Burke, Thomas: English Night-life from Norman curfew to present Black-out. London 1941.
– Nights in Town. London 1915.
Burnat, André: Police de Mœurs. Les Dossiers excitants de la brigade des mœurs. Paris 1977.
Butler, Josephine: Zur Geschichte eines großen Kreuzzuges. Persönliche Erinnerungen. Dresden 1904.
Cain, Georges: Paris la nuit (unveröff.). Bibliothèque Historique de Paris, Ms 1200 Fol. 176–181; 1909.
du Camp, Maxime: Paris, ses organes, ses fonctions et sa vie dans la seconde moitié du XIXe siècle. Paris 1884.
Carco, Francis: Nuits de Paris. Paris 1927.
Carlier, F: Les deux Prostitutions (1860–1870). Paris 1887.
Cauquelin, Anne: La Ville la Nuit. Paris 1977.
– Cinévilles. Paris 1979.

de Chambert, Paul: Une nuit de Paris au pays du vice et de la misère. Paris o. J.
Champier, Victor, Roger Sandoz: Le Palais Royal d'après des documents inédits. 2 vols., Paris 1900.
Chancellor, John: How to be happy in Berlin. London 1929.
Chesney, Kellow: The Victorian Underworld. London 1970.
Chevalier, Louis: Montmartre du Plaisir et du Crime. Paris 1980.
– Classes laborieuses et classes dangereuses à Paris pendant la première moitié du XIXe siècle. Paris 1958.
– Histoires de la nuit parisienne. Paris 1982.
– Les ruines de Subure. Montmartre de 1939 aux années 80. Paris 1985.
Chronik von Berlin. Berlin 1840.
Cities of the Mind. Images and Themes of the City in the Social Sciences. Ed. by Lloyd Rodwin and Robert M. Hollister. New York and London 1984.
Citron, Pierre: La Poésie de Paris dans la littérature française de Rousseau à Baudelaire. 2 vols. Paris 1961.
Des *Classes* dangereuses dans la population des grandes villes et des moyens de les rendre meilleures. Par H. A. Frégier. Bruxelles 1840.
Clemens, F. W.: Die Geheimnisse von Moabit. Auf seinen Kreuz- und Querzügen durch Berlin und Umgebung entdeckt von F. W. Clemens. Berlin 1844.
Cobb, Richard: The Police and the People. London 1970.
Commence, O.: La prostitution clandestine à Paris. Paris 1904.
Conrad, Horst: Die literarische Angst. Düsseldorf 1974.
Conrad, Peter: The Art of the City. Views and Versions of New York. New York, Oxford 1984.
Conrads, Ulrich (Hg.): Panik-Stadt. Braunschweig 1979.
Corbin, Alain: Les Filles de Noce. Misère Sexuelle et Prostitution (XIXe siècle). Paris 1982.
– Pesthauch und Blütenduft. Eine Geschichte des Geruchs. Berlin 1984.
– Meereslust. Das Abendland und die Entdeckung der Küste. Berlin 1990.
Crapsey, Edward: The Nether Side of New York; or, the Vice, Crime and Poverty of the Great Metropolis. Montclair, New Jersey 1969.
Cullen, Tom: The Prostitutes' Padre. The story of the famous rector of Stiffkey. London 1975.
Curvin, Robert, Bruce Porter: Blackout Looting! New York City, July 13, 1977. New York 1978.
Dampmartin, Anne Henri de: Un provincial à Paris pendent une partie de l'année 1789. Strasbourg o. J. (1789).
Darzens, Rodolphe: Nuits à Paris. Notes sur une ville. Paris 1889.
Defrance, Eugène: Histoire de l'éclairage des rues de Paris. Paris 1904.
Delpeche, René: Les Dessous de Paris. Souvenirs réçus de l'ex-inspecteur de la brigade mondaine. Paris 1955.
Delvau, Alfred: Les Dessous de Paris. Paris 1861.
– Les plaisirs de Paris. Guide prâtique et illustré. Paris 1867.
Desman, Charles: Le crime et la débauche à Paris. Paris 1881.
Desmond, Shaw: London Nights in the Gay Nineties. New York 1928.
Deutsches Wörterbuch. Von Jacob Grimm und Wilhelm Grimm. Leipzig 1854 ff.
Devrient, Eduard: Briefe aus Paris. Berlin 1840.
Diener, Gottfried: Die Nacht in der deutschen Dichtung von Herder bis zur Romantik. Bamberg 1931.

Dickens, Charles: The Streets – Night. In: Sketches by Boz. Illustrative of Every-Day Life & Every-Day People by Charles Dickens. London 1836.
– Night Walks. In: The Uncommercial Traveller and Reprinted Pieces by Charles Dickens. London 1860.
Charles *Dickens*. A December Vision. His Social Journalism. Ed. by Neil Philip and Victor Neuburg. London 1986.
Domela, Harry: Der falsche Prinz. Mein Leben und meine Abenteuer. Berlin 1927.
Drechsler, Hermann: Aktenstaub. Aus dem Tagebuch eines Wohlfahrtsdezernenten. Berlin 1932.
Dröge, Franz, Thomas Krämer-Badoni: Die Kneipe: Zur Soziologie einer Kulturform oder »Zwei Halbe auf mich!« Frankfurt/M. 1987.
Dronke, Ernst: Berlin (Berlin 1846). Neu: Darmstadt und Neuwied 1987.
Dyck, Margaret, Hedwig Stieve: Ein Tag aus dem Leben einer Wohlfahrtspflegerin. Berlin 1926.
Edel, Edmund: Neu-Berlin. Großstadt-Dokumente Band 50. Hg. v. Hans Ostwald. Berlin und Leipzig o. J.
– Die Pumpstation. Aus dem Abreißkalender einer Zeugin. Berlin-Charlottenburg 1911.
Die *Elemente* der Bevölkerung Berlins mit Rücksicht auf die Prostitution. Hamburg 1869.
Eldorado. Homosexuelle Frauen und Männer in Berlin 1850–1950. Geschichte, Alltag und Kultur. Berlin 1984.
Endell, August: Die Schönheit der großen Stadt. Berlin 1928.
Engelbrecht, Ernst: Kinder der Nacht. Bilder aus dem Verbrecherleben. Neu-Finkenkrug bei Berlin 1925.
– Fünfzehn Jahre Kriminalkommissar. Ernstes und Heiteres aus meiner kriminalistischen Berufsarbeit. Berlin-Schöneberg o. J. (um 1928).
– In den Spuren des Verbrechertums. Ein Streifzug durch das großstädtische Verbrechertum und seine Schlupfwinkel. Berlin-Schöneberg o. J. (1930).
Engelbrecht, Ernst, Leo Heller: Berliner Razzien. Berlin 1924.
Engler, Michael, Günter Kunert: Berliner Nächte. Laternenbilder. Hamburg 1986.
Farge, Arlette: Vivre dans la rue à Paris au XVIIIe siècle. Paris 1979.
– La vie fragile. Violence, pouvoirs et solidarités à Paris au XVIIIe siècle. Paris 1986. Dt.: Das brüchige Leben. Verführung und Aufruhr in Paris vor der Revolution. Berlin 1989.
Fargue, Léon Paul: Le piéton de Paris. Paris 1939.
Fechner, G. Th.: Die Tagesansicht gegenüber der Nachtansicht. Leipzig 1879.
Feval, Paul Henri C.: Les Nuits de Paris. Dramas et récits nocturnes. Paris 1851–52.
Fischer, Hans R.: Was Berlin verschlingt. Berlin 1890.
Fischer, Wilhelm: Der Mordprozeß Heinze. Kriminalprozesse alter Zeiten, 3. Band. Heilbronn 1903.
Fischer, Joachim, Claudia Wagner: Sprachen der Nacht. In: Nachtcafé 26, 12. Jg., Herbst/Winter 1986/87, S. 22–31.
Fishman, William J.: The Streets of East London. London 1979.
– East End 1888. A year in a London borough among the labouring poor. London 1988.
Flemming, Hugo: Nachtmission. Bilder aus der Stadtmission 14. Berlin 1913.
Flexner, Abraham: Prostitution in Europe (1913). Reprint Montclair, New Jersey 1969.
Fontane, Theodor: Wanderungen durch England und Schottland. Zwei Bände, hg. v. Hans-Heinrich Reuter. Berlin/DDR 1980.
Fournel, Victor: L'odyssée d'un flâneur ou ce qu'on voit dans les rues de Paris. Paris 1858.
Frenilly, Baron François Auguste Fauveau: Souvenirs (1768–1828). Paris 1908.

Frevert, Ute: Frauen-Geschichte. Zwischen bürgerlicher Verbesserung und neuer Weiblichkeit. Frankfurt/M. 1986.
Die *Friedrichstraße*. Geschichte und Geschichten. Text v. Peter Mugay, hg. v. Berlin-Information. Berlin/DDR 1987.
Fuchs, Eduard: Die Frau in der Karikatur. München 1928.
Fünfzig Jahre im Dienst des Glaubens und der Liebe. Jubiläumsschrift der Berliner Stadtmission. Berlin 1927.
Gaillard, Jeanne: Paris. La Ville (1852–1870). Paris 1977.
Gailus, Manfred: Straße und Brot. Sozialer Protest in den deutschen Staaten unter bes. Berücksichtigung Preußens 1847–1849. Göttingen 1990.
Gasnault, François: Guinguettes et Lorettes. Bals publics à Paris au XIXe siècle (1830–1870). Paris 1986.
Gay, John: Trivia: Or, the Art of Walking the Streets of London. In: Poetry and Prose. Ed. by Vinton A. Dearing. Oxford 1974.
Die *Geheimnisse* von Berlin. Aus den Papieren eines Berliner Kriminalbeamten von 1844. Hg. u. mit einem Nachwort versehen von Paul Thiel. Berlin/DDR 1987.
Die *Geheimnisse* von Stuttgart. Von Asmodeus II. Stuttgart 1878.
Die *Gefallenen* Mädchen und die Sittenpolizei vom Standpunkte des praktischen Lebens. Von Kriminalkommissar v. Baumer. Berlin 1886.
Geisel, Eike: Im Scheunenviertel. Bilder, Texte und Dokumente. Mit einem Vorw. von Günter Kunert. Berlin 1981.
Gensch, Brigitte, Veronika Zimmer: Gewalt gegen Frauen. Stadtplanerische und bauliche Komponenten der nächtlichen Unsicherheit. GHS Kassel 1981.
Gensch, Willy: Der Berliner Osten, Berlin 1930.
Geremek, Bronislaw: Geschichte der Armut. Elend und Barmherzigkeit in Europa. München und Zürich 1988.
Gersal, Luc: L'Athènes de la Spree par un béotien. Croquis berlinois. Paris 1892. Dt.: Spree-Athen. Berliner Notizen von einem Böotier. Leipzig 1892.
Gesetz zur Bekämpfung der öffentlichen Unsittlichkeit und der venerischen Krankheiten. Berlin 1907.
Giese, Fritz: Girlkultur. Vergleiche zwischen amerikanischem und europäischem Lebensgefühl. München 1925.
Giraudoux, Jean, Chas-Laborde: Berlin. Straßen und Gesichter um 1930. Hg. v. Friederike Hassauer und Peter Roos. Nördlingen 1987.
Girouard, Mark: Die Stadt. Menschen, Häuser, Plätze. Eine Kulturgeschichte. Frankfurt/M., New York 1987.
Glassbrenner, Adolf: Berlin, wie es ist – und trinkt (Von Ad. Brennglas). 23 Hefte. Berlin 1832–1850.
Goebbels, Joseph: Kampf um Berlin. München 1932.
Gourdon, Edouard: Paris la nuit. Silhouettes. Paris 1842.
– Les Faucheurs de Nuit. Joueurs et Joueuses. Paris 1860.
Grant, James: Lights and Shadows of London Life. London 1842.
Greenwood, J.: The Policeman's Lantern. Strange Stories of London Life. London 1888.
Groschopp, Horst: Zwischen Bierabend und Bildungsverein. Zur Kulturarbeit in der deutschen Arbeiterbewegung vor 1914. Berlin/DDR 1985.
Großstadt. Aspekte empirischer Kulturforschung. 24. Deutscher Volkskunde-Kongreß in Berlin vom 26. bis 30. September 1983. Hg. im Auftrag der Deutschen Gesellschaft für Volkskunde v. Theodor Kohlmann und Hermann Bausinger. Berlin 1985.

Großstadt-Elend und Rettung der Elendesten. Von Bernhard Duhr, S. J. Freiburg i. Br. 1920.
Großstadt-Politik. Hg. v. Rolf Richard Grauhan. Gütersloh 1972.
Grothe, Wilhelm: Berlin bei Nacht oder der Nachtgesellen Leben und Treiben in der Reichshauptstadt. Sensationelle Enthüllungen aus der Berliner Verbrecherwelt. Berlin 1893.
Grünstein, Josef: Babel-Berlin. Typen und Schicksale. Berlin 1907.
Gruenter, Undine: Ein Bild der Unruhe. Roman. München 1986.
Grulich, Paul: Dämon Berlin. Aufzeichnungen eines Obdachlosen. Berlin 1907.
Günther, Ernst: Geschichte des Varietés. Berlin/DDR 1978.
Gurk, Paul: Berlin. Roman vom Sterben einer Stadt (1925). Darmstadt 1980.
Gutzkow, Karl: Briefe aus Paris. Leipzig 1842.
Haber, Siegmund: Berlin bei Nacht. Kaiserstädtische Kneipstudien. 3. Aufl. Leipzig 1876.
Handbuch des guten Tons und der feinen Sitten. Von Konstanze von Franken. Nachdruck der 22., verb. Aufl. (Berlin 1900). München 1977.
Handwörterbuch des deutschen Aberglaubens. Hg. v. Hanns Bächtold-Stäubli unter Mitwirkung von Eduard Hoffmann-Krayer (1935). Mit einem Vorw. von Christoph Daxelmüller. Berlin, New York 1987.
Hanoteau, Guillaume: Ces nuits qui ont fait Paris. Un demi-siècle de théâtre d'Ubu Roi à Huis clos. Paris 1971.
Harden, Maximilian: Kaiserpanorama. Literarische und Politische Publizistik. Hg. und mit einem Nachwort v. Ruth Greuner. Berlin/DDR 1983.
Harsin, Jill: Policing Prostitution in 19th century Paris. Princeton 1985.
Harweck, L.: Berlin bei Tag und Nacht oder die Geheimnisse von Berlin. Berlin (um 1866).
Hass, Hermann: Sitte und Kultur im Nachkriegsdeutschland. Hamburg 1932.
Hegemann, Werner: Das steinerne Berlin. Geschichte der größten Mietskasernenstadt der Welt (1930). Braunschweig 1979.
Heijermann, Hermann: Berliner Skizzenbuch. Berlin 1908.
Heilborn, Ernst: Zwischen zwei Revolutionen. Der Geist der Schinkelzeit (1789–1848). Berlin 1927.
Heindl, Robert: Polizei und Verbrechen. Berlin 1912.
Heinzlmeier, Adolf, Jürgen Menningen, Berndt Schulz: Kino der Nacht. Hollywoods Schwarze Serie. Hamburg, Zürich 1985.
Heller, Leo: Rund um den Alex. Bilder und Skizzen aus dem Berliner Polizei- und Verbrecherleben. Berlin o. J. (um 1925).
Heller, Reinhold: »The City is dark«: Conceptions of Urban Landscape and Life in Expressionist Painting and Architecture. In: Expressionism Reconsidered. Relationships and Affinities. Ed. by Gertrud Bauer Pickar and Karl Eugene Webb. München 1979, S. 43–57.
Hellpach, Willy: Nervosität und Kultur. Stuttgart 1902.
– Mensch und Volk der Großstadt. Stuttgart 1939.
– Wirken in Wirren, Band 1, Hamburg 1948.
Herding, Klaus, Hans-Ernst Mittig: Kunst und Alltag im NS-System. Albert Speers Berliner Straßenlaternen. Gießen 1975.
Herlaut, Colonel: L'Eclairage de Paris à l'époque révolutionnaire. Paris 1932.
Hessel, Franz: Spazieren in Berlin. Berlin 1929 (neu: Ein Flaneur in Berlin. Berlin 1984).
Hesslein, Bernhard: Berliner Pickwickier. Fahrten und Abentheuer Berliner Junggesellen bei ihren Kreuz- und Querzügen durch das moderne Babylon. Band 1–3. Berlin 1854.
– Unter dem Schleier der Nacht. Sittenbild aus Berlins Gegenwart. Band 1–4. Berlin 1857.

– Die Geheimnisse von Berlin. Sittenschilderungen aus der Vergangenheit und Gegenwart der deutschen Reichshauptstadt. Magdeburg (um 1880).
Hildenbrandt, Fred: Großes schönes Berlin. Berlin 1928.
Hirschberg, E.: Die soziale Lage der arbeitenden Klassen in Berlin. Berlin 1897.
Hirschfeld, Magnus: Die Gurgel von Berlin. Großstadt-Dokumente, Band 41. Berlin und Leipzig o. J.
The *History* of the Salvation Army. By Robert Sandall. Foreword by General Osborn. 3 vols. London 1947.
Hopp, Ernst Otto: In der großen Stadt. Berlin 1885.
Huart, Louis: Physiologie du flâneur. Paris 1841.
Humphreys, Anne: Henry Mayhew. Boston 1984.
– Travels into the Poor Man's Country. The Work of Henry Mayhew. London 1977.
Huppé, S. E.: Das sociale Deficit von Berlin in seinem Hauptbestandtheil. Berlin 1871.
Huret, Jules: Berlin (München 1909). Neu: Berlin um 1900. Berlin 1979.
Hussong, Friedrich: Kurfürstendamm. Berlin 1934.
Huysmans, Joris-Karl: Croquis Parisiens. Les Folies-Bergères en 1879. Œuvres complètes, Vol. VIII, Paris 1929.
Hyan, Hans: Die Menschen-Mühle Berlin. Eine Schilderung in Schildern. In: UHU, 3. Jg., Heft 3, März 1927, S. 82–89.
Ich weiß Bescheid in Berlin. Vollständiger systematischer Führer durch Groß-Berlin für Fremde und Einheimische, für Vergnügungs- und Studienreisende. Ausgabe 1908/09.
Jahrhundertwende. Der Aufbruch in die Moderne. Hg. v. August Nitschke, Gerhard A. Ritter, Detlev J. K. Peukert, Rüdiger vom Bruch. Zwei Bände. Reinbek 1990.
Jameson, Egon (d. i. Jacobssohn, Egon): Augen auf! Streifzüge durch das Berlin der zwanziger Jahre. Hg. v. Walther von La Roche. Frankfurt/M., Wien, Berlin 1982.
Janin, Jules: Un Hiver à Paris. Paris 1847.
Jansen, Wolfgang: Glanzrevuen der zwanziger Jahre. Berlin 1987.
Jay, A. O. M.: Life in Darkest London. London 1891.
Jeannel, Julien: Die Prostitution in den großen Städten im 19. Jahrhundert. Erlangen 1869.
Jouhandeau, Marcel: Images de Paris. Paris 1934.
Kahn, Gustave: L'Esthétique de la rue. Paris 1901.
Kalisch, Ludwig: Paris und London. Frankfurt 1851.
– Pariser Leben. Mainz 1880.
Karp, David Allan: Pubic Sexuality and Hiding Behaviour. A Study of Times Square Sexual Community. New York University 1971.
Karsch-Haack, Ferdinand: Erotische Großstadtbilder als Kulturphänomene: Wien und Berlin. Berlin 1926.
Kautsky, Karl: Vermehrung und Entwicklung in Natur und Gesellschaft. Stuttgart 1910.
Keim, Dieter: Stadtstruktur und alltägliche Gewalt. Fallstudie Wolfsburg-Westhagen. Wolfsburger Beiträge zur Stadtgeschichte und Stadtentwicklung. Frankfurt/M., New York 1981.
Kern, Elga: Wie sie dazu kamen. Lebensfragmente bordellierter Mädchen. Hg. und mit einem Nachwort v. Hanne Kulessa. Darmstadt und Neuwied 1985.
v. Kertbeny, C: Berlin wie es ist. Ein Gemälde des Lebens dieser Residenz und ihrer Bewohner, dargestellt in genauer Verbindung mit Geschichte und Topographie. Berlin 1831.
Kikis Paris. Künstler und Liebhaber 1900–1930. Hg. v. Billy Schürer und Julie Martin. Köln 1989.
Kisch, Egon Erwin: Razzia auf der Spree. Berliner Reportagen. Berlin/DDR 1986.

Kläger, Emil: Durch die Wiener Quartiere des Elends und Verbrechens. Ein Wanderbuch aus dem Jenseits. Wien 1908.

Klein, Jean-René: Le Vocabulaire des mœurs de la »Vie Parisienne« sous le Second Empire, introduction à l'étude du langage boulevardier. Louvain 1976.

Kober, H. A.: Die Unterwelt der Großstädte. In: UHU, 5. Jg. Heft 12, September 1929, S. 72–79

– Was unsere Väter liebten. Ein Abendbummel durch die Vergnügungs-Etablissements um das Jahr 1900. In: UHU, 6. Jg. Heft 6, März 1930, S. 39–46.

de Kock, Paul: La grande ville. Nouveau tableau de Paris. Paris 1842.

Köhn, Eckardt: Straßenrausch. Flanerie und kleine Form. Versuch zur Literaturgeschichte des Flaneurs. Berlin 1989.

Köppen, Ruth: Die Armut ist weiblich. Berlin 1985.

Korff, Gottfried: Mentalität und Kommunikation in der Großstadt. Berliner Notizen zur »inneren« Urbanisierung. In: Großstadt. Aspekte empirischer Kulturforschung. Hg. v. Theodor Kohlmann und Hermann Bausinger. Berlin 1985, S. 343–361.

– »Die Stadt aber ist der Mensch ...« In: Berlin, Berlin. Die Ausstellung zur Geschichte der Stadt. Hg. v. Gottfried Korff und Reinhard Rürup. Berlin 1987, S. 643–663.

– Berliner Nächte. Zum Selbstbild urbaner Eigenschaften und Leidenschaften. In: Gerhard Brunn, Jürgen Reulecke (Hg.): Berlin. Blicke auf die deutsche Metropole. Essen 1989, S. 71–103.

Koschka, Emil: Berliner Sitte(n). Berlin 1981.

Kracauer, Siegfried: Das Ornament der Masse. Frankfurt/M. 1963.

– Straßen in Berlin und anderswo. Frankfurt/M. 1964.

– Die Angestellten. Frankfurt/M. 1971.

– Jacques Offenbach und das Paris seiner Zeit. Frankfurt/M. 1976.

– Ginster (1928). Frankfurt/M. 1963.

Krauss, Friedrich S.: Das Geschlechtsleben des deutschen Volkes. Neu hg. v. Peter Schalk. München 1977.

Kretzer, Max: Im Sündenbabel. Berliner Novellen und Sittenbilder. Leipzig 1886.

– Meister Timpe (1888). Stuttgart 1976.

Kreutzahler, Birgit: Das Bild des Verbrechers in Romanen der Weimarer Republik. Eine Untersuchung vor dem Hintergrund anderer gesellschaftlicher Verbrecherbilder und gesellschaftlicher Grundzüge der Weimarer Republik. Frankfurt/M., Bern, New York, Paris 1976.

Kuczynski, Jürgen: Die Geschichte der Lage der Arbeiter unter dem Kapitalismus, Band 9: Bürgerliche und halbfeudale Literatur aus den Jahren 1840 bis 1847 zur Lage der Arbeiter. Eine Chrestomathie. Berlin/DDR 1960.

Küchenmeister, Wera und Claus: Der Lude. Roman. Berlin/DDR 1987.

Kühne, Ferdinand Gustav: Mein Carneval in Berlin 1843. Braunschweig 1843.

Das *Kulturbild* des 19. Jahrhunderts. Band 23/24: Die geistige Entwicklung des modernen Europa. Die gesellschaftliche Struktur. Von Alexander von Gleichen-Rußwurm. Hamburg o. J.

Kulturleben der Straße. Vom Anfang bis zur großen Revolution. Berlin o. J. (um 1925).

Kupfer, Hugo: Reporter-Streifzüge. Ungeschminkte Bilder aus der Reichshauptstadt. Leipzig 1889.

Ladoux, Gaston: La vie des grandes capitales. Etudes comparatives sur Londres – Paris – Berlin. Paris 1908.

Laforgue, Jules: Berlin. Der Hof und die Stadt (1887). Frankfurt/M. 1970.

Landsberger, Arthur: Die Unterwelt von Berlin. Nach den Aufzeichnungen eines ehemaligen Zuchthäuslers. Berlin 1929.
Lefèbvre, Henri: Die Revolution der Städte, Frankfurt/M. 1976.
Lemer, Julien: Paris au gaz. Paris 1861.
Léon, Pierre: Du Monopole de l'Eclairage et de Chauffage par le gaz à Paris. Diss. Paris 1901.
de Liancourt, Adolphe: Le Rideau se lève sur les Mystères de Paris. Paris 1845.
Liang, Hsi-Huey: Die Berliner Polizei in der Weimarer Republik. Berlin, New York 1977.
v. Lichberg, Heinz: Für 6 Mark Laster. Berliner Unterwelt-Reportage. Berliner Lokalanzeiger o. D. (Sammlung Graeser, Landesarchiv Berlin).
Life and Labour of the People in London. By Charles Booth. In 17 volumes. New York and London 1902–1904.
Lindau, Paul: Im Fluge. Gelegentliche Aufzeichnungen. Leipzig 1886.
– Der Zug nach Westen. Roman. Berlin 1921.
Lindenberg, Paul: Berlin. Stimmungsbilder. Leipzig 1884.
– Berlin in Wort und Bild. Berlin 1895.
Lindner, Rolf: Die Entdeckung der Stadtkultur. Soziologie aus der Erfahrung der Reportage. Frankfurt/M. 1990.
Lipp, Carola (Hg.): Schimpfende Weiber und patriotische Jungfrauen. Frauen im Vormärz und in der Revolution 1848/49. Bühl-Moos 1986.
Löffler, Karl: Das galante Berlin. 3. Aufl. Berlin (usw.) 1856.
Lokal-Termin in Alt-Berlin. Ein Streifzug durch Kneipen, Kaffeehäuser und Gartenrestaurants, unternommen von Paul Thiel. Berlin/DDR 1989.
London, Jack: The People of the Abyss. London 1903.
Luginsland, G.: Großstädtischer Mädchenschacher. München 1886.
Machray, Robert: The night side of London. London 1902.
Mackay, J. H.: The Anarchists. Boston 1891.
Männerbund zur Bekämpfung der öffentlichen Unsittlichkeit. Die moralische Heilsarmee in Berlin. Ein Zeitbild. Berlin 1889.
Magnus, Philip: Gladstone. A Biography. London 1954.
Maier, Hans: Die ältere deutsche Staats- und Verwaltungslehre (Polizeiwissenschaft). Ein Beitrag zur Geschichte der politischen Wissenschaft in Deutschland. Politica. Band 13. Neuwied und Berlin 1966.
Mann, Klaus: Der Wendepunkt. Ein Lebensbericht [1942]. Berlin/DDR und Weimar 1979.
Marcus, Max: Führer durch Berlins Nachtlokale. Ein gründlicher Wegweiser durch das nächtliche Berlin. Berlin (um 1880).
Mass Observation. The Pub and the People. A Worktown Study. London 1943.
Mattenklott, Gert und Gundel: Berlin Transit. Eine Stadt als Station. Reinbek 1987.
Mayhew, Henry: London Labour and the London Poor. 4 vols. London 1861.
McCabe, James D.: Lights and Shadows of New York Life; or the Sights and Sensations of the Great City. New York 1872.
– New York by Sunlight and Gaslight. Philadelphia 1881.
Mearns, Andrew: The Bitter Cry of Outcast London (1883). Ed. by Anthony S. Wohl. Leicester 1970.
Meidner, Ludwig: Im Nacken das Sternenmeer. Leipzig 1918.
Memoiren eines Berliner Nachtwächters. Von Dr. Morvell (= W. F. A. Vollmer). Danzig 1845.
Mercy, Joseph Alois: Berlinische Nächte. Leipzig und Züllichau 1803.
Mery, Joseph: Les nuits parisiennes. Paris 1860.

Mirecourt, Eugène de: Paris. Historique. Pittoresque et Anecdotique. Paris 1855.
Modrow, Hans O. (Hg.): Berlin um 1900. Querschnitt durch die Entwicklung einer Stadt um die Jahrhundertwende. Berlin 1936.
Montorgeuil, Georges: La vie des boulevards. Paris 1896.
Moreck, Curt: Kultur- und Sittengeschichte der neuesten Zeit. Geschlechtsleben und Erotik in der Gesellschaft der Gegenwart. Dresden o. J.
– Führer durch das »lasterhafte« Berlin. Leipzig 1931.
The *Morning* Chronicle Survey of Labour and the Poor: The Metropolitan Districts. Six vols. Ed. and with an introduction by Peter Razzell. London 1980.
Morton, H. V.: The nights of London. London 1926.
Mumford, Lewis: Die Stadt. Geschichte und Ausblick (The City in History, 1961). Köln, Berlin 1963.
Eine *Nacht* in Berlin, oder Geheimnisse eines Viktualienkellers. Aus den Papieren eines Nachtwächters. Dummin 1844.
Die *Nacht* in Berlin oder nächtlicher Spaziergang durch die Residenz. Von Clauren dem Jüngeren. 1.–3. Aufl. Berlin 1856.
Eine verhängnisvolle *Nacht*. Wahre Begebenheit aus dem Leben einer Weltstadt. London 1905.
Die *Nacht* von Berlin. Verl. d. Lustigen Blätter. Berlin 1912.
Das Berliner *Nachtleben*! Beschreibung und Führung durch das elegante Berlin, von ***. Berlin-Charlottenburg 1920.
Pariser *Nachtfalter*. Lebensbilder aus Neu-Babylon von Chevalier de Croix-Rouge. Berlin 1867.
Nachtseiten der Gesellschaft, eine Sammlung der merkwürdigsten Geschichten und Rechtsfälle aller Zeiten. Aus den Papieren eines Criminalbeamten. Berlin (ca. 1840).
Dass., hg. v. A. Dietmann, W. Jordan u. L. Meyer. 18 Theile. Leipzig 1844–46.
Berliner *Nachtstunden*. 12 Photos nach Originalen v. E. Urbach. Carlsruhe 1892.
Der *Nachtwächter* Gottes. Ein seltsames Schicksal, erzählt von Karl Josef Friedrich. Dresden und Leipzig 1939.
Der deutsche *Nachtwächter* in Paris. Im Jahr 1815, o. O.
Das *Nachtwächterbüchlein*. Hg. v. Ludwig Bäte u. Kurt Meyer-Rotemund. Göttingen 1923.
Hamburgische *Nächte*, oder Begebenheiten und Reflexionen des nächtlichen Wanderers über menschliche Situationen und Verhältnisse. Altona 1808.
Isidors schwärmerische *Nächte*, oder romantische Darstellungen aus dem Gebiete der Phantasie und der Träume. Leipzig 1822.
Pariser *Nächte*. Eine Gallerie galanter Abentheuer, geheimer Liebes- und anderer Geschichten der Pariser Großen. Leipzig 1834–37.
Pariser *Nächte*. Schattenbilder aus dem Leben und Treiben dieser Weltstadt. Frei nach dem Französischen, 18 Theile. Wien 1847–48.
Pariser *Nächte*. Aus dem Franz. v. A. Schwarz. Budapest 1890.
Pariser *Nächte*. Wegweiser durch das nächtliche Paris. Hg. v. Doré Ogrizek. Paris 1941.
Eine *Nachtwanderung* durch die Verbrecherstätten Berlin. Von unserem Berichterstatter. Illustriert v. Ludwig Löffler. In: Daheim, Jg. 1869, Nr. 7, 14. November 1869, S. 106–109.
Nahrstedt, Wolfgang: Die Entstehung der Freizeit. Dargestellt am Beispiel Hamburgs. Göttingen 1970.
Naturgeschichte der Berlinerin. Von ***. 3. Aufl. Berlin 1885.

Nevill, Ralph Henry: Night Life, London and Paris. Past and Present. London 1926.
Night Side of New York. Ed. by the New York Press. New York 1866.
The *Night* Side of Paris, containing many curious revelations. Paris 1882.
The *Night* the lights went out. By the staff of the New York Times. Ed. by A. M. Rosenthal and Arthur Gelb. New York 1965.
Nizon, Paul: Das Jahr der Liebe. Roman. Frankfurt/M. 1984.
Norddeutsches Babel. Ein Beitrag zur Geschichte, Charakteristik und Verminderung der Berliner Prostitution. Hg. v. einem philanthropischen Verein. Berlin 1870.
Les *Nouveaux* Mystères de Paris. Paris 1844.
Nuss, Emma: Aus dem Tagebuch eines Tauentzien-Girls. Charlottenburg 1914.
Obdachlos. Bilder aus dem sozialen und sittlichen Elend der Arbeitslosen. Von Constantin Liebich.
Orpheums-Gestalten. Aus Berlins socialem Leben. Altona (um 1870).
Osborn, Max: Berlin. Ein Rundgang in Bildern durch das alte und neue Berlin. Berlin (um 1913).
Ostwald, Hans: Berliner Bordelle. Das Berliner Dirnentum, Band 1. Leipzig (1905).
– Berliner Nachtbilder. Berlin o. J.
– Berliner Tanzlokale. Großstadt-Dokumente, Band 4. 2. Aufl. Berlin (1905).
– Das erotische Berlin. Der gesammelten Großstadt-Dokumente erster Band. Berlin und Leipzig o. J.
– Das galante Berlin. Berlin-Grunewald (1912).
– Die Berlinerin. Kultur- und Sittengeschichte Berlins. Berlin-W. 1921.
– Dunkle Winkel in Berlin. Großstadt-Dokumente, Band 1. Berlin und Leipzig (1904).
– Kultur- und Sittengeschichte Berlins. Leipzig o. J. (1925).
Oxenius, Katharina: Vom Promenieren zum Spazieren. Eine ethnographische Studie Pariser Gärten. Diss. Tübingen 1987.
Painter, Kate: Lighting and Crime Prevention: The Edmonton Project. London 1988.
Pappritz, Anna: Die Welt, von der man nicht spricht. Aus den Papieren einer Polizeibeamtin. Leipzig 1907.
– Einführung in das Studium der Prostitutionsfrage. Leipzig 1919.
Parent-Duchâtelet, (Docteur) Alexandre: De la prostitution dans la ville de Paris considerée sous le rapport de l'hygiène publique, de la morale et de l'administration. Paris 1836.
Paris am Tage und bei Nacht. Eine Karikaturenfolge von Paul Gavarni. Dortmund 1979.
Paris au clair de lune. Paris o. J. (um 1878).
Paris, Berlin. Katalog der Ausstellung im Centre Georges Pompidou. Paris 1977.
Das *Paris* der Surrealisten. Illustrierte Reisemontage zur poetischen Geographie einer Metropole. Zusammengestellt und hg. v. Pierre Gallissaires. Hamburg 1986.
Paris documentaire, par Ch. Virmaitre. Paris o. J.
Paris la nuit. Journal-Guide de Joyeux Viveur à Paris pendant l'Exposition. Paris 1889.
Paris la nuit. Photographies de Michel Saloff, Texte de Jean-François Vilar. Paris 1982.
Paris la nuit. Le Panorama, No. 2. Paris o. J.
Paris la nuit en 1901. In: Naguère et Jadis. No. 75, Février 1959.
Paris le jour et la nuit. Histoires, galanteries, théâtres etc. Paris 1846.
Pearsall, Ronald: The Worm in the Bud. The World of Victorian Sexuality. Harmondsworth 1972.
Pearson, Michael: The Age of Consent: Victorian Prostitution and its enemies. Newton Abbot 1972.
Pick, Daniel: Faces of Degeneration. A European Disorder. Cambridge 1990.

Pivar, David J.: Purity Crusade and Social Control 1868–1900. Greenwood 1973.
Plantet, Eugène: La charité à Paris au XIXe siècle. Paris 1900.
Platel, Félix (= Ignotus): Paris secret. Paris 1889.
Poe, Edgar Allan: The Man of the Crowd. (Der Massenmensch.) In: Werke, Band II. Olten 1967, S. 706–720.
Pöbelexzesse und Volkstumulte in Berlin. Zur Sozialgeschichte der Straße. Hg. v. Manfred Gailus. Berlin 1984.
Police and Society. Ed. by David H. Bayley. Beverly Hills, London 1977.
La *Police* des Mœurs. Lettres adressées au journal ›La Lanterne‹ par un ex-agent des mœurs et un médecin. Paris 1879.
Polizei und Sitte. Von Dr. Albert Moll, Geheimer Sanitätsrat (Band 9 der Reihe ›Die Polizei in Einzeldarstellungen‹, hg. v. Staatssekretär im Preußischen Ministerium des Innern, W. Abegg). Berlin 1926.
Polster, Bernd (Hg.): »Swing Heil«. Jazz im Nationalsozialismus. Berlin 1989.
Préfecture de Police. Service des Mœurs. Règlement. Paris 1878.
– Tableau de l'éclairage des rues de Paris pour l'année 1832. Paris 1832 (und dass. für alle folgenden Jahre).
Preston, William C.: »Light and Shade«. Pictures of London Life.
– The bitter cry of Outcast London. London 1883.
Preusser, Norbert: Not macht erfinderisch. Überlebensstrategien der Armenbevölkerung in Deutschland seit 1807. München 1989.
Privat D'Anglemont, Alexandre: Paris anecdote. Les industries inconnus, les oiseaux de nuit, la ville des chiffonniers. Paris 1854.
Das *Proletariat*: Bilder und Studien von Werner Sombart (Band 1 von: Die Gesellschaft. Sammlung sozialpsychologischer Monographien. Hg. v. Martin Buber). Frankfurt/M. 1906.
Proletariat. Kultur und Lebensweise im 19. Jahrhundert Hg. v. Dietrich Mühlberg. Leipzig 1986.
Die *Prostituierten* in Berlin, deren Helfershelfer als Louis, Kupplerinnen, Lehnefrauen und ihr schädlicher Einfluß auf die Sittenzustände der Gegenwart. Berlin o. J. (um 1850).
Prostitution oder Production, Eigentum oder Ehe? Studien zur Frauenbewegung von Johanna Loewenherz. Neuwied o. J. (1895).
Prostitution und Verbrechen. Reportagen aus den Tiefen der Berliner Unterwelt. Von WEKA (d. i. Willy Pröger). Leipzig 1930.
Rancière, Jacques: La nuit des prolétaires. Archives du rêve ouvrier. Paris 1981.
Rasch, Gustav: Die dunklen Häuser Berlins. Berlin 1861.
– Die dunklen Häuser von Paris. Berlin 1871.
– Berlin bei Nacht. Culturbilder. Berlin 1871 (Neu: Berlin bei Nacht. Schattenseiten einer Großstadt. Eine Auswahl aus den Schriften v. Gustav Rasch. Hg. u. mit Anmerkungen und einem Nachwort versehen v. Paul Thiel. Berlin/DDR 1986).
Rattier, Paul-Ernest de: Paris n'existe pas. Paris 1857.
Rau-Häring, Nelly: Lichtungen. 66 Photographien der Nacht. Nördlingen 1987.
Reichel, Peter: Der schöne Schein des Dritten Reiches. Faszination und Gewalt des Faschismus. München 1991.
Reichhardt, Hans J.: Bei Kroll. Katalog der Ausstellung im Landesarchiv Berlin. Berlin 1988.
Reinbold, Ernst Thomas: Die Nacht im Mythos, Kultus, Volksglauben und in der transpersonalen Erfahrung. Eine religionsphänomenologische Untersuchung. Köln 1970.

Die *Reise* nach Berlin. Hg. v. der Berliner Festspiele GmbH. Berlin 1987.
Riehl, Wilhelm Heinrich: Die Naturgeschichte des Volkes als Grundlage einer deutschen Sozialpolitik. Stuttgart und Berlin 1925.
– Land und Leute (1854). Stuttgart 1869.
Ribton-Turner, C. J.: A History of Vagrants and Vagrancy and Beggars and Begging. (Reprint) Montclair, New Jersey 1972.
Rideamus (= Fritz Oliven): Berliner Bälle. Berlin 1914.
Riha, Karl: Die Beschreibung der »Großen Stadt«. Zur Entstehung des Großstadtmotivs in der deutschen Literatur (ca. 1750–ca. 1850). Bad Homburg, Berlin, Zürich 1970.
– Berlin im Kopf. Die Stadt als literarisches Thema: zwischen Realität und Imagination. In: Medium Metropole. Hg. v. Friedrich Knilli u. Michael Nerlich. Heidelberg 1986.
Rinderspacher, Jürgen P.: Der Rhythmus der Stadt – Die Bedeutung der Zeit für die städtische Gesellschaft. Berlin 1988.
Ring, Max: Berliner Leben. Kulturstudien und Sittenbilder. Leipzig, Berlin 1882.
Riis, Jacob A.: The Battle with the Slum (1902). Montclair, New Jersey 1969.
Ritchie, J.: Days and Nights in London. London 1880.
– The Night Side of London. London 1857.
Rodenberg, Julius: Tag und Nacht in London. Ein Skizzenbuch zur Weltausstellung. Berlin 1862.
– Paris. Bei Sonnenschein und Lampenlicht. Ein Skizzenbuch zur Weltausstellung. Leipzig 1867.
– Bilder aus dem Berliner Leben (1885, 1887). Neu hg. v. Gisela Lüttig, mit einem Nachwort v. Heinz Knobloch. Berlin/DDR 1987.
Röhrmann, Carl: Der sittliche Zustand von Berlin nach Aufhebung der geduldeten Prostitution des weiblichen Geschlechts. Ein Beitrag zur Geschichte der Gegenwart, unterstützt durch die vollständigen und freimüthigen Biographieen der bekanntesten prostituierten Frauenzimmer in Berlin. Leipzig 1846.
Rölleke, Heinz: Die Stadt bei Stadler, Heym und Trakl. Berlin 1966.
Roessler, Julius: Berliner Vergnügungslokale 1830–1880. In: Mitteilungen des Vereins für die Geschichte Berlins. Jg. 21, 1904, S. 107–110.
Roncayolo, Marie-Florence: Recherches sur la topographie des loisirs populaires de Paris au XIXe siècle. Mémoire de Maîtrise bei Maurice Agulhon, Université de Paris I, 1977.
Ronner, Emil Ernst: Der Mann mit der Laterne. Das Leben Thomas John Barnardos. Wuppertal 1961.
Roscher, G.: Großstadtpolizei. Hamburg 1911–14.
Rosenkranz, Karl: Die Topographie des heutigen Berlin. Vortrag vor der Kgl. Dt. Gesellschaft zum Preußischen Krönungsfeste am 18. Januar 1850.
Rossi, Pietro (Hg.): Theorie der modernen Geschichtsschreibung. Frankfurt/M. 1987.
Roth, Joseph: Großstadt-Feuilletons. Werke. Band IV. Hg. v. Hermann Kesten. Köln und Amsterdam 1976.
– Berliner Saisonbericht. Unbekannte Reportagen und journalistische Arbeiten. Hg. u. mit einem Vorwort von Klaus Westermann. Köln 1984.
Roz, Firmin: La ville de la lumière. Paris 1933.
Rudeck, Wilhelm: Geschichte der öffentlichen Sittlichkeit in Deutschland. Jena 1897.
Ruge, Arnold: Zwei Jahre Paris. Studien und Erinnerungen. Leipzig 1846.
Rumbelow, Donald: The Complete Jack the Ripper. Revised Edition. Harmondsworth 1988.
Rumpfs (Johann Daniel Fr.) neuester Fremdenführer in Berlin. Eine Beschreibung nebst einem Wanderungsplan durch Berlin. Berlin 1839.

Sacher-Masoch, Leopold von: Die Messalinen Berlins. Realistische Novellen und Sittenbilder aus dem high life der Reichshauptstadt. Berlin 1887.
Sagave, Pierre-Paul: 1871. Berlin Paris. Reichshauptstadt und Hauptstadt der Welt. Frankfurt/M., Berlin, Wien 1971.
Salomon, Ernst von: Die Geächteten. Roman. Berlin 1930.
Salon-Gespräche. Achtzig einleitende Beispiele. Ein Ratgeber für unerfahrene und schüchterne junge Leute beiderlei Geschlechts. Von Leopold von Riesbeck. Weimar 1863. Neuauflage, hg. u. mit einem Vorw. versehen v. Wolfgang Max Faust. München 1970.
Sansot, Pierre: Poétique de la ville. Paris 1988.
Saß, Friedrich: Berlin in seiner neuesten Zeit und Entwicklung 1846. Neu hg. u. mit einem Nachwort v. Detlef Heikamp. Berlin 1983.
Satyr (= Richard Dietrich): Lebeweltnächte der Friedrichstadt. Großstadt-Dokumente, Band 30. Berlin (um 1906).
Sauval, Henri: La chronique scandaleuse de Paris ou histoire des mauvais lieux. Bruxelles 1883.
Schall, Georg: Großstadtbenehmen. Wien 1913.
Scheffler, Karl: Berlin. Ein Stadtschicksal. Berlin 1910.
Scherpe, Klaus R. (Hg.): Die Unwirklichkeit der Städte. Großstadtdarstellungen zwischen Moderne und Postmoderne. Reinbek 1988.
Schivelbusch, Wolfgang: Lichtblicke. Zur Geschichte der künstlichen Helligkeit im 19. Jahrhundert. München, Wien 1983.
– Straßenlaternen und Polizei. In: Die nützlichen Künste. Gestaltende Technik und bildende Kunst seit der industriellen Revolution. Hg. v. Tilmann Buddensieg u. Henning Rogge. Berlin 1981. S. 104–108.
Schlögel, Karl: Jenseits des großen Oktober. Das Laboratorium der Moderne. Petersburg 1909–1921. Berlin 1988.
Schmandt, Peter: Armenhaus und Obdachlosenasyl in der englischen Graphik und Malerei (1830–1880). Diss. Tübingen 1986.
Schneider, Louis: Bilder aus Berlin's Nächten. Genre-Skizzen aus der Sage, Geschichte, Phantasie und Wirklichkeit. Berlin 1835. (Les nuits de Berlin. Paris 1840–41).
Scholvin, Ulrike: Döblins Metropolen. Über reale und imaginäre Städte und die Travestie der Wünsche. Weinheim und Basel 1985.
Schrader, Bärbel, Jürgen Schebera: Kunstmetropole Berlin 1918–1933. Die Kunststadt in der Novemberrevolution. Die ›Goldenen‹ Zwanziger. Die Kunststadt in der Krise. Berlin/DDR und Weimar 1987.
Schulte, Regina: Sperrbezirke. Tugendhaftigkeit und Prostitution in der bürgerlichen Welt. Frankfurt/M. 1984.
Schwabe, Herman: Einblicke in das innere und äußere Leben der Berliner Prostitution. In: Berliner Städtisches Jahrbuch für Volkswirthschaft und Statistik. Berlin 1874. S. 60–74.
Schweers, O.: Prostituiertenüberwachung in Berlin nach dem neuen Gesetz zur Bekämpfung der Geschlechtskrankheiten. In: Ergebnisse der Socialen Hygiene und Gesundheitsfürsorge. Hg. v. A. Grotjahn et al. Leipzig 1930, S. 360–391.
Selbstbekenntnisse einer Dirne oder ein Sittenbild aus dem Großstadtsumpf. Nach Tagebuchaufzeichnungen bearbeitet u. hg. v. Ferdinand Rodenstein (= Holzinger, Ferdinand Karl). Dresden 1927.
Sennett, Richard: Verfall und Ende des öffentlichen Lebens. Die Tyrannei der Intimität. Frankfurt/M. 1986.
– Civitas. Die Großstadt und die Kultur des Unterschieds. Frankfurt/M. 1991.

Sexualkatastrophen. Bilder aus dem modernen Geschlechts- und Eheleben. Hg. von Ludwig Levy-Lenz. Leipzig 1926.
Siedler, Wolf Jobst, Elisabeth Niggemeyer, Gina Andreß: Die gemordete Stadt. Abgesang auf Putte und Straße, Platz und Baum. Berlin, München, Wien 1964.
Simmel, Georg: Die Großstädte und das Geistesleben. In: Die Großstadt. Vorträge und Aufsätze zur Städteausstellung. Jahrbuch der Gehe-Stiftung zu Dresden, Band IX. Dresden 1903, S. 185–206.
Sittengeschichte des Hafens und der Reise. Eine Beleuchtung des erotischen Lebens in der Hafenstadt, im Hotel, im Reisevehikel. Die Sexualität des Kulturmenschen während des Reisens und in fremdem Milieu. Wien 1927.
Sittengeschichte des Lasters. Hg. von Leo Schidrowitz. Wien 1927.
Sittengeschichte des Ersten Weltkrieges. Hg. v. Magnus Hirschfeld und Andreas Gaspar. Hanau o. J. (1929).
Sittengeschichte von Paris. Die Großstadt, ihre Sitten und ihre Unsittlichkeit. Hg. von Leo Schidrowitz. Wien, Leipzig 1926.
Die öffentliche *Sittenlosigkeit*, mit besonderer Beziehung auf Berlin, Hamburg und die anderen großen Städte des nördlichen und mittleren Deutschlands. Petition und Denkschrift des Central-Ausschusses für die Innere Mission der Deutschen Evangelischen Kirche. Berlin 1865.
Die öffentliche *Sittenlosigkeit*. Entgegnung auf die gleichnamige Schrift des Central-Ausschusses für die Innere Mission. 5. Aufl. Hamburg 1870.
Sloterdijk, Peter: Der Zauberbaum. Die Entstehung der Psychoanalyse im Jahr 1785. Ein epischer Versuch zur Philosophie der Psychologie. Frankfurt/M. 1987.
Slums. Erlebnisse in den Schlammvierteln moderner Großstädte. Von Else Spiller. Aarau, Leipzig, Wien 1911.
Sombart, Werner: Luxus und Kapitalismus (1922). Neu: Liebe, Luxus und Kapitalismus. Über die Entstehung der modernen Welt aus dem Geist der Verschwendung. Berlin 1983.
Sommerfeld, Adolf: Aus dem dunkelsten Berlin. Bände 1–6. Berlin o. J.
Soupault, Philippe: Die letzten Nächte von Paris (1928). Heidelberg 1982.
Spitthövel, Maria: Frauen und Freiraum. Zur Beanspruchung öffentlich städtischen Freiraums durch Frauen. Habil. Universität Oldenburg 1988.
Springer, Robert: Berlins Straßen, Kneipen und Clubs im Jahre 1848. Berlin 1850.
– Berlin wird Weltstadt. Ernste und heitere Culturbilder. Berlin 1869.
Stadtbilder. Berlin in der Malerei vom 17. Jahrhundert bis zur Gegenwart. Berlin Museum, Berlin 1987.
Stätten der Berliner Prostitution. Von den Elends- und Absteigequartieren am Schlesischen Bahnhof und Alexanderplatz zur Luxusprostitution der Friedrichstraße und des Kurfürstendamms. Eine Reportage von WEKA (d. i. Willy Pröger). Berlin 1930.
Stanjek, Klaus (Hg.): Zwielicht. Die Ökologie der künstlichen Helligkeit. München 1989.
Stansell, Christine: City of Women. Sex and Class in New York 1789–1860. Urbana and Chicago 1987.
Steffen, Katharina: Übergangsrituale einer auto-mobilen Gesellschaft. Eine kulturanthropologische Skizze. Frankfurt/M. 1990.
Steinert, Heinz: Nachtleben oder: Fragmente über die allgemeine Erniedrigung des Liebeslebens (2). In: Kriminalsoziologische Bibliographie, Wien 1983, Nr. 38/39, S. 81–92.
Sterne, Laurence: Eine empfindsame Reise durch Frankreich und Italien. Aus dem Engl. übers. u. hg. von Siegfried Schmitz. München 1979.

Stieber, Wilhelm Josef: Die Prostitution in Berlin und ihre Opfer. In historischer, sittlicher und polizeilicher Hinsicht beleuchtet. Berlin 1846.
Stifter, Adalbert: Die Mappe meines Urgroßvaters. Schilderungen. Briefe. Mit einem Nachwort von F. Krökel und Anmerkungen von K. Pörnbacher. München 1986.
Strohmeyer, Klaus (Hg.): Berlin in Bewegung. Literarischer Spaziergang 1: Die Berliner, 2: Die Stadt. Reinbek 1987.
Sue, Eugène: Les Mystères de Paris. In: Journal des Débats. Paris 1843 ff. Die Geheimnisse von Paris. Vollständige Ausgabe. Frankfurt/M. 1988.
Szatmari, Eugen: Das Buch von Berlin. Was nicht im Baedeker steht, Band 1. München o. J.
Talmeyr, Maurice: Das Ende einer Gesellschaft. Neue Formen der Prostitution in Paris. Berlin 1910.
Theweleit, Klaus: Männerphantasien. 1: Frauen, Fluten, Körper, Geschichte. 2: Männerkörper – Zur Psychoanalyse des weißen Terrors. Reinbek 1980.
Thiele, Peter Ernst (= Carl Brandt): Das moderne Berlin in seinen Tugenden und Lastern. Romantisch dargestellt. Berlin (um 1852).
Thompson, E. P., Eileen Yeo: The unknown Mayhew. Selections from the Morning Chronicle 1849–1850. Harmondsworth 1971.
Tissot, Victor: Reportagen aus Bismarcks Reich. Berichte eines reisenden Franzosen 1874–1876. Stuttgart, Wien 1989.
Tissot, Victor, Constant Améro: Les Mystères de Berlin. Paris 1879.
Touchard-Lafosse, G.: Les Réverbères. Chroniques de nuit du vieux et du nouveau Paris. Paris 1844.
Tuan, Yi-Fu: Topophilia. A Study of Environmental Perception, Attitudes and Values. Englewood Cliffs, New Jersey 1974.
– Landscapes of Fear. Oxford 1980.
Uebel, Lothar: Viel Vergnügen! Die Geschichte der Vergnügungsstätten rund um den Kreuzberg und die Hasenheide. Kreuzberger Hefte VIII. Berlin 1985.
Uhrzeiten. Die Geschichte der Uhr und ihres Gebrauchs. Hg. v. Igor A. Jenzen. Historisches Museum Frankfurt/M. 1989.
Ulmer, Bruno, Thomas Plaichinger: Les Ecritures de la Nuit. Un siècle d'illuminations et de publicité lumineuse. Paris Ville Lumière. Paris 1987.
Unser Berlin. Ein Jahrbuch von Berliner Art und Arbeit. Hg. v. Dr. Alfred Weise. Berlin 1928.
Urban, Henry F.: Die Entdeckung Berlins. Berlin 1912.
Vance, Carol S. (Ed.): Pleasure and Danger: Exploring female sexuality. Boston, London, Melbourne and Henley 1984.
Verein Dienst an Arbeitslosen e. V.: 25 Jahre unter Obdachlosen. Festschrift zum 25jährigen Bestehen des Vereins Dienst an Arbeitslosen e. V. zu Berlin. Berlin 1907.
Vergnügungsgewerbe rund um den Bülowbogen. Streifzug durch die Geschichte der Großstadtprostitution. Verf.: Reingard Jäkl. Hg. v. Bezirksamt Schöneberg. Berlin 1987.
Versuch einer medicinischen Topographie und Statistik von Berlin. Von Dr. H. Wollheim. Berlin 1844.
Verwaltungsbericht des Königlichen Polizei-Präsidiums zu Berlin für die Jahre 1871–1880. Berlin 1882.
The *Victorian* City. Images and Realities. 2 Vols. Ed. by H. J. Dyos and Michael Wolff. London 1973.
Virmaitre, Charles: Paris – Impur; Les maisons de rendez-vous. Paris 1898.

Vorschriften für die jenigen Frauenspersonen, welche, der dringlichsten Abmahnung ungeachtet, von ihrer unzüchtigen Lebensweise nicht ablassen wollen, und deshalb unter polizeiliche Aufsicht gestellt sind. Kommission für Sittenpolizei, Berlin 1852.
Walkowitz, Judith R.: Prostitution and Victorian Society: Women, Class, and the State. Cambridge 1980.
Walser, Karin: Prostitutionsverdacht und Geschlechterforschung. Das Beispiel der Dienstmädchen um 1900. In: Geschichte und Gesellschaft, H. 11/1985, S. 99–111.
Warnod, André: Bals, Cafés & Cabarets. Paris 1913.
Was die Frau von Berlin wissen muß. Ein praktisches Frauenbuch für Einheimische und Fremde. Hg. von Eliza Ichenhaeuser. Berlin, Leipzig 1912.
Webb, Beatrice: My apprenticeship. London 1926.
Werthauer, Johannes: Sittlichkeitsdelikte der Großstadt. Berlin 1907.
Wichern, Johann Heinrich: Hamburgs wahres und geheimes Volksleben. Hamburg 1832.
Wiedemann, Konrad (Hg.): Rom – Paris – London. Erfahrung und Selbsterfahrung deutscher Schriftsteller in den fremden Metropolen. Stuttgart 1988.
Willms, Johannes: Paris. Hauptstadt Europas 1789–1914. München 1988.
de Wissant, Georges: Cafés et Cabarets. Paris 1928.
Wohl, Anthony S.: The Eternal Slum. Housing and Social Policy in Victorian London. London 1977.
Wohnsitz Nirgendwo. Vom Leben und vom Überleben auf der Straße. Hg. v. Künstlerhaus Bethanien. Berlin 1982.
Yonnet, Jacques: Rue des Maléfices. Chronique secrète d'une ville. Paris 1987.
Zanthe, Thilo: Der Berliner Prater. Streiflichter aus der Geschichte einer Freizeit- und Vergnügungsstätte. Berlin/DDR 1987.
Zapp, Arthur: Vom Babel an der Spree. Sittenbilder aus dem neuen Berlin. Leipzig 1887.
Zertretene Blüten. Skizzen aus dem sittlichen und sozialen Elend der Großstadt von E. Heine. Berlin o. J.
Zuckmayer, Carl: Als wär's ein Stück von mir. Horen der Freundschaft. Frankfurt/M. 1966.
Zweig, Stefan: Begegnungen mit Menschen Büchern Städten. Frankfurt/M. 1955.
– Die Welt von Gestern. Frankfurt/M. 1970.

ORTSREGISTER

PERSONENREGISTER

(Bei den Personen konnten nicht alle Vornamen ermittelt werden.)

BILDQUELLEN

Abbildungen im Text: Archiv des Diakonischen Werkes der EKD, Berlin 222 – Archives de la Préfecture de Police, Paris 99, 120, 179 – Archiv J. Schlör 69, 90, 147 – Bildarchiv Preußischer Kulturbesitz 37, 67, 124 – Salvation Army, London 159, 218 – VG Bild-Kunst, Bonn 103, 266 – Verlagsarchiv 130, 153, 191, 250.
Tafeln (gegenüber den genannten Seiten): 244 Abbeville Press, New York (Foto: André Kertesz) – 262 Archiv für Kunst und Geschichte, Berlin – 58, 188, 230 The Art Institute of Chicago (Fotos: André Kertesz) – 96, 106 Bildarchiv Preußischer Kulturbesitz, Berlin – 24, 134, 144, 172, 248 Noya Brandt, London (Fotos: Bill Brandt) – 40 Gilberte Brassaï, Paris (Foto: Brassaï) – 64, 166 Rheinisches Bildarchiv, Köln (Fotos: Brassaï).
Autor und Verlag danken für die freundlich gewährte Abdruckgenehmigung. In zwei Fällen ist es bedauerlicherweise nicht gelungen, die Rechteinhaber zu ermitteln. Sollten in diesem Zusammenhang Honorarforderungen erhoben werden, bitten wir die Betroffenen, sich an den Verlag zu wenden.

Bei dem vorliegenden Buch handelt es sich um die gekürzte Version meiner am 6. August 1990 von der Fakultät für Sozial- und Verhaltenswissenschaften der Universität Tübingen angenommenen Dissertation: ›Nachts in der großen Stadt. Der gesellschaftliche Diskurs über Organisation und Wahrnehmung der Stadtnacht: Paris und Berlin 1840–1930‹. Die Kürzungen wurden in Absprache mit den Gutachtern, Prof. Dr. Gottfried Korff (Erstgutachter) und Prof. Dr. Hermann Bausinger vorgenommen. Die Fakultät für Sozial- und Verhaltenswissenschaften hat am 7. 6. 1991 die Druckgenehmigung erteilt.

Für Hilfe und Rat danke ich den Mitarbeitern und Mitarbeiterinnen der genannten und folgender Bibliotheken und Archive: Bibliothèque de l'Arsenal, Bibliothèque Forney, Plan Urbain (alle Paris), Amerika-Gedenkbibliothek, Senatsbibliothek, Kunstbibliothek, Staatsbibliothek Preußischer Kulturbesitz, Werkbund-Archiv – Museum der Alltagskultur des 20. Jahrhunderts (alle Berlin), Deutscher Werkbund (Frankfurt), Deutsches Literaturarchiv (Marbach), Deutsches Museum (München), Polizei-Führungsakademie (Hiltrup), Institute of Historical Research (University of London).

Außerdem danke ich für Hinweise, Er- und Aufmunterungen, Kritik, Resonanz und Geduld: Hans Joachim Althaus, Ute Bechdolf, Beate Binder, Ruth Broda, Karsten Büttner, Anne Cauquelin, Louis Chevalier, Christiane Deußen, Peter Ege, Heinz-Gerd Friese, Pierre Garot, Undine Gruenter, Jörg Haspel, Gerhard Irmler, Utz Jeggle, Clemens Klopfenstein, Gudrun König, Dagmar Lambek, Hans-Joachim Lenz, Rolf Lindner, Dietrich Mühlberg, Nina Oxenius, Michelle de la Pradelle, Renée (bar »Jarente«), Peter Schmandt, Friedemann Schmoll, Wolfgang U. Schütte, Erhard Stölting, Jean Pierre Touati, Bernd Jürgen Warneken, Gisela Welz.

Über die Literatur

Barbara Becker-Cantarino:
Der lange Weg zur Mündigkeit
Frauen und Literatur in Deutschland von 1500 bis 1800
dtv 4548

Gisela Brinker-Gabler/ Karola Ludwig/ Angela Wöffen:
Lexikon deutschsprachiger Schriftstellerinnen von 1800 bis 1945
dtv 3282

Joachim Bumke:
Höfische Kultur
Literatur und Gesellschaft im hohen Mittelalter
2 Bände
dtv 4442

Umberto Eco:
Lector in fabula
Die Mitarbeit der Interpretation in erzählenden Texten
dtv 4531

K. R. Eisler:
Goethe
Eine psychoanalytische Studie · dtv 4457

Fabeln, Parabeln und Gleichnisse
Beispiele didaktischer Literatur
Herausgegeben von Reinhardt Dithmar
dtv 4483

Herbert A. und Elisabeth Frenzel:
Daten deutscher Dichtung
2 Bände
dtv 3003/3004

Grundzüge der Literatur- und Sprachwissenschaft
Hrsg. v. H. L. Arnold und V. Sinemus
Band 1: Literaturwissenschaft
dtv 4226

Käte Hamburger:
Die Logik der Dichtung
dtv/Klett-Cotta 4458

Hansers Sozialgeschichte der deutschen Literatur
Vom 16. Jahrhundert bis zur Gegenwart
Hrsg. v. R. Grimminger

Deutsche Aufklärung bis zur Französischen Revolution (1680-1789)
Hrsg. v. R. Grimminger
2 Bände
dtv 4345

Gert Ueding:
Klassik und Romantik
Deutsche Literatur im Zeitalter der Französischen Revolution 1789-1815
2 Bände
dtv 4346

Literatur in der Bundesrepublik Deutschland bis 1967
Hrsg. v. Ludwig Fischer
dtv 4352

Die Literatur der DDR
Herausgegeben von Hans-J. Schmitt
dtv 4353

Wolfgang Karrer/ Eberhard Kreutzer:
Werke der englischen und amerikanischen Literatur von 1890 bis zur Gegenwart
dtv 3290

Volker Klotz:
Das europäische Kunstmärchen
dtv 4467

Mario Praz:
Liebe, Tod und Teufel
Die schwarze Romantik
dtv 4375

Horst Dieter Schlosser:
dtv-Atlas zur deutschen Literatur
dtv 3219

Die Textüberlieferung der antiken Literatur und der Bibel
Hrsg. v. H. Hunger, O. Stegmüller, H. Erbse, M. Imhof, K. Büchner, H.-G. Beck, H. Rüdiger
dtv 4485

Harald Weinrich:
Literatur für Leser
Essays und Aufsätze zur Literaturwissenschaft
dtv 4451